INTRODUCCIÓN
A LA CONSTRUCCIÓN
DE EDIFICIOS

MARIO E. CHANDÍAS
Ingeniero Civil

JOSÉ MARTÍN RAMOS
Arquitecto

INTRODUCCIÓN A LA CONSTRUCCIÓN DE EDIFICIOS

LIBRERÍA Y EDITORIAL ALSINA
Paraná 137 - 1017AAC Ciudad Autónoma de Buenos Aires
Telefax: (54) (011) 4371-9309 / (54) (011) 4373-2942
info@lealsina.com   www.lealsina.com
ARGENTINA

2007

Queda hecho el depósito que establece la ley 11.723

Impreso en Argentina

ISBN 978-950-553-150-9

Chandías, Mario E.
    Introducción a la construcción de edificios / Mario E. Chandías y José Martín Ramos - 1a ed. - Buenos Aires : Librería y Editorial Alsina, 2007.
    320 p. ; 23x16 cm.

    ISBN 978-950-553-150-9

    1. Edificios-Construcción. I. Ramos, José Martín II. Título
    CDD 693

MARIO EDUARDO CHANDÍAS

- Ingeniero Civil, egresado de la u.n.l.p.
- Hasta 1981 fue:

  • Proyectista Director Técnico y Constructor de Obras.
  • Director Técnico de Dorignac S.R.L.
  • Representante Técnico de Electroluci.
  • Asesor Técnico de Okal Argentina.
  • Director de Com-Ar-co.

- Jefe de la División de la Dirección de Instalaciones Fijas y Navales del Ministerio de Marina.
- Vicepresidente del Instituto Argentino de Tasaciones.
- Autor de libros y publicaciones de la especialidad, editados por Editorial Alsina, Sociedad de Tasadores de Venezuela, Centro Argentino de Ingenieros y revistas de la especialidad.
- Conferenciante y asistente por invitación a distintos congresos realizados en Argentina, México y Venezuela, sobre temas de la Ingeniería y Tasaciones.

JOSÉ MARTÍN RAMOS

Nivel académico:
- Egresado de la Facultad de Arquitectura, Diseño y Urbanismo (FADU) de la Universidad de Buenos Aires (UBA).
- Diplomado en la Carrera Docente del Departamento de Construcciones de la FADU (UBA).
- Postgrado de Energía Solar como Proyectista e Instalador de Energía Solar Térmica y Fotovoltaica en CENSOLAR (Centro de Estudios de Energía Solar - Sevilla - España).

Hasta el año 2001 desempeñó los siguientes cargos:
- Profesor Adjunto Regular de Construcciones I, II y III, FADU (UBA).
- Profesor Adjunto de Física Aplicada a la Arquitectura, FADU (UBA).
- Profesor Asociado de Construcciones I, II y III, Facultad de Arquitectura (UM).
- Jefe de Trabajos Prácticos Regular en Construcciones de la Facultad de Ingeniería (UBA).
- Profesor Asociado a cargo de Práctica Profesional I y II en la Facultad de Arquitectura y Urbanismo de la Universidad de Belgrano (UB).

Y hasta el año 2005:
- Profesor Titular de Dibujo Técnico y Construcciones en la E.T. N° 1 "Otto Krause".
- Profesor Interino de Acondicionamiento Térmico del Curso de Post-grado de la E.T. N° 1 "Otto Krause".
- Jefe del Departamento de Construcciones de la E.T. N° 1 "Otto Krause".

Actualmente ejerce como:
- Profesor Asociado Extraordinario a cargo de Seguridad en la Construcción y de la Cátedra dConstrucciones 3 en la Facultad de Arquitectura (UM).

- Dictó cursos de postgrado para ingenieros y arquitectos sobre Energía Solar Térmica y Fotovoltaica, en el Departamento de Construcciones y Estructuras de la FI (UBA).

Actividad pública y privada
- Actúa como proyectista, director y constructor de obras civiles, comerciales e industriales.
- Consultor de obras civiles, de instalaciones sanitarias y seguridad en la construcción.
- Supervisor de Instalaciones Sanitarias Civiles e Industriales, en Obras Sanitarias de la Nación.

ÍNDICE

PRESENTACIÓN A LA QUINTA EDICIÓN

Continuando con la puesta al día del legado constructivo dejado por el Ing. Chandías, toca el turno a *Introducción a la construcción de edificios*, su obra póstuma.

Aquí también realizamos una revisión total, sin alterar su estructura original, salvo el de introducir el ordenamiento decimal de los temas tratados (desglose en subtemas), y el haber colocado al final de cada capítulo todos los dibujos y/o detalles constructivos. Pensamos que con ello se gana en una mejor comprensión en la consulta de todos los puntos tratados.

Veinticinco años pasaron ya de la primera edición de este libro, tiempo durante el cual el avance tecnológico de los sistemas constructivos y/o materiales no se ha detenido, y ello lo hemos tenido en cuenta en la presente revisión; no obstante, no disminuye en absoluto la labor realizada por el Ing. Chandías, ya que sus conceptos liminares sobre el arte del buen construir siguen subyaciendo.

Sólo falta agradecer la invalorable y desinteresada colaboración del M.M.O. Pablo Ezequiel Marano en la diagramación de planillas y dibujos técnicos realizados, así también a la Librería y Editorial Alsina, por el apoyo y confianza dispensada a la labor realizada por nosotros.

Como cierre final, recuerdo las palabras del Ing. Eladio Dieste, quien con su gran sabiduría constructiva, solía decir: *"Ninguna obra podrá estar bien concebida si no se sabe cómo habrá de construirse"* .

Sea este libro una contribución a esas sabias palabras.

ARQ. JOSÉ MARTÍN RAMOS
Ciudad Autónoma de Buenos Aires
Marzo de 2007

1. MORTEROS Y HORMIGONES

1.1. GENERALIDADES

Aunque en este libro nos hemos propuesto no hablar de los materiales ni de su fabricación, todo lo cual suponemos que es de conocimiento del lector, comenzaremos haciendo una necesaria excepción, para referirnos a la elaboración de los morteros y hormigones, que constituye uno de los problemas de la obra. Empezaremos precisando el lenguaje técnico con algunas definiciones aclaratorias e imprescindibles (según normas IRAM 1513):

Pastas: es la mezcla de agua con ligante solo.

Mortero: es la mezcla de agua con ligantes y agregados finos.

Hormigón: es la mezcla de agua con ligantes, agregados finos y agregados gruesos; la característica de los hormigones es el agregado grueso, el fino puede llegar a faltar.

La palabra **Mezcla**, técnicamente correcta, es usada como denominación genérica para las pastas, los morteros y los hormigones. **Argamasa**, en cambio, se usa únicamente como sinónimo de mortero, y **Concreto**, más específicamente, como mortero con alto contenido de cemento.

Ligantes son las cales (aérea y hidráulica), los yesos y los cementos en sus dos variedades, el clásico *Portland* y el más reciente llamado *de Albañilería*. Además, enunciaremos más adelante las nuevas variedades de cemento que el mercado ya provee. A los ligantes se los llama también *cementantes, aglutinantes* o *aglomerantes,* y a los que sólo son capaces de endurecer en el aire se llaman *aéreos,* e *hidráulicos* los que lo hacen también bajo el agua. Todos ellos, a su vez, entran en combinación con el agua y endurecen formando una especie de piedra artificial, proceso llamado en general *fraguado*, pero que en rigor se desarrolla en tres etapas; **1:** la de la **mezcla fresca** (recién empastada), **2:** el **fragüe** propiamente dicho (cuando comienza el proceso de hidratación, perdiendo movilidad y ganando viscosidad), y **3:** *el endurecimiento,* o sea solidificando y adquiriendo, ahora sí, resistencia.

Agregados: llamamos así a todos los materiales granulares, generalmente inertes, que cumplen la función de crear una "estructura" interna que luego es envuelta por la pasta ligante, formando así una masa compacta y homogénea. Dichos agregados son, entre otros, la arena, el polvo de ladrillo, el canto rodado, la piedra partida, los cascotes de ladrillo y la arcilla expandida.

¿Qué diferencia hay entre agregado fino y agregado grueso? Es un problema que se relaciona solamente con el tamaño de los granos; el límite entre *fino* y *grueso* es puramente convencional. Estos materiales dan volumen a la mezcla, pero no intervienen en la combinación química, por lo cual se los suele llamar también *inertes* o *áridos*, aunque a veces no se comportan como tales, en el caso de incorporarlos a las mezclas con impurezas orgánicas, arcillas, limos, sales solubles, etc.

En cuanto a la *pasta*, cuando es de cal o cemento, en obra se la llama **lechada**, teniendo una aplicación muy limitada, como es el caso de los empastinados de juntas de solados y/o revestimientos. En cambio, la pasta de yeso es intensamente usada en el revoque de interiores, siendo mal denominada como mortero de yeso, cuando en rigor, técnicamente, es un enduido de yeso (pasta).

Aditivo o adición es el producto complementario que se agrega a morteros y hormigones, para mejorar ciertas propiedades u obtener otras que por sí solos no tendrían; por ejemplo, impermeabilizantes, incorporadores de aire, plastificantes, aceleradores de fragüe, etc.

Materiales como la arcilla (componente importante de muchos suelos) y el polvo de ladrillo son considerados generalmente como agregados. El primero, tiene una evidente propiedad aglomerante, en cambio el segundo da características hidráulicas a los morteros que integra. Ambas propiedades son muy aprovechadas por los constructores, y aun poco estudiadas por los laboratorios. Actualmente su uso y aplicación ha declinado muchísimo.

A su vez, la necesidad de lograr definidas condiciones de aislación térmica, acústica, dureza, etc., ha impuesto el uso de otros agregados especiales, como copos de poliestireno, vermiculita, granulado volcánico, limaduras metálicas, etc.

Finalmente, llamaremos **dosificación** a la proporción relativa de los distintos componentes que integran una mezcla. Esta proporción puede expresarse como una relación entre volúmenes, como una relación entre pesos o como una relación mixta de pesos y volúmenes.

El primer caso es preferido para la identificación de morteros. Un volumen de cal mezclado con dos de arena y uno de polvo de ladrillo se designa como **1:2:1** (cal, arena, polvo de ladrillo). Esta manera de especificar no da garantías sobre las proporciones efectivas de la mezcla (puesto que en un balde de cal puede haber más o menos de ésta, según cómo haya sido llenado y compactado). Esta objeción –que tiene particular importancia en el caso de los hormigones– es poco relevante en los trabajos del albañil, que son ejecutables correctamente con una gama apreciable de variaciones en la dosificación.

La dosificación en peso (por ejemplo: 320 kg de cemento portland, 750 kg de piedra partida, 620 kg de arena) da una seguridad definitiva en cuanto al contenido final de la mezcla, pues son medidas independientes del grado de compactación durante el manipuleo. Este modo de dosificación se usa sólo en hormigones de mezcla sobre proyecto y calidad controlada, y sólo para morteros especiales elaborados en fábrica.

El uso de la designación mixta (1.400 kg de cemento portland, 3 m³ de arena, 3 m³ de canto rodado) crea también una mayor seguridad sobre el contenido de ligantes en la mezcla. Se la usa en hormigones cuyas mezclas no han sido verificadas y en morteros de cal y cemento,

cuando se exige un mínimo para este último. En estos casos se admite que 1 m³ de cemento portland pesa 1.400 kg; las cales en polvo tienen pesos muy variados, que van desde los 450 a los 650 kg/m³. En cuanto a los métodos para la dosificación, es comúnmente usado el denominado *Coeficiente de Aporte*, para el cual remitimos al lector al libro *Cómputos y Presupuestos*, (Capítulo 6.2. Mortero), de los mismos autores de la presente obra..

1.2. MORTEROS

Si bien el estudio de los hormigones de aplicación estructural es una técnica avanzada y segura, no puede decirse lo mismo de los morteros, cuya selección se orienta por un sentido casi totalmente empírico, repitiéndose en obra lo que de antiguo se sabe que resulta adecuado. La confrontación posterior en el laboratorio de las mezclas usuales demuestra, sin embargo, que esta actitud no es totalmente equivocada. El estudio científico de los morteros –poco intenso como dijimos– no ha introducido modificaciones importantes en la selección de dosificaciones, pero ha permitido conocer mejor el porqué de ciertos comportamientos, confirmando además dos reglas que nuestros abuelos tenían ya por viejas y buenas:

1. Los mejores morteros son los de mayor resistencia mecánica.
2. Hay una relación volumétrica entre ligante y agregado, que no conviene sobrepasar, y es la de 1:4 (o sea, 1 volumen de ligante con no más de 4 de agregado).

Un mortero se fabrica para una finalidad determinada, siendo ésta la que determina sus propiedades requeridas, que pueden ser perfectamente logradas hoy con los productos comerciales disponibles. Cada ligante, cada inerte, transmite al mortero sus propiedades y en combinación permiten, dentro de límites técnicamente aceptables, lograr el conjunto de características requeridas para el mortero.

Las propiedades generalmente deseables para un mortero son las que se describirán a continuación, expresadas en un orden casual, no de preferencia, entendiéndose también que una misma mezcla puede presentar varias propiedades.

1.2.1. Propiedades básicas

Trabajabilidad. Es la propiedad preferida por los albañiles y los constructores. Difícil de definir, se refiere a la facilidad de operación para su aplicación en obra. Se la suele llamar también *plasticidad* o *docilidad,* significados que no deben ser confundidos con los que estos términos tienen en la tecnología del hormigón.

Las mejores condiciones de trabajabilidad resultan con el uso de las cales. Mejor si ellas son aéreas y no hidráulicas. La cal aumenta la capacidad de retención de agua, y ésta parece ser la forma más segura de medir la docilidad de un mortero.

Cuando una mezcla se elabora con una cantidad de agua mayor que la químicamente necesaria, aumenta su plasticidad. Por lo cual ésta puede lograrse aumentando la cantidad de agua, pero sólo dentro de ciertos límites, puesto que el agua excedente luego se evapora, dejando cavidades capilares (redes) que disminuyen otras propiedades, tales como la impermeabilidad, la resistencia mecánica, la durabilidad, etc..

Son también más trabajables los morteros con mayor contenido de ligante, pero el exceso de este compuesto lleva a mezclas antieconómicas y peligrosas desde el punto de vista de la contracción de fragüe, lo que es importante tener en cuenta.

Por último, la trabajabilidad de los morteros de cemento se puede lograr con adición de cal aérea en una proporción del 20% del peso del cemento; éste es el límite máximo de rebajamiento de un mortero de cemento autorizado por las normas alemanas, que no permiten así alterar en demasía las propiedades del cemento de la mezcla.

Durabilidad. La destrucción de las obras de albañilería comienza con la de los morteros, cuya meteorización (acción desintegradora) es más rápida que la de los mampuestos. Muchas de las lesiones de los viejos edificios son debidas a excesivos asientos de la mampostería producida por la obsolescencia de sus morteros en las partes donde la erosión es más intensa y/o la humedad más persistente, sobre los mismos.

Desde el punto de vista de la durabilidad, la cal aérea es el ingrediente menos recomendable de los morteros; sobre todo en aquellos lugares en que el material pueda estar expuesto a humedad crónica o a variaciones alternativas de la higrometría ambiente. De aquí que convenga siempre reforzar los morteros de cal aérea con algo de cemento (mínimo, 1/8 de este material); en rigor, no es conveniente el empleo de morteros de cal aérea solamente.

La durabilidad aumenta con la hidraulicidad del ligante; por ello, cuanto mayor sea la calidad hidráulica de éste, mayor será la duración del mortero. Es decir que el máximo de duración debe esperarse de las mezclas que sólo contengan cemento; y cuanto más pobre sea la calidad de una cal hidráulica, más convendrá el agregado de cemento (como con la aérea). En rigor, las cales que pueden conseguirse en algunas regiones (sobre todo las hidratadas en polvo que la Norma IRAM 1508 califica como clase "C") no deben usarse si no son reforzadas con cemento.

Adherencia. En el contacto entre mortero, mampuesto o revestimiento no se produce una combinación química, ya que las uniones se mantienen por adherencia puramente física. Un mortero plástico es un mortero inicialmente adherente, pero debe cuidarse que esta propiedad se mantenga a lo largo de la vida útil de cada parte de la obra. Los morteros trabajables por exceso de agua son los menos recomendables para la adherencia, la cual debe lograrse con una mayor riqueza de ligantes y, sobre todo, con el uso de buena cal y el agregado de cemento.

La costumbre de mojar bien los ladrillos o las piezas de revestimiento antes de colocarlas sobre la mezcla, obedece a la necesidad de que éstos no quiten agua al mortero, con lo que resultaría una mezcla poco adherente por fragüe defectuoso. Digamos, para completar este apartado, que la impermeabilidad, tan deseada, depende mucho del factor adherencia.

Nota: En España, esta propiedad se denomina *pegajosidad*.

Contracción. El cambio de volumen que sufren los morteros al secarse se traduce en el asiento de las mamposterías recientes y en el agrietamiento de los revoques, ("contracciones de fragüe"). Cuanto más rico sea el contenido de cemento, mayor será el riesgo de la contracción, y cuanto mayor sea la contracción del ligante en sí mismo, mayor será también la del mortero.

El exceso de agua se traduce en una mayor contracción durante el fraguado, con el efecto adicional de que también comprende un cambio de volumen (la carga tiende a reducir el tamaño de los huecos que el agua excedente dejó al evaporarse).

En la unión de obra nueva con obra vieja la contracción suele ser uno de los principales factores de agrietamiento. En estos casos, deben preferirse los morteros de muy pequeña contracción, especialmente en la submuración de paredes existentes.

Pero no sólo por contracción puede modificarse el volumen. También puede producirse hinchamiento, algo que en otros tiempos ocurría cuando la cal había sido mal apagada, tanto en la obra como en la fábrica. La constancia de volumen es esencial para la duración de los revoques y, en menor grado, para la estabilidad de las mamposterías. Todas las normas modernas –entre otras, las IRAM 1508 y 1626– recogen la importancia de este factor como determinante de la calidad de una cal y fijan límites a la variación volumétrica.

Un buen apagado del terrón vivo o el uso de cales en polvo de buena calidad son una excelente garantía.

Tiempo de fraguado. Lógicamente, ésta es una propiedad del aglomerante. Un cemento de fragüe rápido da a la mezcla, naturalmente, dicha característica. En condiciones normales, el endurecimiento no debe ser tan veloz que impida la eficaz puesta en obra, ni tan lento que afecte el desarrollo de los trabajos posteriores.

Actualmente, se prefiere un fragüe rápido para poder desarrollar la obra dentro de los plazos de construcción, cada vez más apremiantes. Excepcionalmente, se requerirá un endurecimiento francamente acelerado, en cuyo caso se recurrirá a ligantes o adiciones especiales (por ejemplo, cuando son de temer heladas en las horas siguientes a la aplicación).

La incorporación de cal aérea a las mezclas de cemento o yeso, produce retraso en el fragüe, particularmente deseable en el último caso; la incorporación de yeso a los morteros de cal produce la aceleración del proceso. Para retardar el fragüe del enduido de yeso es corriente aumentar la fluidez, agregando agua (práctica nociva, puesto que sacrifica las propiedades finales: resistencia y duración, muy disminuidas por la falta de compacidad de la pasta endurecida).

Este tiempo debe ser muy tenido en cuenta cuando se elaboran grandes cantidades de mezcla: morteros de cal deben prepararse para medio día, o un día a lo sumo si son de cal blanca (aérea o hidráulica); los morteros de cemento deben prepararse a medida que se los va necesitando. Mezclas de cemento y/o cal se preparan en la cancha, a veces muy alejada del albañil; los de yeso, en cambio, son tan rápidos que se elaboran prácticamente sobre el andamio.

Resistencia a la compresión. Es la propiedad comúnmente considerada como la más importante; es el indicativo más seguro de la calidad de un mortero. La impermeabilidad y la durabilidad dependen directamente de la resistencia. Tanto las normas alemanas (DIN) como las norteamericanas (ASTM) fijan resistencias mínimas para mezclas realizadas en fábrica.

La mampostería portante –muros de carga, muros de contención– requiere morteros de alta resistencia, es decir, morteros de cemento con alto contenido de este material (entre los 400 y 500 kg por m^3 de arena). En revoques se sacrifica la resistencia en pos de la plasticidad. El exigente servicio de un cimiento inundado o un revoque impermeable sólo se satisface con el uso de morteros de cemento.

Una dosificación generosa en ligante (no menos de 1:3) es la mejor garantía de resistencia, cualquiera que sea el tipo de aquél, no sobrepasando nunca la proporción 1:4.

1.2.2. Los morteros convenientes para cada tipo de trabajo

Al seleccionar una dosificación nos haremos siempre las dos siguientes preguntas (la primera de ellas siempre en primer término): cuál es el servicio exigido, y la segunda cuáles son los materiales disponibles.

Con el conjunto de ideas expresadas más arriba puede llegar a establecerse la mezcla adecuada para cada necesidad. De esas ideas surge también la advertencia de que pueden ser varias las mezclas capaces de satisfacer correctamente un mismo servicio. Ése es el motivo por el cual en los pliegos de condiciones no se limita la especificación a un solo tipo, sino que se incluyen varios, puesto que las condiciones particulares de trabajo –incluidas las momentáneas– y de los materiales, pueden aconsejar cambios al pie de la obra. (Así, por ejemplo, dos conocidos pliegos de condiciones, el de Obras

Públicas y el de Ejército, dan 5 morteros diferentes cada uno, para un mismo trabajo de mampostería, todos ellos adecuados.)

Sí se tendrán en cuenta las particulares características de cada aglomerante, por su capacidad para retener agua, sus condiciones hidráulicas, su resistencia, etc. Y, sin despreciar el *rendimiento* (por ejemplo, cantidad de cal necesaria para hacer 1 m³ de pasta fresca), el constructor no se dejará seducir por el hecho de que, por ejemplo, 1.000 kg de cal pueden darle más de 2 m³ de pasta, sin considerar las otras propiedades deseables.

1.3. CEMENTOS

Como hemos dicho, no obstante la propuesta del libro de no hablar específicamente de los materiales, haremos una excepción con el aglomerante más clásico: el cemento y sus nuevas variedades, indicando las cualidades específicas con respecto a su uso en morteros y hormigones.

1. *Cemento Portland Artificial Común* (IRAM 1503-CP40), el de más común empleo, por su adaptación a la mayor diversidad de usos, y cuando no se solicitan requerimientos especiales. Posee elevada resistencia, rápido endurecimiento, gran impermeabilidad y cohesión, con normal adherencia.

2. *Cemento Portland Compuesto* (IRAM 1730-CP40), con altos valores de resistencia, trabajabilidad, plasticidad (por mayor tiempo), siendo más untuoso, adherente, con menor exudación y buena estabilidad dimensional.

3. *Cemento para Albañilería* (IRAM 1685 y 1679), de uso exclusivo en mampostería, siendo una mezcla finamente molida de:

- Clinker de Cemento Portland
- Cementos Adicionales
- Yeso
- Rellenos minerales activos o no (*fillers*)
- Aditivos (como reguladores de fragüe)

Su uso otorga a los morteros mayor trabajabilidad, plasticidad, gran resistencia (superior a las cales), y buena adherencia, reemplazando en los mismos a la cal y/o mezclas reforzadas.

No es apto para estructuras.

Nota: El cemento para albañilería tiene cierta tendencia a separarse del Fe (hierro), dejando un espacio que podría permitir el acceso de aire y el desarrollo de un proceso corrosivo.

4. *Cemento Portland Súper* (alta resistencia inicial - IRAM 1646). Tiene a los 7 días lo que el cemento portland común otorga a los 28 días, por lo que es indicado cuando existe necesidad de una puesta en servicio más rápida.

5. *Cemento Portland Blanco* (IRAM 1503 y 1691-CP40), de similares características y propiedades que el cemento portland común, salvo su propia coloración (que admite otras pigmentaciones) y, obviamente, su costo.

Su uso estructural está garantizado por la resistencia a la compresión, que a los 28 días presenta una mínima de 40 MPa, y la flexotracción, de 6,4 MPa (IRAM 1622) (1 MPa $\approx$ 10 kg/cm²).

6. *Cemento Blanco* (IRAM 1600), no apto para estructuras, sino para trabajos complementarios, revoques símil piedra, empastinados de mosaicos, etc.

7. *Cemento Portland con "Filler Calcáreo"* (IRAM 1592 - CP30). El agregado del filler calizo (material mineral finamente dividido), actúa sobre las propiedades del cemento ya que regula su fraguado y mejora la cohesión (por ende, la impermeabilidad), al lubricar las partículas de la pasta intersticial; ofreciendo además una mayor facilidad de colocación (trabajabilidad).

Por la menor contaminación ambiental que produce su proceso de fabricación, también se lo considera un *cemento ecológico*.

Apto para todo tipo de fundaciones y para uso general; sólo se recomienda no usarlo en presencia de ácidos orgánicos o inorgánicos.

8. *Cemento Portland con escoria de Altos Hornos* (IRAM 1636 - CP40). Además de ofrecer una gran resistencia a la reacción álcali-sílice, al utilizar en su composición un subproducto de la industria siderúrgica permite un importante ahorro energético y de materias primas, al igual que una menor contaminación ambiental, de ahí que se lo suelo llamar el *cemento verde*.

De uso general en la construcción, pero en particular en:

- Obras donde se encuentre sometido a medios agresivos y no sea necesaria una alta resistencia inicial. Hormigones masivos (fundaciones, suelo cemento, etc.)
- Plateas
- Pozos romanos
- Inyecciones al suelo, etc.

9. *Cemento Portland Puzolánico* (IRAM 1651-CP30), producto de la molienda conjunta de clinker cemento portland, sulfato de calcio y puzolana activa (roca volcánica pulverulenta).

Otorga más trabajabilidad y plasticidad a los morteros y hormigones, al tener mayor tiempo el agua de empaste con moderado calor de hidratación. Además, la presencia de puzolana mejora notablemente la impermeabilidad.

De uso general en la construcción, pero particularmente en obras que requieran durabilidad e impermeabilidad y donde no sea muy necesaria una alta resistencia inicial, como:

- Pavimentos
- Alcantarillados

10. *Cemento Portland Puzolánico (4 Normas)* (CP30 - IRAM1503/1651/ 1669/1670/1671). A las excelentes propiedades del Cemento Portland Puzolánico (punto anterior) agrega otras, al ajustarse a mayor número de normas, mejorando además su resistencia a los sulfatos y a las reacciones álcali-agregado.

De uso general en la construcción y además en:

- Fundaciones en terrenos agresivos (suelos sulfatados, aguas selinitosas)
- Obras en contacto con agua de mar (pilotajes, escolleras, muelles, etc.)
- Desagües industriales
- Desagües pluviales o cloacales
- Plantas de líquidos cloacales
- Piletas para el tratamiento de aguas
- Obras en frigoríficos y/o plantas de la industria alimenticia
- Hormigones confeccionados con agregados que contienen sílice reactivo.

11. *Cemento Portland ARS* (IRAM 1669 - Parte - CP40), de alta resistencia a los sulfatos.

De uso general en la construcción, pero particularmente en casos de:

- Presencia de agua y/o suelos con sulfatos
- Piletas industriales y/o de tratamiento de aguas
- Conductos de desagües pluviales
- Plantas cloacales.

En el siguiente cuadro se resumen los principales usos y/o aplicaciones de los distintos tipos de cemento que hoy nos provee la industria.

Actualmente, los laboratorios están trabajando sobre un cemento de características inéditas, como ser la flotabilidad en el agua por su menor densidad, mediante el agregado de látex y fibras poliméricas en su composición, que además le otorgan gran elasticidad y flexibilidad.

Las perspectivas y aplicaciones de este nuevo cemento serían vastísimas. Pensemos solamente que en el siglo XX se intentó la fabricación de barcos de hormigón armado, que resultaron ser muy baratos, aunque la baja elasticidad del portland con relación a las planchas de acero hizo abortar la iniciativa. Ahora, el nuevo cemento reabre las posibilidades de éxito total del emprendimiento anterior.

Clase I	• **Cemento Portland Artificial**: es el cásico y el más comúnmente usado. • **Cemento Portland Compuesto**: mejora notablemente las propiedades del artificial. • **Cemento Portland Super**: similar al anterior, pero de mayor resistencia inicial. • **Cemento Portland Blanco**: similar al común, pero de color blanco. • **Cemento Blanco**, para usos no estructurales.
Cementos "verdes"	• **Cemento Portland con Filler Calcáreo**: apto para uso general y especialmente en fundaciones; no apto en presencia de ácidos (orgánicos e inorgánicos). • **Cemento Portland de Altos Hornos**: para uso en obras que requieran particular resistencia, como por ejemplo a las reacciones álcali-sílices; ideal para hormigones masivos como fundaciones, plateas, pozos romanos, suelos-cemento, inyecciones de suelo, etc.
Puzolánicos	• **Cemento Portland Puzolánico** (con sulfato de calcio y puzolana activa): muy impermeable y durable; apto para pavimentos y alcantarillas. • **Cemento Portland Puzolánico (4 Normas)**: versión mejorada del anterior, especialmente en lo que respecta a la resistencia a los sulfatos y a los álcali-agregados (como el de escoria de altos hornos). Apto para: fundaciones en terrenos agresivos (sulfatos y/o selenitosos); pilotines y/o obras en agua de mar; desagües pluviales y cloacales; frigoríficos y otras plantas industriales alimenticias. • **Cemento Portland AR5:** ofrece una alta resistencia a los sulfatos; producto similar a los puzolánicos.
Albañilería	• **Cemento para Albañilería**: apto para trabajos de mampostería, pero no para estructuras de hormigón.

1.4. CLASIFICACIÓN DE MORTEROS

1.4.1. Clasificación cualitativa de morteros

a) Mortero de Cal Hidráulica
b) Mortero de Cal Aérea
c) Mortero de Cemento
d) Mortero de Yeso

Para lograr determinadas propiedades a veces es necesario utilizar en el mismo mortero más de un aglomerante y/o inertes, obteniendo así los siguientes tipos de morteros:

Reforzados (R):

Cuando al mortero de cal o yeso se le agrega como "aglomerante secundario" **cemento**, adquiere mayor resistencia.

Atenuados (A):

Cuando al mortero de cemento o yeso se le agrega como "aglomerante secundario" **cal aérea**, adquiere mayor trabajabilidad y se retarda su tiempo de fraguado.

Mixtos (M):

Cuando al mortero de cal o cemento se le adiciona como "agregado secundario" **polvo de ladrillo** (además de arena), adquiere mayor trabajabilidad, cuando es un mortero de cal hidráulica o de cemento, y propiedades hidráulicas, si se trata de un mortero de cal aérea.

Impermeables (I):

Cuando al mortero de cemento se le agregan aditivos hidrófugos, adquiere total impermeabilidad.

Las letras entre paréntesis son las siglas que utilizaremos para la designación de los distintos tipos de morteros y hormigones, según la Norma IRAM 1513P (proyecto de norma).

Los distintos tipos de morteros se designan con dos, tres o cuatro letras. La primera de ellas corresponde a la palabra *mortero* (**M**); la segunda indica el *aglomerante principal* (**A** = Cal Aérea, **H** = Cal Hidráulica, **C** = Cemento, **Y** = Yeso); la tercera y la cuarta designan las propiedades particulares que hemos denominado **R** = Reforzado, **A** = Atenuado, **M** = Mixto, e **I** = Impermeable.

Por ello, según la norma citada tenemos:

• Morteros aéreos

MA: mortero de cal aérea	(cal aérea + arena)
MAR: mortero de cal aérea reforzado	(cal aérea + cemento + arena)
MAM: mortero de cal aérea mixto	(cal aérea + arena + polvo de ladrillo)
MARM: mortero de cal aérea mixto reforzado	(cal aérea + cemento + arena + polvo de ladrillo)

• Morteros hidráulicos

MH: mortero de cal hidráulica	(cal hidráulica + arena)
MHR: mortero de cal hidráulica reforzado	(cal hidráulica + cemento + arena)
MHM: mortero de cal hidráulica mixto	(cal hidráulica + arena + polvo de ladrillo)
MHMR: mortero de cal hidráulica mixto reforzado	(cal hidráulica + cemento + arena + polvo de ladrillo)

• Morteros de cemento

MC: mortero de cemento   (cemento + arena)
MCA: mortero de cemento atenuado   (cemento + cal aérea + arena)
MCI: mortero de cemento impermeable   (cemento + arena + hidrófugo)

• Morteros de yeso

MY: mortero de yeso   (yeso + arena)
MYR: mortero de yeso reforzado   (yeso + cemento + arena)
MYA: mortero de yeso atenuado (cal fina) (yeso + cal aérea + arena)

Nota: Aquí cabría incluir a la *pasta de yeso* (yeso + agua) o *enduido de yeso*, mal llamado mortero.

1.4.1.1. A esta clasificación cualitativa debemos agregar los siguientes morteros:

• Morteros de cemento de albañilería: elaborados con el aglomerante que denominamos Cemento de Albañilería más el agregado fino (arena).

• Morteros refractarios: elaborados con Cemento Refractario y polvo de material refractario.

• Morteros aislantes: elaborados con un aglomerante (cal, cemento, etc.), con arena y/o un inerte con propiedades aislantes (termo-acústico, contra fuego, etc.).

1.4.2. Clasificación cuantitativa de morteros

Para cada tipo de trabajo o campo de aplicación, los morteros deben presentar determinadas características de resistencia, trabajabilidad, tiempo de fragüe, adherencia, impermeabilidad, etc.; para lograr el producto adecuado es necesario determinar la correcta proporción cuantitativa de cada componente, o sea su precisa dosificación.

La relación o proporción (en volúmenes aparentes) denominada **"básica"** es de **1:3** (**1** parte de aglomerante y **3** de inertes), la que nos da las mejores condiciones de "resistencia y adherencia" que hemos mencionado al principio. Pero esa relación básica debe ser modificada a fin de lograr algunas de las otras condiciones necesarias, según el destino final de utilización del mortero. Una inadecuada relación de cantidad de los componentes da lugar a deficiencias que luego cuesta mucho reparar (fisuras, desprendimientos, derrumbes, etc.). A los morteros de relación mayor de 1:3 (ejemplo: 1:4, 1:5) se los llama **"magros"**, y los de menor relación 1:3 (ejemplo: 1:2, 1:1) son denominados **"grasos"**. Gracias a los ensayos de laboratorio, la experiencia de obra, las normas, los reglamentos y las sugerencias de los fabricantes se posibilitó la confección de "Tablas de Morteros Usuales", considerando los distintos campo de aplicación.

De estas tablas, las más conocidas en el país son las contenidas en el "Pliego Tipo de Especificaciones Técnicas", del ex Ministerio de Obras Públicas de la Nación, y seguramente lo van a ser también las recientemente publicadas por CICI-HA (Centro de Investigación de la Construcción Industrializada en el Habitat –ex Bowcentrum Argentina–, del sistema de centros del INTI), que se incluyen en este trabajo. También es necesario tener en cuenta las exigencias que expresamente se indican en el Código de la Edificación (ejemplo: Art. 8.2.1, entre otros).

1.4.2.1. Ordenamiento de los componentes

Es casi universal mencionar en primer término el o los aglomerantes, luego el o los agregados, y por último los aditivos.

- Aglomerante **principal**
- Aglomerante **secundario** (si existe)
- Agregado **fino principal** (Arena)
- Agregado **fino secundario** (si existe)
- Agregado **fino especial** (si existe)

Este ordenamiento, cumplimentado con la "sigla" de la Norma IRAM y las proporciones (en volumen aparente) de los componentes, nos permite identificar, *cualitativamente y cuantitativamente*, los distintos tipos de morteros. Puede observarse que *necesariamente* hay un aglomerante y un agregado, y *accesoriamente* otro aglomerante y/u otro agregado que, generalmente, intervienen en una proporción volumétrica cuantitativamente menor que la de los dos primeros.

Ejemplos:

MC 1:3

La sigla **MC** nos indica que se trata de un *mortero de cemento*; el número **1**

puesto en primer orden nos indica que representa el *aglomerante (cemento),* y el **3** puesto en segundo orden se refiere al *agregado (arena).*

MHR 1/4:1:3 ó 1:1/4:3

La sigla **MHR** nos indica que se trata de un *mortero hidráulico reforzado (cal hidráulica + cemento + arena).* Por tratarse de un mortero hidráulico debe comprenderse que el número **1** representa la proporción en *volumen de cal hidráulica,* pues es mayor que **1/4**, que representa el *cemento* y cuya finalidad es la de "reforzar" el mortero hidráulico; y el número **3** indica la proporción volumétrica de *arena.*

MAMR 1/8:1:3:2 ó 1:1/8:3:2

Es un *mortero aéreo mixto reforzado (cal aérea reforzada con cemento + arena como agregado fino principal + polvo de ladrillo como agregado fino secundario).* Lo mismo que en el caso anterior, los *primeros dos números* representan los *aglomerantes,* siendo *el principal,* por su mayor proporción volumétrica, **1** (*cal aérea*), mientras que *el secundario* (pues refuerza a la cal aérea) es **1/8** (*cemento*), y los *segundos dos números* representan el *agregado fino,* con la proporción **3** (*arena*) y **2** (*polvo de ladrillo*), respectivamente.

1.4.3. Otros tipos de morteros

Las tablas mencionadas contienen una gran variedad –cualitativa y cuantitativa– de morteros que utilizan como aglomerante el cemento, la cal aérea y la cal hidráulica, pero no así el yeso y el cemento de albañilería, materiales que tratamos a continuación.

Mortero de yeso

Encuentra su principal campo de aplicación en la ejecución de revoques gruesos (jaharros) y revoques finos (enlucidos) de paredes y cielorrasos, como también en la construcción de molduras y otros elementos de tipo decorativo, pero siempre en los interiores de locales, donde no hay peligro de humedad. Pero, como ya se dijo, los elementos que se construyen con yeso tienen muy escasa resistencia mecánica y al desgaste, y además la sola exposición en ambientes húmedos los disgrega. La gran ventaja que poseen es la de ser fácilmente trabajables, por lo cual se logran terminaciones detalladas.

El yeso, como sabemos, puede emplearse sin el agregado de inertes, empastándolo solamente con agua, con el inconveniente de fraguar muy rápidamente (de 2 a 20 minutos). Para retardar este tiempo se suele agregar "agua de cal" o "agua de cola", la que además de retardar el fragüe, confiere al material mayor resistencia al desgaste.

Para la ejecución de jaharros y con la finalidad de economizar yeso se lo suele mezclar integrando un *mortero de cal aérea* de composición **1:1/3:2** (**1** parte de *yeso* + **1/3** de *cal aérea* + **2** partes de *arena,* generalmente fina), denominándose en obra "a la cal fina". Para jaharros, a veces se utiliza el yeso negro o gris (más económico), aunque comercialmente no está difundido.

Mortero de Cemento de Albañilería

Al tratar el tema de aglomerantes ya vimos su composición, cualidades y campo de aplicación, dejando debidamente establecido que se trata de un aglomerante que no reemplaza el *cemento portland* y que por lo tanto no debe ser empleado en la ejecución de vigas, losas, columnas, etc., debiéndose limitar su uso a trabajos de albañilería.

Ya dijimos, además, que este tipo de morteros no tiene buena adherencia con el Fe (hierro), se separa de él y luego el "hueco" que queda entre ambos materiales lo ocupa el aire, con el consecuente riesgo de corrosión.

La relación volumétrica entre el cemento de albañilería y la arena, de acuerdo a los distintos tipos de trabajos, es la siguiente:

1:5 para revoques gruesos, submuración, tabique o ladrillo hueco, bloques, carpetas, etc.;

1:7 para mampostería en general (de más de 30 cm).

Nota: Valores máximos recomendados.

Sugerimos ver, más adelante, la tabla de aplicación.

1.5. RECOMENDACIONES

Para los trabajos más comunes son recomendables los siguientes morteros, tal como se indica:

Albañilería de ladrillos comunes en trabajo exigente

Muros fuertemente cargados (submurales), cimientos inundables, obras hidráulicas en general y toda situación en que sean necesarias las siguientes características: gran resistencia mecánica (puesto que se trata de obras portantes);

fragüe rápido (para no retardar la inmediata puesta en servicio); alta durabilidad (porque la ruina del material significaría la de la propia obra); impermeabilidad (para que el agua capilar o libre no destruya la masa por arrastre). El cemento portland es, en estos casos, obligatorio; y si el suelo es agresivo, habrá que seleccionar el tipo de cemento más apropiado, según lo indicado en 1.3.

Dosaje aconsejado:

1 parte de cemento portland,
3 partes de arena gruesa.

Albañilería de ladrillos comunes en elevación

Y también para cimientos con poca carga y en suelo seco; muros de simple cerramiento destinados a ser protegidos por revoque o revestimiento.

1 parte de cal hidráulica,
3 partes de arena de grano grueso,
1 parte de polvo de ladrillo.

Si la pared es exterior y con los ladrillos aparentes, agréguese por lo menos 1/4 parte de cemento portland.
Si sólo se dispusiera de cal aérea úsese:

1 parte de cal aérea,
2 partes de arena gruesa,
2 partes de polvo de ladrillo,
1/8 ó 1/4 parte de cemento portland.

Nota: De no disponer de polvo de ladrillo, reemplazarlo por arena.

Tabiquería de ladrillos huecos

Aunque no son elementos portantes, por su poco espesor es necesario dotarlos de buenas juntas; de no ser así, un tabique a panderete, por ejemplo, ofrecería muy poca estabilidad y una muy baja resistencia a los golpes. Se recomienda:

1/2 parte de cemento portland,
1 parte de cal hidráulica,
4 partes de arena gruesa.

Naturalmente, una parte de arena puede reemplazarse por otra de polvo de ladrillos, con lo cual aumentará la plasticidad e hidraulicidad, muy deseable en este caso.

Arcos, bóvedas, pilares

Son otros elementos portantes con una exigencia fundamental de resistencia, y que por las dificultades que presentan para su ejecución necesitan de una muy buena trabajabilidad. Se indica:

1 parte de cemento portland,
1 parte de cal hidráulica,
5 partes de arena gruesa.

Nota: Si se agregase una parte más de arena (1:1:6), la relación *ligante:agregado* es 1:3, semejante a la primera de las mezclas comentadas; en cambio aquí ahora tenemos 1:2,5, obviamente de mejor capacidad.

Jaharro exterior:

Para servir de base a un enlucido con material de frente, tipo "símil piedra":

1 parte de cemento portland,
1 parte de cal hidráulica,
5 partes de arena mediana.

Esta mezcla es idéntica, salvo en la granulometría de la arena, a la anterior; mandan también, en este caso, la severidad del trabajo y la necesidad de plasticidad, sin la cual no se podría trabajar.

1.6. MORTEROS ESPECIALES

Para el uso de mezclas de destino muy particular, como son por ejemplo los morteros aislantes, ignífugos, refractarios, etc., o pisos antiabrasivos, antiácidos o antichisposos, las dosificaciones convenientes vienen indicadas por el fabricante del agregado, a cuyas instrucciones será prudente ajustarse estrictamente.

A modo de ejemplo tomemos:

Mortero de vermiculita
Tiene su campo de aplicación en la ejecución de revoques gruesos aislantes.

Es un mortero de cemento, en el que se sustituye la arena por vermiculita (material de origen mineral).

Al tratar este inerte se destacó que se obtienen morteros de muy escasa resistencia, por lo que su uso está exclusivamente limitado a la ejecución de revoques gruesos, aislantes termo-acústicos y sobre paramentos interiores. Cabría agregar que también posee características ignífugas.

El mortero se prepara mezclando en seco la vermiculita, el cemento y la cal aérea; luego se empasta esta mezcla con agua, en la que previamente se ha diluido el aditivo líquido (incorporador de aire).

La relación de componentes recomendados por los fabricantes son:

1	bolsa	de vermiculita 0,1 m³	
25	kg	de cemento	1/2 bolsa de 50 kg
15	kg	de cal aérea hidráulica	1/2 bolsa de 30 kg
0,2	litros	de aditivo incorporador de aire (*verlig*)	
50	litros	de agua (aproximadamente)	

1.7. MORTEROS PREMEZCLADOS

Finalmente, en la actualidad el mercado dispone de morteros monocapas preparados (premezclas formuladas en seco), cuyos tipos varían según su fabricante, y a los cuales en obra se les adiciona solamente el agua. Estos preparados pueden cumplir varias funciones, como ser revoques interiores (2 en 1), exteriores (3 en 1), ambos tipos monocapa; o morteros de asiento, carpetas, fijaciones, etc.

1.8. HORMIGONES

La tecnología del hormigón es una ciencia cuya complejidad excede los límites de esta publicación. Remitiéndonos a la literatura especializada, destacaremos solamente la importancia que tiene para la economía y la seguridad el conocimiento profundo de sus materiales constituyentes, su proporción relativa, y el control de las condiciones de elaboración y puesta en obra de la mezcla. Nos limitaremos pues a dar una información sumaria que se complementa con la del Capítulo 3.

Las propiedades generalmente más deseadas para un hormigón, y especialmente para los estructurales, son dos: la *resistencia* y la *durabilidad*. Y dado que se trata de un material destinado a ser colado dentro de moldes (encofrados), luego de una elaboración y un transporte, a las dos propiedades mencionadas anteriormente agregaremos una tercera –temporaria, puesto que se refiere al hormigón fresco–, la *trabajabilidad*.

Otras propiedades más específicas pueden requerirse de hormigones especiales, pero que momentáneamente están fuera de nuestro interés.

El indicativo más común de las propiedades de un hormigón en servicio es la *resistencia* a *la compresión,* y son varios los factores que contribuyen a determinarla, como ser:

La edad. A partir del momento en que comienza a comportarse como un sólido (endurecimiento), la resistencia a la compresión aumenta constantemente con el tiempo, en un proceso que puede durar años. Cuando se quiere definir un número que mida la resistencia, es necesario, entonces, considerar la edad. Este aumento es importante, sobre todo en las primeras semanas; con fines comparativos y para dar una base cierta al cálculo estático se toma la resistencia a los 28 días. A partir de esa edad, ya no se la toma en cuenta (aunque puede alcanzar incrementos muy importantes), pues se entiende que en la obra ya recibió la plena carga.

La relación agua/cemento. La experiencia ha demostrado que el cociente entre la cantidad de agua (en kilogramos) y la cantidad de cemento (también en kg), llamada relación *agua/cemento* (que indicaremos como a/c), es uno de los más importantes factores en la regulación de la resistencia final del hormigón, tanto que se la usa como base para el proyecto de mezclas. Se trata de una relación que, si bien en los morteros es formal, no ocurre lo mismo en los hormigones estructurales, donde es determinante para su resistencia. Si hiciéramos dos mezclas absolutamente iguales en calidad y cantidad relativa de sus componentes, *sería más resistente aquella que fuese elaborada con menor cantidad de agua.* Es decir, desde el punto de vista de la resistencia, son más convenientes las mezclas secas; sin embargo, son muy difíciles de colocar y trabajar, y para obtener de ellas su potencial resistencia deben ser muy enérgicamente compactadas, lo que las hace antieconómicas. Con una relación $a/c = 0,25$ la mezcla ya es plástica, pero no muy trabajable; para ello debería llevarse a 0,50.

La calidad del cemento. Este factor contribuye en alto grado a mejorar la calidad del hormigón; algunas de las propiedades de éste son directamente dependientes de las del cemento (como, por ejemplo, el tiempo de fraguado). En igualdad de condiciones, el cemento más resistente proporciona hormigones más resistentes.

La calidad del cemento es un complejo que queda definido por la conocida serie de ensayos de laboratorio, principalmente los de compresión y fineza. Hoy, como ya vimos, disponemos de distintos tipos de cemento que cubren variadas necesidades.

La cantidad de cemento. Se trata de la proporción de cemento dentro de la mezcla; a mayor cantidad de cemento, mayor resistencia (consecuencia natural de la disminución de la relación a/c). La cantidad de cemento está, sin embargo, limitada no sólo por razones de economía, sino también por otras de tipo técnico, ya que un hormigón muy rico en cemento, por ejemplo, está sujeto a una gran contracción, con el consiguiente agrietamiento. Como la cantidad de cemento es un número relativo (puesto que forma parte de una dosificación), para establecer la que sea más conveniente se proyecta la mezcla en laboratorio, o en la práctica de obra.

La naturaleza de los agregados. Los granos más finos requieren más mortero para su total envoltura; a su vez, los granos muy grandes pueden ofrecer probables planos de clivaje (plano de corte), y los agregados absorbentes de agua hacen bajar la relación a/c, aumentando la resistencia del hormigón. En cuanto a las sustancias extrañas en los áridos, su presencia afecta a la calidad final del hormigón.

La durabilidad. Se impone en todas las partes de una obra, pero por la particularísima función del hormigón en el edificio, las exigencias se hacen más severas. Se trata de un material estructural, cuyas lesiones pueden comprometer la total estabilidad de la construcción, y a veces no son de fácil o económica corrección.

Dichas lesiones pueden ser producidas por falta de recubrimiento y/o porosidad del hormigón, sobre las armaduras, quedando éstas expuestas a la corrosión, aumentando de esa manera la rapidez del deterioro.

El peor enemigo de la durabilidad es la porosidad. Una mala dosificación, un exceso de agua, un batido defectuoso, una apresurada puesta en obra y/o un mal curado, son las causas principales de la existencia de oquedades nocivas. En condiciones normales, la durabilidad es una función directa de la impermeabilidad (compacidad), y ésta se logra con una buena mezcla y una ejecución acorde con las reglas del arte (Capítulo 3). Se recomiendan, especialmente, una baja relación a/c, un apisonado y/o vibrado eficaz, justamente con un curado adecuado.

Sin embargo, todas las precauciones de elaboración y vaciado pueden resultar insuficientes en ambientes agresivos. En estos casos el remedio es la protección superficial con medios auxiliares (revoques, pinturas, revestimientos, etc.).

El material sufre más en los primeros períodos, cuando aún contiene mucha cantidad de cal libre (producto de las combinaciones químicas internas). Los ataques son particularmente intensos en presencia de agua, sobre todo si ésta se encuentra en movimiento, porque va arrastrando constantemente las sales que se generan y/o depositan.

Son agentes muy activos de destrucción los sulfatos de calcio, potasio, magnesio, cobre, cinc, aluminio, manganeso, hierro, níquel y cobalto. Los sulfatos están presentes en humos industriales, y pueden también ser generados por los sulfuros de las aguas servidas. También el agua de mar los contiene, produciendo, con la cal del cemento, partículas de yeso que al hincharse por hidratación van destruyendo la masa.

Ácidos como el sulfúrico, sulfuroso, clorhídrico y fluorhídrico desintegran el material.

El anhídrido carbónico disuelto en agua, como las aguas muy puras, son también sumamente nocivos (estas últimas actúan disolviendo la cal y arrastrándola).

Sustancias orgánicas, algunas de ellas de acción muy lenta, pueden llegar a destruirlo. En caso de duda se consultará sin vacilar con técnicos de probada especialización, quienes sabrán recomendar el tipo de cemento más adecuado a los ataques del medio.

Trabajabilidad (o docilidad). Como en el caso de los morteros, ésta es la propiedad que se relaciona con la puesta en obra, y debe ser entendida no sólo en el sentido de la facilidad de manejo por parte del operario, sino también en el de la seguridad del total llenado de los moldes, sin vacíos, y con las armaduras totalmente envueltas y cubiertas.

También, como en el caso de los morteros, es la propiedad preferida por los constructores, ya que un hormigón trabajable es un material de bajo consumo de mano de obra durante la colada.

Una mezcla puede ser trabajable por exceso de ligante y/o mortero (lo que la hace costosa), o por exceso de agua (con lo que baja la resistencia y aumenta el riesgo de disgregación durante el transporte, y de fisuración ulterior por secado).

Aunque no la miden directamente, los ensayos de *consistencia* dan una idea de la trabajabilidad; para determinarla se llena con el hormigón por ensayar un cono truncado hueco (cono de Abrams), abierto en ambas bases y apoyado sobre una superficie plana; al retirar el molde cónico, el hormigón se deforma y pierde altura. La diferencia entre la altura del cono y la del pastón deformado se llama *asiento* y constituye una medida de la consistencia. A hormigones muy secos corresponden asientos pequeños y aun nulos; a hormigones muy fluidos corresponden asientos muy grandes.

El proyecto de una mezcla debe incluir el asiento previsto, que se verifica con el cono al pie de la hormigonera. Ese asiento puede ser modificado por la pérdida de agua o cambio de homogeneidad durante el transporte, por eso el proyecto de la mezcla debe prever no sólo las dimensiones de la estructura y la complejidad de la armadura, sino también las condiciones del transporte (carros, canaletas, distancias, etc.), e incluso las de su puesta en obra (vibrado, etc.).

Dosificación. Nos limitamos a transcribir, de la *Cartilla del hormigón,* el principio básico de la dosificación: "hallar la combinación de cemento y agregados que satisfaga al máximo posible las exigencias de una estructura determinada, o de una serie de estructuras" (naturalmente, el término *combinación* no está aquí usado en su sentido químico, sino como relación de cantidades y calidades).

Extractamos también de la misma fuente, el resumen de los principales factores que se deben considerar:

- los requisitos concernientes a colocación;
- las relaciones recíprocas entre el contenido de cemento, la relación agua/cemento, la granulometría de los agregados y la cantidad total de agua por unidad de volumen;
- la resistencia necesaria;
- la calidad y/o tipo de hormigón requerido para soportar las condiciones a las que estará expuesto;
- consideraciones económicas.

Además, en la práctica de obra la cantidad de cemento difícilmente escape de los siguientes límites: 250 a 350 kg/m^3; por debajo de ese mínimo carece de calidad estructural e impermeabilidad, por ende de duración; exigencias muy excepcionales pueden requerir un contenido por encima del máximo indicado.

Y los límites para la arena son: 0,5 a 0,6 m^3/m^3; para el agregado grueso: 0,7 a 0,8 m^3/m^3, y para el agua entre 150 y 250 l/m^3.

Finalizaremos con un ejemplo. Para un hormigón estructural, una dosificación 1:3:3 (muy usual en la zona de Buenos Aires) no es recomendable, teniendo en cuenta la imprecisión de esos dosajes realizados "in situ", por lo que cabría reemplazarlo por una de 1:2,5:2,5. En cuanto al consumo por metro cúbico, resulta ser de aproximadamente 6 bolsas de cemento, 0,65 m^3 de arena y otro tanto de canto rodado.

Nota: Todos los datos corresponden a 1 m^3 de hormigón preparado.

Productos de adición. Los más comunes son los aceleradores de fragüe, los plastificantes (mejoradores de la docilidad), los incorporadores de aire (mejoradores de la docilidad, la impermeabilidad y la resistencia a las heladas), entre otros.

Para asegurar el resultado de un aditivo se recomienda ensayarlo con los materiales a emplear verdaderamente, bajo las condiciones de la obra, y por supuesto que sea de alguna marca comercial responsable (ajustándose estrictamente, en su aplicación, a las indicaciones del fabricante).

El empleo de aditivos debe ser hecho con criterio restrictivo, porque en general "las adiciones suelen dotar al hormigón de *una* propiedad determinada, en detrimento de *otras* propiedades del mismo" (Hummel).

1.9. CLASIFICACIÓN DE HORMIGONES

Los hormigones en obra podrán ser utilizados como:

- Contrapisos
- Cimientos
- Rellenos (cascotadas, por ejemplo)
- Aislaciones de pisos y techos
- Estructurales (armados, Cap. 3).

1.9.1. Clasificación cualitativa de hormigones

En base a los aglomerantes más utilizados (el cemento y la cal hidráulica), se los clasifica en:

- Hormigones de cal (identificados con las letras **HH**)
- Hormigones de cemento (identificados con las letras **HC**)

Y, por los mismos conceptos expresados para los morteros, se puede conferir a los hormigones propiedades particulares, según su destino final, adicionándoles otros aglomerantes y/o inertes, obteniendo así:

Reforzados (R)
Cuando al hormigón de cal se le agrega **cemento**.

Atenuados (A)
Cuando se le agrega **cal aérea** (para la trabajabilidad y retardo de fragüe).

Pobres (P)
Cuando en lugar de utilizar como agregado grueso piedra partida o canto rodado se utilizan **cascotes de ladrillo**.

Mixto (M)
Cuando se incluye **polvo de ladrillo** junto con la arena.

En base a lo expresado por la Norma IRAM 1513P (proyecto de norma), tenemos los siguientes hormigones:

Hormigones de cemento

HC: hormigón de cemento   (cemento + arena + piedra)
HCP: hormigón de cemento pobre   (cemento + arena + cascotes de ladrillo)
HCA: hormigón de cemento atenuado   (cemento + cal aérea + arena + piedra)

Hormigones de Cal:

HH: hormigón de cal hidráulica   (cal hidráulica + arena + piedra)
HHR: hormigón de cal hidráulica reforzado   (cal hidráulica + cemento + arena + piedra)
HHP: hormigón de cal hidráulica pobre   (cal hidráulica + arena + cascotes de ladrillo)
HHRP: hormigón de cal hidráulica reforzado pobre (cal hidráulica + cemento + arena + cascotes de ladrillo)
HHMR: hormigón de cal hidráulica mixto reforzado (cal hidráulica + cemento + arena + polvo de ladrillo + cascotes de ladrillo)

Nota: Por *piedra* entendemos piedra partida o canto rodado.

1.9.2. Clasificación cuantitativa del hormigón

Para cada campo de aplicación, los hormigones necesitan tener determinadas propiedades; en base a ello, es fundamental que la proporción de cada material que los compone sea la más adecuada. La relación o proporción (en *volúmenes aparentes*) denominada "**básica**" es **1:2:4** (**1** parte de *aglomerante,* **2** partes de *agregado fino,* y **4** partes de *agregado grueso*); es decir que la relación entre aglomerantes y agregados inertes es **1:6**. A los hormigones en los que la suma de los agregados inertes es mayor de **6** (por ej.: **1:8**), se los denomina "**ralos**".

Estas relaciones no son aplicables para los hormigones estructurales.

Atendiendo a los mismos conceptos vistos para el caso de morteros se confeccionaron las denominadas "Tablas de Hormigones Usuales", considerando su destino final en la obra, siendo las más empleadas las contenidas en el "Pliego Tipo de Especificaciones Técnicas" del ex Ministerio de Obras Públicas de la Nación y las del manual de "Análisis y Técnicas" del arquitecto Grau, que se incluyen en este trabajo.

En cuanto al **ordenamiento en la mención de los componentes** de los diversos tipos de hormigones, es similar al visto para los morteros:

- Aglomerante **principal**
- Aglomerante **secundario** (si existe)
- Agregado **fino** (si existe)
- Agregado **grueso**

Este ordenamiento, cumplimentado con la "sigla" de designación de la Norma IRAM 1513P (proyecto de norma) y las proporciones (en *volúmenes aparentes*) de los componentes, nos permite identificar, *cualitativa* y *cuantitativamente*, los distintos tipos de hormigones, en la misma forma vista que para el caso de los morteros.

1.10. TABLAS DE MORTEROS Y HORMIGONES

Nota: Los dosajes dados representan los valores máximos recomendados.

TABLA 1.1. Morteros usuales en los distintos trabajos

MORTEROS	Cemento	Cal Hidráulica	Arena fina	Arena mediana	Arena gruesa	Cal aérea	Hidrófugo	Cascotes de ladrillo	OBSERVA-CIONES
Carpeta para clavado de pisos de madera	1	1 1/2		5					
Carpeta de concreto	1			3					Para alfombra, agregar hidrófugo
Contrapisos de cascotes	1/4	1			3			10	
Impermeable bajo revestimientos	1		2				*		(*) Según catálogo del fabricante
Paredes en elevación c/bloques de hormigón prensado	1	1		6					
Paredes en elevación con cimientos en ladrillos comunes	1/4	1		3					
Paredes en elevación en ladrillos huecos	1/2	1		4					
Paredes en elevación en ladrillos comunes		1		4					
Revoque exterior a la cal (enlucido)	1/2		4			1			
Revoque exterior a la cal (jaharro)	1/4		3			1			
Revoque impermeable, azotado hidrófugo	1		2				*		(*) Según catálogo del fabricante
Revoque interior a la cal (enlucido)			2,5			1			
Revoque interior a la cal (jaharro)	1/4		3			1			

Nota: Los valores expresados son en volúmenes.

TABLA 1.2. Morteros con cemento de albañilería

USO	Cemento de albañilería	Arena	Agua	Cascotes
Muros	1	7	1,50	-
Tabiques y asentamiento de bloques	1	5	1,25	-
Revoque grueso	1	5	1,25	-
Revoque fino	1	3	1,25	-
Contrapisos	1	4	1,75	8
Contrapiso arcilla expandida	1	-	1,25	7 (arcilla expandida)
Carpeta bajo parquet	1	5	1,25	-
Alisado bajo techado asfáltico	1	5	1,25	-
Colocación de azulejos	1	3	1,50	-
Submuraciones	1	5	1,25	-

Nota: Los valores expresados son en volúmenes.

TABLA 1.3. Morteros con cal aérea y sus rendimientos

Mortero para...	Cal aérea	Arena fina	Cemento	Rendimiento en m² por bolsa		
Revoque fino	1	3	1/8	26,20		
Revoque bolseado	1	4	1/2	11,80		
Colocación de azulejos	1	3	1/8	12,00		
Mampostería	1	4	1/4	Común 0,15	8 X 18 X 32	12 X 18 X 32
				8,00	10,50	9,00
Revoque grueso	1	4	1/4	7,20		
Nota: Los valores expresados son en volúmenes.						

TABLA 1.4. Morteros y hormigones con cal hidráulica

Tareas	Dosificaciones orientativas recomendadas de Cal Hidráulica							
	Cal hidrául.	Arena fina	Cascotes	Cemento	CaL hidrául.	Arena gruesa	Cascotes	Cemento
Mortero de asiento	1	4	-	1/8	1	4	-	1/8
Revoque grueso	1	3,5	-	1/8	1	4	-	1/8
Colocación de mosaicos	1	3	-	1/8	1	3,5	-	1/8
Contrapiso interior	1	3	6	1/4	1	4	7	1/4
Contrapiso exterior	1	3	6	1/2	1	4	7	1/2
Nota: Con las arenas medianas se emplean dosis intermedias.								

TABLA 1.5. Morteros para tareas específicas de obra

Tareas	Cemento	Cal hidráulica	Arena mediana	Arena gruesa	Cascotes
Cimiento corrido	1/8	1	-	4	-
Banquina (cascotada)	1/2	1	3	-	6
Pared 0,30		1	-	3	-
Pared 0,15 y/o pared ladrillo visto	1/2	1	-	4	-
Ladrillo hueco	1/2	1	4	-	-
Ladrillo macizos	1	1	-	5	-
Nota: Los valores expresados son en volúmenes.					

TABLA 1.6. Morteros según norma IRAM, y sus rendimientos

SÍNTESIS MORTEROS

Utilización	Designación según norma IRAM 1513 P	Proporción en volumen							Material para 1 m³ de mezcla						
		Cemento portland	Cal aérea hidratada en polvo	Cal hidráulica hidratada en polvo	Arena fina	Arena mediana	Arena gruesa	Polvo de ladrillo	Cemento portland (kg)	Cal aérea hidratada en polvo (kg)	Cal hidráulica hidratada en polvo (kg)	Arena fina (m³)	Arena mediana (m³)	Arena gruesa (m³)	Polvo de ladrillo (m³)
Mampostería ladrillo común	MHM	-	-	1	-	-	3	1	-	-	169	-	-	0,833	0,278
Mampostería reforzada	MAMR	1/8	1	-	-	-	3	1	42	145	-	-	-	0,780	0,200
Recalces, azotados	MC	1	-	-	-	3	-	-	510	-	-	-	1,092	-	-
Tabiques	MHR	1/2	-	1	-	-	4	-	176	-	153	-	-	1,008	-
Jaharro interior	MAR	1/4	1	-	-	3	-	-	88	132	-	-	0,879	-	-
Enlucido interior	MAR	1/8	1	-	3	-	-	-	55	141	-	0,943	-	-	-
Jaharro exterior	MAMR	1/4	1	-	-	3	-	1	88	142	-	-	0,730	-	0,243
Enlucido exterior	MAR	1/4	1	-	3	-	-	-	90	144	-	0,920	-	-	-

TABLA 1.7. Hormigones usuales en trabajos de albañilería

Sigla	Dosificaciones: máximos recomendados													Usos
	Cemento portland	Cemento para albañilería	Cal hidráulica hidratada en polvo	Cal aérea hidratada en polvo	Arena fina	Arena mediana	Arena gruesa	Cascotes de ladrillo	Canto rodado / piedra partida	Arcilla expandida	Perlita expandida	EPS	Agua	
HHRP	1/2	-	2	-	-	-	3	6	-	-	-	-	-	Contrapisos s/ terreno; asiento de cimiento (H° de limpieza)
HHRP	1/4	-	1	-	4	-	3	5	-	-	-	-	-	Espesor mínimo 15 cm (s/ terreno firme)
HHRP	1/2	-	1/2	-	-	3	3	3	-	-	-	-	-	Asiento de máquinas
HCP	1	-	-	-	-	3	-	-	4	-	-	-	-	Espesor mínimo 15 cm / para pisos de cemento c/ malla de acero para terrenos flojos y/o presencia de arcilla expansiva
HC Albañ.	-	1	-	-	4	-	-	8	-	-	-	-	1 y 3/4	Contrapisos en general
HC	-	1	-	-	-	-	-	-	-	7	-	-	1 y 3/4	Contrapisos en general (térmico sin finos)
HC Albañ.	-	1	-	-	-	-	-	-	-	7	-	-	-	Sobre losas radiantes (mojar previamente la arcilla y empastar c/mínima cantidad de agua)
HHRP	1/4	-	1	-	-	4	-	8	-	-	-	-	-	Contrapiso para pisos mosaicos, mármol, cerámicos, etc.
H Arc. Exp	1	-	-	-	-	-	-	-	-	9	-	-	-	Granulometrías 3/10mm para contrapiso común 10/20 mm s/ losa, para pisos en general (bajo losa locales sanitarios)
H Arc. Exp	1	-	-	-	-	-	3	-	-	10	-	-	-	Granulometría 10/20 mm liviano, resistente
H Perlita	1	-	-	-	-	-	-	-	-	-	8	-	-	Con un mínimo de agua; otras dosificaciones: 1:4, 1:5, 1:6 (s/ usos)
H EPS	1	-	-	-	3	-	-	-	-	-	-	10	-	Otra dosificación: 1:3:8; ambas para contrapisos livianos y aislamiento

EPS = Poliestireno expandido.

TABLA 1.8. Hormigones según norma IRAM

SÍNTESIS HORMIGONES											
		Proporción en volumen					Material para 1 m³ de mezcla				
Utilización	Designación según norma IRAM 1513	Cemento portland	Cal hidráulica hidratada en polvo	Arena gruesa	Cascotes de ladrillo	Canto rodado	Cemento portland	Cal hidráulica hidratada en polvo	Arena gruesa	Cascotes de ladrillo	Canto rodado
							kg		m³		
Contrapisos, cascotada en zanja y/o relleno pozos, cimiento	HHRP	1/8	1	4	8	-	18	63	0,412	0,824	-
Zapatas, dados, bases	HC	1	-	2	-	4	288	-	0,411	-	0,822
Columnas, vigas, losas, etc.	HC	1	-	3	-	3	288	-	0,616	-	0,616

2. MAMPOSTERÍA

2.1. GENERALIDADES

El término *mampostería* deriva de *mampuesto* (puesto con la mano). Es una palabra que se usa para designar los trabajos de albañilería hechos por superposición de ladrillos o piedras del tamaño y peso necesarios para ser manejados por la sola mano del hombre. También es correcto llamarla *fábrica*. Sea que se trate de ladrillos comunes, ladrillos de máquina, ladrillos sílicocalcareos o piedras naturales, con ellos se forman las mamposterías que trataremos en este capítulo, juntamente con otras tecnologías (bloques de cemento, bloques cerámicos portantes, etc.). Día a día va la fábrica perdiendo importancia como medio útil para la sustentación y transmisión de cargas, desplazada por otros medios más rápidos, económicos, eficaces y versátiles; por ello es que cada día se ve más limitada a una función de mero cerramiento de vanos, aunque, por nuestra tradición ladrillera, seguirá aún su uso en obras de pequeña o mediana envergadura, integrando nuestro clásico sistema constructivo, cuyo referente expresivo es el ladrillo a la vista. En la función de simple cerramiento no es necesario extremar el rigor de la ejecución; muchas de las reglas del arte pierden fuerza y hasta se olvidan totalmente en la construcción de los pequeños tabiques divisorios de 2,60 m de alto y algo más de longitud que se usan en los edificios modernos.

Pero, eso sí, no debe olvidarse que todavía cumple una función muy importante en la construcción de muros de sótanos pequeños, y el sostenimiento de alcantarillados, obras refractarias, pequeñas viviendas y trabajos de conservación. Por ese motivo, conviene seguir estudiándola con algún detenimiento. Además, al ingeniero y/o arquitecto le interesa conservar este arte, dado que en el programa de viviendas que el país necesita desarrollar urgentemente habrá que echar mano de todos los recursos constructivos disponibles, y en este sentido la albañilería de ladrillos comunes puede hacer uno de los más importantes aportes, al igual que los bloques cerámicos

portantes, los bloques de cemento, los ladrillos y/o paneles de suelo-cemento, y aun el propio adobe. Todas constituyen tecnologías propias.

Lo que sigue es, en sus principios fundamentales, válido para toda clase de mamposterías, especialmente la de fábrica. En general son todas de compresión (salvo las fábricas armadas que absorben también esfuerzos de flexión), sujetas a las mismas reglas constructivas, en razón de su conformación por elementos pequeños. La disposición de éstos –llamada *traba* o *aparejo*– es la misma para todos los materiales considerados. Las ligeras diferencias que pueden encontrarse no cambian esta conclusión. Pero, si bien es cierta la validez general de estas reglas, digamos geométricas, de la albañilería, debe tomarse debida nota del tratamiento físico que requiere cada material, en donde las diferencias son ya bien evidentes (por ejemplo: el ladrillo común debe empaparse antes de colocarlo, mientras que el bloque de hormigón, en cambio, va seco), y así de seguido.

2.2. LAS TRABAS

Toda mampostería debe ser trabada (ley de la traba); es decir, no debe haber correspondencia entre las juntas verticales de dos hiladas sucesivas (las juntas verticales son llamadas *llagas,* y las horizontales, *tendeles*). La interrupción de las juntas verticales aumenta la resistencia del conjunto; la presencia de juntas verticales demasiado extensas facilita, en cambio, la formación de grietas. De esta manera se explica la necesidad de la trabazón y la mayor conveniencia de los aparejos a *soga* y *tizón* (*faja* y *punta*), con respecto al de *sardinel*, que requiere una gran cantidad de *llagas* muy próximas (apta para estructuras de arco, figura 2.3). Todo esto lo desarrollaremos más adelante.

El aparejo no puede ser cualquiera. Se relaciona con el espesor del muro, en muchos casos con su longitud, y cuando el mampuesto deba quedar a la vista, con la estética. Para este último caso pueden lograrse muy variadas combinaciones. Las reglas de las trabas más comunes pueden verse en las figuras 2.4 a 2.13. En todo caso debe ser preferido el aparejo que requiera menor número de medias o cuartas piezas (cuarterones), y si no median razones de arquitectura, prefiérase siempre el aparejo más sencillo.

Si **"A"** es el largo del mampuesto, **"B"** su ancho y **"E"** el espesor de la junta, que es para el caso de ladrillos comunes (A ≈ 26,5cm, B ≈ 12,5cm)

$$E = A - 2B \qquad (26{,}5cm - 25cm) = 1{,}5cm$$

Éste es un valor teórico que sólo satisfacen los ladrillos de forma muy regular y/o parejos. Este espesor debe ser lo más pequeño que se pueda y compatible, claro está, con la granulometría de los agregados del mortero (figura 2.2).

Si el alto de un ladrillo es 5cm, y 2 cm el tamaño de la junta, en un muro de 12 m de alto –bastante común en obras urbanas de sótano– la altura total de las juntas alcanza más o menos 3,4 m. Si las llagas se hicieran, en cambio, de 0,5 cm, aquel total alcanzaría sólo a 1,1 m. Como el mortero se contrae al fraguar, es obvio que esta contracción tendrá un efecto tres veces mayor en el primer caso que en el segundo. El asiento consecuente tendrá la misma relación; de aquí la conveniencia de hacer las juntas con el menor espesor posible.

Los ladrillos de máquina requieren tendeles de muy poco espesor; los ladrillos comunes, en cambio, las necesitan más gruesas en razón de su irregularidad. En consecuencia, lo conveniente es, en términos generales, mampuestos de buena forma, volumen grande (para que haya menos juntas) y lechos delgados. Como máximo valor para el espesor de estos últimos deberá tolerarse alrededor de 15 mm, límite que corresponde al ladrillo común con el mampuesto más irregular (según vimos).

Nota: La construcción de muros con tabiques que deban estar trabados con aquéllos debe ser simultánea, tratando que al final de cada jornada todos queden a la misma altura, para uniformar de esa manera el valor de los asientos en toda la obra.

2.3. OPERATIVIDAD

El operario trabaja ayudándose con reglas, hilo, nivel y plomada, auxiliares todos para mantener la horizontalidad de las hiladas, la verticalidad de los paramentos y el espesor de las juntas (este último, de una gran importancia constructiva y también estética, cuando los mampuestos deban quedar a la vista). Para obtener un espesor uniforme con los tendeles, se coloca una regla en cada cabecera de muro con las hiladas marcadas y unidas por un hilo que, de esa manera, sirve de guía.

Si se trabaja con hilo sobre uno de los paramentos, la mampostería se llama *de un hilo*; si se trabaja con hilo sobre cada uno de los paramentos, el muro es *de dos hilos*. Esta última modalidad es usada solamente en muros con cámara de aire o cuando ambos paramentos van a la vista. Con nuestros ladrillos comunes, y debido a su falta de regularidad, el trabajo a dos hilos en paredes de 30 cm no es viable; generalmente sólo es posible trabajar bien en una de las dos caras (o sea, un hilo).

La fábrica debe marcar en su propia estructura los detalles de las futuras molduraciones, pilastras o rebajos, y no es conveniente que por errores de plomada o conformación sea necesario corregir los defectos con espesores excesivos de revoque. Las buenas reglas del arte aconsejan, para el caso de molduraciones complejas, trabajar con el molde de ellas como guía, para que el cuerpo de la albañilería se aproxime lo más posible a la forma futura de la moldura terminada. Las grandes cornisas se hacen empotrando sostenes de hormigón o hierro; del mismo modo, para el sostén de futuros elementos escultóricos se dejan piezas metálicas de soporte.

2.4. EL DINTEL

La construcción de un vano es el detalle más importante de la obra muraria, puesto que la debilita y crea el problema de sustentar la parte que queda por encima de la luz. Son dos los artificios empleados para este fin: el *dintel* y el *arco*.

Si el vano es rectangular, se usa el dintel, una estructura de flexión que funciona exactamente como una viga. Como la mampostería no es apta para esta clase de trabajo, el dintel se resuelve siempre con el agregado de una pieza independiente de hormigón armado, piedra o

hierro perfilado; en el caso de vanos de pequeña luz puede adintelarse la mampostería misma armándola con flejes o hierros redondos, o también con el enhebrado de los tubos de los ladrillos huecos, que luego se rellenarán con cemento (ver figura 2.17). En rigor, las dimensiones del dintel resultan de un cálculo estático; con una entrega mínima en el muro de 30 cm. La tabla 2.1, tomada del pliego de condiciones del Ejército, nos da las dimensiones mínimas para dinteles de hormigón armado, "siempre que la altura de la mampostería a soportar, no sea mayor que el ancho del vano y no graviten directamente otras cargas" (ver tabla 2.1).

2.5. EL ARCO

El arco (la viga de la mampostería) es, en cambio, una estructura eminentemente de compresión, esfuerzo que permite obtener el máximo rendimiento de la mampostería (en este caso, portante). Tanto el dintel como el arco son de construcción simultánea con la del muro; cuando éste llega a la altura requerida se le provee el dintel, y si se trata de un arco, se le aplica una *cimbra* que sirva de molde para formarlo, y una vez endurecido el mortero reforzado y asentada la fábrica, se la retira, pero no antes de tener la seguridad de que se ha producido el asiento natural (una semana por lo menos). El descimbre se hará de un modo suave y paulatino, para prevenir cualquier inconveniente y a su vez no provocar el efecto denominado "carga instantánea". Luego se continúa con el muro.

Aparejos para arcos pueden verse en la figura 2.24. Una traba más sencilla y corriente –aunque poco recomendable–

consiste en colocar todo a sardinel en uno, dos o más anillos concéntricos (*roscas*), según sean las necesidades de soporte (ver figura 2.23).

Hacer la cimbra es un problema de plantillado; para este último debe conocerse todo lo relativo al trazado geométrico de arcos, problema que dejamos al margen de este libro.

2.6. LA BÓVEDA

La fábrica no es apta sólo para muros, sino también para techos. Ya que un arco que se prolonga en sentido perpendicular a su plano se convierte en una *bóveda*, y un arco que gira alrededor de su eje vertical genera una *cúpula,* que no es más que una bóveda de planta circular.

Arcos y bóvedas tienen el mismo auxiliar constructivo: la *cimbra*. No obstante, el funcionamiento mecánico de la bóveda es más complejo, puesto que en el sentido de su longitud pueden producirse esfuerzos de flexión. Por este motivo, los aparejos más adecuados para realizar bóvedas son aquellos que perfeccionan la trabazón, no solamente en el plano de la directriz, sino también en el de las generatrices (ver figura 2.24). Es decir, debe prohibirse el aparejo por arcos (directrices) independientes y limitar en lo posible el uso de roscas independientes; o sea, deberán trabarse en todos los sentidos considerados.

Las bóvedas se construyen de una sola vez en toda su profundidad, apoyando la primera rosca sobre el encofrado; el desencofrado se hace también de una sola vez, luego de una semana de completados los últimos trabajos con la clave.

El *trasdós* (exterior) puede quedar aparente, mostrando el lomo de la fábrica (caso de los techos) o con los riñones llenos, con el objeto de tener por encima de la clave un plano horizontal (bóvedas para sótanos y puentes, por ejemplo).

El abovedado es un artificio inteligente, al extremo de permitir, con una correcta estereotomía, suprimir el uso de la argamasa. Su invención se atribuye a los sumerios; es curioso que la arquitectura moderna, a milenios de distancia, siga produciendo con ladrillos notables ejemplos, destacables no sólo por su belleza sino también por la audacia de la concepción tensional (ver, por ejemplo, obras del Ing. E. Dieste).

2.7. FÁBRICA DE PIEDRA

El uso de la piedra natural tiene antiguos y nobles antecedentes. Actualmente la empleamos poco, en parte debido a la falta de operarios competentes para su manejo, y también a que las grandes distancias entre las canteras y los lugares de consumo contribuyen en nuestro país a incrementar su costo. Además, la fábrica de piedra resulta demasiado pesada, en el sentido estructural y estético, para las necesidades y el gusto de nuestra época. Prácticamente, su uso está limitado al revestimiento de paramentos y solados, con placas que difícilmente superen 1cm de espesor, y aun menos. La aplicación de este emplacado se hará con la obra bien asentada, para evitar que la rigidez de la piedra favorezca el agrietamiento de la mampostería, o se dejarán espacios con la adecuada amplitud que se rellenarán con morteros reforzados, para facilitar no sólo el movimiento de la estructura, sino también la correcta colocación de las placas, en los casos de que sean de gran superficie y espesores de 1cm o más (ver Capítulo 10, figura 10.4).

La construcción de piedra permite el uso de este material tal como se lo encuentra en la naturaleza, sin más trabajo que el de la selección por tamaño (*opus incertum*), con muy ligero trabajo de labra (solamente en la cara hacia el paramento y en los primeros 10 cm en las juntas), o con mampuestos totalmente labrados. Si el bloque labrado es de grandes dimensiones, no manejable por un hombre, se lo llama *sillar*, y *sillería* es la mampostería resultante (la más alta expresión en el trabajo con piedra).

En toda la mampostería de traba irregular son de temer los deslizamientos, puesto que el peso de cada piedra produce empuje sobre las vecinas de un modo no controlado, caótico, cosa que no ocurre con los aparejos de lechos horizontales. Por ese motivo, lo corriente es enrasar el muro cada metro de altura, para tener los planos horizontales de equilibrio. En nuestra arquitectura colonial, hay buenos ejemplos de mampostería incierta, estabilizada con hiladas horizontales de ladrillos o adobe.

Toda mampostería irregular requiere trabajo de labra en algunos puntos singulares de la obra: jambas de aberturas, dinteles, encuentros en esquinas, arcos, etc.

Una descripción más detallada de la obra de piedra escapa del objetivo que nos hemos propuesto en esta obra.

2.8. LA MAMPOSTERÍA DE LADRILLOS COMUNES

En relación con la capacidad de soporte de este tipo de mampostería, téngase en cuenta la regulación municipal que en su momento se estableció, y que hoy totalmente dejaremos de lado, por las nuevas técnicas constructivas. No obstante ello, la damos a conocer:

"El espesor de un muro macizo de ladrillos comunes, depende de la cantidad y altura de los pisos a soportar. Los valores mínimos son los siguientes (por ejemplo, una obra de Planta Baja y 6 pisos altos requeriría):

0,30 m	6° P	para el piso superior;
0,30/0,45 m	5° P	para el piso inmediato inferior;
0,45 m	3° Y 4° P	para los dos pisos subsiguientes en orden descendente;
0,60 m	1° Y 2° P	para los dos subsiguientes;
0,75 m	P.B.	para los demás.

La indicación 0,30/0,45 m significa que el muro debe poseer un espesor de 0,30 m, si es que tiene aberturas o vanos que ocupen menos que la mitad de su longitud, (medidos acumulativamente en proyección horizontal); de superarlo, el espesor debe ser de 0,45 m.

Si un piso tiene una altura superior a 5 m, se computará como dos pisos.

No es infrecuente que el constructor deba servirse de viejas medianeras, con una carga de cinco y seis pisos, tal como se las construyó hasta la segunda década del siglo pasado, y que obviamente deberemos considerar como de simple cerramiento. (Ver tabla 2.2).

2.9. BLOQUES HUECOS DE HORMIGÓN

Construir con bloques huecos de cemento, mal llamados de hormigón, es una práctica de importancia y difusión crecientes, dado el mejoramiento tecnológico de su fabricación en sí, como la variedad estética conseguida en texturados, colores, etc. Este material posee excelentes condiciones de resistencia mecánica, aislación termoacústica e incombustibilidad, pudiendo lograrse con él condiciones de habitabilidad comparables con las de cualquiera de los materiales tradicionales. Ofrece, además, algunas ventajas que no pueden lograrse con estos últimos:

- La posibilidad de usar yacimientos locales como materia prima para su elaboración; esto lo hace insustituible en algunas regiones donde abundan la arena y materiales volcánicos u otros yacimientos que permitan su fabricación con razonable economía.
- La rapidez con que permite la erección de la mampostería, dada su liviandad en relación con su volumen; el bloque típico de 19 x 19 x 39 cm, pesa un promedio de 15 daN s/tipo de agregado y son necesarias 12,5 unidades para hacer 1 m² de pared.
- 1 m² de esta mampostería pesa no más de 200 kg (la mampostería común, 1.200 kg), con lo que se obtiene una economía adicional en las estructuras de sostén, si es que las hay; caso contrario, será el propio bloque el que cumpla esa función.
- Puede prescindirse de los revoques; nueva economía de tiempo y dinero.
- El moldeo de piezas "ad-hoc" le da una gran versatilidad, ya que permite soluciones de técnica perfecta en la ejecución de dinteles, encadenados, marcos, etc. A esto debe agregarse la posibilidad de proyectar conforme con un módulo que, en obra, será estrictamente respetado (*coordinación modular*).

Como inconvenientes, podemos citar su tendencia al agrietamiento, efecto eludible siempre que se sigan las instrucciones de técnicas correctas y se usen materiales de elaboración controlada.

Las propiedades, tanto como el ensayo y condiciones de recepción de los bloques huecos de cemento, han sido normalizados por la Norma IRAM 11.561, y las de su empleo en IRAM 11.556 y 11.583.

El máximo rendimiento de esta albañilería se obtiene cuando en el propio proyecto se ha tenido en cuenta su módulo, lo que permite usar el material sin cortes ni roturas peligrosas y/o costosas.

2.9.1. Recomendaciones de uso

Al momento de su empleo, los bloques no deben tener más humedad que la que naturalmente reste de su elaboración o hayan podido absorber de la atmósfera (en total, no más de 5%). En las estibas deben estar protegidos por la humedad del suelo y de la lluvia; del mismo modo, debe evitarse que se mojen durante la colocación y que las paredes recién hechas queden expuestas a la lluvia. Se usarán siempre unidades sanas, sin degradación en las aristas ni rajaduras. La presencia de agrietamientos en un solo bloque determinará la segura prolongación de este defecto en el resto de la pared.

La erección se hará manteniendo la correspondencia vertical de los agujeros. Esto permitirá el relleno con hormigón simple o armado, a modo de constituir refuerzos donde se lo considere conveniente (encuentro de muros, jambas de vanos, etc.). Estos refuerzos en unión con los encadenados a la altura de los cimientos, antepechos y dinteles constituyen una excelente solución al problema de la casa antisísmica. En muros y/o tabiques de mucha longitud conviene hacer uno de estos refuerzos verticales cada tres metros. En cuanto a los refuerzos horizontales –consistentes en un encadenado de hormigón armado (ejecutado con una pieza "ad-hoc")–, se harán a una altura equivalente a 13 veces el espesor del muro (aproximadamente 2,6 m). Tanto el refuerzo vertical (una de las características más interesantes del sistema), como los encadenados, permiten prescindir de la traba del aparejo (*junta recta*).

Para una correcta disposición de los encadenados, se tendrá en cuenta que el encuentro de muros con entrepisos o losas de techos, puede considerarse como reemplazando al encadenado.

Detalles de trabazón, entrega de los entrepisos sobre el muro y otros detalles pueden verse en las figuras 2.26 a 2.30, algunas de ellas tomadas de IRAM 11.556.

No es necesario que el mortero de la junta cubra totalmente la superficie superior del bloque; lo corriente es que se tomen solamente las dos fajas paralelas (de borde) a los paramentos.

Para prevenir la aparición de grietas (uno de los más graves inconvenientes de esta fábrica) se recomienda:

- Usar unidades sanas y de origen responsable; proyectar siguiendo el módulo del ladrillón, y servirse sin restricciones de los bloques especiales para jambas, encuentros, dinteles, etc.
- Evitar la rotura de las paredes una vez construidas, no cortar, no abrir rebajos ni nichos (un nicho puede hacerse con ladrillones de menor espesor que el del propio muro, dentro del módulo del bloque y adintelando convenientemente); por último, un estudio previo de la disposición de las cañerías puede evitar muchas roturas ulteriores (por ejemplo, enhebrando las cañerías a través de los huecos).
- La técnica constructiva actual se orienta a controlar la aparición de grietas, guiándolas mediante la intercalación de juntas de contracción, debidamente ubicadas, cuya misión es absorber los movimientos de la obra. Véanse en la figura 2.28 los tipos propuestos.
- Una cimentación firme es la mejor garantía para mantener la inmovilidad del conjunto; para ello se requiere una zapata continua de hormigón armado, o mejor aún, una platea.

Nota: Actualmente los bloques se presentan, además de con su textura clásica, con otras de diverso tipo, como la llamada Split (símil piedra), con pigmentaciones en variedad de colores, e incluso con impermeabilización a pedido.

2.10. BLOQUES CERÁMICOS PORTANTES

Por su composición, los bloques cerámicos portantes pertenecen a la llamada *cerámica roja*, a la que con aditivos especiales se lleva al estado plástico, y luego por extrusión al vacío se le da forma, para finalmente hornearla a 900°C. Los bloques responden a los lineamientos de diseño de las normas IRAM 12.566 y satisfacen así el 40% mínimo de volumen macizo requerido y las 11.588 y 12.586.

Se unen con un mortero en obra por sus juntas horizontales, y sobre sus dos bandas laterales de asiento, en un ancho aproximado de 1 cm, dejándose las juntas verticales vacías ($\approx$ 0.5cm), salvo en zonas sísmicas, en donde deben llenarse.

Se presentan tres tipos de espesores: 12, 18 y 27 cm. El de 18 cm se tiene como alternativa el formato de columna mínima, permitiendo realizar en los sectores requeridos, (vértices o partes medias del muro); además los de 18 y 27 cm (con formato dintel) formando el encadenado superior, sobre puertas y ventanas.

Los componentes del muro son: los bloques, el mortero y las barras de acero (éstas se utilizan en caso de necesitarse un refuerzo, o para conformar una mampostería reforzada). De este modo se logra una elevada resistencia a la compresión producida por las cargas axiales de los edificios.

Su campo de aplicación se lo puede ver en los conjuntos habitacionales, de un máximo de cuatro plantas (planta baja y tres pisos), que se adaptan a las normas técnicas de la Subsecretaría de Vivienda de la Nación.

Como mampostería, la ley de trabas es la que asegura la capacidad portante de la misma.

Las recomendaciones de uso son las siguientes. Se procede al mojado de los ladrillones antes de su utilización, logrando el correcto escurrimiento del agua excedente para no alterar el fragüe del mortero de asiento. La ejecución debe ser cuidadosa en su verticalidad (a plomo), y los espesores de las juntas serán de entre 10 y 15 mm, ya que la presencia de gran cantidad de mortero debilita el muro. Ver, al respecto, las tablas 2.3 y 2.4.

2.11. TABIQUERÍA

Tabique es toda pared que no soporta cargas y cuya misión es la de ser un simple cerramiento o división. Sin ánimo de dar medidas absolutas, digamos que el tabiqueo es generalmente inferior a 15 cm de espesor, y en el caso de las mamposterías corrientes no pasa de media asta. En cualquier punto de su superficie todo el espesor está formado por una sola pieza. Se lo construye con materiales livianos (ladrillos huecos de cerámica, bloques de cemento, roca de yeso, etc.) y se los puede ubicar en cualquier parte, conforme con la conveniencia, en el entendimiento de que, dada su ligereza, la obra será autoportante y no sufrirá esfuerzos adicionales de importancia.

En planta baja no requieren cimiento; usualmente se los asienta sobre el contrapiso, engrosando la zanja de apoyo (técnicamente no aconsejable), o armando su apoyo.

Para evitar la aparición de grietas (carentes de importancia, por otra parte) se los debe trabar debidamente con la obra principal. Si se cuenta con un esqueleto de hormigón, a éste se le habrá provisto de chicotes de hierro para el anclaje de la tabiquería; si es mampostería, trabándola.

Como por razones de espacio se los construye del menor espesor posible, resultan de ese modo una estructura que carece de condiciones de protección acústica, térmica o ignífuga mínimas.

2.12. TABIQUES DE LADRILLOS DE VIDRIO

El vidrio es un material rígido, poco apto para soportar deformaciones. De aquí la necesidad de que los tabiques realizados con este material no sean sometidos a tensiones, excepto las del peso propio. Deben ser, en consecuencia, independientes de las estructuras vecinas y capaces de moverse con total libertad bajo el efecto de los cambios de temperatura, por lo cual es usual que al tabique se le coloque una suerte de junta perimetral de dilatación. Los artificios usados para lograr esa independencia pueden verse en las figuras 2.31 a 2.33.

Como los ladrillos de vidrio no pueden cortarse, es necesario estudiar cuidadosamente el vano que se va a cerrar, para poder cubrirlo con un número entero de piezas (coordinación modular). Es preferible usarlos sin traba, es decir a junta recta, en razón de que en el sentido vertical las juntas de dilatación y movimiento son tan necesarias como en el sentido horizontal (según corresponda), al igual que por el refuerzo estructural necesario.

Cuando se construya en planta baja, se los asentará sobre una vigueta indeformable de hormigón armado, con el lomo perfectamente horizontal y alisado. En los entrepisos, las dimensiones de la vigueta se reducen, pero existirá siempre, ya que nunca debe apoyarse el tabique de vidrio directamente sobre el piso. Esta vigueta de asiento será tanto más necesaria cuando la obra tenga sus elementos principales muy elásticos (por ejemplo: madera o hierro). Más que nunca el operario se servirá de regla, plomada e hilo. Eventualmente podrá hacerse un respaldo de tirantes verticales para que sirvan de guía

y apoyo, sobre todo cuando se hagan paños de prueba de mucha superficie o puedan presentarse vientos durante la construcción. El asiento de la primera hilada se hace con concreto, el resto con mortero de cal y arena por partes iguales, reforzado con algo de cemento. Es muy importante mantener la perfecta uniformidad de las juntas, para lo cual se usan separadores, a retirar posteriormente antes del total endurecimiento. Si el tabique de vidrio incluye vanos para puertas o ventanas, los marcos de éstos deben ser *unificados* (llámase así a los marcos de chapa doblada que abrazan todo el espesor del muro en una sola pieza). Para los productos de industria nacional se aconseja no superar las siguientes dimensiones máximas: altura, 3,50m; ancho, 6m (superficie total en cualquier caso: 20 m^2). Para cada paño de 5 m de base por 3 m de alto es recomendable la colocación de una junta de dilatación de 20 a 30 mm.

2.13. LAS GRIETAS EN OBRAS MURARIAS

La mampostería tiene carácter heterogéneo en un sentido total; por su composición mixta (mampuesto y mortero), por la propia naturaleza de esos componentes, y por los artificios constructivos que requiere. Esta falta de homogeneidad significa falta de monolitismo, y una natural tendencia al desequilibrio en la distribución de las cargas y tensiones internas. Cada una de las múltiples juntas es un probable plano de fractura; todo el conjunto tiene además una gran rigidez, o sea falta de aptitud para la deformación, con una muy baja resistencia a la tracción y al corte. Todo ello trae como consecuencia una extremada sensibilidad a las grietas, desagradables compañeras de toda albañilería.

Limitándonos a edificios cuya estructura principal sea la obra muraria, vamos a clasificar las lesiones (fisuras o grietas) en los tres tipos siguientes:

2.13.1. Por ajuste de las mamposterías recientes.

2.13.2. Por movimientos en el plano de fundación.

2.13.3. Por movimientos debidos a fallas de la propia mampostería.

Es obvio que las grietas no responderán, en la mayoría de los casos, al fácil esquema con que se las presenta en este libro, donde se las muestra en su pureza teórica. Hay factores siempre presentes, capaces de introducir inesperadas variaciones, como, por ejemplo, el aventanamiento, la trabazón con muros perpendiculares, la presencia de elementos ajenos a la fábrica misma (encadenados, dinteles, etc.) y la mutua interferencia de causas de distinto origen, según el tipo de obra.

El examen de una grieta debe ser hecho con detenimiento. Lo primordial es establecer su origen con seguridad, y encontrar así el remedio indicado. En aquellos casos de progresión lenta, se colocará una serie de testigos de yeso; así, si la grieta está en movimiento los testigos se romperán, unos más y otros menos, permitiendo conocer de esa manera la velocidad de los movimientos, su dirección y sentido.

En obras de reciclaje, remodelación, ampliación o demolición, y en edificios vecinos a demoliciones o excavaciones, la aparición de una grieta obligará a la inmediata detención de los trabajos, hasta establecer la causa, determinar su grado de peligrosidad y aplicar las medidas de seguridad correspondientes.

2.13.1. Ajuste de la mampostería reciente

En obras nuevas, es frecuente la aparición de fisuras motivadas por el movimiento de adaptación de los materiales, merma de los morteros (contracciones de fragüe), búsqueda general de equilibrio, deformaciones locales, etc. Además, morteros de endurecimiento lento, de calidad regular o variable distribución a lo largo de las juntas son capaces de determinar movimientos relativos, a los que debe sumarse el paulatino descenso del terreno, cada vez más comprimido con el crecimiento en altura de las paredes o puesta en servicio de los entrepisos.

Estas lesiones se localizan en el encuentro de muros y tabiques, en el de tabiques y cielos rasos, y en arcos y dinteles. Son muy frecuentes, además, en la línea de unión de obra nueva con obra vieja, y muchas veces su única consecuencia es la fisuración de los revoques. Se caracterizan por aparecer inmediatamente después de terminada la obra, o al poco tiempo. Por lo común no son peligrosas.

En estos casos, cuando la obra se ha terminado de moverse, se cierran las grietas con mortero de yeso, y si hay peligro de humedad, se usa mortero de cemento del tipo flexible, que actualmente se encuentra en el mercado.

2.13.2. Movimientos en el plano de fundación

Son varias las causas que producen estos movimientos:

- *El efecto propio de la obra.* Por acción de las cargas, el terreno resulta comprimido y disminuye su volumen. En este fenómeno intervienen tres factores: la velocidad del asiento, su magnitud absoluta, y las diferencias relativas de magnitud. Si alguno de los tres, o la múltiple combinación, es incompatible con la resistencia de la superestructura, se producirán las fallas, pero podrán pasar años antes de que aparezcan (si son potenciales).
En obras de refacción y/o reciclaje, las grietas obedecen muchas veces a este fenómeno; se producen por el aumento incontrolado de las cargas (al agregar, por ejemplo, un piso, o modificar el plano de apoyo de los techos, o cambiar el destino de los locales, etc.).
- *El efecto de obras próximas.* Una obra nueva en la inmediata vecindad de un cimiento disminuye la resistencia del suelo, produciendo sobre la obra vieja un asiento adicional. Del mismo modo que la demolición de un edificio existente afectará la tensión del suelo en los cimientos vecinos, provocando un volcamiento.
- *Las variaciones en el contenido de agua del suelo.* Es un fenómeno que afecta principalmente a las arcillas, haciéndolas cambiar de volumen dentro de límites muy grandes; especialmente sucede con las denominadas *arcillas expansivas.* Estos cambios de volumen producen movimientos verticales, horizontales o inclinados en cualquier dirección, cuyos efectos son especialmente dañinos en las obras pequeñas, demasiado livianas para

dominarlos con el propio peso. Estos cambios de volumen siguen el ciclo de las lluvias y pueden también producirse por la presencia de excavaciones próximas, obras de drenaje, etc.
- Daños similares a los que produce el movimiento del suelo puede producir sobre los pisos superiores la falla de pilares, dinteles, etc.

Para una mejor caracterización de las lesiones originadas en el movimiento de los cimientos nos remitirnos a la figura 2.34.

2.13.3. Movimientos por fallas en la propia mampostería

Los movimientos de la mampostería no funcionales ocurren por haberse excedido la tensión de rotura del material, mampuesto o junta. Estas lesiones se producen cuando las secciones resultan infradimensionadas (como consecuencia de un error de proyecto o modificaciones imprudentes), o como efecto secundario de una falla del suelo (que provoca otra distribución de cargas que algunos componentes no pueden soportar). Finalmente, pueden ser también resultado de la obsolescencia general de las estructuras murarias.

Por dos caminos diferentes se presentan estas sobretensiones: exceso en las cargas verticales y presencia de empujes horizontales (una de las formas más peligrosas para el trabajo de la albañilería).

En el *primer caso*, la lesión típica es el aplastamiento con lesiones de tendencia vertical, ensanchamiento de los pilares, caída de revoques y, en los casos más avanzados, expulsión del material de las juntas.

En el *segundo caso*, es característico el desplome de los paramentos, con deformación máxima en correspondencia con el centro de empuje, y también la rotación alrededor del pie del muro. Los empujes se localizan en el apoyo de techos con pendiente, tramos de escaleras, pilares de arcos extremos, bóvedas no arriostradas, etc.

2.14. PRECAUCIONES PARA EVITAR LA FORMACIÓN DE GRIETAS

Las acciones preventivas constituyen el medio más eficaz y económico de combatir las lesiones. Pensar en ellas antes de construir; hacerlo con materiales nobles y artificios adecuados. Utilizar morteros con materiales de calidad, correctamente dosificados, y aplicar mampuestos sanos y bien conformados, preferiblemente enteros, son los mejores elementos de precaución contra la obsolescencia prematura. Como lo normal es que no sea posible prescindir de algunos ladrillos partidos, la norma debe ser limitar al máximo el uso de cuarterones (1/4 ladrillo).

La más segura precaución contra las grietas de todo tipo es la buena distribución de las cargas sobre las paredes y sobre los cimientos. Para ello lo mejor es el *encadenado,* ejecutado en estos tres niveles: cimiento, dinteles y techos. En obras menores se suele encadenar solamente al nivel de los cimientos, haciendo de estos mismos una cadena. El encadenado soportará movimientos hacia arriba y hacia abajo, de modo que lo más racional es que tenga la misma cuantía de hierro arriba que abajo; las barras se colocan rectas, sin doblar y con los estribos correspondientes. De mejor efecto que el encadenado inferior es la platea.

Se recomienda prevenir los empujes horizontales mediante disposiciones constructivas, como pilastras, contrafuertes, etc. Y el exceso de compresión

Otras recomendaciones de tipo general son:

- No caminar sobre las paredes recién hechas.
- Protegerlas de la lluvia y del excesivo desecamiento por calor o viento.
- Suspender los trabajos ante la amenaza de heladas o condiciones atmosféricas extremas.
- No practicar trabajos ni cortar canaletas en fábricas nuevas, antes de tres semanas de estacionamiento (es el plazo prudente mínimo para cualquier recorte);
- Reforzar con flejes o hierros redondos en correspondencia con los antepechos; dintelar con secciones seguras y de buena entrega.
- Impermeabilizar con pinturas "ad-hoc" (inversores de ángulo de mojado) en paredes con ladrillo a la vista.
- En todo paramento exterior con ladrillos a la vista, tomar las juntas con concreto.
- Revocar, en general, todos los muros (los externos, con azotada impermeable).
- Proteger las paredes contra la humedad ascendente del suelo, mediante capas aisladoras horizontales o verticales (cajón hidrófugo), y en lo posible construir con aleros.

mediante la recepción de cargas verticales por medio de dados de hormigón y elementos similares, como los encadenados, que repartan las cargas concentradas. Permitir la dilatación de todo elemento metálico; lo mismo para las losas de azotea (juntas y/o cámaras de dilatación).

Al levantar muros adosados a otros existentes, lo prudente es no trabarlos (de no mediar causas estructurales). La mampostería nueva debe ser independiente de la vieja, lo que se logra mediante juntas de dilatación (ver figura 14.16).

La mampostería mixta (distintos tipos de mampuestos) deberá erigirse con cierta lentitud, para que las hiladas tengan tiempo de asentarse. En enchapados de piedra, hay que dejarles libertad de movimiento para que no se rajen o agrieten la pared.

En cualquier caso es bueno que se dé a la mampostería el tiempo necesario para que se asiente totalmente antes de continuar con los trabajos de la obra, especialmente lo referido a submuraciones. La rapidez con que hoy debe construirse conspira siempre contra los buenos resultados; esta lentitud de procedimientos que la fábrica necesita es uno de sus más importantes inconvenientes.

2.15. REPARACIÓN DE LA MAMPOSTERÍA DAÑADA

Cuando las grietas se han producido, por alguno de los motivos vistos oportunamente, el técnico se enfrenta con el problema de evitar que se propaguen, y obviamente corregirlas.

Son tres las etapas del trabajo:

1. Investigar las causas, si no hay una decisión que obligue al desalojo y la posterior demolición del edificio.

2. Operar sobre las causas antes que sobre la lesión. Si hay cedimento del terreno, habrá que consolidarlo, o ampliar las bases para reducir la carga unitaria, o submurarlas para llegar hasta un nivel más resistente, o construir arcos de descarga para descansar sobre lugares más firmes. Si hay cedimentos por vejez, aplastamiento, etc., habrá que reemplazar los miembros vencidos, y si existe evidencia de un empuje, calzar las escaleras, atiesar los arcos, etc. Todo ello supondrá apuntalamientos, para los que nos remitimos al capítulo correspondiente.

3. Corregir las grietas.

2.16. LLAVES DE TRACCIÓN

Se trata de un artificio muy usado para el cierre de grietas, absorción de empujes de arcos y desplomes. Consiste en una varilla metálica –de sección cuadrada, redonda o rectangular– cuyo acortamiento (por tracción previa) fuerza el cierre de las grietas, volviendo los elementos deformados o corridos a su posición original. Tiene una cabeza en cada extremo, fuertemente apoyada en zonas sanas de la mampostería a corregir, hacia uno y otro lado de la lesión, como se muestra en la figura 2.37, en cuyo caso la llave neutraliza la rotación del muro en cedimento y lo vuelve al plomo.

La tensión de la llave debe ser regulada con alguna precisión para que surta efecto. Para ello se usan dos métodos:

• *Por calentamiento:* se coloca el tensor con todos sus accesorios presentados, sin apretar los medios de ajuste (generalmente roscas con tuerca); se lo calienta de modo uniforme en toda su longitud, o parte de ella, y como consecuencia se alarga. En esas condiciones se aprietan las tuercas y se lo deja enfriar: al encogerse las cabezas tratan de acercarse, cerrando de ese modo las grietas. Este método tiene un inconveniente muy serio: la temperatura y la longitud del calentamiento no son fáciles de determinar, y a veces se presentan dificultades de orden práctico para aplicar el calor en la obra.

- *Por tensión mecánica:* aplicada con los propios medios de ajuste de la cabeza, o mejor aún, con "manguitos", donde la regulación es perfecta, y puede suspenderse sin duda en el momento oportuno. Este método debe ser preferido.

- Para eliminar las grietas nuestros albañiles suelen colocar las llaves sin atirantamientos previos, realizando de esta manera un trabajo de dudoso resultado.

El uso de llaves reconoce dos objeciones muy serias: la presión de las cabezas puede superar la resistencia de la mampostería vecina, o determinar momentos (esfuerzos de flexión) con respecto a puntos alejados de las grietas, y además no actúan sobre la causa, sino sobre el efecto, por lo cual si aquélla continúa, la llave puede llegar a resultar inútil.

Siempre será mejor repartir un esfuerzo entre varias llaves de menor sección que sobre una sola más grande, para evitar el posible perjuicio de la concentración de esfuerzos de una cabeza de llave sobre la mampostería.

Nota final: En la actualidad, tanto el bloque cerámico portante como el de hormigón, han dado base a sistemas constructivos de industrialización intermedia, como la mampostería reforzada con armadura distribuida, apta para edificios de media y gran altura. Tema que escapa a los objetivos planteados en el libro.

2.17 TABLAS

TABLA 2.1. Dimensión mínima para dinteles de hormigón armado

Luz del vano "a"(m)	Altura del dintel "h´" (cm)	Armadura[1] (mm)
Hasta 1,00	10	2 Ø 8
De 1,01 a 1,50	12	2 Ø 10
De 1,51 a 2,00	14	2 Ø 12
De 2,01 a 2,50	20	2 Ø 12
De 2,51 a 3,00	25	2 Ø 14
De 3,01 a 3,50	30	2 Ø 16
De 3,51 a 4,00	35	2 Ø 18

$d \leq a$
$h´ \approx a/10 \approx 10\%$

[1] Por cada 15 cm de espesor del muro o fracción. Mínimo: 2 barras (una en la parte superior y otra en la inferior).

TABLA 2.2. Tensiones admisibles de distintos tipos de mampostería

Mampostería	Tensión admisible
Ladrillos con mezcla de barro	0,2 MPa
Ladrillos de 2ª con mezcla de cal	0,4 MPa
Ladrillos de 1ª con mezcla de cal	0,6 MPa
Ladrillos de 1ª con mezcla de cemento de albañilería	0,7 MPa
Ladrillos de 1ª con mezcla de cemento	0,9 MPa

Nota: 0,1 MPa = 1 kg/cm^2

TABLA 2.3. Tipos de ladrillos de huecos horizontales no portantes

Ladrillos huecos para cerramientos*					
E Espesor (cm)	A Altura (cm)	L Largo (cm)	Peso aprox. por unidad kg/u	Cantidad de ladrillos por m^2 kg/u	Resistencia térmica de mampostería Rt (m^{2}K/W)
8	18	33	3,3	16,5	0,23
12	18	33	4,4	16,5	0,36
18	18	33	6,0	16,5	0,41

* Los valores de peso, resistencia térmica y resistencia a la compresión varían según el fabricante.

Los valores de resistencia térmica (Rt) se refieren a paredes sin revocar y no se ha incluido la resistencia térmica superficial.

Equivalencias: 1 MPA = 10,2 kg/cm^2 1 Kcal/m^2 h $^{\circ}$C = 1,163 W/m^{2}K

TABLA 2.4. Tipos de ladrillos de huecos verticales (bloques cerámicos portantes)

Bloques cerámicos portantes*							
E Espesor (cm)	A Altura (cm)	L Largo (cm)	Peso aprox. por unidad (kg)	Cantidad de ladrillos por m^2	Resistencia térmica de mampostería Rt (m^{2}K/W)	Resistencia media a MPa	Resistencia característica MPa
12	19	33	6,0	15	0,40	9,3	7,0
18	19	33	7,8	15	0,45	11,9	7,4
27	19	20	8,2	25	0,57	9,0	7,3

* Los valores de peso, resistencia térmica y resistencia a la compresión varían según el fabricante.
Los valores de resistencia térmica (Rt) se refieren a paredes sin revocar y no se ha incluido la resistencia térmica superficial.
Equivalencias: 1 Mpa = 10,2 kgf/cm^2 1 Kcal/m^2 h $^{\circ}$C = 1,163 W/m^{2}K

Fuente: CICER.

2.18. TEXTO CORRESPONDIENTE A LAS FIGURAS

Fig. 2.1. La demolición de viejos edificios es una actividad muy frecuente del ingeniero, del arquitecto o del constructor, y por ello deberán conocer a fondo cómo se hace una mampostería para no equivocarse cuando la deshagan. El arco (**1**) sostiene en su clave un tensor (**2**), del que cuelga un sillar (**3**), que sirve de apoyo a un doble dintel (**4**).
El arco es el elemento más importante de esta sustentación antigua, muy usada en la formación de grandes vanos adintelados (hoy se haría con una viga de hormigón armado). Comenzar la demolición por arriba, como en este caso quería el interesado, habría significado la destrucción del arco, y con ello hubiera sobrevenido el desastre.

Fig. 2.2. Indica la denominación y las medidas promedio de las caras de un ladrillo común.

Fig. 2.3. *Distintas maneras de colocar los ladrillos:*
A, ladrillo de canto o a panderete, usado solamente para la ejecución de tabiques no portantes, de espesor igual al del ladrillo y que no debe combinarse para dar mayores espesores; se utiliza también en enchapados de relleno; **B,** ladrillos de canto unidos por sus lechos, disposición llamada a sardinel, usada en coronamientos de muros y antepechos, cuando el ladrillo deba quedar a la vista; presenta así interés como elemento decorativo, ya que su capacidad portante se ve muy disminuida por la gran cantidad de juntas verticales, excepto cuando se utiliza en la construcción de arcos, donde sí la adquiere; **C**, ladrillos de plano unidos por sus cabezas, disposición llamada a soga; permite obtener cualquier espesor por acoplamiento lateral de varias hiladas; **D**, ladrillos de plano unidos por sus cantos, disposición llamada a tizón, que permite obtener cualquier espesor por acoplamiento de hiladas por la cabeza.
Las hiladas a soga (**C**), y a tizón (**D**) constituyen el modo racional y tradicional de ejecutar la mampostería, si no median razones puramente decorativas (ver aparejos).

Fig. 2.4. *Pared de medio ladrillo, o media asta* (0.15).
Todas las hiladas van a soga, desplazadas en medio ladrillo o un cuarto. Arriba se ve el aspecto de la fábrica en cada caso.

Fig. 2.5. *Pared de un ladrillo, o un asta, y distintos modos de alternar las hiladas.*
En **A**, disposición tradicional, la segunda hilada está formada por dos sogas, y la primera por tizón; sencilla y bella cuando es aparente, el aparejo resultante se ve en **C**. En **B**, en la primera hilada se alternan dos sogas con un tizón, del mismo modo en la segunda, pero trabando las juntas con la primera, en **D**, puede verse la trabazón de la pared terminada. De **E** a **I**, se muestra el aparejo aparente en distintas combinaciones que pueden representarse en muros de un asta; en **E**, todas las hiladas son de tizón; en **F**, todas de soga; en **G**, van alternadas las hiladas de soga con la de tizón, como en **A**, pero de distinta trabazón, ya que en **A** las hiladas de soga tienen sus cabezas alineadas, y en **G**, en cambio, las tienen desplazadas en medio ladrillo; en **H** se observa una disposición semejante a la **B**, pero formada en cada hilada por tres sogas y un tizón; en **I**, otra variante con cinco a siete hiladas de soga con una hilada de punta.

Fig. 2.6. *Pared de un ladrillo y medio, o un asta y media* (0,45).
En **A**, se muestra el aparejo tradicional; en **B** y **C**, dos alternativas de las que sólo se ha dibujado una hilada; es obvio que la segunda de cada una va invertida y trabada con aquélla.

Fig. 2.7. *Pared de dos ladrillos, o dos astas (en franco desuso, salvo casos puntuales; por ejemplo, muros de terraplén)* (0,60).
En **A**, se muestran las dos hiladas de la trabazón tradicional.

Fig. 2.8. *Arranque recto de muros.*
A, pared de media asta; la segunda hilada puede comenzar con un medio ladrillo o con un tres cuartos. **B**, pared de un asta, la hilada de soga comienza con dos tres cuartos. **C** y **D**, pared de un asta y media y dos astas. En **B**, **C** y **D** puede deducirse la regla del aparejo; se ve que siempre la hilada de soga comienza con tres cuartos.

Fig. 2.9. *Esquinas rectas.*
De **A** a **D** se observan paredes de medio ladrillo, un ladrillo, un ladrillo y medio y dos ladrillos, respectivamente. Se deduce fácilmente la regla del aparejo; uno de los muros forma cabeza en una de las hiladas, en la que sigue la forma el otro, y en la hilada que forma cabeza se comienza siempre con tres cuartos a soga; o sea, se repiten alternativamente las hiladas.

Fig. 2.10. *Esquinas oblicuas.*
En **A**, para ángulo agudo con pared de un asta; **B**, para ángulo obtuso con pared de asta y media. En ambos casos, la mayor o menor abertura del ángulo determina el modo de arranque. Es inevitable el uso de recortes, a veces muy pequeños y difíciles de hacer (se los suele reemplazar por cascotes). En estas esquinas se reconoce la mano del buen albañil.

Fig. 2.11. *Encuentros y cruces rectos.*
En **A**, encuentro de dos paredes de un ladrillo y medio. En una de las hiladas el muro que termina forma cabeza, comenzada con tres cuartos de punta; en la hilada siguiente pasa corrido el otro muro, con la traba que le corresponde. En **B**, cruce de dos paredes de un ladrillo y medio. En una hilada pasa sin interrupción uno de los muros; en la siguiente pasa el otro.

Fig. 2.12. *Pilastras de refuerzo.*
En **A** y **B**, en pared de medio ladrillo (media asta), la pilastra aparece en uno solo de los paramentos o bien puesta al eje. Es preferible la primera disposición, ya que en la segunda el refuerzo queda prácticamente separado de la pared por dos juntas verticales continuas. En **C** y **D** se observan pilastras (que salen media asta más que el muro) para pared de un asta. La segunda es más económica, pero la traba es defectuosa: hay dos juntas verticales continuas hasta media pared.

Fig. 2.13. *Pilares aislados.*
En **A**, de un ladrillo; de **B** a **D**, de un ladrillo y medio. La mejor solución está indicada en **B**; la **C** no debe usarse (se forma un núcleo central sin trabazón con el resto). **D** permite usar los cuarterones. En **E**, pilar de dos ladrillos, véase el gran consumo de tres cuartos que requiere. **F**, pilar rectangular de dos ladrillos 1ª hilada por cuatro y medio ladrillos de la otra. **G**, traba incorrecta en un pilar de dos por tres ladrillos, donde se forma un peligroso nudeo central independiente.

Fig. 2.14. *Pared doble con cámara de aire.*
Con ella se obtienen mayores espesores con menor consumo de ladrillos; a veces mejora también la protección térmica y acústica. En **A** se muestra el aparejo de las hiladas alternadas trabadas con un ladrillo puesto a tizón; en **B** se ve el aspecto del paramento; **C**, traba para la esquina, donde se ve que el cuarterón es imprescindible; la misma traba con un tres cuartos puesto a tizón permite reducir la cámara de aire; **D**, con traba metálica, la erección del muro se simplifica y la cámara puede hacerse del ancho que se quiera (en realidad, nunca mayor de 5 cm, por problemas de aislamiento térmico); **E**, aparejo para la cabecera de un muro (arranque).

Nota: El ladrillo puesto de tizón genera un puente térmico (dato a no descuidar).

Fig. 2.15. *Pared de ladrillos huecos:* Muestra las tres trabas más comunes para el tipo de ladrillo hueco más usado (8:18:33cm). A la cámara de aire propia del ladrillo se ha sumado, en el primero y segundo caso, la cámara de aire de la trabazón. De todos modos es dudosa la eficacia térmica de cualquiera de los tres dispositivos. El aparejo de la pared sin cámara de aire nunca debe tener los tubos del ladrillo perpendiculares al paramento, sino paralelos (por el consumo y dificultad técnica de ejecución de revoques).

Fig. 2.16. El vano debilita el muro y concentra esfuerzos de tracción para los que la mampostería no es adecuada. Todo vano debe llevar dintel o arco en la parte alta, y si la obra muraria es importante, conviene agregar refuerzos metálicos en el alféizar. Mientras el arco forma parte de la mampostería, el dintel es postizo. Con "**h**", se indica la altura de esta pieza adicional y con "**e**", su entrega en el muro.
A la *izquierda:* nomenclatura del vano rectangular con indicación de las grietas por tracción en el dintel y el antepecho, por falta de armadura y/o apoyo incorrecto (entrega). En el *centro:* la formación de grietas se evita, arriba con el arco,

y abajo con el armado de la mampostería con flejes o redondos.

Fig. 2.17. *Cuatros formas tradicionales de construir un dintel.*
En **A**, con perfiles doble "t" de hierro; **B**, con hormigón armado; **C**, viguetas prefabricadas de hormigón armado y pretensada; **D**, viguetas prearmadas en obra con ladrillos huecos y enhebrado de hierro.

Fig. 2.18. *Antepechos o alféizares:*
En **A**, con ladrillos a sardinel; **B**, con revestimiento de dos hiladas de baldosas superpuestas; **C**, terminados con una pieza de mármol o piedra. Estos dos últimos muestran una ejecución inconveniente, puesto que el revestimiento del antepecho debe meterse completamente bajo el marco de la carpintería, para evitar filtraciones, siendo el caso **A** el correcto: allí el marco presenta una rebaja "ad-hoc" para tal fin.

Fig. 2.19. Librado a su propia resistencia, un muro al que se le haya quitado la base de apoyo en su parte central –como indica la figura de la izquierda– se romperá según la línea punteada, formando un arco parabólico. El efecto de arco es espontáneo en la mampostería; es autoportante y no requiere ningún artificio auxiliar para su autosustentación, aun cuando el muro haya sido construido en seco. El vano triangular de la figura de la derecha (falso arco, fácil de construir ya que no requiere cimbra) es muy familiar en la construcción de grandes superficies (medianeras, por ejemplo), para permitir el paso de materiales y operarios hacia el andamio exterior.

Fig. 2.20. *Carga de cálculo sobre un dintel.*
Para las normas alemanas (DIN 1053), la carga incidente sobre un dintel proviene del triángulo equilátero que puede construirse trazando desde sus líneas de apoyo las rectas a 60°, como se ve a la *izquierda*. Si un entrepiso afecta a dicho triángulo, su carga se reparte como indica la figura al *centro*, es decir uniformemente dentro de los límites del triángulo equilátero, sumándose así a la carga anterior. Una carga concentrada, ubicada entre las dos vértices que limitan el dintel y bajo una horizontal a no más de 25 cm del vértice del triángulo, será considerada como se ve a la *derecha*, o sea, actuando para el cálculo como carga puntual en sí, más la carga que

genera el sector (trapecio) sobre el triángulo virtual de cargas, cuyo vértice es la propia carga puntual. Otras normas son menos exigentes y toman 45° en vez de 60°, con lo que la carga incidente se reduce.

Fig. 2.21. *Falso dintel.*
No obstante su forma, este dintel es falso. En realidad, la estereotomía de la piedra hace que el conjunto se comporte como arco, y se lo llama arco adintelado.

Fig. 2.22. *Apoyo de arco sobre pilares intermedios.*
B y **C** son prácticamente iguales desde el punto de vista de la estática; la diferencia constructiva está en el reemplazo de la cabeza del pilar por un sillar enterizo. La solución **A** es correcta si la carga entre arcos no es grande y su separación sí lo es.

Fig. 2.23. Un arco o una bóveda se comportan mejor si el mampuesto se conforma de un modo adecuado (para esto la mampostería de sillares de piedra es más completa, ya que cada pieza se labra "ad-hoc"). El punteado (a la derecha), indica una forma trapezoidal conveniente; las juntas serán uniformes y de mínimo espesor. El grisado indica, en cambio, cómo los mampuestos rectangulares dan juntas de ancho creciente hacia el trasdós.

Fig. 2.24. *Aparejos para la construcción de arcos.*
Se siguen las mismas reglas de traba que para la ejecución de pilares aislados.

Fig. 2.25. *Corte vertical de una mampostería mixta.*
A la *izquierda*, la altura de la piedra se combina con un número entero de ladrillos y sus correspondientes juntas; la trabazón entre ambos materiales se hace con hiladas a tizón. A la *derecha*, más rápida y económica es la trabazón con ganchos de hierro en hiladas alternadas y/o sucesivas.

Fig. 2.26. *Bloques huecos de cemento.*
Se muestran tipos de bloques y piezas especiales para el acordamiento. El tipo más común es el de dos agujeros rectangulares; en cualquier caso se exige que los huecos constituyan por lo menos el 25% de la sección bruta y que el espesor

mínimo de las partes macizas del ladrillón para muros de carga no sea inferior a 2 cm, y a 1,3 cm en los que están destinados a tabiques. **A**, bloque de dos agujeros; el bloque que forma esquina debe tener una de sus cabezas recta, es decir sin el ahuecamiento. **B**, bloque testero. **C**, bloque clásico de 19 x 19 x 39 cm. **D**, bloque tabique de 10 ó 15 cm. **E**, bloque columna. **F**, bloque dintel y/o encadenado.

ALBAÑILERÍA DE BLOQUES CEMENTICIOS

Fig. 2.27. Encuentro de dos muros portantes: se ven dos hiladas alternadas para formar el encuentro según la Norma IRAM 1566. En **A**, la primera hilada con bloques enteros; la segunda con bloques enteros de tabique (**1**), medios bloques de tabique (**2**), y tres cuartos de bloque de pared (**3**). Se consigue así la traba sin necesidad de fabricar bloques especiales, aunque la junta resulte un poco complicada; abajo vemos el aspecto del aparejo resultante, visto desde afuera, habiéndose logrado mantener la disposición del resto de la pared. En **B**, la segunda hilada, respetando la regla del aparejo para la pared de medio ladrillo y usando la pieza especial de arranque, la junta se simplifica y perfecciona, pero el encuentro se acusa en el exterior y una de cada dos hiladas muestra un medio módulo más, según vemos abajo.

Fig. 2.28. Tres tipos de juntas de contracción, recomendados por la Norma IRAM 1566. Ensayos realizados en el Instituto del Cemento Portland Argentino han demostrado que con la junta dibujada en **B** se obtiene una mejor transferencia de las cargas a través de la junta, siendo además más fácil de hacer. En **A**, junta rellena con hormigón colado por el hueco, la adherencia con una de las partes se impide colocando un techado asfáltico sobre un sector de junta, y mientras el mortero de la junta está fraguando, se lo retira y reemplaza por algún *mastic* o sellador. En **B**, el hueco no se rellena; la transferencia de las cargas se asegura mediante hierros pasantes (Ø 4 mm de 40 cm de largo, con su mitad engrasada). En los dos casos la junta se forma con bloques enteros en una hilada y medios bloques en la siguiente: **1:** junta vertical rellena con sellador; **2:** relleno de hormigón; **3:**

pintura asfáltica, o techado; **4:** hierro pasante; **5:** mortero cementicio; **6:** medio bloque.

Fig. 2.29. El encuentro entre un tabique interior y el muro externo se hace incorporando, cada dos hiladas, un anclaje de metal desplegado.

Fig. 2.30. *Construcción integral con elementos premoldeados de hormigón.*
1: cimiento de hormigón armado; **2:** bloque común, como tronco del cimiento, conviene macizarlo; **3:** pieza de hormigón armado para formar el antepecho; **4:** marco integral para perfeccionar el vano; **5:** bloques en "**U**" para formar dintel y/o encadenado; **6:** bloque tabical; **7:** junta de dilatación de poliestireno expandido (EPS); **8:** losa del techo; **9:** contrapiso con aislación térmica de hormigón alveolar; **10:** junta asfáltica de dilatación; **11:** losetas premoldeadas con mezcla de asiento; **12:** membrana asfáltica; **13:** chapa de zinc (babero); **14:** cámara de expansión de 5 cm de poliestireno expandido (EPS); **15:** cupertina.

Fig. 2.31. *Ladrillos de vidrio.*
La figura ilustra dos formas típicas de ladrillos de vidrio para tabiques traslúcidos; el de la izquierda permite obtener mínimos espesores (mínimo 29 mm); el de la derecha permite espesores mayores (máximo 100 mm). Ambos son de industria nacional. Los *primeros*, son macizos, de mayor resistencia mecánica, y pueden usarse en exteriores; los *segundos*, por su forma hueca, se usan en interiores, dando una excelente aislación. En los dos casos, una cara es ondulada y la otra estriada. La cara ondulada será siempre hacia la fuente de luz (o exterior), y la estriada hacia adentro; es importante recordar que la posición de las estrías modifica la luminosidad del tabique. Consultar con los fabricantes por medidas y/o diseños actuales.

Fig. 2.32. *El asiento de una hilada sobre la otra se hace como indican las figuras.*
Cada hilada debe llevar un refuerzo metálico. En el caso **C**, se ilustra el modo de formar una junta para facilitar el libre movimiento del conjunto, válido también para juntas verticales. **1:** varilla de acero galvanizada caliente; diámetros mínimos: Ø 4,2 a 6 mm (no debe tener contacto con el ladrillo de vidrio, alternando cada hilada con los respectivos paramentos, tanto para juntas

verticales como horizontales); **2:** mortero de cemento 1:3 (no poner cal); **3:** fieltro saturado.

Fig. 2.33. *Tabiques de vidrio.*
En ningún caso el tabique de vidrio debe ser solidario con los elementos estructurales próximos. En **A** y **B** se muestra, en elevación y planta, el corte de un tabique correctamente apoyado sobre su zócalo de hormigón y totalmente libre en los bordes. En **C** y **D** se ve una alternativa usual: el conjunto es libre, pero la parte vidriada resulta encerrada en un marco de chapa o hierro. Puede verse que esta solución permite la visión de todos los ladrillos, en tanto que en la otra los de los bordes quedan parcialmente ocultos. **1:** vacío a rellenar con poliestireno expandido (EPS); **2:** sellador; **3:** ladrillo de vidrio; **4:** obra; **5:** marco perimetral de hormigón armado; **6:** marco de chapa o perfil fabricado de metal liviano (profundidad mínima, 50 mm, con grapas como máximo cada 50 cm con la obra, o tornillos de acero galvanizado de diámetro mínimo de Ø 6 mm, si lleva perfil); **7:** fieltro saturado.

Fig. 2.34. *Grietas en la mampostería por movimientos en el plano de asiento.*
A: *traslación longitudinal.* Es característica la fractura vertical (ensanchada hacia abajo), indicadora del lugar de origen del movimiento. Es previa a las vecinas, curvadas, que tienden a hacerse verticales en la parte superior. En la testa del muro la fisura es tangente al plano final. El grabado corresponde a un estado avanzado de lesión. **B:** *traslación transversal.* Hay dos grietas verticales gemelas, una a cada lado, de ancho uniforme y decreciente hacia adentro; hay también lesiones internas, no visibles. En un estado más avanzado, los dos pedazos encerrados entre las grietas extremas serán expulsados fuera de su plano. **C:** *traslación vertical terminal, en cedimento corto.* La grieta nace en la testa y se curva hacia el suelo, terminando por desprender un pedazo como el indicado. **D:** *traslación vertical terminal, en cedimento largo.* La grieta nace en el coronamiento y corre hacia abajo; en un estado avanzado se desprende el bloque punteado con característica forma parabólica. **E:** *traslación vertical intermedia.* Como en la figura 2.19, se separa el bloque parabólico de mayor o menor flecha según sea el

largo de la parte asentada. La grieta es más ancha en la clave, afinándose hacia el suelo. **F:** *traslación vertical intermedia.* Cuando el asiento es largo, las grietas son gemelas, abriéndose desde arriba hacia abajo y curvándose, como muestra la figura, hacia la parte cedida. Suele aparecer también la grieta vertical central si el asiento es muy largo. En **G** y **H** se observa el estado avanzado de un cedimento largo, que suele presentarse en alguna de estas dos variantes.

Fig. 2.35. En muros con vanos repetidos, las grietas características se localizan entre dintel y antepecho y denuncian el sentido del movimiento, acompañándolo.

Fig. 2.36. En la práctica, el cuadro teórico se complica.
La excavación de un sótano a lo largo de la medianera ha motivado estas fracturas en el frente del edificio vecino. Primero apareció "**a**", indicando un movimiento en el sentido de la flecha (rotación de la medianera a lo largo de su base); luego nació "**b**", indicando el asiento de la cabeza del muro frontal; las lesiones "**c**", son posteriores y simultáneas entre sí y sólo indican líneas de menor resistencia, consecuencia de las dos grietas principales.
Contemporáneamente han aparecido lesiones en los entrepisos y en tabiques interiores paralelos al plano de la figura. El avance del cedimento (probable volcamiento), muy localizado en el plano de la medianera, hubiera llegado a destruir solamente la parte correspondiente a las dos primeras ventanas, ya que a la izquierda de las grietas la fábrica está libre de tensiones de ese origen.

Fig. 2.37. *Llaves de tracción.*
En **A**, si la longitud del tensor se acorta en el sentido de las flechas, el muro desplomado volverá a tomar la posición vertical. El cabezal sobre cada muro será robusto y de gran superficie para no lastimar la pared. El tensor puede disimularse a lo largo de entrepisos, cielos rasos, entretechos, tabiques, etc. **B**, plato de fundición para repartir sobre la pared el esfuerzo del tensor. **C**, cabeza de tensor hecha con ojal para apretar contra barra de acero.

2.19 FIGURAS

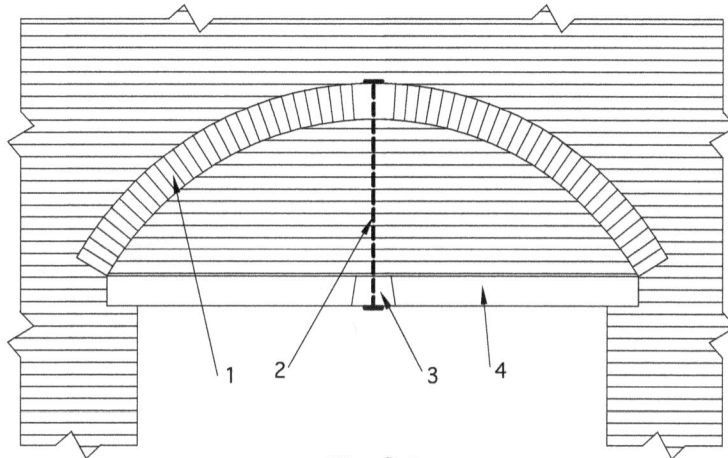

Fig. 2.1

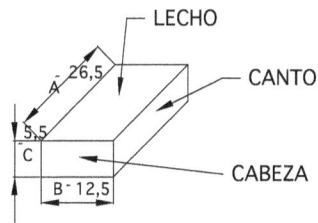

2B+E = 25,0 + 1,5 = 26,5
2C+E = 11,0 + 1,5 = 12,5

E = Espesor junta (1,5 cm)

Fig. 2.2

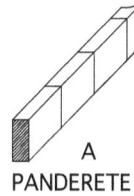
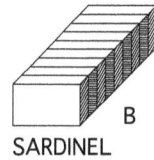
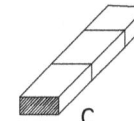
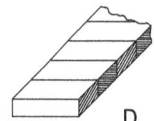

Fig. 2.3

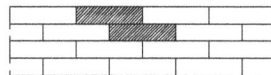
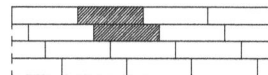
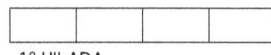
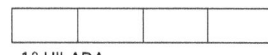
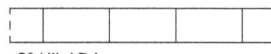
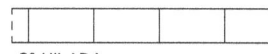

Fig. 2.4

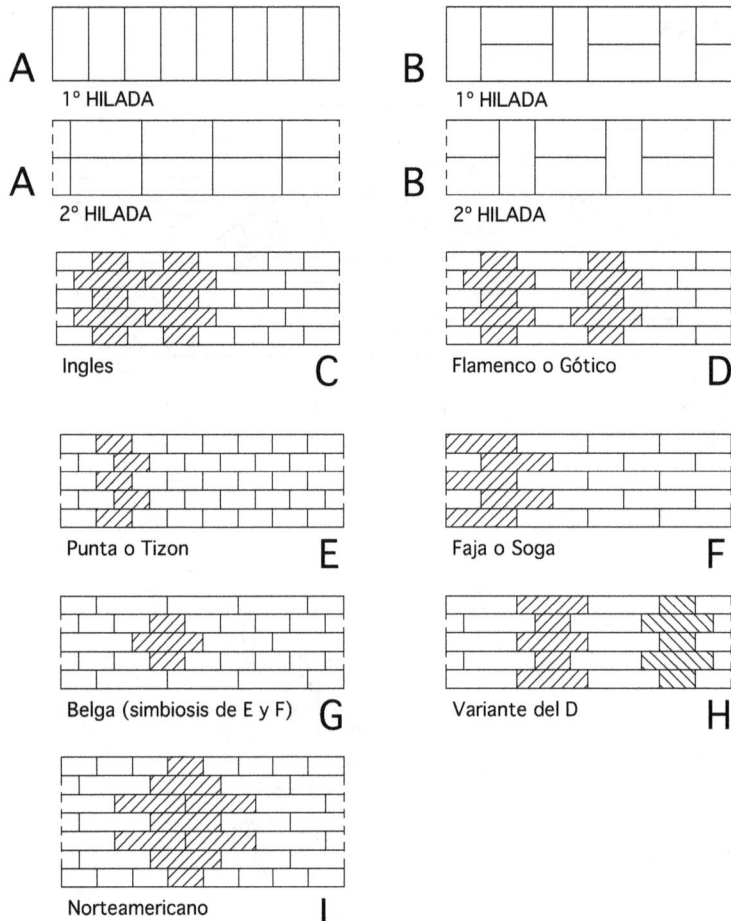

A   1° HILADA

B   1° HILADA

A   2° HILADA

B   2° HILADA

Ingles   C

Flamenco o Gótico   D

Punta o Tizon   E

Faja o Soga   F

Belga (simbiosis de E y F)   G

Variante del D   H

Norteamericano   I

Fig. 2.5

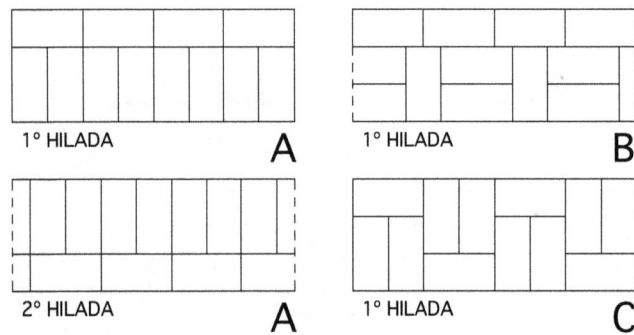

1° HILADA   A

1° HILADA   B

2° HILADA   A

1° HILADA   C

Fig. 2.6

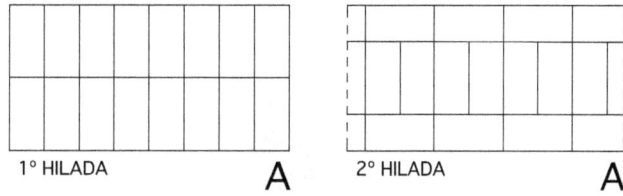

1° HILADA   A   2° HILADA   A

Fig. 2.7

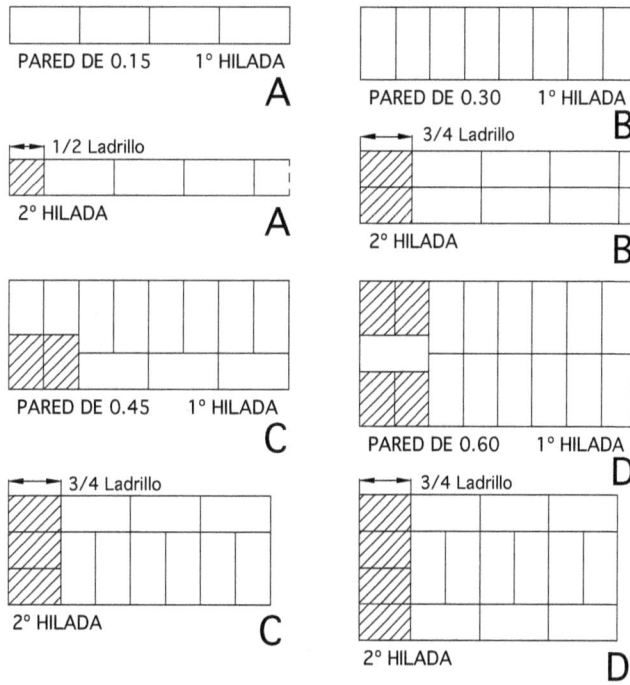

PARED DE 0.15   1° HILADA   A

1/2 Ladrillo

2° HILADA   A

PARED DE 0.30   1° HILADA   B

3/4 Ladrillo

2° HILADA   B

PARED DE 0.45   1° HILADA   C

3/4 Ladrillo

2° HILADA   C

PARED DE 0.60   1° HILADA   D

3/4 Ladrillo

2° HILADA   D

Fig. 2.8

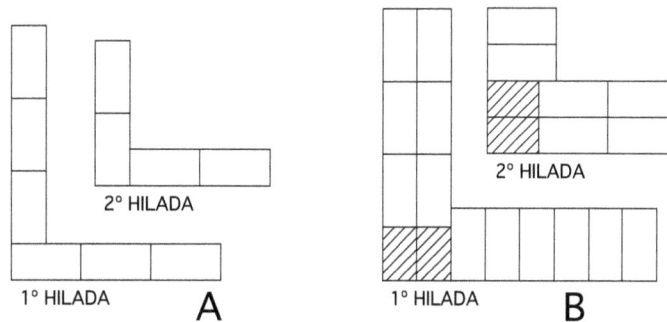

2° HILADA

1° HILADA   A

2° HILADA

1° HILADA   B

Fig. 2.9

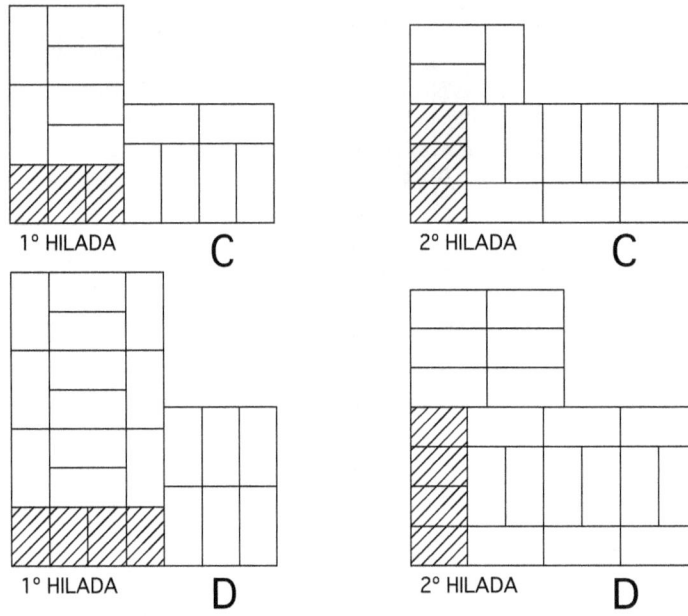

1° HILADA   C

2° HILADA   C

1° HILADA   D

2° HILADA   D

Fig. 2.9

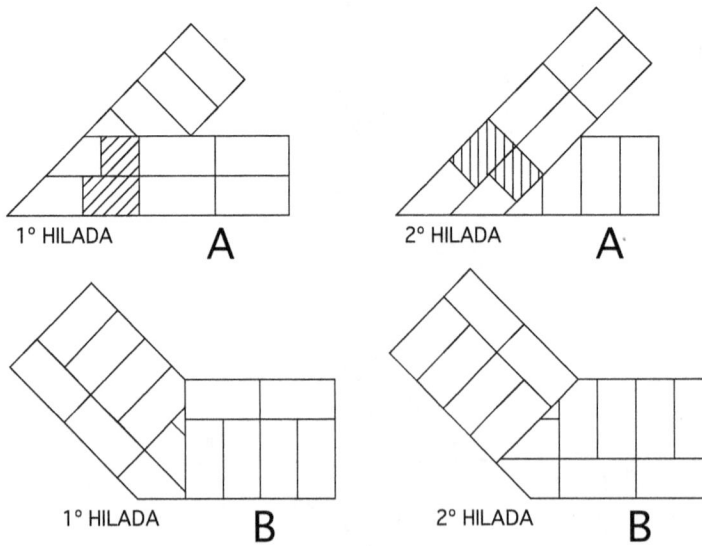

1° HILADA   A

2° HILADA   A

1° HILADA   B

2° HILADA   B

Fig. 2.10

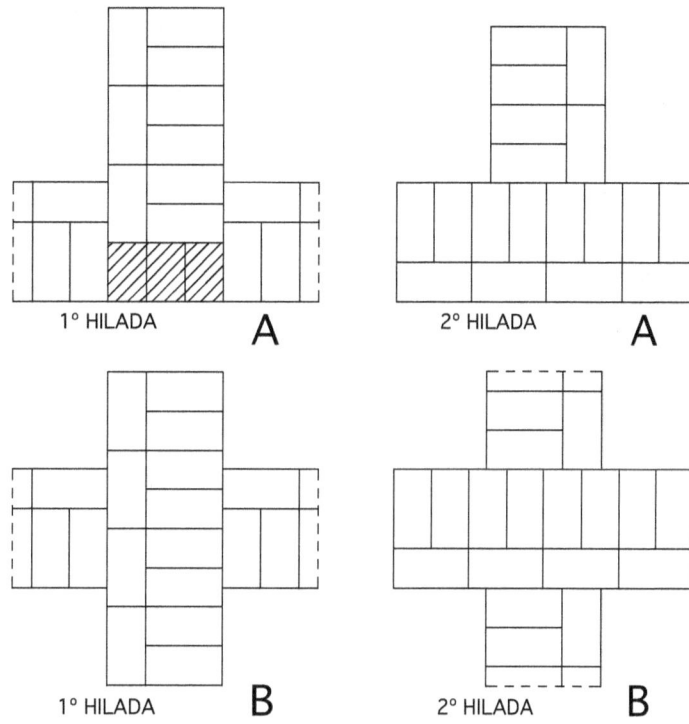

1° HILADA   A

2° HILADA   A

1° HILADA   B

2° HILADA   B

Fig. 2.11

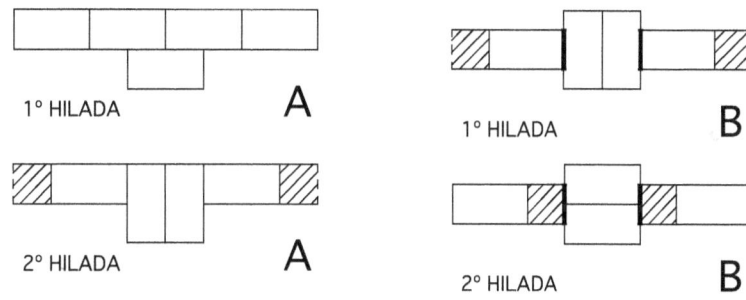

1° HILADA   A

2° HILADA   A

1° HILADA   B

2° HILADA   B

Fig. 2.12

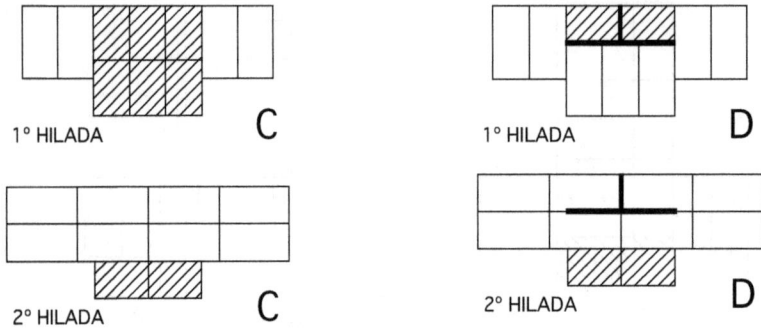

1° HILADA   C

1° HILADA   D

2° HILADA   C

2° HILADA   D

Fig. 2.12

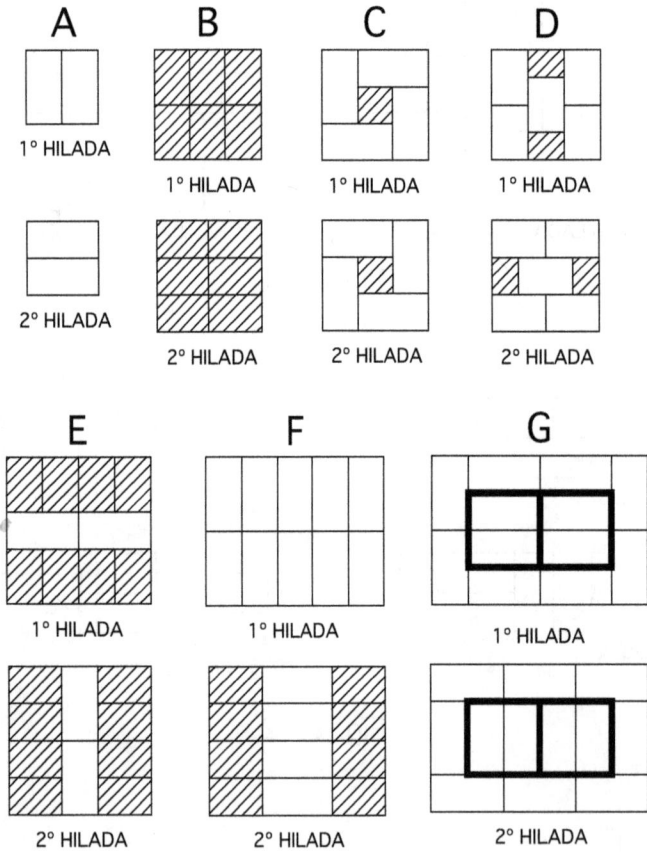

A   B   C   D

1° HILADA   1° HILADA   1° HILADA   1° HILADA

2° HILADA   2° HILADA   2° HILADA   2° HILADA

E   F   G

1° HILADA   1° HILADA   1° HILADA

2° HILADA   2° HILADA   2° HILADA

Fig. 2.13

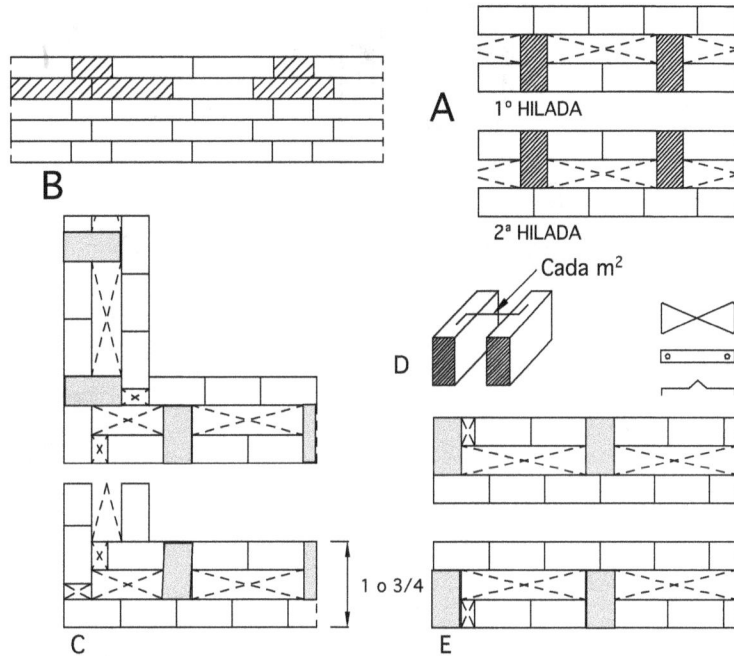

Fig. 2.14

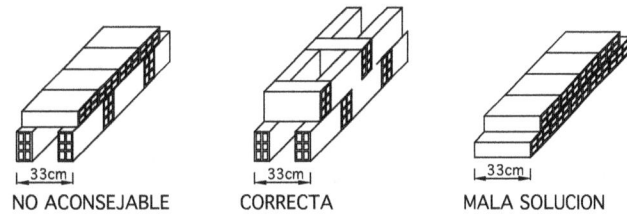

Fig. 2.15

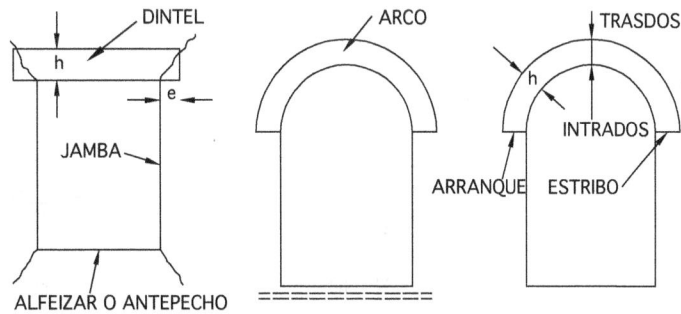

Fig. 2.16

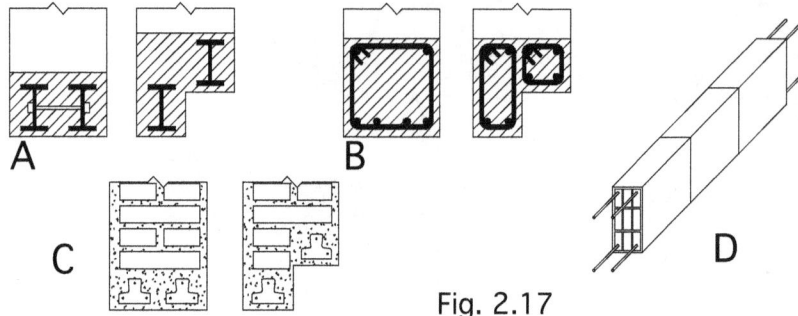

Fig. 2.17

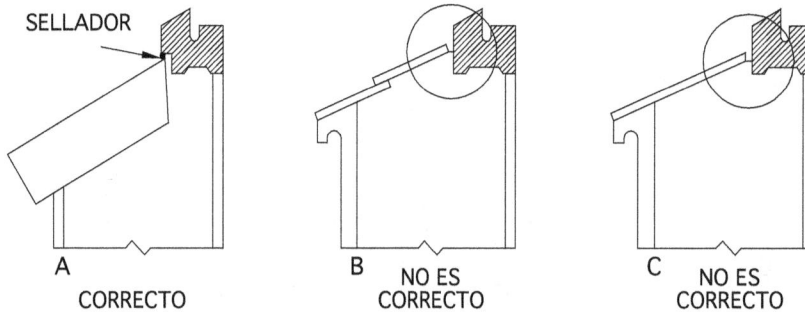

Fig. 2.18

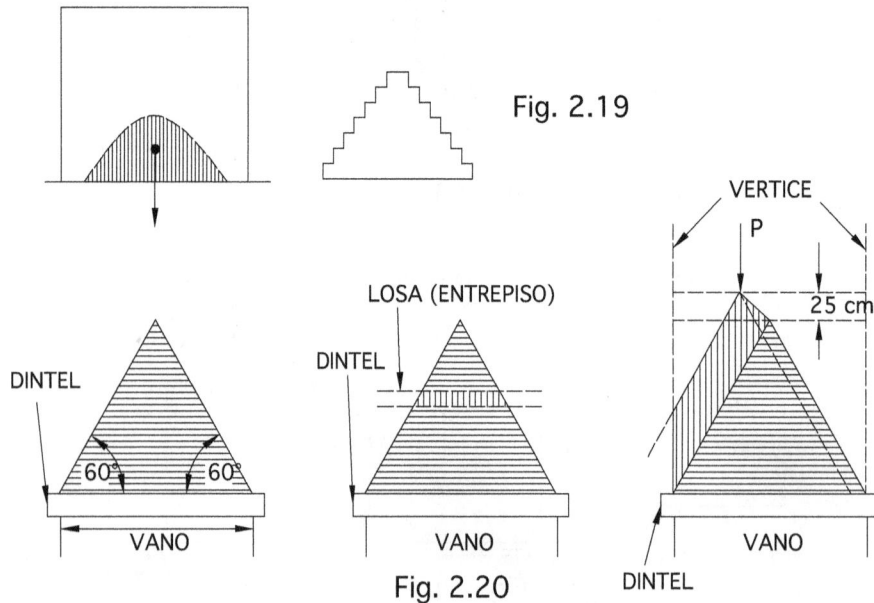

Fig. 2.19

Fig. 2.20

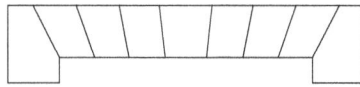

Fig. 2.21

SILLAR

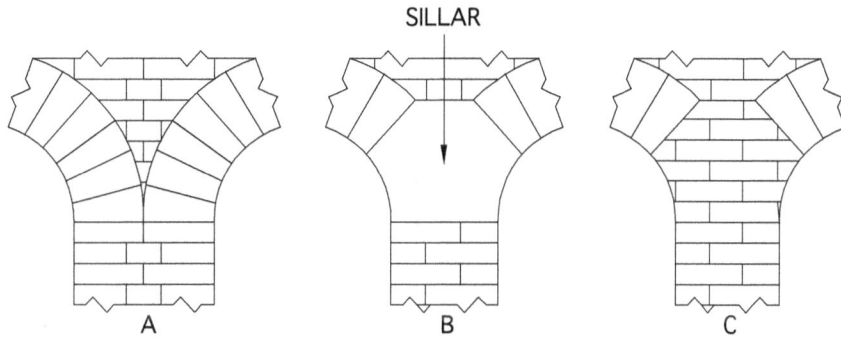

A   B   C

Fig. 2.22

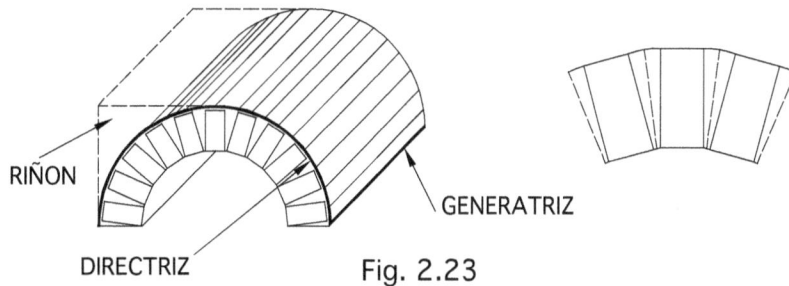

RIÑON

GENERATRIZ

DIRECTRIZ   Fig. 2.23

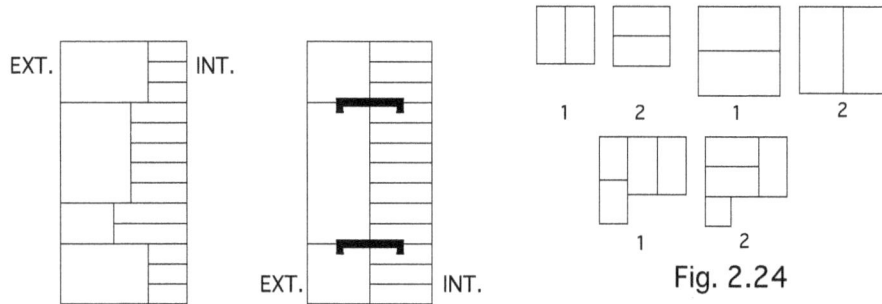

EXT.   INT.

EXT.   INT.

1   2   1   2

1   2

Fig. 2.24

Fig. 2.25

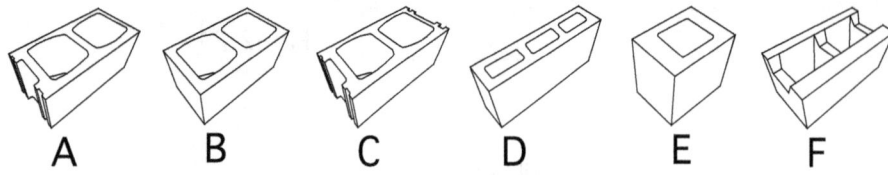

A   B   C   D   E   F

Fig. 2.26

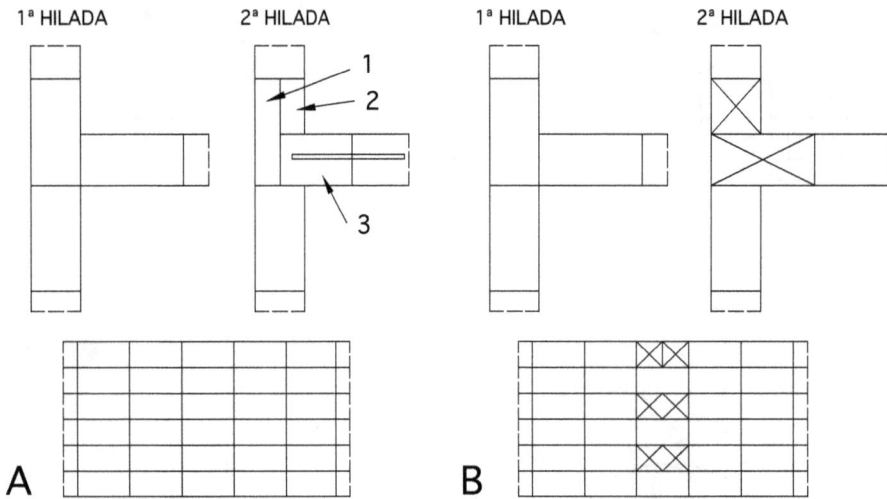

1ª HILADA   2ª HILADA   1ª HILADA   2ª HILADA

A   B

Fig. 2.27

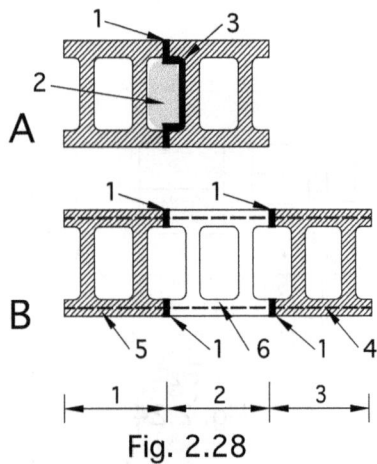

A

B

5   1   6   1   4

1   2   3

Fig. 2.28

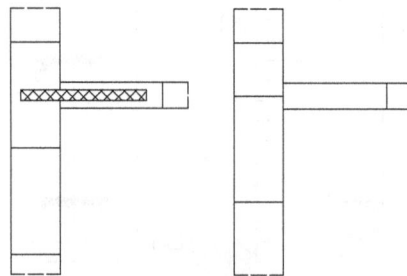

Fig. 2.29

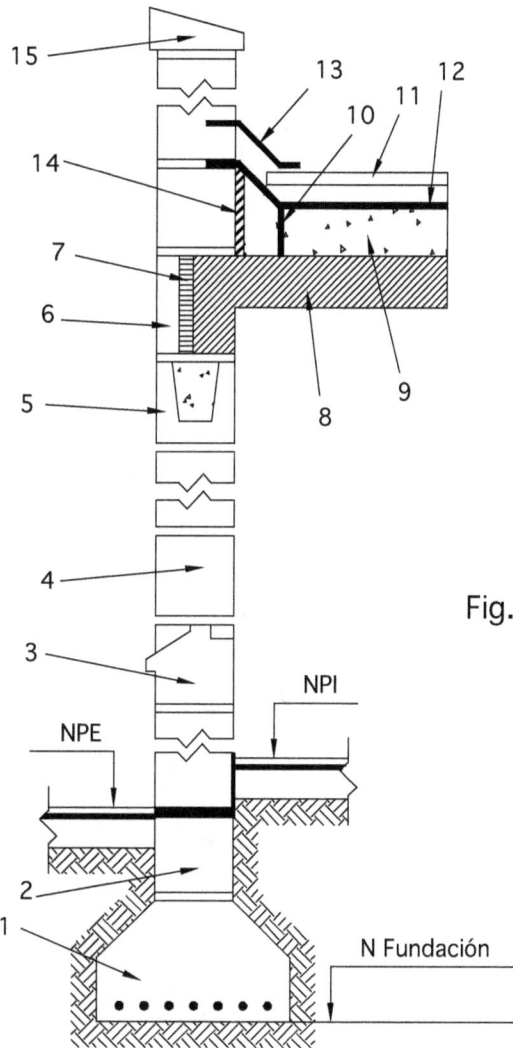

Fig. 2.30

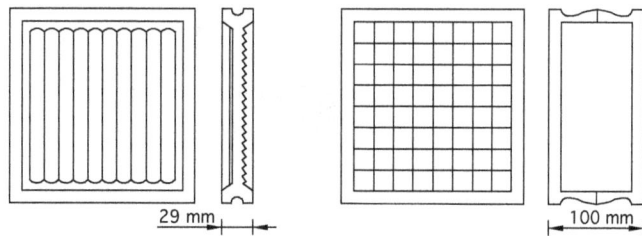

Fig. 2.31

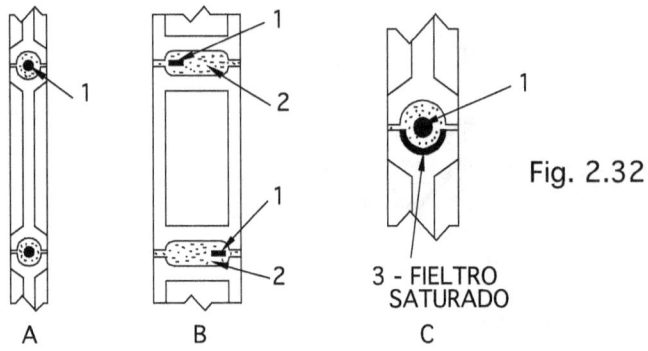

Fig. 2.32

3 - FIELTRO SATURADO

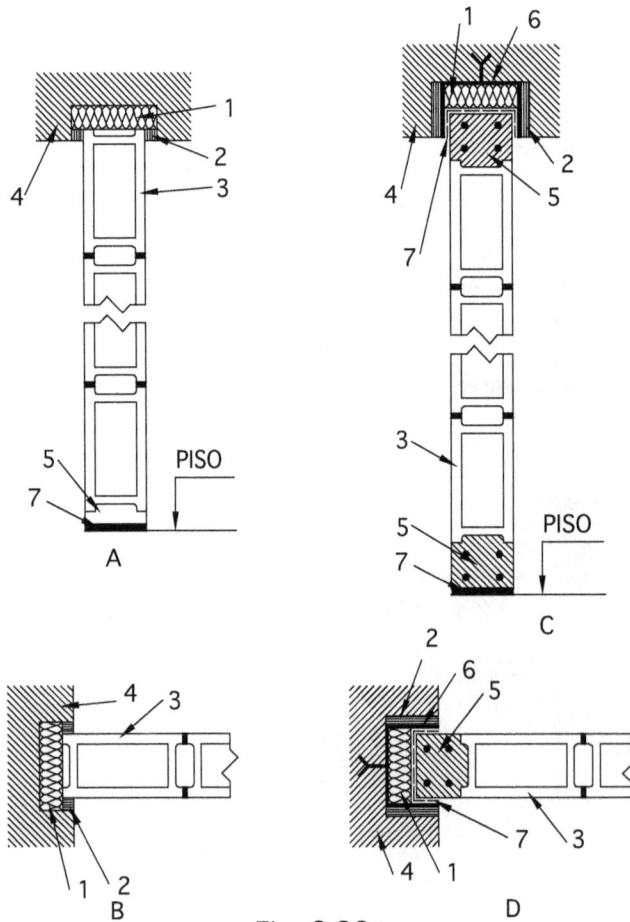

Fig. 2.33

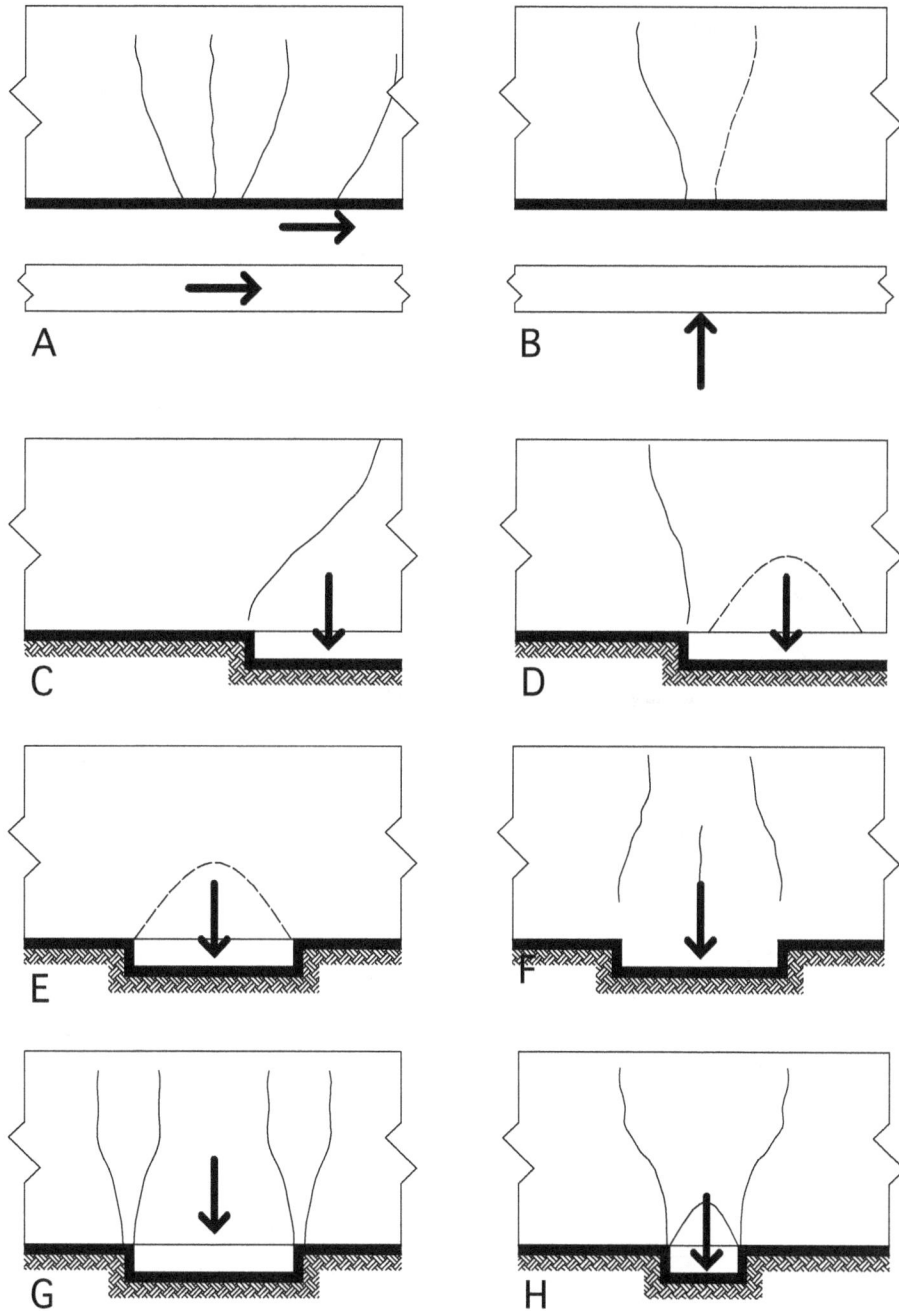

Fig. 2.34

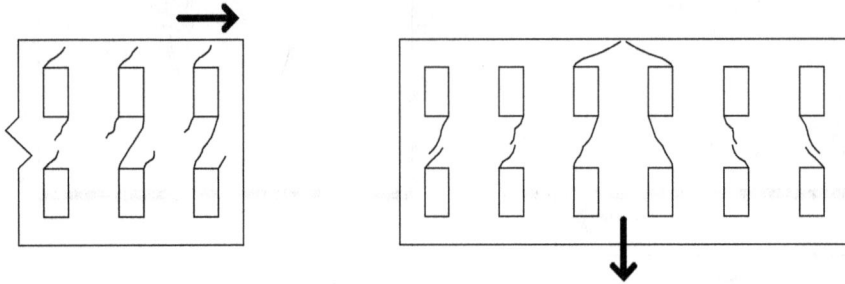

Fig. 2.35

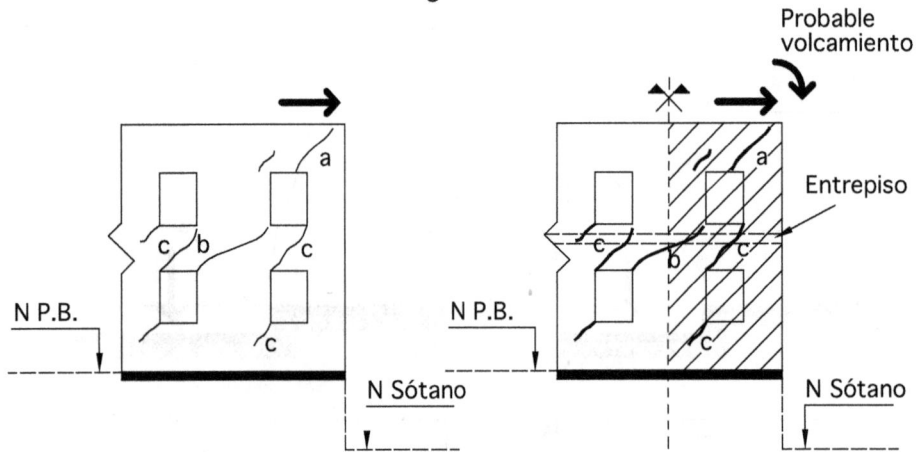

Fig. 2.36

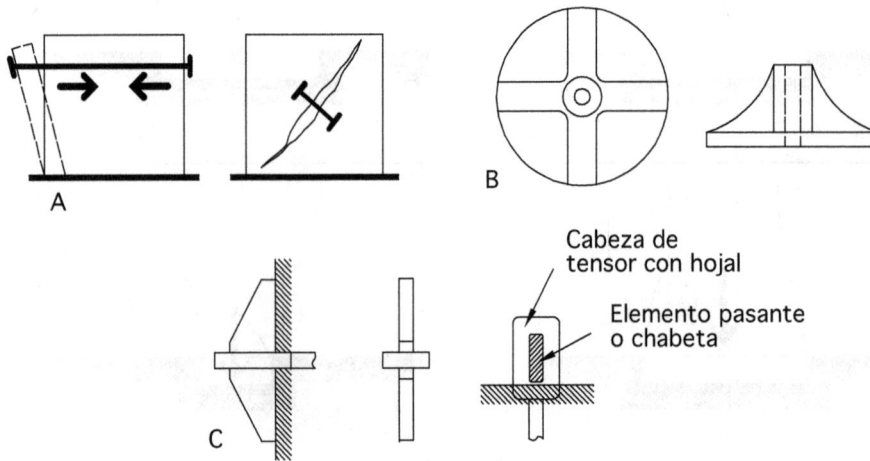

Fig. 2.37

3. HORMIGÓN ARMADO

3.1. GENERALIDADES

De los materiales de construcción de interés estructural, el hormigón armado es el de historia más reciente y progreso más rápido. Cuando Lambot presentó su bote de hormigón armado, tenido como la primera obra de ese material, Stephenson había habilitado ya su famoso puente metálico "Britannia". Dejando a un lado las pequeñas obras de jardinería con que el hormigón armado comenzó su vida, su aplicación a la construcción de edificios se remonta a los años 1870 y posiblemente hayan sido los norteamericanos los primeros en usarlo con ese fin.

Este es un material que resulta de la combinación de otros: el hormigón y el hierro. El comportamiento elástico del conjunto resultante permite considerarlo como un material nuevo, diferente de los dos que le dieron origen. Esta solidaridad en el comportamiento final es posible gracias a la intervención de tres factores:

1. Tanto el hierro como el hormigón tienen un coeficiente de dilatación térmica prácticamente igual, lo que les permite acompañarse mutuamente dentro de los cambios de temperatura que pueden ocurrir en cualquier clima;

2. La adherencia entre ambos materiales es muy elevada, tanto que no sólo impide el desplazamiento relativo de la armadura dentro del hormigón que la envuelve, sino que asegura la transferencia mutua de tensiones en el proceso de deformación bajo carga;

3. La no oxidación de las barras metálicas queda definitivamente asegurada por la envoltura de hormigón, mientras ésta no se rompa y/o fisure (el cemento actúa como reductor e inhibidor de la corrosión). La propiedad indicada en **2**, permite el aprovechamiento simultáneo, en un solo miembro de la estructura, de la alta resistencia a la tracción del acero y la excelente resistencia a la compresión de los buenos hormigones.

El uso del hormigón armado se difunde cada vez más en razón de su gran adaptabilidad: como se trata de un material moldeado, es posible darle las formas más variadas y extraordinarias; prácticamente permite resolver cualquier problema dentro de la ingeniería civil. Particularmente dentro de la construcción de edificios, ha llegado a dar satisfacción a los más exigentes planteos estructurales, y en él la arquitectura ha encontrado un medio inagotable de posibilidades de expresión (obra de Le Corbusier, Niemayer, entre otros). La estructura laminar –con la que son cubiertas grandes naves con el mínimo consumo de material– es una forma típica de hormigón armado.

Sus ventajas más apreciadas: la ya citada adaptabilidad y su monolitismo, por el cual todo el conjunto se comporta como una sola unidad, con una verdadera continuidad elástica entre todos sus miembros (todos son solidarios e interdependientes). Entre las ventajas menores podemos señalar su incombustibilidad y su muy bajo costo de mantenimiento. Por otra parte, la prefabricación, que parecía reservada al hierro y la madera, es ya un lugar común en la técnica del hormigón armado.

Tiene también inconvenientes, por supuesto:

- En piezas de flexión, características en todos los edificios de pisos, lleva a secciones fuertes y excesivamente pesadas;
- Una obra de hormigón requiere una gran cantidad de jornales a pie de obra; y,
- Por lo menos hasta ahora, supone la destrucción de una gran cantidad de madera, irremediablemente perdida. Tendencia que se va revertiendo con el uso de los encofrados metálicos.

3.2. ESTRUCTURA DEHORMIGÓN ARMADO

Una estructura de hormigón armado es el resultado de un conjunto de operaciones, cuyo orden cronológico en obra nos servirá como punto de partida para la disposición de este capítulo:

3.3. Ejecución de los encofrados.
3.4. Doblado y montaje de las armaduras.
3.5. Fabricación y colado del hormigón.
3.6. Curado.
3.7. Desencofrado.

Todas estas operaciones necesitan de la presencia de personal especializado en cada una de sus etapas. En las que se refieren al colado y curado, la calificación requerida es menor, pero se precisa de vigilancia por parte del personal de conducción y control, pues son precisamente estas operaciones las que determinan la calidad del hormigón como material.

3.3. ENCOFRADOS

El *encofrado* o *molde* es una estructura provisoria (apuntalamiento funcional), no obstante lo cual constituye una de las partes más importantes en el costo final del hormigón armado. Su ejecución consta de dos etapas bien diferenciadas: la primera de ellas es el encofrado propiamente dicho, en contacto directo con el hormigón al que sirve de receptáculo y forma; la segunda es el apuntalamiento, sostén del molde y apeo de las cargas hacia el suelo o partes fijas de la obra.

Para ambas está universalmente difundido el uso de la madera, aunque razones de orden económico y/o prácticas están llevando al uso de elementos metálicos, repetibles y recuperables, así como maderas compensadas (fenólico), etc.

3.3.1. Encofrado propiamente dicho

Los planos de encofrado se refieren solamente a las dimensiones, niveles y formas de los moldes, dejando a la competencia y experiencia del capataz la tarea de ejecutar los apuntalamientos. En las obras de entrepiso, por ejemplo, en las que el encofrado es una cuestión de rutina, esto no plantea ningún inconveniente; pero en obras que por su forma, altura o dimensiones sean especiales, el apuntalamiento debe ser tratado como un problema de proyecto y construido sobre planos.

Del molde no se espera una resistencia especial. Puesto que su misión es contener y dar forma, es suficiente el uso de tablas de 25 mm de espesor (1") apoyadas sobre tirantes de 75 x 75 mm (3" x 3"), separados no más de 60 cm. Se exige, sí, que sea prácticamente estanco, para evitar la pérdida de material durante la colada. Esta pérdida no es en realidad de tipo económico, sino más bien técnico: su principal efecto es la disminución de la resistencia y la compacidad del hormigón, como resultado del empobrecimiento de su contenido de cemento (lo que se pierde a través de las juntas de las tablas es lechada de cemento). Como efecto secundario de esta pérdida se forman prominencias duras que pueden dificultar el futuro tendido de revoques y/o revestimientos (en los edificios de pisos, por ejemplo, el goteo de la lechada forma irregularidades en la losa inferior creando un serio problema para la aplicación de los materiales de terminación).

Se exige también que sea perfecto en sus plomos y niveles; de no ser así, ambos deberán lograrse más tarde a costa del espesor excesivo de los revoques, algo técnicamente inconveniente y antieconómico. La justeza con que haya sido hecho el molde es un detalle básico en obras de arquitectura, sobre todo en aquellas de medida muy ajustada –como ocurre en la mayoría de los lotes urbanos–, donde puede ocurrir que dos centímetros impidan la correcta ubicación de un artefacto sanitario, por ejemplo.

Plomos y niveles correctos se logran con trabajo cuidadoso de carpintería, pero es necesario además que se mantengan firmes durante el vaciado, sin deformaciones generales ni locales, para lo cual deben estar rígidamente unidos al apuntalamiento, único medio resistente del conjunto. La clavazón debe ser segura, pero no excesiva (para evitar rotura de madera durante el desarme, afectando el recupero).

El hormigón fresco en piezas de mucha altura –por ejemplo, columnas, tabiques, vigas de mucha profundidad– somete al encofrado a un empuje tanto más importante cuanto mayor sea su fluidez; el vibrado prácticamente lo convierte en un líquido con un empuje tan grande sobre los moldes que puede llegar a reventarlos –presión hidrostática–, o deformarlos más o menos acentuadamente, si no se han reforzado debidamente. Los ángulos entrantes y salientes de la futura estructura son suavizados, colocando en las aristas interiores del encofrado pequeños listones triangulares (figura 3.1.), "chanfles", que incluso facilitan el posterior desencofrado.

Los moldes deben ser hechos pensando en el desmolde por etapas (primero se retiran los costados de columnas y vigas, etc. (véase el punto 3.8).

Deben ser de fácil limpieza, y se dejarán portillos abiertos al pie de las columnas, tabiques y vigas profundas, para poder retirar las basuras y/o aserrín depositados en el fondo.

Digamos, finalmente, que luego de cada lluvia y/o vientos intensos, o cuando los encofrados hayan quedado expuestos a la intemperie durante mucho tiempo, deberán verificarse los plomos y niveles, y especialmente los acuñamientos de los puntales. (Ver Cap. 12 - Fig. 12.6.)

3.3.2. Del apuntalamiento

Como elemento resistente del conjunto, el apuntalamiento debe tener la máxima seguridad contra asientos verticales y/o desplazamientos horizontales. Las cargas de servicio son, además del peso propio, el de las armaduras, el del hormigón fresco, su empuje de costado sobre los tableros, el personal, el movimiento de los carros, los puentes de servicio, eventuales montones de materiales, los guinches, los golpes e impactos del trabajo, y el viento (que cuando es muy fuerte puede provocar también una succión de abajo arriba, y si el encofrado no está bien anclado, levantarlo).

El trabajo de los puntales es fundamentalmente de compresión; debe en consecuencia prevenirse el pandeo arriostrándolos lateralmente con tablas cruzadas (flechado; cruces de San Andrés). Se evitará en lo posible el uso de puntales empalmados y se limitará la altura libre de cada uno a no más de cuatro metros. El número de puntales empalmados no puede ser mayor que 1/4 del total; no se hará más que un empalme por puntal y nunca en el centro del mismo, sino hacia el pie o la cabeza; además, los puntales empalmados se repartirán de un modo homogéneo. El empalme deberá asegurar una perfecta correspondencia de los pedazos empalmados y será reforzado con cuatro cubrejuntas (tres en los puntales redondos; en rigor, estas cubrejuntas son por sí mismas no el refuerzo, sino parte del propio empalme).

La escuadría mínima tolerada es 70 mm (la de uso más común en nuestro país es de 75 mm, 3" x 3"); tratándose de troncos, esta medida se toma en la parte más fina, la que se coloca siempre hacia arriba.

Cuando el encofrado es de mucha altura, el apuntalamiento se hace de varios pisos, cada uno de los cuales sostiene una plataforma de trabajo, para cortar así la altura de pandeo y permitir en cada nivel continuar hacia arriba con comodidad y seguridad, uniformando al mismo tiempo el corte de los tirantes, con lo que se disminuye su desperdicio. En alturas muy grandes, resulta más económico reemplazar el encofrado de pisos por torres, construidas con escuadrías robustas, que dan en definitiva un menor consumo de madera. En estos casos se prefiere hacer las uniones abulonadas.

El apoyo de los puntales en su pie es uno de los aspectos más importantes de la estabilidad del encofrado y su comportamiento durante la colada y el desarme. Este apoyo debe ser inamovible, sólidamente asentado sobre un tablón con interposición de alguno de los elementos, para permitir el aflojamiento paulatino, sin golpes ni vibraciones durante el desencofrado. Este elemento es generalmente una cuña, pero en algunas ocasiones convendrá usar el cajón de arena o el gato (figura 12.1).

3.3.3. El costo de los encofrados

No obstante su carácter de obra provisoria, el encofrado tiene una importante incidencia en el tiempo necesario para la ejecución de una estructura y en su costo. Para un edificio de pisos, de 2,6 m de altura cada uno, el encofrado consume un 40% del costo total de la estructura: en las cubiertas laminares de poco espesor y baja cuantía de hierro, en superficies de doble curvatura, etc., el encofrado puede llegar a representar prácticamente el 95% del costo.

Es natural, entonces, operar con un estricto sentido de la economía, tanto en el proyecto como en la construcción y en el posterior tratamiento de la madera; estos últimos tan importantes como el primero, por las medidas que se tomen en la obra misma para su conservación y buen uso.

Como pautas de proyecto destinadas a la economía de madera, deben tomarse las siguientes: usar el menor número posible de medidas diferentes en el dimensionamiento de altura de vigas y ancho de columnas; repetir los elementos iguales el mayor número posible de veces; ajustar las secciones de proyecto para usar, sin recortes, los anchos comerciales; evitar las falsas escuadras, los acartelamientos, los chaflanes, las escaleras compensadas, las superficies curvas, los desniveles en una sola planta y, en general, el uso de formas excepcionales. Dentro de límites razonables resulta más interesante la economía de tablas y jornales que el menor consumo de hormigón. La máxima economía la dan las estructuras moduladas, de secciones uniformes y elementos repetidos modificando sólo las cuantías del hierro.

Las medidas a tomarse en obra se refieren principalmente a la capacidad de los carpinteros y la competencia de la conducción. Descontando que también la calidad de la madera es importante, al igual que la forma de conservarla, correctamente estibada, protegida del agua y clasificada por escuadrías y largos. Aunque el almacén de maderas debe estar bien provisto de medidas, la economía aconseja usar la menor variedad; prácticamente con tablas de 1” y tirantes de 3” x 3” se puede hacer cualquiera de nuestros edificios corrientes de viviendas y oficinas. Si las cargas aumentan, pueden aumentarse el número de puntales aproximando más las soleras, aumentando la sección de aquéllos atándolos, clavándolos o uniéndolos entre sí de alguna manera (puntal acoplado; en todos los casos vigilar la seguridad al pandeo).

Un encofrado fácil de montar y desmontar rinde mayores usos y consume menos jornales. En este sentido es conveniente el empleo de tableros (figura 3.8), muy útiles para la construcción de losas, con un aumento enorme de la vida de la madera y la rapidez del trabajo.

Para impedir la adherencia de la madera al hormigón se la suele usar cepillada en una cara, mejorándose también así el aspecto de la superficie de hormigón lograda, que es importante cuando se espera que quede a la vista. Mejor aún es pintar el encofrado con cualquiera de los productos comerciales que se venden al efecto; tratado de esta manera, el entablado se despega con total facilidad y dura muchísimo más. No se recomienda aplicar aceites comunes que luego impregnan al hormigón dificultando la posterior terminación de los cielorrasos aplicados.

3.3.4. Encofrados metálicos

Con el uso de apuntalamientos metálicos y moldes del mismo material se ha tratado de resolver, con éxito, varios de los problemas que presentan las armazones de madera, sobre todo el que se refiere a economía en el tiempo de montaje y destrucción de materia prima (madera).

Las empresas pequeñas y las de importancia media que no disponen de este tipo de andamiajes deben examinar cuidadosamente el problema de su uso mediante un cálculo económico comparativo, en el que se tenga en cuenta el costo inicial de su compra o el del periódico alquiler. De todos modos, si las razones de tiempo son las más importantes, la elección se inclinará, sin lugar a dudas, hacia el armazón metálico (ver figura 3.9).

3.4. ARMADURAS

El tipo de armadura metálica más usado es la barra redonda; sobre la forma básica del círculo se han introducido algunas variantes, conocidas con el nombre de *barras conformadas*. El agregado de espirales, muescas y rebabas tiene la finalidad de aumentar la adherencia entre hormigón y acero, mejorando las condiciones mecánicas del conjunto, con ventajas económicas también.

Las barras redondas y/o conformadas no son las únicas armaduras; excepcionalmente éstas pueden ser cuadradas, perfiles laminados de cualquier sección, metal desplegado, malla de alambre, o cualquier otra forma que asegure la absorción continua de las tensiones entre ambos materiales.

Los hierros deben estar limpios de cualquier sustancia capaz de impedir o desmejorar la adherencia, como restos de pintura, aceite, barro, etc.; la oxidación superficial no es nociva, sino más bien conveniente, porque aumenta la adherencia; no así la oxidación profunda o suelta (corrosión), que debe ser eliminada. Un caño de los llamados negros, para calefacción, puede ser una armadura; un caño galvanizado no. Tampoco un caño eléctrico o metal desplegado barnizados, etc.

3.4.1. Doblado de las armaduras

Determinar el largo de corte, calcular la sección de las barras, su número, establecer su forma de doblado, fijar su ubicación y marcar el exacto lugar de los empalmes, es un trabajo de gabinete. Se supone que todos estos datos llegan elaborados al banco del armador y éste tendrá una tarea puramente ejecutiva, respetando planos y planillas de armaduras y/o doblado.

Esta tarea se cumple en dos etapas: la primera, al pie del almacén de hierros, sobre el banco, y comprende el corte, el doblado, el marcado, y en el caso de columnas y vigas no muy grandes se llega al montaje completo, faltando sólo la puesta en sitio. La segunda etapa se lleva a cabo sobre los encofrados mismos y consiste en la puesta en sitio y la fijación. Las armaduras de vigas y columnas grandes, pesadas y difíciles de maniobrar, suelen montarse en su emplazamiento definitivo. En el caso de armaduras muy livianas, como las de las losas y cáscaras, el armador sólo usa el banco para cortar las medidas adecuadas y formar los ganchos; todas las demás operaciones se hacen sobre los moldes.

El rendimiento en el banco depende de la organización del trabajo. Las operaciones deben ser sistematizadas por el capataz, que ordenará la marcha con una estricta clasificación de las unidades que se repiten, siguiendo un criterio selectivo, cuyo orden es el siguiente:

1. Diámetro;
2. Largo;
3. Forma.

El doblado se hace marcando sobre el banco mismo –a veces sobre la barra– las longitudes indicadas en la lista de hierros y también las posiciones que debe tomar la palanca para que el acodillado resulte con el ángulo proyectado (generalmente 45°, a veces 60°, y excepcionalmente otras medidas). La armadura de losas y otras formas laminares se marcan con tiza sobre el encofrado; a veces es necesario plantillarlas sobre la madera.

En el trabajo con hierro muy grueso, el doblado reduce la longitud de la barra. Como esta merma depende mucho de la máquina de doblar, suele pasar que el proyectista no haya considerado este hecho: la longitud total marcada en la planilla es teórica y debe ser corregida haciendo pruebas con la máquina misma.

Una vez colocada en su sitio, la armadura debe quedar definitivamente fija, asegurada de forma tal que no se mueva durante el hormigonado. Para ello se usan ataduras de alambre negro entre los hierros principales y los secundarios (hierros de repartición, estribos y perchas), y elementos de montaje.

Hoy, al igual que sucede con la elaboración de hormigón, contamos fuera del recinto de obra con un servicio integral de corte y doblado, así como de sistemas de armadura estándar. Lo que asegura una mejor terminación y calidad de armado, y un excelente hormigón.

3.4.2. De los empalmes

La longitud de los hierros comerciales es de aproximadamente 12 m. En estructuras importantes, la longitud necesaria puede superar esas longitudes, y entonces son necesarios los *empalmes* (*empatilladuras, empates o enlaces*).

El empalme es también necesario por razones de orden económico: el hierro es un material caro y el desperdicio en diámetros gruesos significa una verdadera carga. Aunque inconvenientes por razones de orden puramente estructural, los empalmes son necesarios por razones de economía y por las dificultades para obtener largos comerciales mayores de 12 m (que por otra parte resultan muy difíciles de transportar).

Los empalmes deben ser usados con criterio restrictivo: no empalmar más de una barra por sección y nunca en correspondencia con las secciones peligrosas.

Son tres los sistemas empleados para empalmar barras:

1. ***Empalme por yuxtaposición, o solape:*** es el más sencillo y económico; consiste en juntar las cabezas de las barras por empatillar superponiéndolas en una longitud equivalente a 40 veces el diámetro y atarlas; cada cabeza debe llevar su gancho correspondiente. Este tipo de unión no se autoriza para diámetros mayores de 25 mm; tampoco está autorizado para piezas exclusivamente traccionadas. La razón de estas prohibiciones se hace evidente si se piensa que en el empalme por solape se hace jugar exclusivamente la adherencia entre hormigón y hierro, y que ésta no puede superar cierto límite.

2. ***Empalme por manguito:*** en razón de su costo, es el menos usado. Tiene la ventaja de ser capaz de regular la tensión.

3. ***Empalme por soldadura al tope:*** provocada por el paso de una corriente eléctrica a través de las puntas de las *dos* barras por unir; *cuando* éstas se ponen pastosas por el calor, se las aplasta una contra la otra y se tiene la unión hecha. Un equipo soldador es imprescindible en obras de grandes elementos estructurales, en los que el largo de las barras requeridas seguramente sobrepasará las longitudes comerciales en que se presentan.

3.4.3. Montaje de las armaduras

Las armaduras no deberán quedar apoyadas sobre los moldes; justamente se espera que el hormigón envuelva totalmente el hierro para que puedan desarrollarse en su totalidad las tensiones de adherencia y al mismo tiempo las armaduras queden bien protegidas contra los efectos de la oxidación. Tampoco debe permitirse que se toquen entre sí, cosa que puede ocurrir en elementos de mucha cuantía. Una y otra cosa se evitan con separadores, que no son más que pequeños pedazos de hierro redondo; también pueden usarse separadores premoldeados de hormigón (figura 3.10) o de plástico.

La separación entre armaduras y moldes, o entre armadura y armadura, debe conservarse dentro de los límites que fijan los reglamentos. En zapatas, muros de contención o cualquier otra pieza que esté con contacto con la tierra, el hierro debe quedar protegido por lo menos por cinco centímetros de hormigón. También debe hacerse esto para lograr una correcta protección ignífuga, pero para toda la estructura en general. La tendencia de ciertos proyectos de dar al hormigón armado dimensiones mínimas, conspira contra estas buenas normas constructivas. Se da a las vigas alturas pequeñas, lo que supone una mayor cantidad de hierro, pero al mismo tiempo se exige que tengan poco ancho, de donde resulta que los hierros se amontonan y prácticamente todos los estribos quedan al aire. Lo malo es que esto se repite en casi todas las vigas de muchas de nuestras maltratadas "propiedades horizontales".

3.5. FABRICACIÓN DEL HORMIGÓN

La técnica del proyecto de dosificaciones ha alcanzado un grado tal de perfeccionamiento que hace posible preparar hormigones con las propiedades deseadas, dentro de lo que es posible esperar de un hormigón. Pero entendido que disponemos de los materiales adecuados, del equipo necesario y del proyecto de la mezcla por producir, aquellas propiedades deseadas sólo podrán ser obtenidas mediante una correcta ejecución de los procesos de obra, tan importantes en sí mismos que su defectuosa operación puede causar la ruina de la obra, a pesar de los mejores materiales y la más estudiada dosificación.

Para preparar el hormigón en obra, el orden conveniente para verter los materiales en la hormigonera es el siguiente:

1. Parte del agua, con algo de la piedra (para limpiar los restos del batido anterior);

2. Parte del agua, con el cemento (la mezcla tomará una consistencia suficiente para la suspensión de la arena);
3. Parte del agua, con la arena (la mezcla tomará una consistencia suficiente para la suspensión de la piedra);
4. Parte del agua, con la piedra;
5. El resto del agua.

Se suele aconsejar que un 10% del agua total se vierta antes y una porción igual después del resto de los materiales.

La resistencia mecánica del hormigón aumenta con el tiempo de batido de la mezcla. Este incremento es muy importante dentro de los primeros sesenta segundos; luego sigue aumentando, aunque más lentamente, hasta los dos minutos. Más allá de ese tiempo no vale la pena seguir con el amasado, salvo que se estén usando hormigoneras de gran capacidad, con las que puede llegarse hasta los tres minutos. El tiempo amasado debe contarse a partir del momento en el que todos los materiales están en la hormigonera.

El aumento de la resistencia con el tiempo de mezclado se explica por el aumento de la uniformidad en la distribución de los granos y su completa envoltura por la pasta de cemento. Con los batidos demasiado rápidos, los pastones resultan con zonas que son puro agregado; y de esta manera no sólo disminuye la resistencia, sino que además se anula la impermeabilidad y las armaduras quedan completamente desprotegidas.

3.5.1. Colado del hormigón

Antes de colocar el hormigón en los moldes debe procederse a la cuidadosa ejecución de las siguientes operaciones:

Limpieza total de los encofrados. Retiro de todo residuo que pueda dificultar la resistencia del hormigón, su terminación superficial y las condiciones de adherencia con el hierro. (Los electricistas, al perforar el encofrado para colocar caños y cajas suelen producir gran cantidad de aserrín; este depósito es muy peligroso, sobre todo porque muchos de esos trabajos se hacen con la colada en marcha –algo totalmente desaconsejado–.) La operación es particularmente importante y difícil en los lugares fuertemente armados.

Colocación de puentes de servicio, *por donde circularán los carritos con la mezcla y el personal.* Estos puentes tienen por objeto proteger la armadura y al hormigón fresco durante el trabajo.

Mojar abundantemente los moldes si son de madera. Este riego tiene la principal finalidad de saturar la madera para que no absorba el agua de la mezcla; al mismo tiempo se hincha, cerrando las juntas por la que podría escapar la pasta de cemento. El chorro de agua es además una de las más eficaces formas de quitar los residuos. El tratamiento de los moldes metálicos requiere de más cuidado; deben aceitarse para que no adhieran al hormigón y no se oxiden.

No está de más recomendar la programación del vaciado, fijando de antemano la ubicación de las juntas de trabajo que se producirán si el horario de obra es discontinuo o si la jornada no alcanza para todo, como también si llueve imprevistamente o se producen fuertes vientos. Claro que sería mejor no formar estas juntas, pero como quiera que sea hay que hacerlas, y se tratará de no improvisar su ubicación sobre la marcha. Hay que asegurar la provisión de materiales: la arena y la piedra en obras urbanas a veces no pueden acopiarse en la cantidad necesaria; más de una losa ha quedado de esa manera librada a los avatares del tránsito y muchas otras indeterminaciones.

Para continuar la colada sobre una junta de hormigón ya endurecido –es decir, para ligar hormigón fresco con hormigón viejo– el procedimiento adecuado es el siguiente:

A) *Preparación:*

1. Preparar la superficie con cepillo de alambre o chorro de arena para dejarla regularmente áspera;
2. Mojar abundantemente la superficie durante varias horas;
3. Aplicar una capa de mortero cementicio de varios milímetros de espesor.

B) *Aplicación de aditivos "ah hoc".*

Naturalmente, las juntas de trabajo están prohibidas en ménsulas, voladizos, etc.

Estúdiese la conveniente ubicación del equipo para tener recorridos mínimos: hay aquí una economía de mano de obra, pero, sobre todo, se reducen las vibraciones sobre el hormigón reciente y se evita que el material fresco tienda a separarse por las diversas densidades dentro de los medios de transporte. Cuando este medio es un recipiente (carrito, tanque), la capacidad del mismo debe ser por lo menos igual a la de la hormigonera, para transportar pastones enteros. El hormigón consistente y el que tenga aire incorporado son más convenientes si las distancias son grandes. Si el medio de transporte es, en cambio, una canaleta o una cinta transportadora, el cuidado debe centrarse en la protección ante el viento y el sol. En las canaletas, el riesgo de la separación de los materiales y la pérdida de asiento es mayor que en cualquier otro medio de transporte.

Finalmente, el trabajo sobre la losa debe ser, si no reposado, no tan rápido que desarrolle excesivas vibraciones muy nocivas para el hormigón reciente: no correr con los carritos, no arrojar sobre el encofrado o el hormigón recién puestos los tirantes, los puentes, etc., cuando se los retire. De lo contrario, pueden producirse debilitamientos prematuros y separaciones irreparables entre la mezcla y los hierros.

El hormigón debe ser depositado lo más cerca que se pueda de su sitio definitivo. Se lo desparrama con palas y se lo apisona; este apisonado sirve para obligarlo a tomar la forma del molde, rellenando completamente todo el espacio disponible y envolviendo las armaduras. El apisonado será enérgico y consecuente, y es una buena práctica golpear con martillo el costado de los moldes en vigas de mucha profundidad, columnas, tabiques y partes muy delgadas o muy armadas.

Mejor aún es la vibración: convierte la zona vibrada en un fluido, permitiendo el empleo de bajas relaciones *a:c,* con lo que aumenta la resistencia y mejora la compacidad. El vibrado se aplica a las mezclas de bajo asiento; en aquellas muy fluidas, su *efecto* es completamente contraproducente, porque produce una inevitable separación del material pesado, que irá al fondo.

La tecnología de la elaboración y puesta en obra de este material constituye uno de los conocimientos obligatorios para el técnico auxiliar de la construcción; su estudio corresponde a libros especializados, en los que se podrá completar el rápido resumen anterior y conocer, además, técnicas más actuales, como son la del preelaborado en plantas hormigoneras (una tendencia que se está difundiendo en nuestro medio), con estrictos controles de calidad y resistencia en contraposición de lo que sucede en obra.

Actualmente disponemos del gunitado, suerte de hormigón bombeado con agregados gruesos de granulometría chica, acelerantes de fragüe y/o aditivos varios, ideal para trabajos de submuración y/o pantallas de hormigón.

3.6. EFECTO DE LAS TEMPERATURAS EXTREMAS

Los ambientes excesivamente calurosos o fríos son inconvenientes por su efecto sobre el fraguado del cemento. La temperatura óptima parece estar en los 21°C (no del ambiente, sino de la masa del hormigón; durante el fraguado es de esperar que sea mayor, por tratarse de una reacción exotérmica).

Por debajo de los 21°C el proceso de endurecimiento comienza a retardarse, y se anula alrededor de los 4°C. Si la temperatura desciende hasta 0°C, el agua libre se congela y al expandirse puede llegar a destruir totalmente la masa del hormigón. Cuando la temperatura vuelve a elevarse, el fraguado continúa, pero el hormigón ya se ha disgregado.

Por encima de los 21°C, la calidad del hormigón disminuye (se ha comprobado que tiene menos resistencia y duración), y aumenta la contracción. Por otra parte, la alta temperatura motiva la evaporación del agua, cuyo contenido puede llegar a quedar por debajo del necesario.

En ambos casos deben tomarse precauciones especiales. Mediando éstas podrá hormigonarse sin riesgo en cualquiera de las regiones de nuestra extensa geografía. Si las condiciones de clima extremo sólo son momentáneas, lo mejor es esperar el retorno del ambiente normal.

3.6.1. Ambiente muy frío

Los reglamentos prohíben hormigonar si la temperatura baja a 5°C o si se teme que se producirán heladas inmediatas. Autorizan, sin embargo, a hacerlo cuando se han tomado las siguientes precauciones:

- Tomar constantemente la temperatura de la mezcla colocada, sobre todo en los lugares más delicados, que son los de pequeñas dimensiones.
- Calentar los materiales (salvo el cemento, todos los demás pueden ser calentados, sobre todo el agua; la temperatura de la arena, la piedra y los encofrados puede elevarse mediante chorros de vapor). Se debe medir la temperatura dentro de la hormigonera para evitar el fragüe rápido por calentamiento excesivo.
- Acelerar el proceso de fraguado: con el empleo de cementos rápidos o el agregado de aceleradores; los primeros son capaces de desarrollar calor durante un período inicial, que es el más delicado.
- Asegurar un cuidadoso y total curado. Naturalmente, también puede pensarse en encerrar la obra en un recinto cubierto –con techo y paredes– que permita mantener en su interior una temperatura adecuada por medio de calefacción. Tal recinto puede ser hecho con lonas engomadas sobre un soporte provisorio de madera. En algunas ocasiones es posible, y conveniente, crear un "microclima" alrededor de la parte hormigonada, con estufas u otros medios, logrando un efectivo aumento de la temperatura ambiente. En la construcción de edificios no debe tolerarse ningún remedio sobre hormigón heladizo, como no sea la demolición de la parte afectada.

3.6.2. Ambiente muy caluroso

Transcribimos las precauciones indicadas por el *Bureau of Reclamations* de los EE.UU:

"**1.** Emplear agua fría de amasado hasta el punto de añadir grandes cantidades de hielo. **2.** Evitar todo lo posible el empleo de cementos calientes. **3.** Aislar las conducciones y depósitos del abastecimiento de agua; por lo menos, pintar de blanco las partes vistas. **4.** Aislar los tambores de la hormigonera o refrigerarlos, regándolos o cubriéndolos con arpillera mojada. **6.** Poner a la sombra los materiales y/o instalaciones que no estén protegidos del calor de otra manera. **7.** Trabajar sólo de noche."; **8.** Cuidado y total curado.

3.7. CURADO

Las reacciones químicas causantes del endurecimiento del hormigón sólo son posibles en presencia de agua. Aunque en el momento de su vaciado el hormigón tiene mucha más agua de la que necesita para fraguar, son varios los factores que intervienen para que se pierda, principalmente por evaporación. Evitar esa pérdida, especialmente en los primeros días, es lo que se llama *curado,* y tiene toda la importancia de una operación fundamental, si se quiere tener un hormigón de la resistencia e impermeabilidad proyectadas.

La selección de los materiales, el proyecto de las mezclas, el control estricto de las condiciones de elaboración y puesta en obra serán inútiles si se descuida el curado. Faltarán todas las propiedades esperadas, y en condiciones muy severas de clima la hormigonada puede resultar un costoso fracaso.

Tres son los principales agentes de una rápida desecación: altas temperaturas, baja humedad ambiente y vientos. Cuanto más severos sean estos tres agentes tanto mayores serán las precauciones del curado. Hay además otros factores capaces de quitar agua a la mezcla: encofrados demasiado secos o faltos de estanqueidad, y el propio calor que desarrollan los cementos al fraguar.

El curado se hace actualmente de dos maneras:

Por vía húmeda, suministrando agua mediante la inundación o, mejor aún, cubriendo con tierra, arena o arpillera que se mantienen constantemente húmedas. Lo más usado es el riego con manguera, tantas veces como lo requiera la mayor o menor evaporación que sufra el propio hormigón.

Con productos selladores, es decir pinturas aplicables con pulverizador, en una sola pasada. Estas pinturas son blancas, de alto poder de ocultación, y de ellas se espera que impidan la evaporación.

Un curado correcto exige el riego de los encofrados varios días después de la colada, o su previo pintado si se usan selladores.

El curado se mantiene entre ocho y catorce días. Incluye también otros medios de protección si la temperatura es amenazante (cubrir con arpillera, láminas de polietileno, etc.).

3.8. DESENCOFRADO

El retiro de los moldes se hace de un modo paulatino y cuidando de no producir vibraciones en la masa, ni roturas en los bordes vivos de losas, escaleras, etc.

La operación sólo puede avanzar en la medida de que se produzca el endurecimiento.

Ningún elemento de obra será desencofrado antes que el hormigón esté suficientemente endurecido, y que el director de obra, mediante una verificación, de la orden de hacerlo.

Se comienza con las columnas y costados de vigas, lo que puede hacerse a los tres días de edad; se sigue con el fondo de las losas (a los ocho días), y a los veintiuno se completa con el fondo de las vigas. Con cementos rápidos los plazos se reducen a 2, 4 y 8 días respectivamente, y aun a 1, 3 y 6.

En vigas muy cargadas, pórticos y otros importantes elementos de flexión, el director de obra considerará un plazo adicional para el desencofrado total, incluyendo la permanencia de algunos puntales por mayor tiempo.

Inmediatamente después de retirada la tabla se procede a retocar las superficies dañadas, o que presenten nidos de abeja, oquedades, etc. La madera se limpia y clasifica nuevamente.

3.9. HORMIGÓN CON ELEMENTOS PREMOLDEADOS

La necesidad de abaratar la construcción y disminuir el plazo de ejecución de las obras ha motivado la aparición de un gran número de sistemas que, salvando las diferencias formales, pueden ser agrupados en dos tipos generales: **A.** losetas huecas pretensadas; **B.** viguetas pretensadas con ladrillotes cerámicos o cementicios huecos o EPS conformado, unificados con un cordón de compresión de hormigón, y reforzados con armadura.

Tanto los del primer grupo como los del segundo requieren de alguna manera el concurso del hormigón, simple o armado, por cuya razón los incluimos en este capítulo.

Primer grupo: con losetas especialmente conformados y/o viguetas que, una junto a otra, forman la losa. Más descriptiva es la figura 3.17, y a ella nos remitimos.

Segundo grupo: las viguetas son, por regla general, de hormigón armado y vibrado (generalmente pretensadas). Se colocan paralelas entre sí y equidistantes, separadas de tal modo que el vacío entre dos de ellas puede ser cubierto con un ladrillón de hormigón liviano o cerámico en cualquiera de las formas que pueden verse en la figura 3.17. Lógicamente, el ladrillo cerámico puede ser reemplazado por piezas similares de EPS, aunque aquél resulta muy superior en calidad y resultados.

3.10. LAS GRIETAS EN HORMIGÓN ARMADO

También para el hormigón –simple o armado– la grieta parece ser una compañera inseparable, pero en un nivel de mayor complejidad que en la obra de fábrica.

Frente al problema de las grietas, las medidas preventivas son más eficaces y económicas que las curativas. El constructor se esforzará por aplicar con rigor todas las reglas del arte en lo que sea de su competencia: fabricación, puesta en obra y curado, por una parte, y por la otra fidelidad a los planos y disposiciones del proyecto.

Se reconocen dos categorías de causas: en primer lugar, las que corresponden al propio material, resultante de un proceso químico en el que no hay por qué esperar que el volumen final sea igual a la suma de los volúmenes de los componentes sueltos, ni de la mezcla fresca. En segundo lugar, las que corresponden al proceso constructivo y a las condiciones en que se llevó a cabo. Hay también errores de proyecto, y, naturalmente, causas ajenas al propio material y su elaboración: por ejemplo, los cambios de temperatura o el cedimiento del plano de fundación (por razones como las que vimos en el punto 2.14). Pero, por su carácter monolítico, el hormigón armado permite prever aquellos cambios y este asiento como un elemento del proyecto, disponiendo así la armadura en la cantidad y ubicación convenientes para absorberlo.

Hagamos un examen muy severo de algunas causales de fisuración:

Retracción. Se origina en el cambio de volumen del hormigón, motivado por el fraguado, y se caracteriza por el agrietamiento mucho tiempo después del llenado de la losa (transcurridas semanas, meses, y hasta un año). Se forman fisuras bien localizadas, rectilíneas, de un ancho más o menos uniforme (algunas décimas de milímetro). y rápidamente se estabilizan. Corrientemente se presentan perpendiculares a la armadura principal y son más numerosas en las piezas fuertemente armadas que en aquellas que tienen poca armadura.

Fallas en el curado. Por lo común, son el resultado de una pérdida excesiva y rápida de agua en el curado y constituyen un fisuramiento superficial, múltiple y sin dirección preferida, localizado en la superficie de las losas. En general no tienen carácter serio.

Superficies de contacto de muy distinto grado de absorción causan también agrietamientos por desecación, acusado en la línea de separación de las superficies. Por ejemplo, el ladrillón de hormigón absorbe más agua que la vigueta vibrada, por lo que a lo largo de ésta y sobre la cara superior del entrepiso se forman dos grietas semejantes y paralelas; el ladrillo cerámico, en cambio, es menos absorbente y, aunque también se moja antes de hormigonar, da en este sentido mejores resultados.

Las grietas por desecación prematura, al contrario de las de retracción, aparecen casi inmediatamente, a las pocas horas del vaciado.

Armadura insuficiente o mal distribuida. Véase la leyenda de las figuras 3.20 y 3.21 para entender la importancia de la correcta distribución. Insuficiente o mal colocada, la armadura defectuosa acusa siempre fisuramiento perpendicular a la dirección de los hierros.

El estudio de una fisura requiere una experiencia sólida y un conocimiento adecuado de la teoría del hormigón armado. En auxilio del especialista, la técnica ha creado métodos de auscultación de la obra que dan, por ejemplo: la resistencia aproximada a la compresión, la ubicación y profundidad de grietas ocultas, la sección aproximada de los hierros y el espesor del recubrimiento, contenido de agua, densidad, etc., a través de ensayos destructivos y no destructivos. También se dispone de radiografías (rayos X o Gamma), para la detección de armaduras, su ubicación y cantidad (Normativas AR 791). Otro ensayo nos da el estado de las armaduras mediante la medición de potenciales eléctricos químicos (IRAM 738 – STM C876). Finalmente podemos tener la evaluación de agresividad del hormigón, mediante la medición de la resistividad eléctrica (norma ASTM G57, para Hormigón).

En resumen, hoy técnicamente estamos en condiciones de efectuar todo tipo de estudio a través de esta suerte de *tomografía* del hormigón armado.

3.11. HORMIGÓN A LA VISTA

Cualquier hormigón que una vez desencofrado no reciba un tratamiento posterior (revoque, revestimiento, pintura, martelinado, etc.), es hormigón a la vista, como ocurre en la mayoría de las obras de ingeniería. Si a esa denominación no se le agrega nada que la haga más precisa, debe entenderse que el encofrado no requiere más atención que la de la obra corriente, sino sólo un mayor cuidado en la elaboración de las juntas entre tablas, para evitar la formación de esas excrecencias duras de cemento, debido a la pérdida de lechada entre ellos. Para ello será suficiente con el cepillado de las tablas.

Mediando la especificación adecuada, para lograr un hormigón a la vista, de calidad arquitectónica, deben tenerse en cuenta las siguientes prevenciones:

- Cepillar las tablas; en algunos casos machimbrarlas. Hay que considerar que el machimbre no se adapta a superficies curvas.
- Usar áridos de granulometría continua, cuidando el tamaño máximo de la piedra.
- Usar cemento de un solo origen para evitar cambios de tonalidad.
- Usar mezclas compactas para aumentar la impermeabilidad, puesto que el hormigón va a quedar sin protección.
- Vigilar el recubrimiento de los hierros.
- Extremar las precauciones para garantizar plomos, niveles y cotas.
- Dejar siempre portillos al pie de columnas y tabiques, para facilitar su limpieza.
- Controlar siempre el acuñado de los puntales, previo al llenado.

Los dos últimos puntos valen tanto para el hormigón visto como para el no visto.

Si no se requiere lograr la textura que da al hormigón la tabla de madera, pueden usarse tableros de partículas de madera aglomerada, tableros fenólicos, madera compensada, plásticos o chapas de acero.

Si el hormigón va a ser martelinado, se debe incrementar el recubrimiento.

Texturas especiales pueden conseguirse con pinturas inhibidoras del fragüe, que se aplican sobre el encofrado.

También se utilizan tirantillos, molduras o insertos que a la par de fijar los encofrados dejan su impronta con tapones de goma, que quedan marcados sobre la superficie del hormigón al desencofrar. Finalmente, hoy se cuenta con la posibilidad de lograr colores puros en el hormigón con el uso de cemento Portland Blanco Estructural y pigmentos especiales.

3.12. TEXTO CORRESPONDIENTE A LAS FIGURAS

Fig. 3.1. *Encofrado para entrepiso de losa plana, con vigas.* Totalmente ejecutado con tablas de 25 mm (1") y tirantes de 75 x 75 mm (3" x 3"). Satisface holgadamente la necesidad de soporte para edificios corrientes de vivienda y oficinas. Como forma constructiva y modificando las escuadrías, sirve de modelo para todo entrepiso plano. A la *izquierda*, encofrado para losa; a la *derecha*, molde para viga no muy pesada.
1. entablado para la losa, con anchos entre 10 y 15 cm; **2.** tirantería espaciada entre 50 y 60 cm para sostén primario de la tabla; **3.** solera, espaciada de a metro, prescindible en losas de pequeña luz; **4.** cruces de San Andrés para arriostramiento lateral con tablas de 25 x 150 mm; **5.** puntal en correspondencia con las soleras; **6.** costaneras de 25 x 75 mm, para apoyo de los tirantes y/o soleras y refuerzo del costado de las vigas; **7.** molde para la viga; véase cómo los ángulos vivos han sido suavizados chaflanando las tablas (arriba) o agregando listoncitos triangulares (en el fondo); **8.** costillas para el encofrado de 25 X 150 mm; **9.** tabla apoya pie (puede faltar); **10.** puntal con cruceta en la cabeza para sostén de fondos de viga; **11.** tabla para afirmar el puntal contra la solera o tirante; **12.** cuña para ajuste: final del apuntalamiento; **13.** tablón.

Fig. 3.2. *Encofrados de columnas.* En **A**, dos tirantes en caras opuestas encepados por tablas en las otras dos, forman un cerco sobre el que se apoyará la tabla de molde. Es el modelo más sencillo y usual. En **B**, cuatro tablas formando marco; una opción más económica pero menos resistente que la anterior. En **C**, con dos tirantes y alambre retorcido. Y **D**, tablero metálico o de madera con marco metálico o de madera, ajustable a diversas medidas. Faltan chanfles internos.

Fig. 3.3. *Encofrados de columnas.* Al montarse el encofrado con tablas planas, la columna circular resulta, en realidad, poligonal. Cuanto más angostas sean las tablas, más se aproximará la columna terminada al círculo. Todas las formas curvas significan un gran desperdicio de madera. Hoy se disponen de encofrados perdidos de PVC.

Fig. 3.4. *Encofrado para un tabique.* Las tablas indicadas con **1** evitarán que el entablado en ambos paramentos se cierre. Para evitar que se abra durante la colada, se intercalan dentro del tabique costuras de alambre retorcido. Hay otros medios, como los que se ven a la derecha; arriba, un pasador metálico dentro de un caño impide el movimiento en cualquier sentido. **1.** tabla; **2.** alambre.

Fig. 3.5. *Encofrado de tabiques.* Disposición de apuntalamiento cuando la tabla va colocada en sentido vertical u horizontal, respectivamente. Se supone que los tornapuntas van apoyados sobre tierra, entrepiso o alguna parte fija, con el acuñado correspondiente.

Fig. 3.6. *Panel para encofrado de tabiques.* Indica esquemáticamente la disposición del costillaje. Puede ser de madera o chapa, y siempre necesitará un apuntalamiento adicional que lo mantenga firme.

Fig. 3.7. *Encofrado deslizante de tabiques "trepador".* Un tirante horizontal en cada cara sirve de apoyo al encofrado; cumplido el vaciado, se suben los tirantes, fijándolos sobre tacos puestos a propósito y se colocan los moldes en una nueva posición. Otra posibilidad muestra la figura de la derecha, en la que los tirantes se mantienen fijados en dos puntos.

Fig. 3.8. *Tablero para losa.* En **A**, para construcciones normales con tirantería distanciada de 50/60 cm. El pequeño tablero cuadrado de esas medidas rinde gran cantidad de usos. Nada impide normalizarlo en otras medidas. En **B** se muestra el borde protegido de un tablero de madera compensada, de rendimiento mucho mayor aún.

Fig. 3.9. *Encofrados metálicos.* Se ven los tres elementos básicos de un encofrado metálico: el puntal tubular de altura regulable, la viga de alma calada, extensible, y el tablero de chapa como molde. Las plantas de forma irregular deben ser completadas con tablas. Los diseños varían según el fabricante.

Fig. 3.10. *Tres modelos para separadores de armadura.* El primero, muy usado para evitar que los hierros se asienten sobre la tabla (y también, en tabiques de poco espesor, para conservar la equidistancia de las tablas en ambos paramentos). Los otros son de hormigón, y el tercero de plástico.

Fig. 3.11. *Empalme de barras.* Tres maneras de prolongar la longitud de las barras. *Arriba*: por dos barras pasantes cuyo diámetro equivalga al 70% del diámetro de la barra soldada. En el *centro*: con auxilio de un hierro ángulo. *Abajo*: por manguito, autorizado sólo para el hierro común y algunos diámetros en aceros especiales.

Fig. 3.12. *La forma como se distribuye el hierro es una operación fundamental.* A la *izquierda*, ménsulas con carga uniforme; a la *derecha*, ménsulas cargadas de punta. Tenemos con sección uniforme. También con sección variable. Está dibujado en cada caso el diagrama de tensiones de corte reguladoras de la distribución de las barras dobladas, las que deben cubrir la parte sombreada del diagrama. En estas barras dobladas puede verse que en **A** tienden a concentrarse en el apoyo; en **D**, en cambio, se concentran en la punta. En **B** se distribuyen uniformemente en todo el largo, y en **C** cubren el apoyo y la parte central, hasta los 3/4 de la luz.

Fig. 3.13. La disposición de los hierros en la parte acartelada del pórtico (*arriba, a la izquierda*) y en la clave (*abajo, a la izquierda*) es falsa, El paralelogramo de las fuerzas dibujado en la parte inferior, muestra que la resultante del esfuerzo en ambas ramas del hierro inferior tiende a hacer saltar el recubrimiento de hormigón. La forma correcta es la indicada a la derecha.

Fig. 3.14. *Armadura de columnas.* A la *izquierda*, cambio de sección simétrica sobre el eje de columna pasante; se muestra la disposición corriente, tolerable si el cambio es de poca monta. En el centro no simétrico, se ve el correcto corte del hierro no pasante: el largo complementario es igual a la longitud de empalme de los demás hierros. A la *derecha*: si la columna se interrumpe, los hierros terminan con un sencillo gancho, o escuadra.

Fig. 3.15. *Armadura de columnas. Arriba,* conservando la distancia reglamentaria, nada impide que los estribos se dispongan en espiral (con lo que se simplifica enormemente el trabajo en situaciones comunes). En el *centro*, distintas formas de disponer los estribos: si la sección es en cruz, en "L" o en "T". *Abajo a la derecha*: columna armada con redondos y perfiles laminados.

Fig. 3.16. *Articulaciones para pie de pórtico.* Se muestran dos soluciones tomadas de la realidad, sobre un macizo de cimiento. **1.** estribos, aumentando un número hacia abajo; **2.** placa de plomo; **3.** barra pasante, de gran diámetro; **4.** artificio hecho con barras pasantes, que se cruzan en el plano de la articulación, y estribos; **5.** relleno de *mastic* u otro material relativamente blando (la garganta de hormigón que une ambas partes se agrietará, por eso el mastic debe ser hidrófugo); **6.** macizo de fundación.

Fig. 3.17. *Entrepisos de hormigón armado.* **A**, entrepiso convencional de hormigón armado, alivianado con ladrillos huecos. **B**, entrepiso de viguetas pretensadas con relleno de ladrillos cerámicos; a la derecha, las mismas viguetas en un entrepiso macizo, no común. En este caso, como en el anterior y todos los que siguen, el consumo de encofrado es nulo. **C**, entrepiso, similar a **B**, pero que salvan mayores luces y/o sobrecargas por el acoplamiento de dos viguetas por tramo, relleno de ladrillos huecos. **D**, placa portante premoldeada, para complementar en obra con hormigón de compresión, tipo Sima. **E**, vigueta de hormigón con núcleo de poliestireno; es liviana y tiene cualidades termoaislantes. **F**, loseta aligerada con huecos, capaz de cubrir luces importantes (loseta hueca pretensada).

1. nervio de borde, colado en obra; **2.** ladrillo hueco, cerámico o de hormigón; **3.** nervadura colada en obra; **4.** capa de compresión "in situ"; **5.** vigueta pretensada; **6.** viguetas apareadas a pie de obra, con ladrillotes cerámicos; **7.** losa Sima premoldeada de hormigón armado con estribos a 45°, para hacer liga con el hormigón colado *in situ*; **8.** armadura.

Fig. 3.18. *Entrepisos de vidrio.* Suelen llegar a la obra como elementos premoldeados, sobre todo los del tipo **A**, de construcción más delicada; en **B** se muestra una losa para cargas más pesadas, menos luminosa que la anterior. **C** indica el detalle de la junta de dilatación en el encuentro con la obra fija. Constrúyase siempre con libre dilatación; úsese cemento de muy baja contracción y hormigón seco, vibrado.

1. nervio portante; **2.** baldosa de vidrio; **3.** armadura de hierro; **4.** viga de borde; **5.** junta de dilatación rellena con sellador elastomérico.

Fig. 3.19. *Premoldeados para cubiertas.* Cuatro tipos de piezas premoldeadas para cubrir luces importantes. El de *arriba a la izquierda* se coloca como indica el diagrama inmediato inferior, para formar techos en diente de sierra. El de *arriba a la derecha*, es de losas planas. El de *abajo a la izquierda* forma amplias canaletas de sección triangular, en tanto que el de la *derecha* –canaleta de doble curvatura– puede combinarse con losas planas premoldeadas para dar distintas formas de cubierta de rápido escurrimiento. (Se presentan variedades según el fabricante).

Fig. 3.20. *Algunos ejemplos de fisuración por falta o mala distribución de la armadura.* En "**a**", las grietas se han producido *arriba a la izquierda*, por haber sido desplazados los hierros del voladizo durante el vaciado; *arriba a la derecha*, por insuficiente sección de la armadura de la ménsula, y *abajo*, por falta de armadura para absorber el momento negativo en los apoyos; *abajo al centro*, en la numeración de la figura **3**, por ser el hierro superior demasiado corto. Todas las grietas "**a**" se producen por haber sido superada la resistencia a la tracción del hormigón, por falta o insuficiencia de hierro. En "**b**"

se muestra el fisuramiento cuando ha sido superada la resistencia a la compresión del hormigón, por falta de sección de éste.

En "**c**" se muestran las características grietas a 45°, que se generan cuando la resistencia al corte ha sido vencida, por falta de hierro (a la *derecha* –**4**–, en que la armadura está mal ubicada), o por falta de sección de armadura (en **3**, a la *izquierda*) y en "**d**", las grietas se generaron en el centro de la superficie inferior de la viga, por insuficiencia de la armadura.

Resumiendo: los casos **1**, **2**, **3** y **4** constituyen frecuentes errores constructivos. En el **1**, falta de cuidado en el tratamiento de la armadura, pisoteada durante la colada (por los electricistas, calefaccionistas, obreros, etc.); en **2**, si la ménsula a la derecha de la columna necesita la sección dibujada, es obvio que a la izquierda la sección (**b**) debe ser la misma, puesto que el momento negativo lo es. Si la disposición de los hierros indicada en los casos **3** y **4** ha resultado de los planos, es evidente que en éstos hay un error: el director debe estar muy atento en el examen de los planos de armadura.

Fig. 3.21. *Un error de concepción.* Las grietas a 45° indican que en la pared del tanque falta la armadura para absorber el esfuerzo de corte; efectivamente, es así, puesto que estas paredes sólo se arman con doble malla. Si el tanque se hubiese apoyado solamente en **A** y **B**, aun faltando la armadura de corte las grietas no se habrían producido. El error de concepción está en los apoyos intermedios numerados de **1** a **5**, que han hecho al tanque solidario con la viga de 15 m de luz que lo sostiene: es la flexión de ésta la que fisuró los costados del tanque.

3.13. FIGURAS

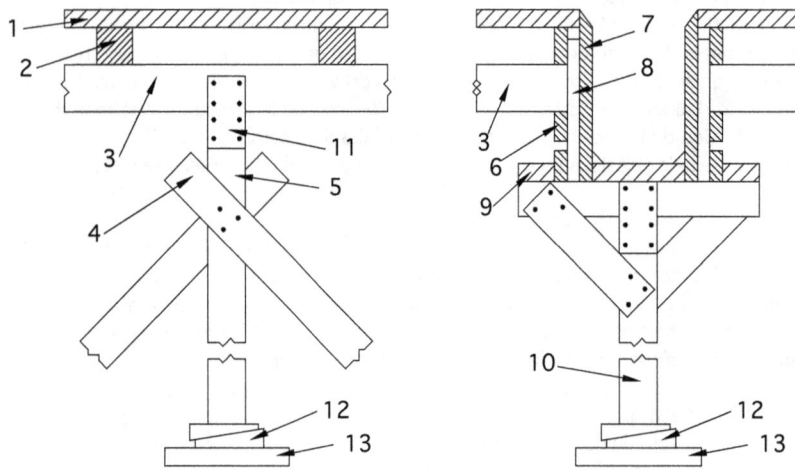

Fig. 3.1

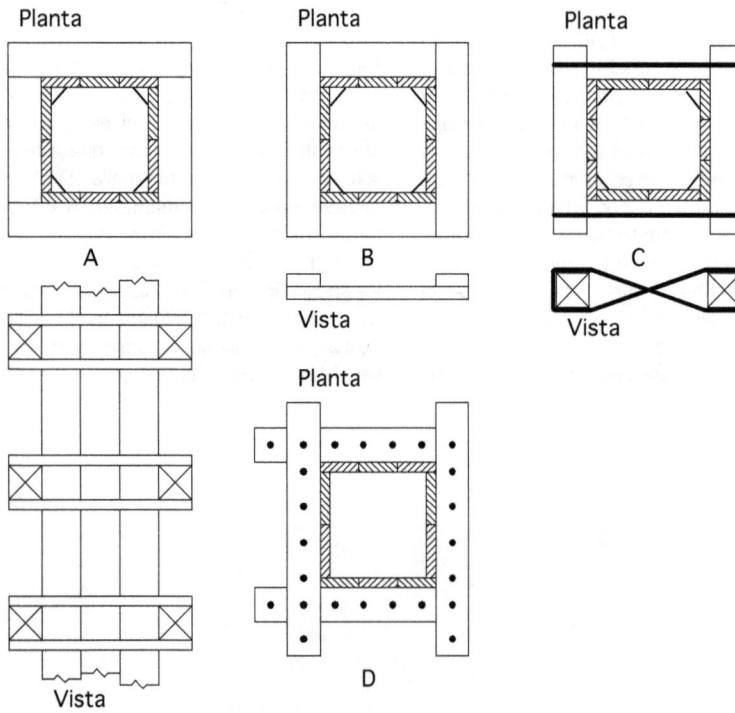

Fig. 3.2

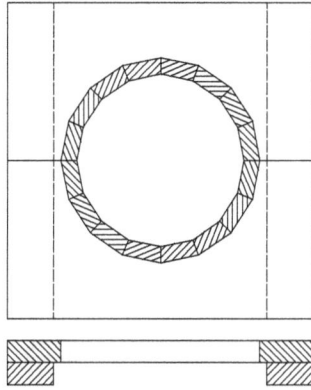

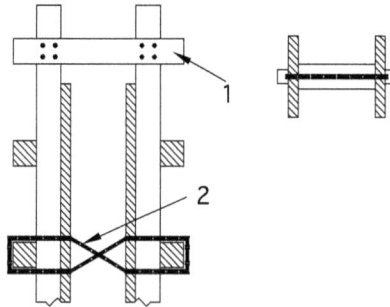

Fig. 3.4

Fig. 3.3

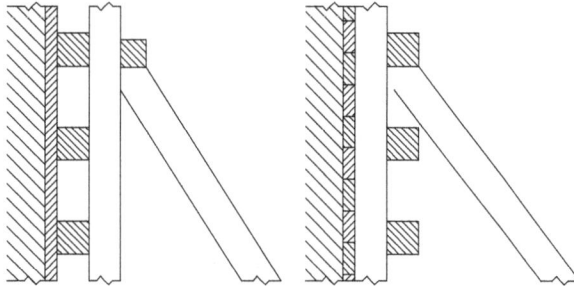

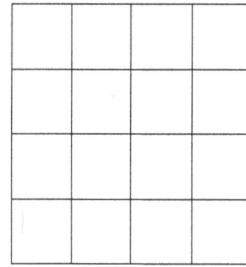

Fig. 3.5

Fig. 3.6

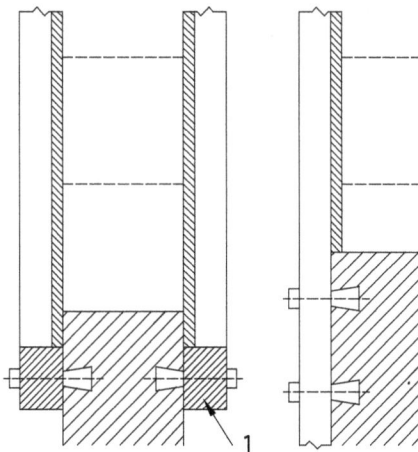

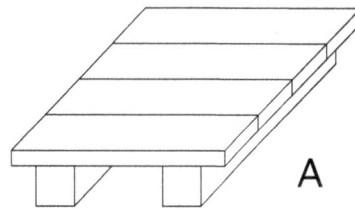

A

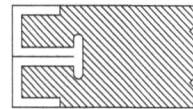

B

Fig. 3.8

Fig. 3.7

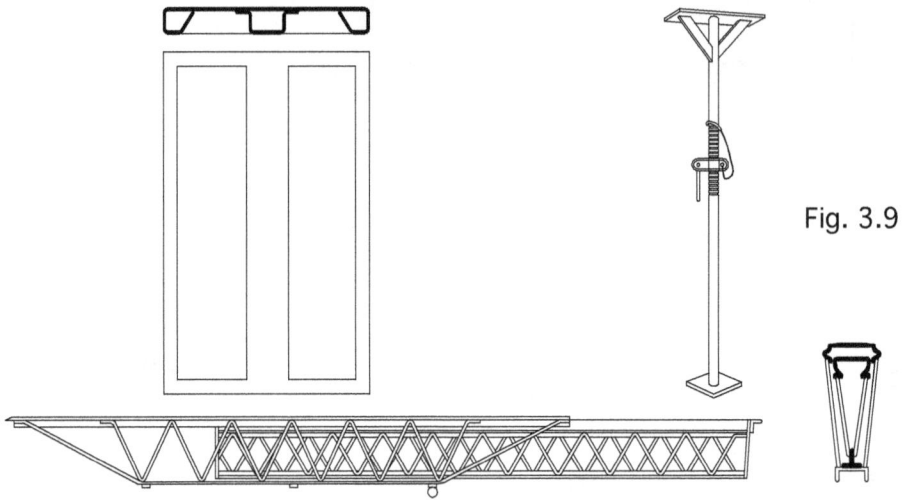

Fig. 3.9

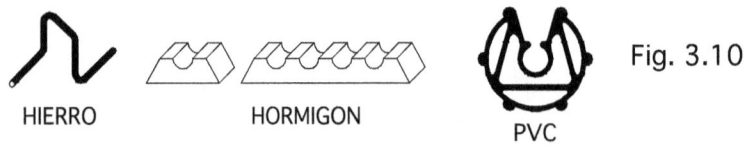

HIERRO   HORMIGON   PVC

Fig. 3.10

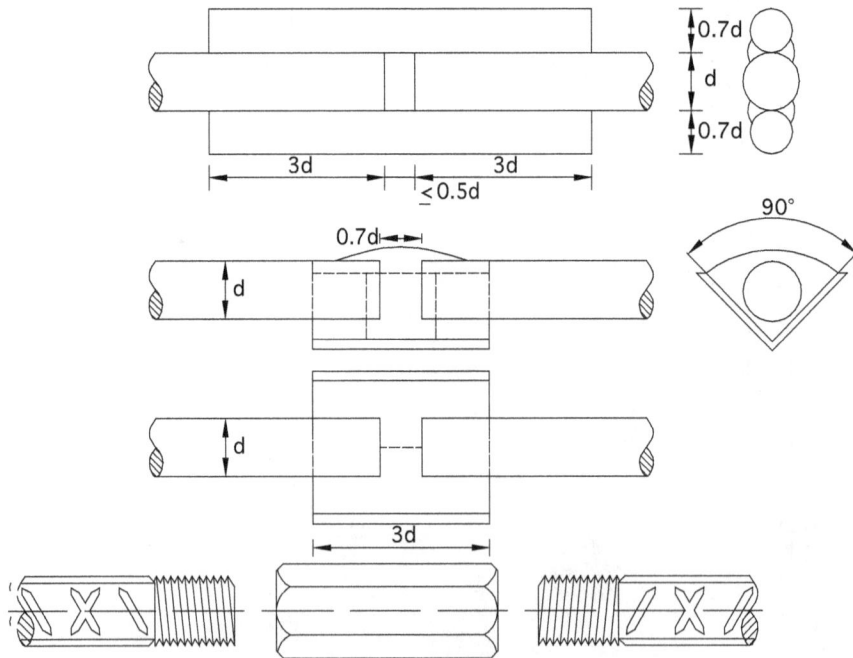

Fig. 3.11

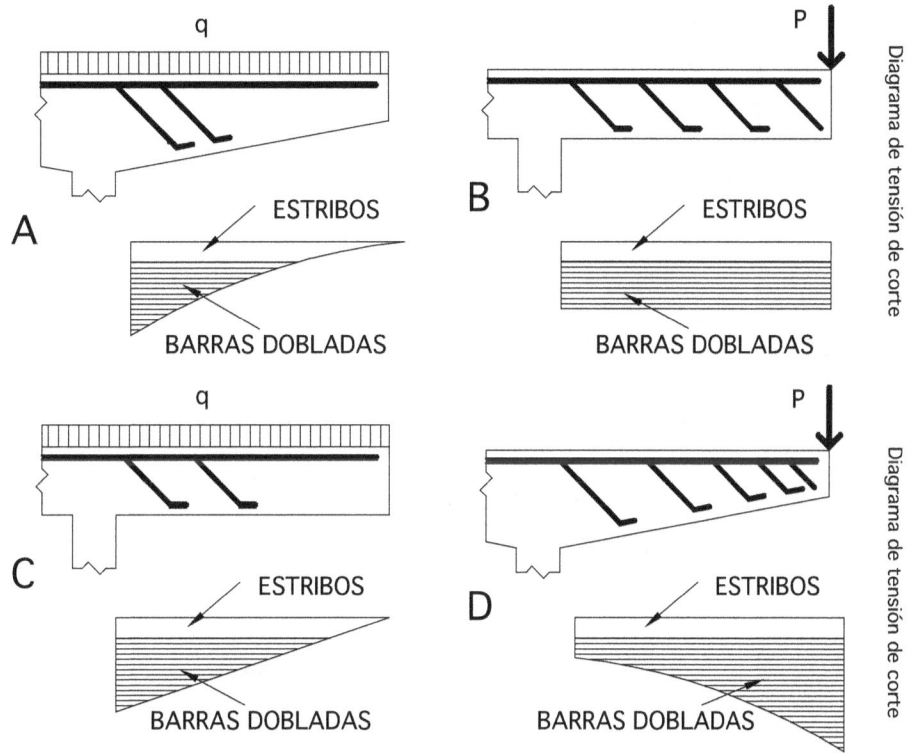

Fig. 3.12

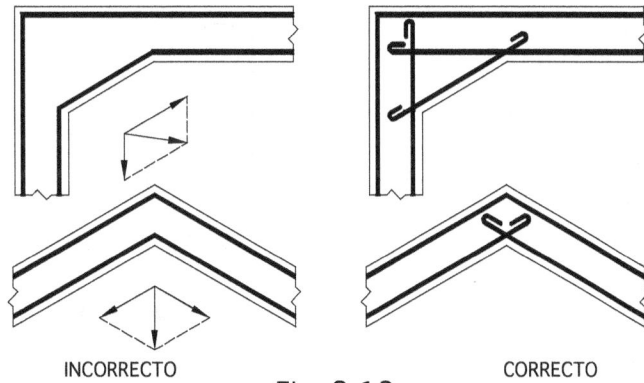

Fig. 3.13

Fig. 3.14

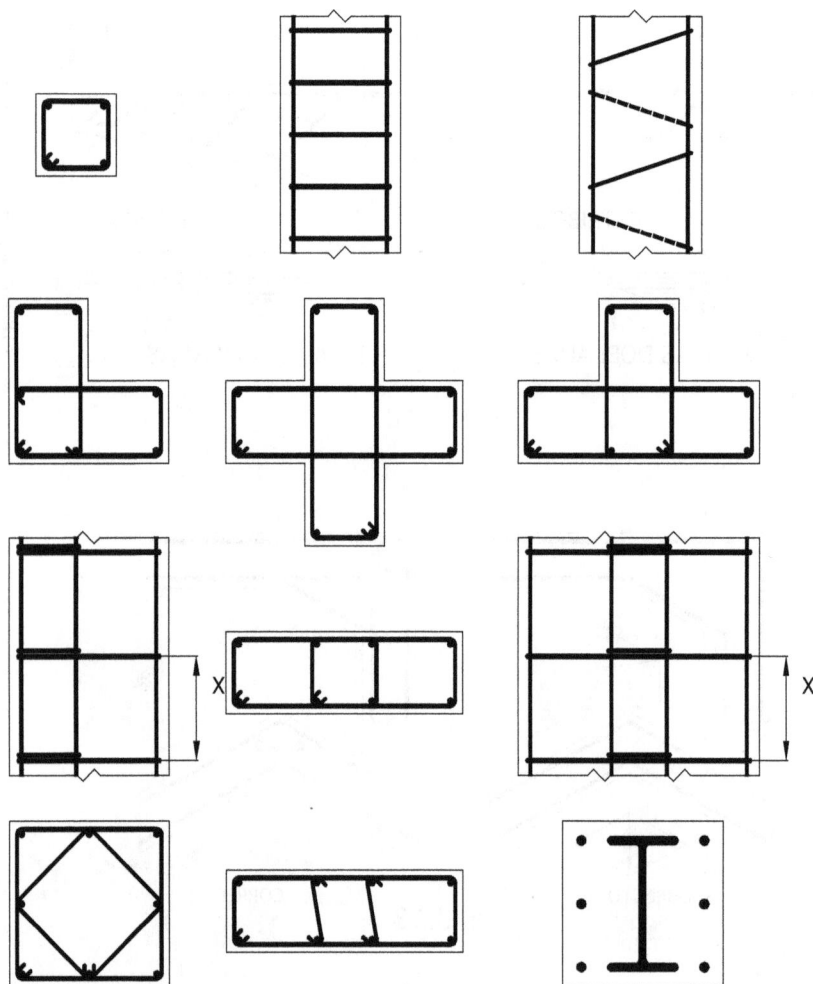

Fig. 3.15

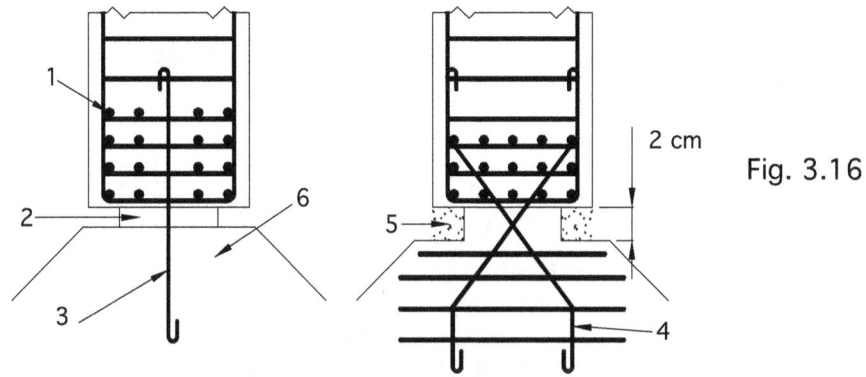

Fig. 3.16

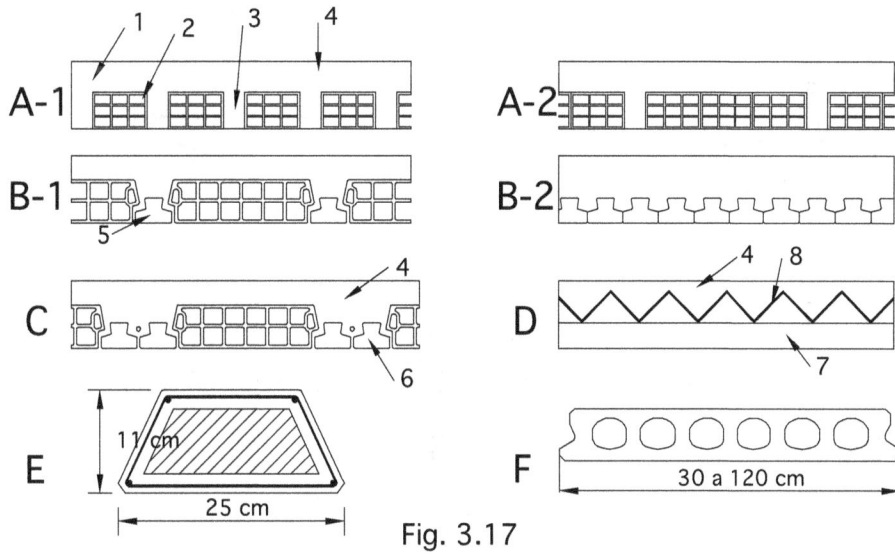

Fig. 3.17

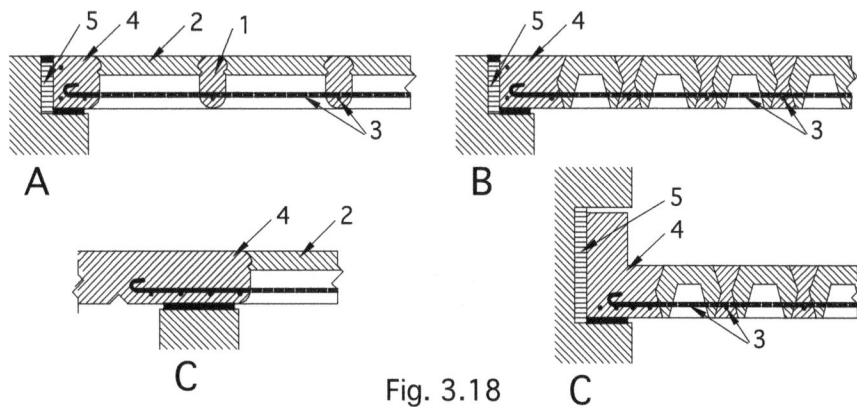

Fig. 3.18

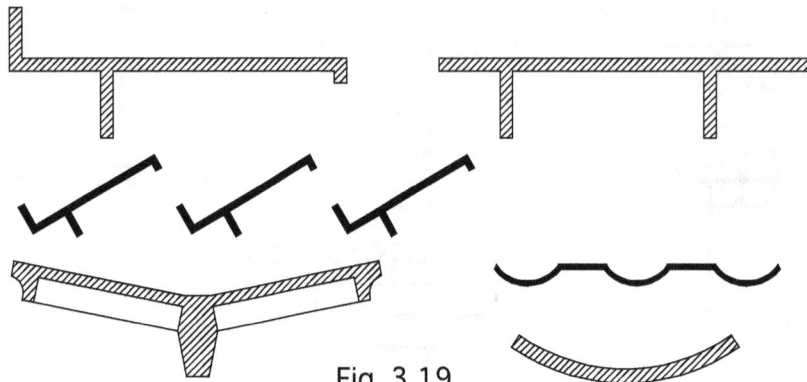

Fig. 3.19

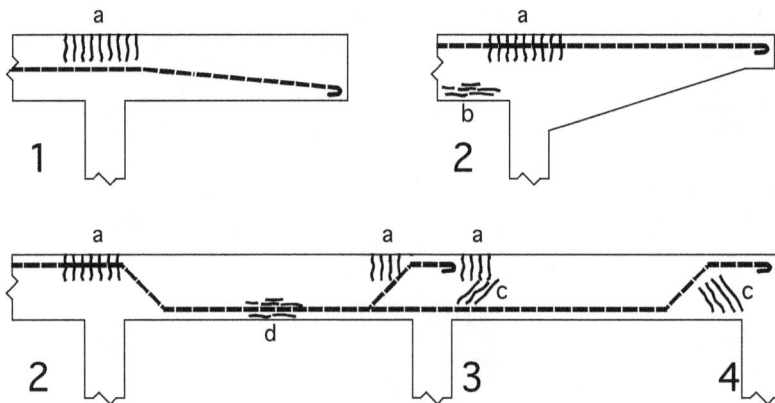

Fig. 3.20

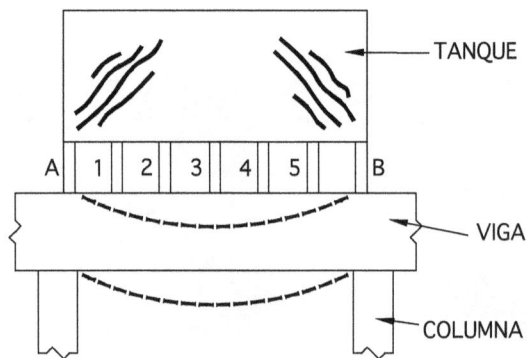

Fig. 3.21

4. MADERA

4.1. GENERALIDADES

Son varias las razones que han impedido en nuestro país el pleno aprovechamiento de la madera. La falta de tipos vernáculos económicamente explotables o aptos para promover una industrialización en escala importante, había impuesto el uso de la madera importada y, con ello, una gran limitación en la escala de sus aplicaciones. Es necesario, pues, rever esta situación y crear conciencia en nuestros propios profesionales e industriales respecto del uso sostenible de nuestra gran riqueza forestal.

La utilización de este material en la construcción está restringido, entre nosotros, a las obras provisorias de apuntalamiento y encofrado; en estas aplicaciones los consumos son muy grandes y significan, en última instancia, una verdadera destrucción forestal, en abierta contradicción con los principios esenciales de la ingeniería, aunque el uso creciente de andamiajes metálicos atempera esta utilización de la madera.

Sin embargo, queremos referirnos aquí

al empleo de la madera como material de valor para obras permanentes, en cuyo campo ofrece posibilidades inmensas.

Se trata de un material verdaderamente noble, del que ha podido decirse que, no obstante ser uno de los más antiguos que el hombre haya podido emplear, será, sin lugar a dudas, uno de los últimos que deje de usar. Cualquier programa de construcción que quiera darse al país debe incluir la madera: por razones de fomento industrial y forestal, y además, teniendo presente la reforestación como principio de sustentabilidad del medio ambiente.

Con el auxilio de las modernas técnicas de tratamiento y elaboración en fábrica, la madera se transforma en el material que a menor peso ofrece mayor resistencia. La prefabricación de grandes unidades portantes convierte el proceso de montaje en una operación de impresionante sencillez. Aunque por su propia naturaleza la madera tiene muy limitadas dimensiones, en sección y longitud, es un material apto también para las grandes obras, tecnología mediante.

Señalemos finalmente la nada despreciable ventaja que nos ofrece su origen orgánico, que la hace indefinidamente reproducible, a poco que se siga –como debe hacerse– una adecuada política forestal. En este origen orgánico encuentra también su principal enemigo: hongos e insectos, de los cuales debe ser protegida con precauciones adecuadas, consideradas como inexcusables en las reglas del arte.

4.2. UNIONES

En razón de las limitadas escuadrías y longitudes de las maderas, que lógicamente no pueden superar el tamaño del árbol en sus tramos rectos, el principal problema de las obras de este material es el de las uniones. Cuando se trata de aumentar la longitud de una pieza, la unión se llama *empalme*, y *acople* cuando se trata de aumentar la escuadría; en cuanto al *ensamble*, tiene lugar cuando se unen piezas que conservan su individualidad y su función; por último, *junta* es la unión por el canto de gran longitud con que se forman los entablados. Más que una unión de resistencia, la junta lo es de cerramiento, en cualquiera de sus dos variantes, *a tope* o *machimbrado*.

Las tradicionales uniones de carpintero (ver figura 4.4) sólo son capaces de transmitir esfuerzos en un solo sentido, ya que cualquier fuerza normal u oblicua con respecto a éste tiende a separar los elementos unidos. Para evitar que esto ocurra deben ser provistos de otros medios de seguridad (cola o ferretería). Toda unión de madera requiere, para ser estable, el auxilio de otros medios. El perfeccionamiento de éstos y la prefabricación han ido eliminando poco a poco las complicadas ensambladuras del pasado, que no obstante requerir mano de obra muy capaz, no ofrecían la misma seguridad que hoy brindan las sencillas uniones hechas a través de una chapa nodal, una tapa junta, o conectores (ver figuras 4.1 a 4.4).

4.3. MEDIOS DE UNIÓN

Distinguiremos tres tipos de uniones:

1. Uniones en los que el elemento principal de la transmisión es la madera misma; el esfuerzo pasa de una madera a otra sin intermediarios, mediante compresión predominante, y en menor grado, rozamiento. Dentro de este tipo están incluidas las llamadas uniones *de carpintero*, algunas de las cuales pueden verse en la figura 4.4.

2. Uniones en las que el elemento principal no es la madera, sino el medio auxiliar, categoría en la que están incluidos los *bulones*, los *clavos y tornillos*, las *llaves* o *pasadores* y las *grapas*.

3. Uniones de superficie, entre las que incluiremos las encoladas y las de fricción. Acá no puede ya distinguirse cuál es el elemento principal en la transmisión del esfuerzo; tan estrecha es la vinculación entre la madera y su auxiliar, que se comportan como una unidad. Esta propiedad se aprovecha para la construcción de piezas estructurales muy grandes.

Aunque la tendencia moderna se orienta a la simplificación de todas las conexiones, lo cierto es que la gran mayoría de las uniones son mixtas, y aun no siéndolo, intervienen a menudo en su eficacia simultáneamente varios de los factores indicados más arriba. Es el caso de, por ejemplo, la clavazón: cuando el número de clavos es reducido se aproxima al modo de trabajo de los bulones; pero si el número de clavos es grande, se asemeja más al encolado.

4.3.1. Bulones o pernos

Consisten en vástagos metálicos con cabeza en un extremo y rosca con tuerca en el otro; tanto cabeza como tuerca no aprietan directamente la madera, sino por intercalación de una arandela más bien grande, para no dañarla.

La unión bulonada presenta grandes inconvenientes desde el punto de vista económico y estético:

- Como siempre, existe juego entre el agujero y el bulón; son de esperar movimientos aun bajo carga pequeña. A veces es posible neutralizar esta falta de rigidez contraflechando las piezas en el momento de su puesta en obra (o ajustando los tensores metálicos, cuando los hay).
- En el contacto entre perno y madera hay una gran concentración de tensiones; además, como el número de pernos en una unión es bajo, hay una gran indeterminación en el cálculo, sobre todo por la presencia de tensiones secundarias, con la obligada disminución de las tensiones de seguridad.
- Hay un mal aprovechamiento de los materiales. Por un lado, de la madera, cuya sección se debilita por los agujeros, sobre todo en piezas de tracción; por otro lado, del acero, que en los bulones no tiene la calidad que alcanza en otros elementos metálicos.

Estas uniones tienen, sin embargo, la gran ventaja de la rapidez de su ejecución y desarme. Esto hace que la unión por pernos sea el medio favorito para las obras provisorias, en las que puede lograrse, así, un alto porcentaje de recupero.

Bien proyectadas y ejecutadas, estas uniones son capaces de realizar grandes esfuerzos. Por otra parte, el bulonado es el complemento indispensable de las uniones de carpintero y otras (en estos casos no se espera que el perno transmita esfuerzos, sino que impida el desplazamiento relativo de las piezas unidas).

Algunas recomendaciones: verificar las uniones mediante cálculo, conservando la adecuada relación entre el largo del perno y su diámetro; practicar los agujeros con el menor juego posible; preferir bulones con dos secciones de corte (las normas admiten en este caso más resistencia); conservar el interespaciado y la distancia a los bordes dentro de los límites que fijan las normas.

4.3.2. Clavos

Hasta no hace muchos años, la clavazón era considerada una unión insegura e inferior; se la reservaba para obras puramente provisorias, sometida a esfuerzos de poca monta.

Recién en los últimos cuarenta años se ha llegado a desarrollar la técnica del clavado hasta el grado de permitir uniones seguras para los más ambiciosos proyectos: altas antenas, naves de grandes luces, importantes pórticos. Todas obras con carácter de permanente.

Con la clavazón, desaparecen los inconvenientes del bulonado, como ser el desaprovechamiento de los materiales y la falta de rigidez de la unión (el clavo mismo tiene un elevado límite de fluencia). En cambio, aunque fáciles de ejecutar, las uniones clavadas suponen la rotura del material en el momento del desarme (inconveniente superable construyendo con secciones clavadas, unidas entre sí por otros medios).

Cuando el número de clavos es muy grande, la unión se convierte prácticamente en una unión de superficie. Esto permite el aprovechamiento de piezas de pequeña longitud y poca escuadría que pueden agruparse para formar miembros importantes. La unión clavada se adapta mejor al caso de vigas de alma llena, ejecutadas de muy diversas maneras por agregado de tablas y tablones, vigas-ca-

jón, etc. (ver figura 4.9). Precisamente es este el tipo de unión, especialmente apto para el uso generalizado de tablas y tablones, con el que pueden satisfacerse ahora los más severos requerimientos en naves de grandes luces, con la posibilidad de hacerlas a pie de obra.

El clavo debe trabajar perpendicularmente a su eje. En el sentido paralelo trabaja mal y esto debe tenerse en cuenta cuando se hacen techos en los que sea probable la succión del viento. No influye, en cambio, la dirección de la veta.

La mencionada posibilidad de formar elementos de sección compleja permite reemplazar las piezas enterizas por otras compuestas, de forma adecuada a la mejor sección resistente. Como además pueden usarse unidades cortas, con operaciones sencillas de obra puede llegarse a cualquier forma y tamaño, reduciéndose en gran medida todos los problemas de transporte (un asunto delicado en el caso de la madera laminada).

La resistencia aumenta con el número de clavos (con las limitaciones de interespaciamiento y distancia a los bordes que indican las normas), y es mayor el rendimiento con clavos delgados que con clavos gruesos. El largo del clavo se fija considerando el espesor de la madera más delgada.

Para trabajar con rapidez, de cada unión se hace una plantilla agujereada para marcar con el lápiz el lugar exacto de cada clavo. En el caso de clavos gruesos, se pretaladra el agujero (cosa que también podría hacerse con las puntas delgadas, puesto que la experiencia ha demostrado que el pretaladrado disminuye la tendencia de la madera a rajarse; uno de los peligros a que está expuesta la clavazón). Mediando el pretaladrado, las normas inglesas autorizan a disminuir la distancia entre clavos.

Para dar una idea de la rapidez operativa de este método, recordemos, junto a los autores Stoy y Fonrobert, la sala de tres naves, con 2.000 m² de superficie, ejecutada con 600 m³ de madera clavada y 100 carpinteros, contratada el 26 de enero y entregada el 7 de febrero de 1936. Un ejemplo paradigmático.

4.3.3. Tornillos

No agregan nada a la unión clavada, excepto una mayor resistencia y una mayor dificultad en la ejecución. Por su costo no pueden reemplazar al clavo.

Cada agujero debe ser pretaladrado al menos en la longitud de la rosca. Por este motivo y por el propio roscado representa un gran consumo de mano de obra.

La carpintería de taller los usa intensamente; en obra su misión es puramente de reemplazo de bulones y clavos, allí donde se desee una mejor terminación, o por dificultades locales que impidan el movimiento del martillo o la llave para tuercas.

4.3.4. Llaves o pasadores

Los tipos más antiguos son de madera: en su forma más sencilla consisten en un prisma, llamado taco, cuyas fibras deben colocarse paralelas a las de las piezas a unir (ver figura 4.13). Están en uso también las llaves metálicas hechas con pequeños trozos de perfil ángulo o dobleté, como se ve en la figura 4.13 (C y D).

Estos dos tipos de llaves son útiles para el acople (ver figura 4.12) en la obtención de elementos más pesados; pero la ejecución de los alojamientos constituye un trabajo muy delicado, que requiere un ajuste muy perfecto, capaz de asegurar la acción simultánea de todas las llaves de la unión.

Con la clavazón y el encolado se han hecho prácticamente innecesarias las uniones longitudinales con tacos y perfiles. Pero es útil saber, de todos modos, que si la pieza está sometida a flexión, la distribución de las llaves a lo largo de la misma no puede ser uniforme, sino sujeta al diagrama de los esfuerzos de corte. Si se espera la producción de esfuerzos alternativos (por ejemplo, en el caso de cargas móviles), los tacos no pueden colocarse inclinados. Para mantener unidas las dos partes del acople, es obligado el uso de bulones que se colocan sin atravesar las llaves.

Como la contracción de la madera puede hacer que los pasadores queden flojos dentro de sus cavidades, a veces se ha recurrido al expediente de dar a los tacos la forma de cuñas, fácilmente ajustables, cuando es necesario, mediante golpes de masa.

Más moderno es el tipo de doble tronco cónico, de madera dura, fundición, acero o bronce (ver figura 4.14), con un agujero en el medio por donde pasa el bulón de fijación.

De este taco troncocónico perforado al moderno pasador de anillo, con todas sus variantes, no hay más que un paso. Estos anillos, junto con las placas, constituyen los más modernos herrajes para la construcción de carpintería estructural. Con ellos pueden lograrse uniones muy sencillas, aun en los casos de cargas o miembros importantes.

En la figura 4.15 se ven algunos de los muchos tipos patentados en diversos países. Pueden ser clasificados en dos grupos: **1.** los que se colocan en cavidades previamente formadas, y **2.** piezas provistas de filos y/o dientes que se colocan a presión.

Los nombrados en primer término requieren un cuidadoso maquinado en taller. Se los suele llamar *conectores*, nombre tomado del inglés.

4.3.5. Encolados

Aunque tenga una antigua trayectoria en la carpintería de taller, del encolado puede decirse que es el más reciente de los tipos de unión para elementos de estructura, y sin lugar a dudas el que más futuro tiene. Su gran campo de aplicación se encuentra, precisamente, en los grandes miembros formados a partir de tablas y tablones de dimensiones relativamente pequeñas; no así en las uniones del tipo de los nudos de cabriada, a los que daría una rigidez excesiva, aumentando innecesariamente el riesgo de que se presenten efectos indeseados.

Lo corriente es que la unión de piezas encoladas, de grandes dimensiones, se realice con alguno/s de los métodos vistos más arriba.

Preparar las unidades encoladas era una operación de taller para la que podía requerirse, según el tipo de cola, temperatura y presión, y tal vez sea esta necesidad de taller la más importante limitación del encolado en cuanto al tamaño máximo de las piezas.

Hoy, el uso de los pegamentos sintéticos lleva, naturalmente, al problema de la forma geométrica más conveniente para las secciones. Nada impide encolar tablas hasta formar una viga como la de la figura 4.9, lógica solución para el clavado, pero inadecuada para el encolado, en el que hay que tener en cuenta, necesariamente, la manera de prensar. Deben preferirse, en todo caso, las formas que requieran fáciles superficies de encolado, como las que veremos a continuación.

4.4. LA MADERA LAMINADA

Llámese así al producto resultante de la superposición de tablas y tablones para formar piezas portantes de formas y dimensiones variadas. Estas piezas muestran en algunas de sus caras la disposición paralela de sus componentes (láminas), lo que da lugar al nombre de madera laminada con que se las conoce.

La cola, y en menor grado el clavo, han permitido el desarrollo de esta técnica, cuya antigüedad se mide en siglos, pero que sólo en los últimos cuarenta años ha llegado a constituirse en una de las más promisorias para el trabajo de la madera. Philibert Del'Orme (1577) parece haber sido el primero en emplear este principio, aunque se dice que la cúpula de San Marcos (Venecia, siglo XI) fue construida así, con el uso de tablones.

Las láminas se colocan en alguna de las dos formas de la figura 4.16, llamadas *Del'Orme* y *Emy*, respectivamente, en homenaje a quienes se considera generalmente que son sus introductores.

Ventajas (según de Hansen): "**1.** se pueden fabricar secciones y longitudes mayores que las que se pueden obtener de una sola pieza; **2.** madera que comúnmente no sería clasificada como de calidad estructural puede ser empleada para formar una sección transversal tan resistente como una pieza sólida; **3.** las láminas pueden arreglarse de tal forma que las partes del miembro sujetas a los mayores esfuerzos contengan el menor número de defectos y tengan la mayor densidad; **4.**

una sección transversal sólida formando parte de un arco tendrá mayor resistencia que una celosía, formada de piezas más pequeñas y diseñada para llevar la misma carga; y **5**. en armaduras con cuerda superior en arco, ésta se puede hacer continua a través de los nodos (puntos fijos), simplificando así la fabricación".

4.4.1. Especificaciones técnicas para madera laminada

Condiciones a cumplir:

• *Madera a utilizar:* conífera. Para trabajar con tensiones (equivalentes a las maderas de conífera calidad I y II), especificadas en las normas DIN 1050 o Souther Pine según la *National Specification* de EE.UU., o las especies calificadas en la norma AFNOR 825-001 (Francia), para uso constructivo.
Espesor de tablas constituidas: no deberá ser mayor a 1 1/2", para garantizar la ausencia de fallas que puedan debilitar las piezas.
Tablas constitutivas: tolerancia máxima de cepillado, 0,5 mm; humedad porcentual estable, entre 12% y 15% (con una diferencia no mayor a 5% entre una tabla y otra, y no mayor de 2% entre sectores de una misma tabla); ángulo entre fibras de tablas continuas, menor a 10°.
• *Encolados:* las líneas de cola, en el caso de las del tipo úrea-formaldehído, deben tener un espesor mayor a 0,2 mm y una presión de aplicación de 10 a 15 kg/cm^2. En el caso de las del tipo úrea-resorcinol, las presiones deben ser mayores a 6 kg/cm^2.

Los ensayos de tracción sobre juntas encoladas deben realizarse siguiendo las líneas de fibra de las maderas, no admitiéndose desencoladuras.

4.4.2. Vigas de madera laminada

La viga laminada es un elemento estructural compuesto de piezas de menores dimensiones encoladas en capas sucesivas, de tal forma que las fibras de todos los elementos sean paralelas entre sí.

El espesor de los elementos o láminas puede varias entre 15 y 40 mm. Con respecto al largo, no existen restricciones, ya que al formar la viga pueden conectarse por los extremos con uniones "flingerjoint".

Ciertamente, las tipologías clásicas de armaduras triangulares (cabriadas) eran las referencias más comunes que teníamos, por emplear un mínimo de recursos metálicos y ser de fácil resolución, tanto en su cálculo como en su ejecución. Pero hoy, gracias a las maderas laminadas y encoladas, la tendencia actual es al abandono de las tradicionales armaduras, para pasar al uso de las estructuras especiales o abovedadas. Ello se debe a las novedosas soluciones en los nudos y/o encuentros entre las piezas y a nuevas maquinarias que trabajan la madera con sistemas computarizados que resuelven complicadas uniones con gran precisión y detalle (ver figura 4.25).

4.5. PRECAUCIONES Y PROTECCIÓN

Por su naturaleza orgánica, la madera es un material perecedero que con medidas adecuadas de protección puede llegar a tener una duración totalmente satisfactoria y aun conservar, después de una intensa utilización, un interesante valor de recupero.

La recepción en obra debe hacerse vigilando la existencia de los conocidos defectos de origen: agrietamientos de secado, de corazón o de anillos; nudos en cantidad peligrosa o saltadizos; vicios de conformación del árbol; humedad excesiva, carcoma, pudrición, hongos y cualquier tipo de ataque orgánico.

En la selección habrá que aplicar un criterio equilibrado: una partida totalmente sana resulta de un costo prohibitivo, aparte de que los grandes volúmenes son difíciles de controlar. La presencia de uno o varios nudos, una grieta, o un defecto de aserrado no inutiliza necesariamente una escuadría.

Todo vicio de origen puede ser anulado o disminuido mediante el corte y rechazo de la parte dañada o, cuando el defecto es puramente mecánico, su inteligente utilización allí donde resulte anodino. La más severa vigilancia debe orientarse hacia el contenido de humedad y la presencia de procesos biológicos capaces de continuar su desarrollo con posterioridad.

La pérdida de humedad natural hace que el material se contraiga, deformándose de un modo desparejo, dada su falta de homogeneidad. La máxima contracción es tangencial a los anillos anuales; en el sentido radial se reduce a la mitad. De aquí que las torsiones y alabeos en los elementos prematuramente usados produzcan, a veces, la inutilización de una estructura. El desecado incompleto es el principal responsable de la mayoría de los fracasos: solamente la madera bien estacionada puede evitar estos daños.

Pero el uso de madera sana y bien estacionada no es todavía una garantía total. Con una humedad propia inferior al 20% parece asegurarse la inmunidad contra hongos y otros agentes; pero esto es cierto siempre que el constructor asegure la continuidad de ese grado de humedad mediante disposiciones convenientes. El peor enemigo de este noble material es, pues, la humedad (sea propia, o del ambiente), porque facilita el desarrollo de los parásitos destructores; en ambiente seco no hay ataque.

En consecuencia se recomienda no usar este material en locales con mucha humedad (por ejemplo, lugares industriales con gran producción de vapor), y mantener ventiladas las secciones en todas sus caras, especialmente en los apoyos (que deben ser realizados en concreto bien alisado y, mejor aún, con intercalación de piezas de fundición).

Logrado el equilibrio entre la humedad propia y la del ambiente –cosa que se espera del secado industrial en origen–, el material puede ser indefinidamente protegido con tratamientos superficiales, como encerado, lustrado, pintado, etc.

Una advertencia más: la madera es un combustible. Arde a los 300 °C, pero antes destila gases combustibles que en un incendio pueden agravar el riesgo. No obstante esta natural debilidad ante un incendio, se comporta en estas situaciones con una seguridad mayor que el hierro, *siempre que la mínima dimensión de las escuadrías sea de 5 cm*, en cuyo caso está asegurada una duración mayor que la del acero. No significa que no se destruya –eso ocurrirá seguramente si el incendio continúa–, sino que da un mayor tiempo para las medidas de sofocación del fuego y la evacuación, ya que su derrumbe se producirá después que la obra metálica haya caído.

De todos modos, en las proximidades de conductos de humo, hogares o cualquier fuente de calor con llama o sin ella, se tomarán precauciones inexcusables para la protección de los miembros de madera (la mejor de las cuales es la distancia).

4.6. TABIQUERÍA DE MADERA

Como material de construcción, las posibilidades de la madera no terminan en el campo estructural. Todo problema de cerramiento o división de interiores puede ser resuelto con tabiques de placa o con alguna de las múltiples variantes basadas en la madera.

Desde tiempo atrás la inquietud industrial se ha fijado el objetivo de encontrar sustitutos o derivados que permitan disminuir el efecto de la humedad sobre el producto natural y su vulnerabilidad al ataque de hongos. Han aparecido así: la *madera compensada* (o *terciada*), formada por tres o más láminas muy delgadas, pegadas de tal manera que las fibras de cada una se entrecruzan con las de las vecinas, con lo que quedan compensados los hinchamientos o mermas; la *placa de fibras de lignina* aplastadas y soldadas a presión (*hardboard*); la *madera aglomerada* (mezcla de troncos molidos); las resinas sintéticas, etc. Todas ellas en forma de chapas de gran superficie y poco espesor, con las cuales se ha logrado incorporar a la corriente industrial maderas de baja calidad, hasta hace poco de interés marginal.

Esos productos, la tabla misma y/o la placa, aplicados sobre un sostén de entramado, dan tabiques separatorios livianos y capaces de una aislación térmica equivalente, por lo menos, a la del tabique de albañilería. Y como se preparan en taller, el montaje en obra requiere

tiempos muy inferiores. Por otra parte se los puede hacer desmontables, con la posibilidad de ubicarlos en cualquier otro lugar sin temor de sobrecargar la estructura. Un tabique estable, duradero, sólido de aspecto y capaz de dar una acentuada independencia a los locales, puede lograrse con un peso unitario de no más de $20 \ kg/m^2$. Excelente ejemplo de la construcción seca es la tabiquería de paneles desmontables de madera (o sus sustitutos), desplazando la tradicional tabiquería de ladrillos y revoque en los grandes edificios para oficinas públicas o privadas.

4.7. LA PINTURA EN LA MADERA

La madera presenta condiciones muy particulares para el trabajo de pintura. No solamente en las operaciones de limpieza, sino también en las de acabado, ya que requiere o permite tratamientos diferentes a los del hierro y los morteros. Algunas de las variedades comerciales de la madera tienen tal belleza natural que se prefiere cubrirlas con productos diáfanos, nacidos y desarrollados precisamente con ese fin. El encerado, el barnizado y el lustrado, los preservantes, etc., son formas peculiares, carentes de sentido sobre otros materiales.

La más importante precaución es la de trabajar sobre madera seca, con lo que volvemos sobre el tema del estacionamiento y el equilibrio con la humedad del ambiente (ver punto 4.5). Descontando que esta condición está cumplida (sin ella la pintura sería un gasto inútil), pasamos al problema de la limpieza y aprestos previos al acabado propiamente dicho. Seguimos el orden, aproximadamente cronológico, en que debe presentarse cada operación.

1. Cortar las partes apolilladas. Una madera bien pintada no permite la carcoma, pero no impide su desarrollo si ésta ya está presente; si el apolillamiento fuera muy generalizado, hay que reemplazar totalmente la pieza.

2. Sacar clavos, astillas, elementos sueltos y/o deteriorados que no admitan reparación.

3. Eliminar el moho, con soluciones de fosfato trisódico o bicloruro de mercurio (el segundo, muy enérgico y venenoso, sólo se aplica cuando el primero no resulta). Se aplican en forma localizada, y para el segundo el operario trabajará con guantes y careta, aunque se recomienda el uso de otros productos sintéticos, de gran eficacia, que el mercado provee.

4. Eliminar las sales solubles con agua limpia.

5. Realizar una limpieza general con agua y jabón. Las manchas de impregnación serán raspadas y luego tratadas con disolventes.

Recién ahora la madera se encontrará en condiciones de ser reparada, reasegurando o reemplazando las partes flojas, rajadas, rotas, astilladas, desportilladas, etc., usando cola, clavazón, etc. Además hay que intercalar una precaución más: la eliminación de la resina o la neutralización de sus efectos en todas aquellas maderas que lo necesiten (por ser muy resinosas, estar mal estacionadas o destinadas a quedar expuestas al sol). El tratamiento más enérgico, aplicable a las maderas o zonas con resina muy abundante, consiste en ablandar el material suavemente con la llama (obviamente, sin quemar la madera), ráspandolo luego con una cuchilla y lavando finalmente con trementina. En los casos menos abundantes se suprime la llama y aun el raspado. Finalmente, toda la superficie resinosa se aísla con goma laca diluida con alcohol (para terminación transparente) o pintura de aluminio (para terminación cubriente).

Todos estos tipos tradicionales de pinturas van siendo reemplazadas por nuevos productos, para cumplir los mismos objetivos.

Nota: Véanse las normas IRAM 1031, 1047 y 1051.

4.7.1. Procesos de pintado

Quedan todavía, antes de la pintura final, una serie de operaciones de apresto, en las que ya comienzan a diferenciarse los acabados cubrientes de los transparentes. Para cualquiera de ellos es previo el pulido (alisado) de la madera, con lija o discos de paño.

Solamente para acabados diáfanos son las tres siguientes operaciones:

* *Blanqueo o decolorado*. Para devolver el color a las superficies que deban barnizarse o encerarse y que como consecuencia de las operaciones de remoción hubieran perdido el color primitivo, se aplicará superficialmente una solución acuosa al 10% de ácido oxálico, lavando con abundante agua.
* *Teñido*. Tiene el fin de cambiar, oscureciéndolo, el color natural de la madera. La "nogalina" es el más co-

nocido de los tintes, y se disuelve con agua. Una vez seca la madera, se vuelve a lijar.

- *Tapaporos.* La función de este producto queda definida por su nombre, y su exceso debe ser cuidadosamente eliminado, pues sólo cumple función de relleno. Se expenden en coloraciones adecuadas a cada tipo de madera.

El apresto se completa con la *imprimación* o *sellado*, el *masillado* y el *enduido*, de los que solamente la primera puede considerarse como obligatoria, puesto que las demás aplicaciones sólo se realizarán si son necesarias. Con la imprimación se uniforma la absorción del fondo; con la masilla se rellenan las imperfecciones más gruesas (como grietas, agujeros de clavos, etc.), y con el enduido se modifica la textura superficial. Este último no se da, lógicamente, con acabados transparentes (para éstos la imprimación y la masilla deben ser adecuadas a la coloración natural de la madera). Actualmente, se encuentran los impregnantes insecticidas para madera, los preservantes, y gran variedad de otros productos.

4.7.2. Acabados transparentes

En los acabados transparentes se observan cinco categorías de calidad; la más económica de las cuales es el simple *aceite de lino cocido*, aplicado generalmente como protección provisoria y que luego debe ser removido.

El *encerado* es una protección más completa, útil sólo en interiores y de mucho rendimiento si se lo conserva constantemente, repitiéndolo de tanto en tanto. La cera se da en dos manos, luego de

cada una de las cuales la superficie se frota con cepillo y se lustra con trapo. Para obtener un encerado con brillo permanente se aplica a muñeca una solución de goma laca diluida en alcohol.

El *barnizado* se aplica a pincel en dos manos, eventualmente tres, lijando la última mano antes de dar la siguiente. Si no se ha usado un barniz especial de aspecto mate, el resultado será siempre una película brillante que puede opacarse mediante lijado. Hay diversos tipos de barniz, como el sintético mate, y los marinos con filtro solar en tonos mate, semi-mate y brillante.

El *lustre* es, de todos los acabados no cubrientes, el de mayor calidad y el único a aplicar sobre maderas nobles. Las operaciones de apresto deben ser hechas con el máximo cuidado y tanto ellas como las de terminación deben estar a cargo de personal sumamente competente. El éxito de esta costosa operación depende de la humedad ambiente: conviene abstenerse de trabajar con grados muy altos de humedad.

Son cuatro las etapas del lustre, y se las llama engrose, reengrose, repaso y terminación. Habrá una eventual quinta etapa si se prefiere el acabado mate, para lo cual se despule la terminación con polvo de esmeril.

En esas cuatro etapas se usa exclusivamente goma laca y alcohol 96%, aplicando la solución con la muñeca; las dos primeras son idénticas y se dan una a los tres días de la otra. Para perfeccionar el lustre se va espolvoreando con polvo de pómez y salpicando aceite de lino crudo. El repaso se hace con solución más diluida y sin pómez ni aceite. La terminación, con alcohol solo. Este trabajo requiere de una suerte de artesanía que se ha ido perdiendo. Por último, los llamados preservantes de madera, que permiten conservar la naturalidad propia de la madera, son una nueva posibilidad de reemplazo ante la extinción de los "lustradores".

4.7.3. Acabados cubrientes

Para la aplicación de tratamientos cubrientes, el apresto se hace con productos adecuados, compatibles con los de terminación. Las películas opacas se dan, sobre todo, en aquellas maderas de poco mérito natural.

Para un trabajo de calidad superior las etapas son: *impresión* (perfecciona el enduido), *fondo mate* (de alto poder cubriente y ya con el color de la terminación), y *acabado,* en dos o tres manos. Las terminaciones usuales son: esmaltes, esmaltes sintéticos (mate, satinado, brillante), y pinturas a la nitrocelulosa.

Los trabajos de obra generalmente requieren un tratamiento menos cuidadoso y consisten corrientemente en dar las tres manos de terminación sobre la imprimación. Sobre un trabajo de este tipo no tiene ya sentido el uso de esmaltes sintéticos o acabados a la nitrocelulosa.

4.8. TEXTO CORRESPONDIENTE A LAS FIGURAS

Fig. 4.1. *Uniones de punta para piezas comprimidas.* La más segura y sencilla está indicada en **1**, **2** y **3**; la cubrejunta va clavada. Las demás son excepcionales en el trabajo de obra y solamente las **4** (a caja y espiga), **5** (a caja y espiga con tarugos de madera dura) y **6** dan la misma seguridad contra el desplazamiento lateral; **7** y **8**, uniones correctas, y en **9** y **10** se muestran dos empalmes prohibidos: el primero puede deslizar con facilidad, y en el último el efecto de cuña hace inevitables las rajaduras.

Fig. 4.2. *Ensambles.* De **1** a **4**, ensambles a caja y espiga para encolar. El indicado en **4** es tradicional en las uniones de cordón superior y cadena en las cabriadas. En **5**, cabeza de tabla preparada para unión malletada (mueblería y tabiques).

Fig. 4.3. *Uniones llamadas "a media madera".*

Fig. 4.4. *Empalmes de carpintero.* Aunque no están indicados, todos estos empalmes necesitan del tapajunta y/o los bulones. A la *izquierda*, la unión es directa entre ambas piezas. A la *derecha*, en cambio, se han intercalado cuñas y tacos adicionales de madera dura; la especial disposición del corte permite transmitir tracciones. Prácticamente todas son variante del llamado *rayo de Júpiter*. (Fig. con cuatro tipos de empalmes.)

Fig. 4.5. *Nomenclatura de las piezas de una cabriada.* Las barras verticales que estén sometidas a compresión se llaman montantes (pendolón o péndola).

Fig. 4.6. *Ocho tipos de cabriadas.* Se indica en cada caso el nombre que corrientemente se les da. El cordón superior puede ser de perfil curvo; algunos tipos pueden combinarse entre sí, para dar lugar a nuevas formas, etc.

Fig. 4.7. *Cuatro maneras de afirmar las correas sobre el cordón superior de las cabriadas.* Los ejemplos **2** y **3** son más recomendables.

Fig. 4.8. *Nudo de cadena y par.* **A**, cordón superior de madera y cadena metálica (tensor); en la parte inferior, el detalle del herraje. **B**, unión clavada: el bulón es de montaje. **C**, unión abulonada.

Fig. 4.9. *Secciones de madera clavada.* Las combinaciones posibles permiten una gran variedad de formas. El grabado muestra vigas de cajón y perfiles doble "T", no todos igualmente felices: las tablas marcadas con **2** y **3**, por ejemplo, intervienen en el cálculo con sólo el 80 y 60%, respectivamente, de su sección. En cambio, **1** interviene con el 100%.

Fig. 4.10. *Norma alemana para separación de clavos y distancia respecto de los bordes.*

Fig. 4.11. *Vigas y pórticos de alma llena para clavar.* Solamente tres ejemplos para una infinidad de posibilidades. El apoyo del arco de tres articulaciones puede verse en detalle en la figura 4.19.

Fig. 4.12. *Acople para una viga de gran sección.* Arriba, cinco piezas forman un miembro único con acople a rayo de Júpiter múltiple. El trabajo requiere un cuidadoso plantillado para evitar excesivos desperdicios. *Abajo*, unión por tacos de madera dura. Véase la figura 4.13 y la distinta inclinación de los tacos en ambas partes.

Fig. 4.13. *Pasadores o llaves.* **A** y **B**, tacos de madera dura, el primero para cargas que no cambian de sentido; si en el primer caso las cargas cambiasen de sentido, el taco resultaría, más que inútil, peligroso, y el segundo, correcto. **C**, llave de hierro ángulo. **D**, llave de hierro T.

Fig. 4.14. *Abajo*, taco tronco-cónico doble con agujero central para pasar el bulón. Requiere la preparación cuidadosa de la caja para alojarlo. *Izquierda*, chapa perforada con puntas para colocar a presión, en uso en el país. (Conectores tipo "Cactus".)

Fig. 4.15. *Pasadores o llaves modernos (Conectores).* **1** y **2**. anillo metálico abierto, en corte y planta; la ranura machimbrada permite el ajuste del anillo en las ranuras previamente fresadas, con lo que se asegura que toda la superficie de contacto transmita la carga; **3.** pasador dentado para colocar a presión y que, por consiguiente, no requiere el previo maquinado; **4.** el mismo anterior con dentado en un solo semiplano, especial para la unión entre madera y metal; **5.** platos resistentes al corte; usados de a pares, como en el caso de la figura, permiten una unión madera a madera; cuando se los usa solos permiten una unión madera a metal; necesitan el previo fresado de la canaleta; **6.** plato dentado para esfuerzo de corte. Como el anterior, sirve para unión de madera a madera cuando se lo usa a pares, y madera a metal cuando es simple. Hay que preformar la caja para el plato; los dientes entran a presión; **7**, **8** y **9.** grillas dentadas para aplicar por presión; la primera une dos superficies planas; la segunda, una plana con una curva, y la tercera, dos superficies curvas. Todos los pasadores dibujados en esta figura están patentados; se reproducen por gentileza de Librería y Editorial Alsina, de la obra *Nuevas técnicas en la construcción*.

Fig. 4.16. *Secciones de madera laminada.* A la izquierda, la disposición llamada *Del'Orme* y a la derecha la llamada *Emy.* Esta última ofrece grandes ventajas: en estructuras de flexión, como las tensiones son mayores en la cara superior e inferior, el centro puede hacerse con maderas de menor calidad; las tablas, individualmente o en conjunto, pueden curvarse a presión para obtener formas arqueadas, y, finalmente, es muy fácil agregar tablas en determinados lugares de la pieza para obtener formas de igual resistencia o puramente decorativas.
El sistema Del'Orme, en cambio, a falta de esas ventajas, ofrece una mayor resistencia estructural que en ciertos casos puede llegar a ser un 50% mayor que la de la madera común.

Fig. 4.17. *Se ven dos formas de unión para tablas individuales dentro de secciones laminadas.* El corte en chaflán de la figura inferior, si tiene un largo de 12 veces el espesor de la lámina, tiene la misma resistencia que la madera. No así la unión *al tope* indicada arriba, que es mucho más débil y altamente inconveniente si se piensa curvar el laminado.

Fig. 4.18. *Apoyos para sencillos pies derechos.* La columna se apoya siempre sobre un

travesaño, y el travesaño siempre sobre una base de hormigón. Si la carga a repartir es importante, o malo el terreno, el apoyo se va ensanchando gradualmente mediante lechos cada vez más amplios de travesaños. Toda madera enterrada será protegida con brea, aunque vaya embebida en hormigón; la brea se dará por lo menos hasta los primeros cinco centímetros fuera del suelo. En lugares muy expuestos, el pie de la columna se protegerá con un macizo de hormigón o un parachoques metálico independiente. Siempre será mejor dejar el apoyo fuera del suelo, firme sobre carreras o soleras longitudinales.

Fig. 4.19. *Apoyos para pies derechos.* Dos ejemplos según Stoy y Fonrobert. En **B**, se ve un apoyo fijo con dos planchuelas laterales para el anclaje en el cimiento de hormigón. En **A**, se detalla la rótula de apoyo para el arco de tres articulaciones de la figura 4.11; hay también planchuelas de anclaje y un intermediario de madera dura para formar la superficie de rodamiento, con interposición de papel asfaltado.

Fig. 4.20. *Entrepisos de madera.* Dos alternativas para la entrega en el muro de la tirantería de entrepisos. **A**, la cabeza queda libremente apoyada en un hueco "ad-hoc", bien impermeabilizado; si se prefiere un empotramiento, se colocarán cuñas en el espacio disponible. **B**, la fijación del tirante se ha hecho con anclaje metálico; amurar estos anclajes es una operación simultánea con la erección del muro. **C**, corte transversal de un entrepiso de madera simple. **D**, perspectiva de **B**.

Fig. 4.21. *Entrepisos de madera.* Planta de un típico entrepiso de madera, en el que vemos una vigueta transversal (brocal), que interrumpe parte del envigado para permitir el pase de ventilaciones, escaleras, etc. **1.** solado (tipo plástico, alfombra, etc.); **2.** adhesivo; **3.** entablado, entablonado o placas fanólicas; **4.** viga maestra; **5.** anclaje; **6.** brochal; **7.** viguetas.

Fig. 4.22. *Entrepisos de madera.* Distintos tipos de apoyo para tirantería secundaria (viguetas) sobre principal. Los herrajes harán, en general, innecesario el uso de encastres. Puede verse cómo algunos dispositivos no impiden la libertad de movimientos.

Fig. 4.23. *Entrepisos de madera.* **A**, con solado de tabla y cielo raso de placas premoldeadas; la distancia entre viguetas, no mayor a 60 cm; los listones y/o portador para fijar el plaqueado según fabricante. **B**, con relleno de material aislante suelto. **C**, con placa aislante térmica y/o acústica rígida o suelta según tablero de apoyo. **D**, con cruces de rigidez entre viguetas y cielo raso de placas. **E**, con cielorraso de tablas machimbradas y solado tipo vinílico, goma o moquette. **F**, entrepiso liviano con colchón aislante de lana mineral: el piso y el cielo raso son independientes, permitiendo, de esa manera, la continuidad del elemento aislante con la total supresión de los puentes de sonido. **1.** entablado (a tope o machimbrado); **2.** vigueta portante; **3.** listón y/o perfillería para sostén de placa rígida (yeso, Al o EPS); **4.** plaqueado; **5.** cielo raso de madera aglomerada o tablas machimbradas; **6.** solado; **7.** relleno aislante (suelto o rígido); **8.** contrapiso de madera; **9.** cruces de rigidez; **10.** aislante acústico-térmico; **11.** adhesivo; **12.** techado asfáltico; **13.** tirantillo.

Fig. 4.24. *Accesorios metálicos para uniones de madera.* **A** y **B**, juntas de chapa para viga o clave de arco, y unión de viga con pie derecho, respectivamente. **C**, apoyo de viga sobre pie derecho pasante. **D**, apoyos de vigueta sobre viga, simple y doble. **E** y **F**, zapatas para asiento de pie derecho sobre base de hormigón. **G**, nuevas variantes de accesorios.

Fig. 4.25. *Fundación de arco (ejemplo de aplicación).* Tipo de cimiento (platea), con tensor para apoyo de arco. Éste es de madera laminada. Un apoyo metálico de sección en U sirve de intermediario, con el dado de hormigón armado.

Nota: Los distintos tipos de entrepisos presentados son típicos; no obstante, pueden combinarse sus componentes entre sí, y lograr un nuevo tipo que cumpla las necesidades del proyecto.

4.9. FIGURAS

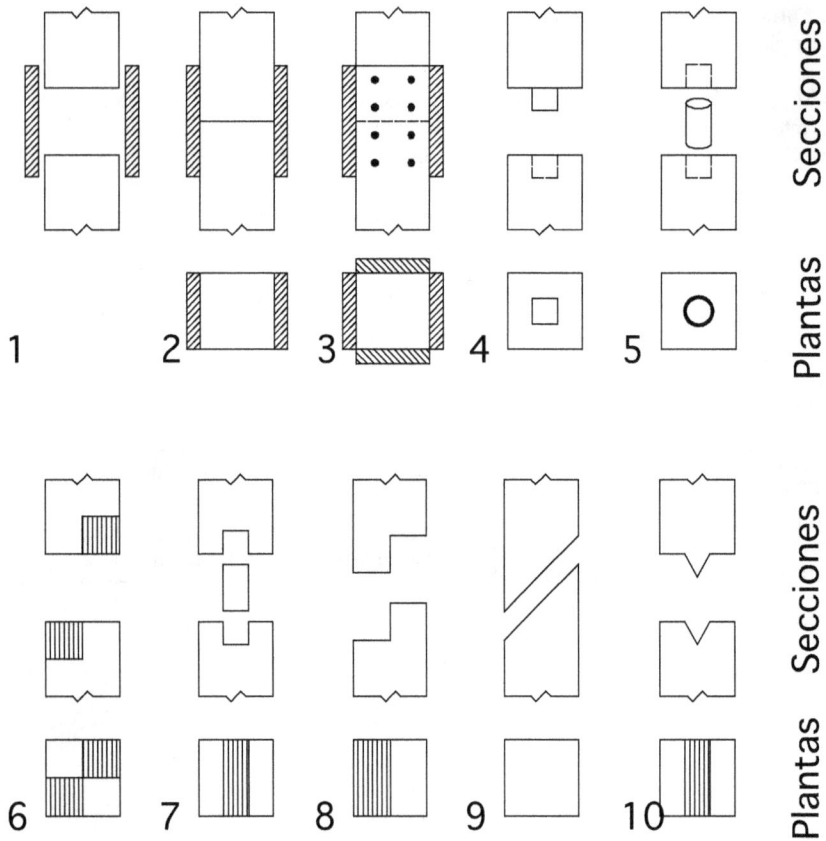

Fig. 4.1

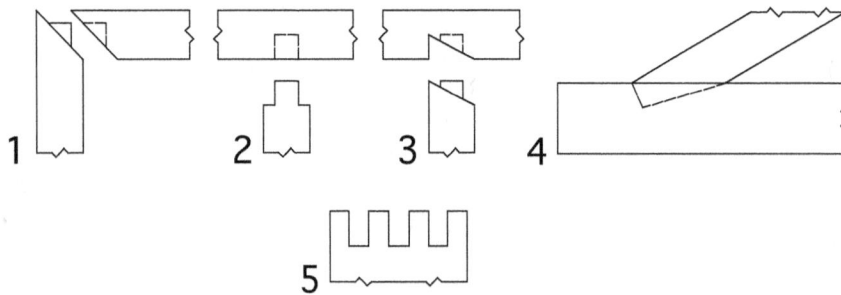

Fig. 4.2

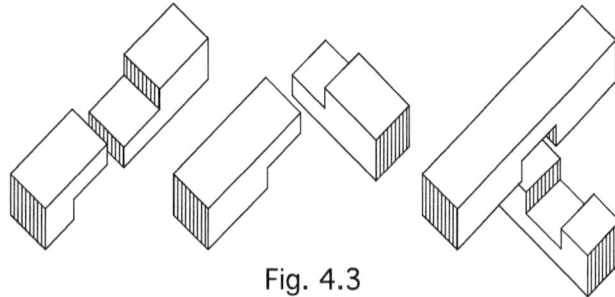

Fig. 4.3

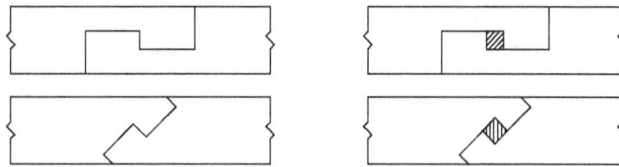

Fig. 4.4

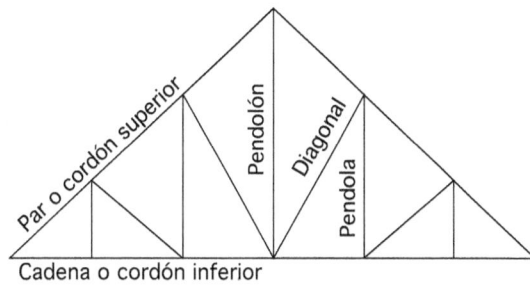

Par o cordón superior

Pendolón

Diagonal

Pendola

Cadena o cordón inferior

Fig. 4.5

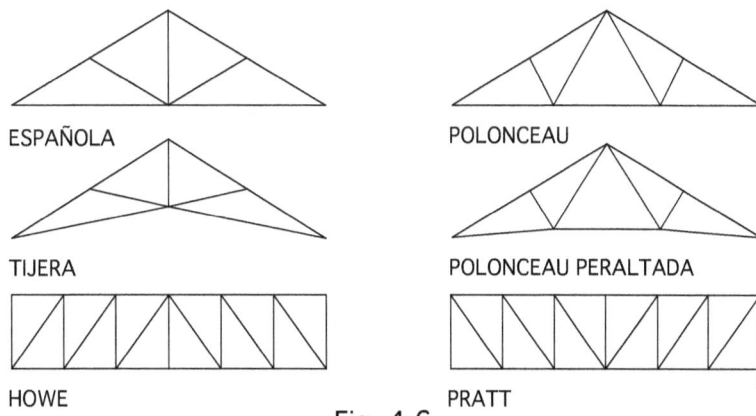

ESPAÑOLA

POLONCEAU

TIJERA

POLONCEAU PERALTADA

HOWE

PRATT

Fig. 4.6

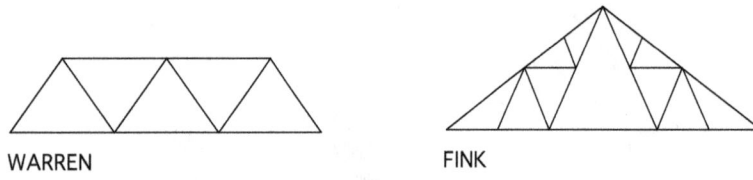

WARREN   FINK

Fig. 4.6

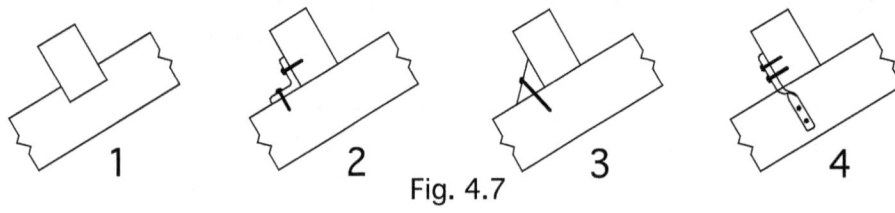

1   2   3   4

Fig. 4.7

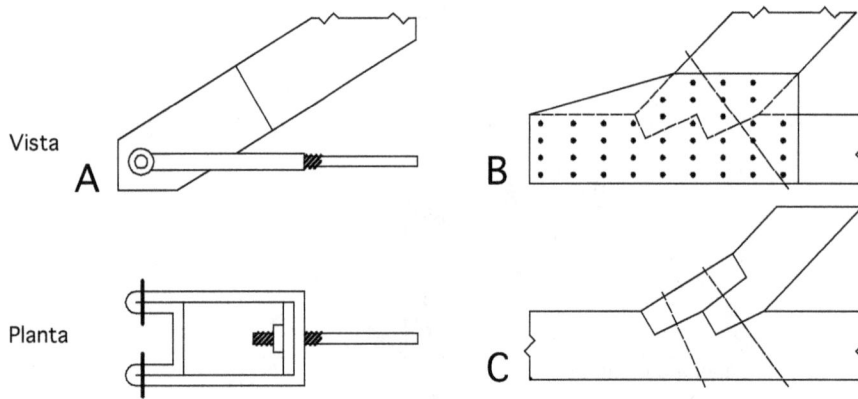

Vista

A

B

Planta

C

Fig. 4.8

Fig. 4.9

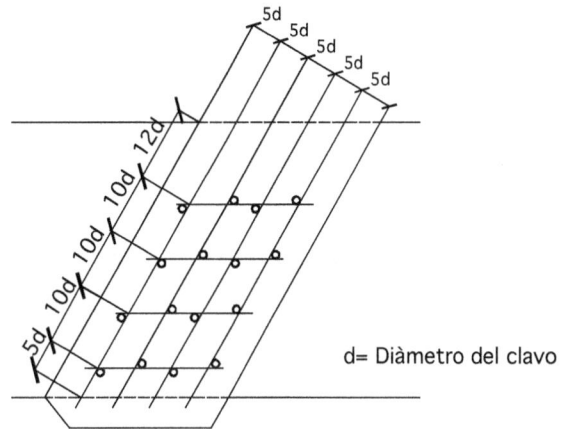

Fig. 4.10

d= Diàmetro del clavo

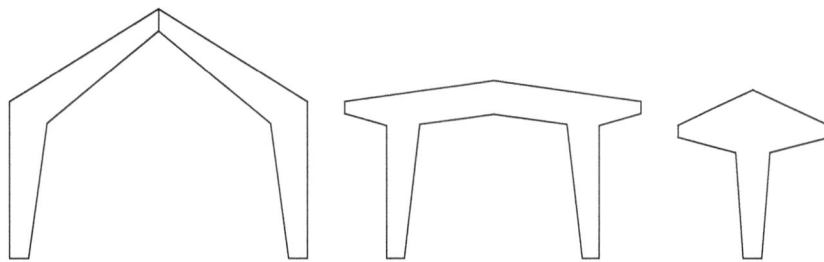

Fig. 4.11

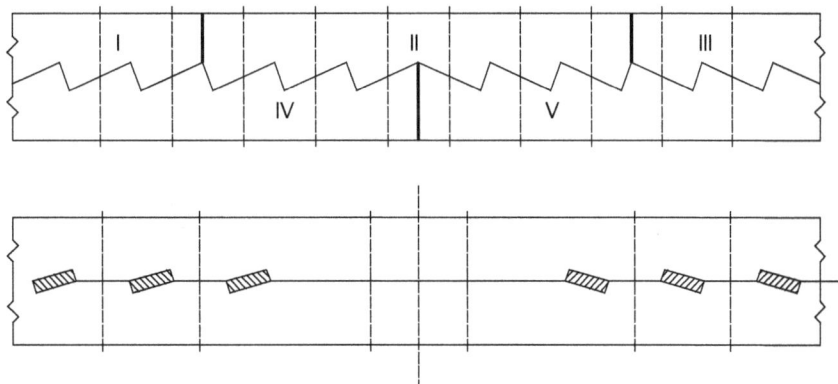

Fig. 4.12

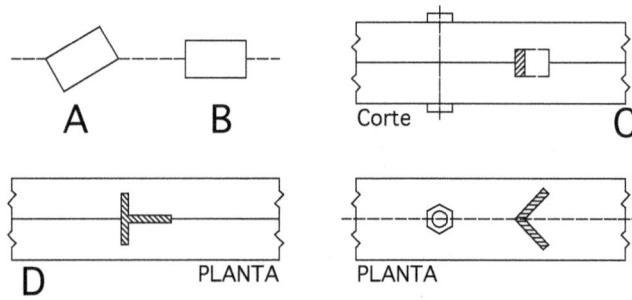

A   B

Corte   C

D   PLANTA   PLANTA

Fig. 4.13

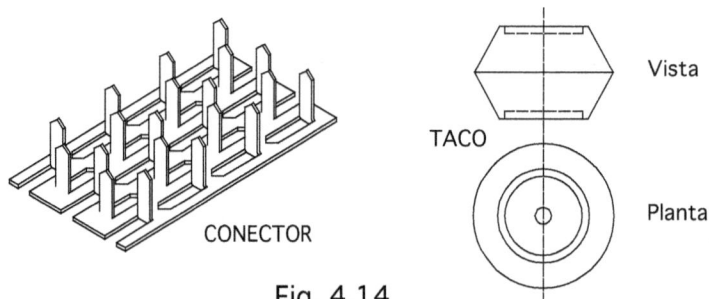

CONECTOR

TACO

Vista

Planta

Fig. 4.14

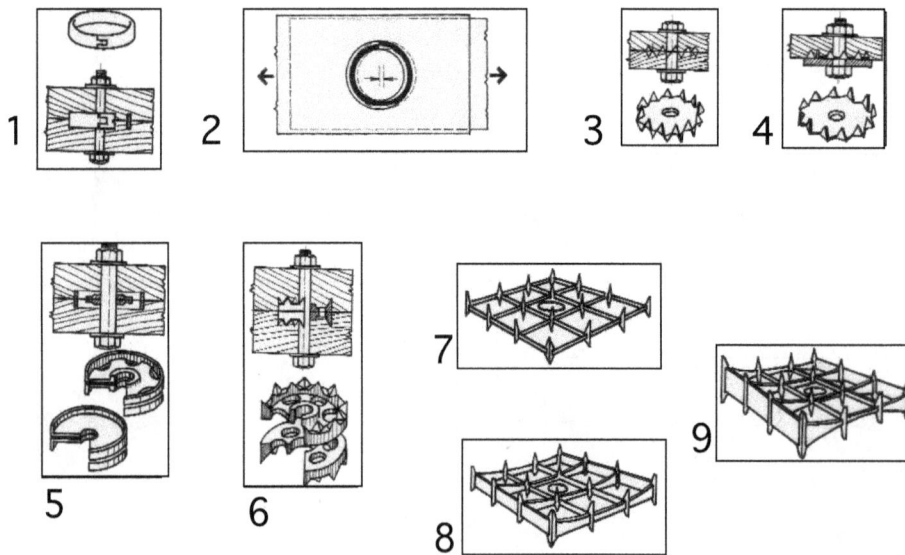

1   2   3   4

5   6   7   8   9

Fig. 4.15

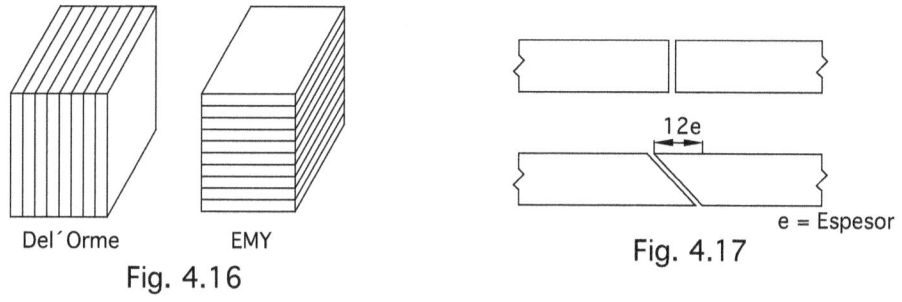

Del´Orme   EMY

Fig. 4.16

Fig. 4.17

12e

e = Espesor

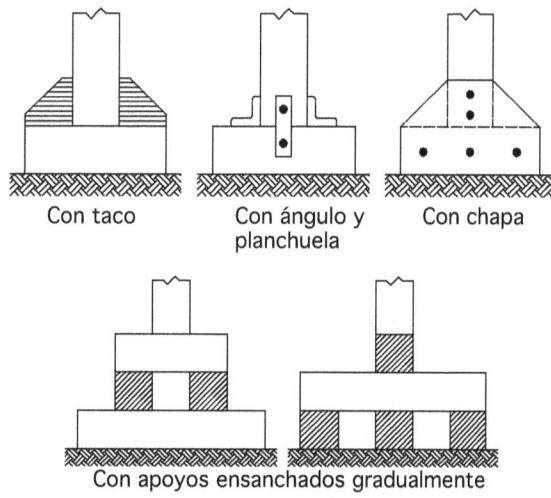

Con taco   Con ángulo y   Con chapa
                  planchuela

Con apoyos ensanchados gradualmente

Fig. 4.18

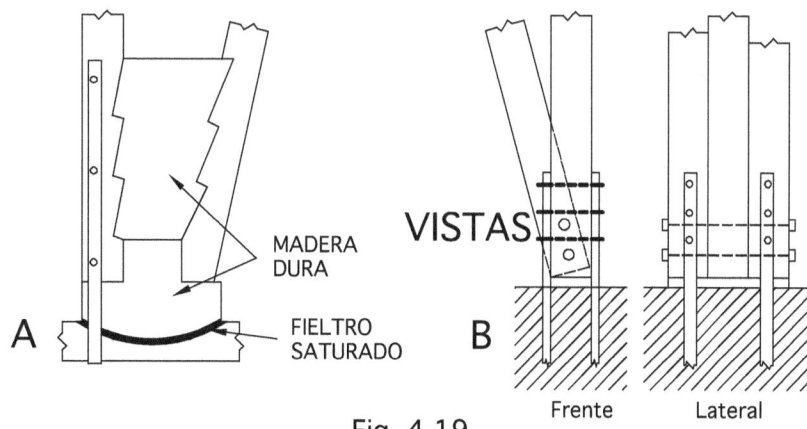

A

MADERA
DURA

FIELTRO
SATURADO

VISTAS

B

Frente   Lateral

Fig. 4.19

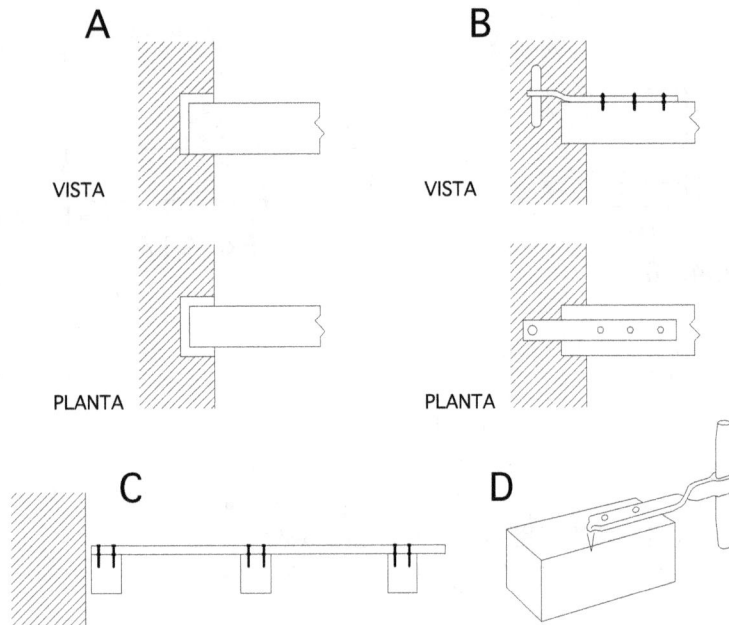

Fig. 4.20

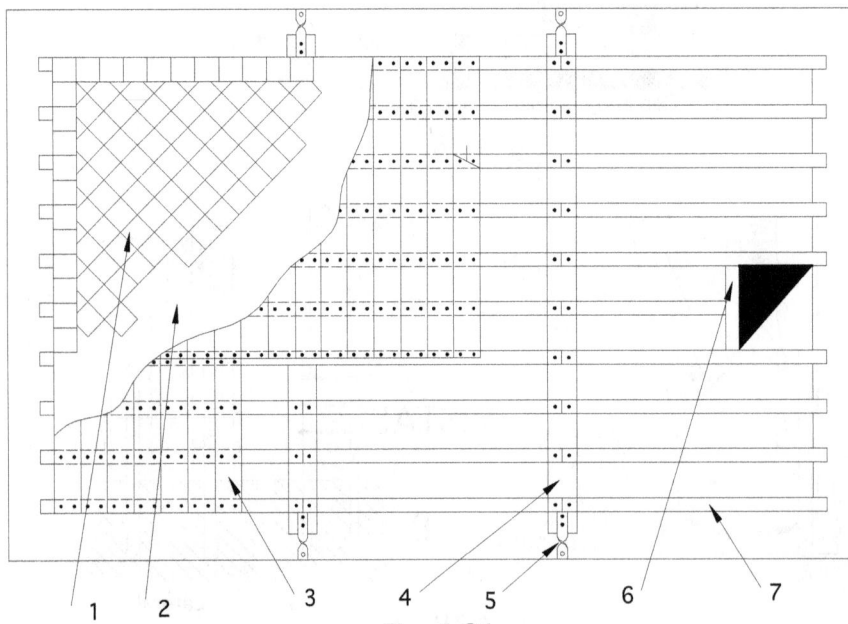

Fig. 4.21

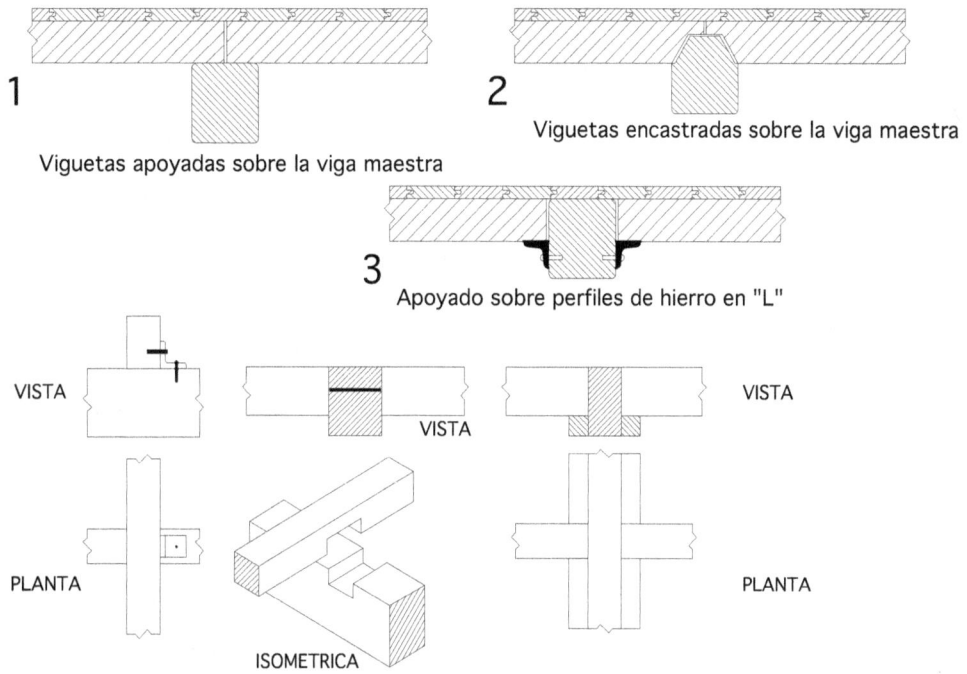

1

Viguetas apoyadas sobre la viga maestra

2

Viguetas encastradas sobre la viga maestra

3

Apoyado sobre perfiles de hierro en "L"

VISTA

VISTA

VISTA

PLANTA

ISOMETRICA

PLANTA

Fig. 4.22

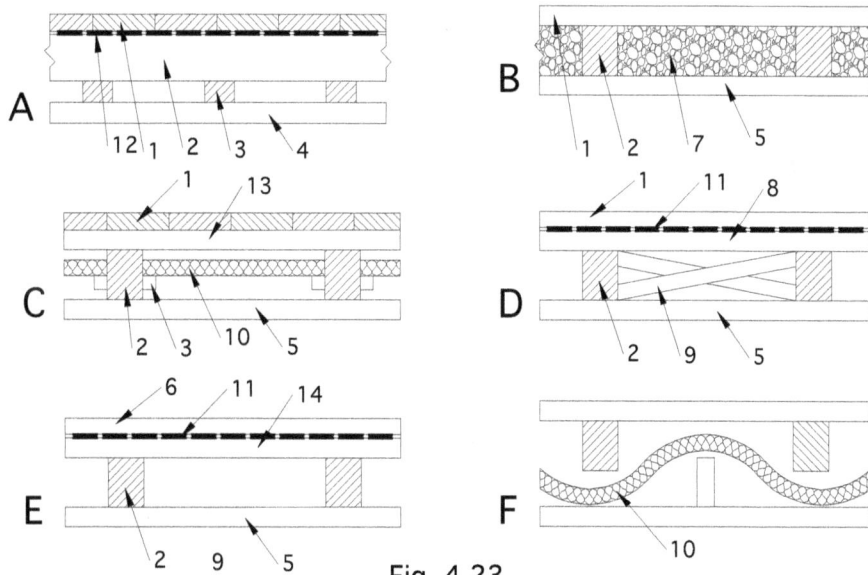

A

12 1 2 3 4

B

1 2 7 5

C

1 13

2 3 10 5

D

1 11 8

2 9 5

E

6 11 14

2 9 5

F

10

Fig. 4.23

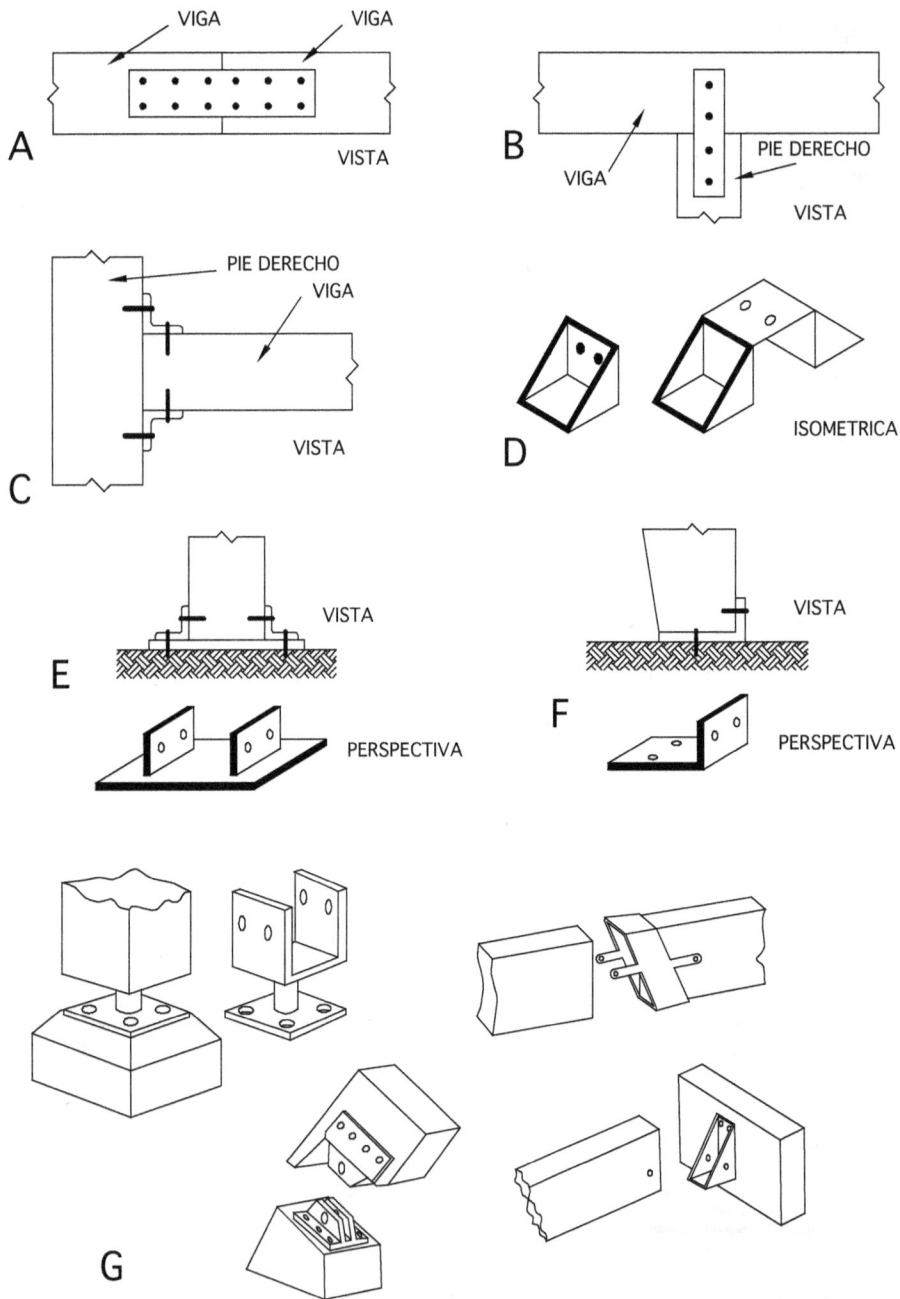

Fig. 4.24

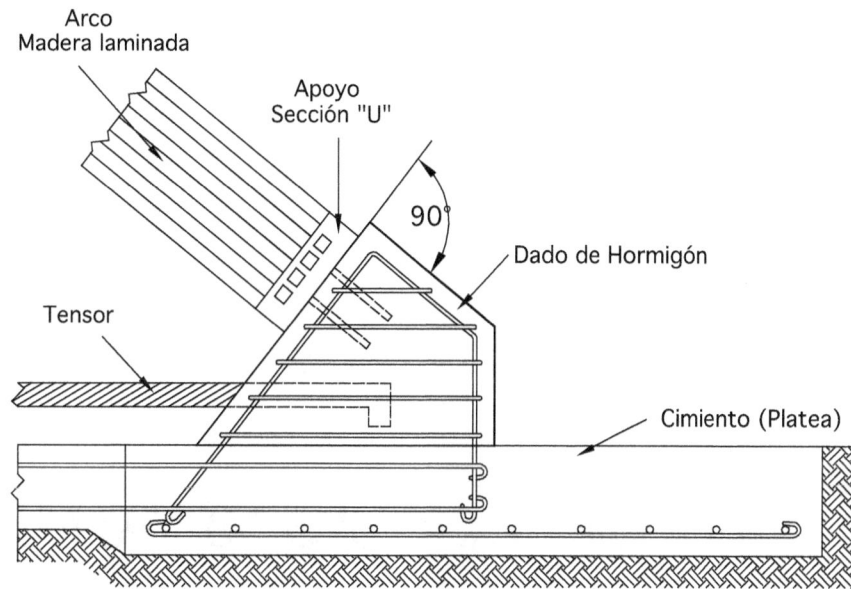

Fig. 4.25

5. CONSTRUCCIONES METÁLICAS

5.1. GENERALIDADES

En la construcción de obras, el hierro ha sido nuevamente abandonado en nuestro país, dado el incremento de sus costos, habiéndoselo usado con cierta intensidad, y hasta no hace poco, con los sistemas, por ejemplo, tipo "Steel Frame". No somos productores de importancia de este material y preferimos el hormigón armado. El campo de aplicación de las estructuras metálicas abarca, sin embargo, la amplísima gama de las construcciones industriales, en las que sí compite con ventaja.

El acero es un material de mucha resistencia para cualquier tipo de solicitación y permite, por este motivo, construcciones de gran importancia con un mínimo de dimensiones y peso. En sus tipos más robustos es capaz de las mayores cargas y en sus tipos más livianos es susceptible de la mayor ligereza.

El proceso principal de la construcción se realiza en taller, y se ha señalado la importancia de este hecho que hace posible el proceso simultáneo de elaborar en fábrica las estructuras, mientras en la obra misma se desarrollan los trabajos preparatorios y de cimentación. Luego vendrá el breve período de montaje, con una suma total de tiempo ampliamente favorable a la obra metálica en relación con el hormigón. Si en condiciones normales un piso de hormigón armado puede terminarse entre 7 y 15 días, para uno metálico no se requieren más que de 2 a 4.

Son inconvenientes del sistema, aunque menores dado el desarrollo de la técnica, su deformabilidad, que obliga a desaprovechar el material para evitar flechas excesivas, y su baja resistencia al fuego (a los 400°C, temperatura fácil de alcanzar en incendios, la estructura está en franco peligro), aunque los actuales tratamientos ignífugos han mejorado notablemente su resistencia, como las llamadas pinturas intumescentes o las retardantes de llama.

Las estructuras metálicas en general se realizan por agregado de perfiles y/o chapas de forma definida y variedad limitada (figuras 5.1 y 5.2).

Predominan aún en la industria del perfilado las formas que fueron creadas para el roblón, pero la técnica de la soldadura ha abierto la posibilidad de un modo nuevo a aquellas formas antiguas y, más aún, ha creado la necesidad de contar con nuevos tipos de perfiles.

La combinación de las formas básicas produce nuevas unidades complejas (figura 5.1), con las que puede cubrirse una gama muy grande de necesidades. Los *medios de unión* para formar esas combinaciones, sea en taller o en obra, son –como en el caso de la madera– el verdadero problema constructivo de la obra metálica.

Este capítulo es una introducción muy esquemática al estudio de métodos de alta especialización en esta materia.

5.2. UNIONES

Las uniones pueden ser de dos tipos: *desarmables* y *fijas*. Estas últimas, para su desarme requieren su destrucción.

Entre las que corresponden al primer grupo se encuentran:

- *Los pernos de anclaje*, usados para servir de enlace entre la superestructura metálica y sus apoyos fijos de fábrica u hormigón. Se colocan en obra y quedan embebidos en concreto.
- *Los bulones* o *pernos* (figura 5.6), indispensables en las operaciones de presentación y montaje. Tienen cabeza cuadrada, de gota o hexagonal en un extremo, y en el otro rosca con tuerca y arandela.
- *Los pasadores,* cuya finalidad principal es permitir el giro alrededor de su eje; es decir son verdaderas articulaciones.
- *Los tornillos,* unión excepcional en construcciones metálicas, en las cuales es simplemente un método supletorio.

A este grupo se lo llama temporario, no porque no pueda dar uniones permanentes (la mayoría tiene ese carácter), sino por la facilidad con que permiten su desarme.

Y entre las uniones fijas o no desmontables, que corresponden al segundo grupo, se encuentran los *roblones* (más conocidos como *remaches)* y la *soldadura.*

5.3. ROBLONADURA

Un roblón o remache (figura 5.7) es un vástago liso con cabeza en un extremo. Las piezas por unir se agujerean; puestas las perforaciones en coincidencia, se introduce en ellas el remache caliente y mediante golpes se le forma una segunda cabeza, con lo que las piezas por unir quedan aprisionadas. Para el golpeteo, la cabeza de origen se mantiene apretada con el *"aguantador",* y en el otro extremo se ha formado un pequeño alojamiento con la forma de la cabeza (cada diámetro requiere uno distinto). El golpe se da también con una forma adecuada en la punta del molde, o *"doile".*

Cada unión estará formada al menos por dos roblones. La unión puede ser *de fuerza,* cuando está destinada a unir piezas solicitadas, o de simple *costura,* con la mera finalidad de mantener las piezas unidas.

La disposición de los roblones está reglamentada en cuanto a separación entre ellos y distancia respecto de los bordes. Se plantilla o se marca con tiza sobre el acero y el agujereado se hace a taladro (más barato es el punzonamiento, pero está prohibido porque daña el metal). Durante la operación del roblonado, las piezas se mantienen provisoriamente unidas con bulones. El agujero debe ser mayor que el roblón, para que el material de éste pueda llenarlo totalmente durante el aplastamiento; al enfriarse el metal del remache se contrae, apretando fuertemente la unión.

Para formar la cabeza pueden usarse tres métodos:

- *Manual:* un obrero aguanta mientras el otro forma la cabeza a golpes;
- *Con martillo neumático:* en vez del martillo manual se usa el de aire comprimido; siempre se requieren dos operarios;
- *Con prensa acodillada:* una máquina que reemplaza a ambos obreros.

El primer método sólo se tolera como expediente excepcional, donde el martilleo neumático no pueda ser manejado; el segundo es de uso universal en obra .Y el tercero lo es en taller.

El remachado permitió el desarrollo de grandes obras en el pasado; ahora se lo tiene en menos, desplazado por las ventajas de la soldadura. Su principal inconveniente: por la sola presencia de las cabezas, el peso total de la estructura aumenta en más o menos un 3%; están, además, las pesadas platabandas, cartelas y chapas nodales, de las cuales el método no puede prescindir (figura 5.5) y que incrementan el peso en porcentajes mucho mayores.

5.4. SOLDADURA

Soldadura "es la unión de dos metales de composición idéntica o semejante bajo la acción del calor, con o sin aportación de un metal igual o semejante" (Kirgis).

La fuente de calor caracteriza los métodos de soldadura. Son tres:

- *Soldadura autógena.* Llamada también *oxiacetilénica,* porque usa el calor –superior a los 3.000°C– producido por la combustión de una mezcla de oxígeno con acetileno. El metal de la junta se funde mezclándose con el de la varilla de soldar; terminada la soldadura, se la martilla para evitar tensiones remanentes o diferenciales, producidas por el calentamiento del material. La soldadura autógena produce juntas más elásticas y es muy apta para la unión de secciones tubulares.
- *Soldadura por resistencia eléctrica.* Dos piezas metálicas colocadas al tope, por las cuales se haga pasar una corriente, desarrollan mucho calor por la resistencia eléctrica que motiva la imperfección del contacto entre ambas; cuando el metal se pone pastoso por la temperatura, se aprietan las piezas una contra otra y quedan soldadas. El método es intensamente aplicado para unir las barras para hormigón. Como se ve, no requiere aporte de material.
- *Soldadura por arco eléctrico.* Es el método generalizado para las estructuras metálicas. Las piezas por unir forman uno de los electrodos; el otro lo forma la varilla con el material de aporte. El arco salta entre ambas, el último se funde y el metal de la varilla gotea sobre la junta. Los electrodos para soldar vienen revestidos con una cubierta especial, de fusión más lenta que la del núcleo metálico; se forma de ese modo un cráter, para evitar la tendencia divagante del arco, con lo

que resultarían costuras poco homogéneas. Pero la verdadera misión del revestimiento es crear una atmósfera inhibidora de la oxidación y aportar sustancias que convierten la operación en un verdadero proceso metalúrgico.

Con respecto a la roblonadura, la soldadura presenta ventajas verdaderamente importantes, que hacen que el uso de roblones se haga cada vez menos frecuente. Ellas son:

- *Economiza material.* Los cordones de soldadura son siempre más livianos que el peso adicional de las cabezas de los roblones; generalmente es posible eliminar o aligerar las chapas nodales, platabandas y cubrejuntas, puesto que la soldadura permite la unión directa de dos piezas; en elementos de tracción, la falta de agujeros hace útil la totalidad de la sección; la reducción del peso propio disminuye la carga de cálculo provocando así una nueva economía.
- *Economiza mano de obra.* Se acepta generalmente que en condiciones de trabajo normal, un soldador tiene la misma eficiencia que dos equipos de remachadores (cuatro operarios).
- *Permite la utilización de una variedad muy grande de perfiles,* con lo que se amplía el campo de utilización del acero, llegando a formas sumamente livianas.
- *Toda unión que pueda ser remachada, puede ser soldada,* pero la inversa no se cumple (las formas de la figura 5.3 no serían posibles sin soldadura).

- *La ingeniería puede contar con la continuidad estructural en un grado mayor de seguridad.*
- *Protege contra la oxidación mejor que cualquier otro medio de unión.*
- *Es silenciosa.*

Como sus inconvenientes principales se señalan su gran rigidez y la necesidad de una mano de obra verdaderamente competente y responsable. En los países europeos la calificación de los operarios se garantiza mediante repetidos y severos exámenes. Revisar una costura roblonada es muy fácil; al golpe de martillo todo roblón *falso* acusa la falla mediante el sonido que produce. Esto no es posible hacerlo en soldadura.

5.5. EL ACERO Y LA CORROSIÓN

La corrosión es al hierro como las grietas a la mampostería. El proceso previo de oxidación es muy rápido y obliga a la inexcusable protección de las estructuras. Un proceso de corrosión muy localizado puede perforar de parte a parte las secciones y debilitarlas, hasta comprometer la seguridad del conjunto. Por otra parte, uno de los más atractivos aspectos de la estructura metálica –su valor residual y la posibilidad de nuevos usos– puede quedar anulado por la corrosión generalizada.

Este fenómeno se produce bajo la acción simultánea de cuatro factores: la *humedad*, siempre presente en el aire y en los suelos; el *oxígeno*, componente principal del aire y del agua (disuelto en casi todas las aguas); la acción de los *pares galvánicos*, nacidos del contacto de dos metales, y por último las diferencias locales en las propiedades fisicoquímicas del propio material. En todas las circunstancias ordinarias en las que el hierro y el acero estén expuestos al medio ambiente natural, las condiciones básicas, esenciales para la corrosión, están presentes en mayor o menor grado.

Cierto es que, para eliminar un efecto, lo natural es operar sobre la causa. Y si bien no pueden suprimirse el oxígeno y la humedad, sí se puede aislar el metal del contacto con el aire y el agua mediante una capa protectora que impida toda relación con el ambiente agresivo, y el mejor resultado que es posible obtener en este orden de ideas es envolver completamente el hierro en una masa de hormigón, sobre todo en piezas enterradas o hundidas en el agua (la zona de fluctuación del nivel, es donde se producen las peligrosas alternativas de agua y aire). En este procedimiento el hierro deberá estar libre de pinturas o sustancias que dificulten la adherencia.

Pero este método es inaplicable, por razones de peso, costo y estética, a las superestructuras. Para éstas, la protección adecuada es la pintura, aspecto que veremos en los dos apartados que siguen. Debemos mencionar, además, el sopleteo con mortero de cemento (portland y arena fina) y/o la aplicación a pincel de lechada espesa de cemento, cuyo efecto protector es tan eficaz como el del hormigón, y con un menor volumen.

El efecto galvánico (agente de la corrosión) se aprovecha también como medida protectora: en la cupla eléctrica, el cátodo resulta protegido a expensas del ánodo, que se sacrifica (destruye). Con respecto al hierro, el cinc, por ejemplo, se comporta como ánodo; y si de alguna manera (baño caliente o depósito electrolítico), una pieza de hierro se reviste de zinc, queda protegida contra la corrosión de un modo sumamente eficaz. Éste es el principio del galvanizado de chapas, caños y piezas menores, desgraciadamente no aplicable en escala mayor.

Nota: Según la escala Nernst, el potencial electroquímico del hierro es $-0,34v$ (volt.), y el zinc $-0,77v$ (volt.).

En obras metálicas enterradas, sobre todo cañerías, la protección galvánica se hace suministrando una corriente eléctrica continua que convierte toda la superficie en cátodo –libre, por consiguiente, de corrosión–.

5.6. PINTURAS ANTICORROSIVAS

El fenómeno de la corrosión comienza de inmediato y es ininterrumpido: por tal motivo, el constructor debe obligar al proveedor de la estructura a entregarla con una mano de protección antióxido, dada en taller (a veces de dudosa calidad). La pintura usada en esta mano será de la misma naturaleza que la de terminación. Por ejemplo: si el acabado es al aceite, el fondo antióxido será al aceite también. De no ser así, habrá que extraer toda la mano de taller antes de comenzar con las de obra.

Pero son muchas las partes metálicas que llegan desnudas a la obra y deben ser inmediatamente protegidas. Antes de aplicar cualquier película, la base debe ser sometida a una rigurosa operación de limpieza. Toda partícula suelta, todo resto de polvo adherido, toda humedad, residuos grasosos, etc., deben ser eliminados para no comprometer la eficacia protectora del acabado.

Eliminar las sustancias grasas debe ser la primera de todas las operaciones, porque impiden el buen comportamiento de los desoxidantes que se aplicarán después. En esta tarea pueden usarse productos acuosos (como agua tibia jabonosa), siempre que se haga un rápido secado después. Cualquier detergente alcalino o cualquier disolvente volátil (como el aguarrás) sirve para el desengrase. Estos últimos pueden aplicarse con soplete; tienen una acción más enérgica y no requieren fricción con trapos. Los vapores de los disolventes pueden formar con el aire mezclas explosivas, por ello en necesario ventilar bien los locales, y el obrero protegerse con barbijo o mascara.

Con la llama del soplete oxiacetilénico también pueden quemarse completamente las grasas; la rápida dilatación del hierro hará saltar, además, la herrumbre superficial y las escamas de laminación (eliminando totalmente la humedad).

Estas escamas de laminación se quitan (si no ha habido sopleteo) en una segunda etapa, que elimina también la herrumbre. Los procedimientos usados son: la percusión con cinceles; el lijado con abrasivos adecuados, y el chorro de arena. El cepillado con cerdas de acero es el complemento de todas estas operaciones. Hay también productos químicos para ser aplicados por inmersión o brocha, y son de un resultado más completo que los medios mecánicos. Algunos de estos productos –los elaborados sobre la base de ácido fosfórico– suministran una protección más duradera. La limpieza mecánica desnuda completamente la superficie, la que debe ser pintada dentro de las tres horas, a lo sumo; el tratamiento con ácido fosfórico, en cambio, la modifica químicamente, cubriéndola con una película estable.

En cuanto a la remoción de pintura vieja, se hace por rasqueteado, con auxilio de medios mecánicos, térmicos y químicos similares a los descritos anteriormente (percusión, lijado, chorro de arena o de vapor, llama, removedores alcalinos u otros para aplicar a pincel o espátula). Ningún resto de los productos usados en operaciones de limpieza debe quedar adherido a la superficie.

Los procedimientos detallados son los más comunes y clásicos, pero hoy se disponen de otros más expeditivos, que prácticamente simplifica todo el proceso, y son los llamados "convertidores de oxido".

Nota: Véanse además las normas IRAM 1042 y 1094.

5.7. PROTECCIÓN ANTICORROSIVA Y FINAL

Terminada la limpieza, se procede a pintar las superficies en el término más breve. Toda pintura con vehículo acuoso está prohibida: a la cal, a la tiza y cola, al cemento, emulsiones o látex. Estas dos últimas sólo podrán darse si previamente se aplicó un buen fondo antióxido, como los sintéticos de cromato (es decir, no pueden aplicarse directamente sobre el metal).

El papel principalísimo de la pintura sobre hierro es precisamente la protección antióxido: de aquí que todo trabajo de pintura en este caso debe comenzar con el fondo antióxido, aplicado a soplete o pincel. La primera mano se da como primera operación, para que toda la superficie del metal esté en contacto directo con la sección inhibidora del fondo. Aplicado éste, se procede al *masillado,* con el que se rellenarán las depresiones superficiales, pequeños agujeros, etc. Recién entonces se completará la aplicación del antióxido con las manos siguientes. Cuando las manos de antióxido por aplicar sean varias (ello suele requerirse en exteriores y, sobre todo, en lugares muy expuestos a los agentes corrosivos, como los ambientes marinos), cada una de ellas se da con un tono ligeramente diferente, para poder reconocerlas.

En trabajos de calidad viene luego el *enduido,* aplicado a espátula, cuyo objeto es suministrar una superficie completamente uniforme. Juega un papel semejante al masillado, en el relleno de imperfecciones más pequeñas; pero mientras el masillado es una operación generalmente local, el enduido es general sobre toda la superficie.

Se realiza luego la *impresión,* con un producto similar al enduido, pero aplicado a pincel, que empareja la superficie dándole una perfección superior a la del enduido. Luego se aplica el *fondo mate,* una capa intermedia que recibirá las pinturas de acabado. Finalmente, estas últimas se dan con la cantidad de manos que la calidad de la terminación requiera.

Toda mano, sea en el apresto o en el acabado, va seguida, luego de su secado, de un lijado cuidadoso.

Hecho en la forma anteriormente descrita, el trabajo resulta de calidad superior.

Las pinturas disponibles son las siguientes: al óleo (al aceite), al esmalte, al esmalte sintético, a la nitrocelulosa. Todas las manos deben ser compatibles entre sí: si la terminación es la indicada en último término; tanto el antióxido como la masilla, la impresión, el enduido y el fondo mate serán del tipo especial para nitrocelulosa.

Las estructuras metálicas de soporte o de cerramiento no necesitarán un trabajo tan cuidadoso; las simplificaciones son muchas y se considera un trabajo correcto el que comprende las siguientes etapas.

- Remoción del antióxido de taller;
- Primera mano de fondo antióxido;
- Masillado;
- Segunda y tercera mano de antióxido, si corresponde;
- Fondo mate;
- Manos de acabado final en la cantidad que corresponda.

Pero hoy, como ya dijimos, disponemos de los llamados convertidores, y de esmaltes inhibidores de óxido, que a la par que dan protección anticorrosivo brindan la terminación o acabado final, simplificando el trabajo anteriormente descrito.

5.8. PROTECCIÓN IGNÍFUGA

Señalamos ya el mal comportamiento del acero en situaciones de incendio. El calor afecta intensamente la resistencia mecánica, que comienza una rápida disminución a partir de los 250°C; al llegar a los 400°C, las deformaciones son tan fuertes que la estructura debe considerarse perdida y comienzan los derrumbes.

Una eficaz defensa contra incendios sólo puede lograrse revistiendo las partes metálicas con materiales incombustibles y aislantes (como ser: forros de albañilería, revoques de vermiculita aplicados sobre una base de metal desplegado, sopleteo de morteros de amianto, etc.). Todo ello en la medida tolerada por el presupuesto y la arquitectura. Es muy importante que estos revestimientos sean independientes del metal, para evitar movimientos diferenciales que puedan empeorar la situación.

Cabe agregar, también, la existencia de pinturas de características ignífugas que pueden ser aplicadas.

5.9. COMENTARIO FINAL

No forma parte del objeto de esta edición tratar las aplicaciones del hierro como importantísimo elemento para la fabricación de cerramientos –como la carpintería metálica–, ni las más recientes, como los muros de cortina, con los cuales puede reemplazarse la totalidad de un frente, constituyendo la propia fachada.

Tampoco nos referiremos al aluminio, que en todo lo que sea cerramientos compite con éxito, ya que suma dos virtudes básicas en lo que respecta a nuestro tema: liviandad (pesa sólo el 35% del hierro) e inalterabilidad superficial, cuando está anodizado (no plantea gastos de conservación).

Sobre la carpintería metálica véase el Capítulo 13.

5.10. TABLAS

TABLA 5.1. PESO DE LOS PERFILES NORMALES DE HIERRO
(en kg por m)

Perfil normal doble "T" de alas angostas (s/ DIM 1025)

N°	Altura (h)	Ancho de alas (b)	Espesor del alma (s)	Espesor de las alas (t)	Sección cm²	Peso por metro
	mm	mm	mm	mm		kg/m
IPN 80	80	42	3,9	5,9	7,5	5,9
IPN 100	100	50	4,5	6,8	10,6	8,3
IPN 120	120	58	5,1	7,7	14,2	11,1
IPN 140	140	66	5,7	8,6	18,3	14,3
IPN 160	160	74	6,3	9,5	22,8	17,9
IPN 180	180	82	6,9	10,4	27,9	21,9
IPN 200	200	90	7,5	11,3	33,4	26,2
IPN 220	220	98	8,1	12,3	39,5	30,9
IPN 240	240	106	8,7	13,1	46,1	36,2
IPN 260	260	113	9,4	14,1	53,3	41,8
IPN 280	280	119	10,1	15,2	61,0	47,8
IPN 300	300	125	10,8	16,2	69,0	54,1
IPN 320	320	131	11,5	17,3	77,7	60,9
IPN 340	340	137	12,2	18,3	86,7	67,9
IPN 360	360	143	13,0	19,5	97,0	76,0
IPN 380	380	149	13,7	20,5	107,0	83,8
IPN 400	400	155	14,4	21,6	118,0	92,4
IPN 425	425	163	15,3	23,0	132,0	103,4
IPN 450	450	170	16,2	24,3	147,0	115,2
IPN 475	475	178	17,1	25,6	163,0	127,7
IPN 500	500	185	18,0	27,0	179,0	140,2
IPN 550	550	200	19,0	30,0	2,120	166,1
IPN 600	600	215	21,6	32,4	254,0	199,0

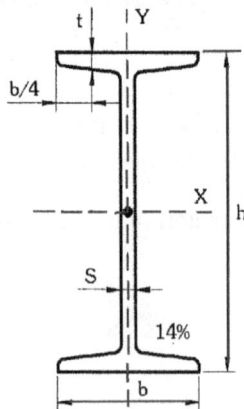

Fuente: ACINDAR

TABLA 5.2. Perfil ángulo "L"

Denominación ángulo	Dimensiones			Sección	Peso
	a (mm)	e (mm)	ex = ey (cm)	(cm²)	(kg/m)
1" x 1/8"	25,4	3,2	0,75	1,51	1,2
1" x 3/16"	25,4	4,8	0,81	2,19	1,7
1 1/4" x 1/8"	31,8	3,2	0,91	1,92	1,5
1 1/4" x 3/16"	31,8	4,8	0,97	2,80	2,2
1 1/2" x 1/8"	38,1	3,2	1,07	2,32	1,8
1 1/2" x 3/16"	38,1	4,8	1,13	3,40	2,7
1 1/2" x 1/4"	38,1	6,4	1,18	4,44	3,5
1 3/4" x 1/8"	44,5	3,2	1,23	2,73	2,1
1 3/4" x 3/16"	44,5	4,8	1,29	4,00	3,1
2" x 1/8"	50,8	3,2	1,39	3,13	2,5
2" x 3/16"	50,8	4,8	1,45	4,61	3,6
2" x 1/4"	50,8	6,4	1,50	6,05	4,8
2 1/4" x 3/16"	57,2	4,8	1,60	5,21	4,1
2 1/4" x 1/4"	57,2	6,4	1,68	6,85	5,4
2 1/2" x 3/16"	63,5	4,8	1,76	5,82	4,6
2 1/2" x 1/4"	63,5	6,4	1,82	7,66	6,0
3" x 1/4"	76,2	6,4	2,14	9,27	7,3
3" x 5/16"	76,2	7,9	2,20	11,47	9,0
3" x 3/8"	76,2	9,5	2,26	13,60	10,7
3 1/2" x 1/4"	88,9	6,4	2,46	10,89	8,6
3 1/2" x 5/16"	88,9	7,9	2,51	13,49	10,6
3 1/2" x 3/8"	88,9	9,5	2,57	16,02	12,6
4" x 1/4"	101,6	6,4	2,75	12,48	9,8
4" x 5/16"	101,6	7,9	2,84	15,50	12,2
4" x 3/8"	101,6	9,5	2,90	18,44	14,5
4" x 1/2" 25,4	101,6	12,7	3,00	24,19	19,0

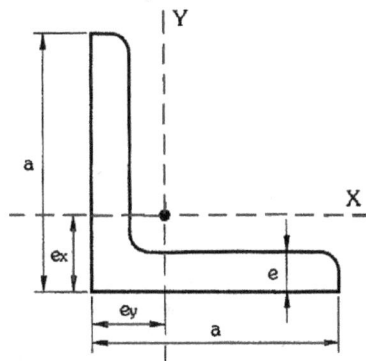

Fuente: ACINDAR

5.11. TEXTO CORRESPONDIENTE A LAS FIGURAS

Fig. 5.1. *Perfiles metálicos.*
De **1** a **9**, formas primarias, tal como salen de la fábrica; de **10** a **13**, formas compuestas.
1. chapas, planchuela y fleje; los límites que separan cada tipo no son muy precisos; la chapa es de gran superficie, y la planchuela es más gruesa que el fleje; **2.** barra cuadrada; **3.** barra redonda; **4.** caño o tubo, con costura o sin ella, forma de simetría total, cuyo momento de inercia puede aumentarse con sólo aumentar el diámetro; **5.** perfil doble "T"; las alas tienen pendiente y ángulos redondeados (ver tabla 5.1); **6.** perfil "U", con alas en pendiente y ángulos redondeados; **7** y **8.** perfiles "L" o ángulo; reciben, respectivamente, la denominación de alas desiguales y alas iguales (ver tabla 5.2); **9.** perfil Grey, de alas anchas y paralelas; con respecto al perfil dibujado en **5**, presenta dos grandes ventajas: sus alas sin pendiente y con ángulos vivos lo hacen muy conveniente para la soldadura y, además, para un mismo peso tiene un momento de inercia mucho mayor; **10.** doble "T" con refuerzos de ala y alma; **11.** cajón formado por dos "U" y refuerzos de chapa; **12** y **13.** dos formas logradas, con perfiles ángulo y chapa.
Esta lámina describe solamente algunos de los perfiles disponibles y algunas de sus múltiples combinaciones.

Fig. 5.2. *Perfiles de chapa doblada.* Estos perfiles, que resultan del plegado de chapas de espesores adecuados, tienen, en general, mayores momentos de inercia que los perfiles laminados de igual peso. La figura muestra los más comunes.
1. perfil "U"; **2.** perfil "U" rigidizado; **3.** perfil "Z"; **4.** perfil "Z" rigidizado; **5.** perfil omega; **6.** perfil galera; **7.** perfil ángulo, en este caso de alas iguales –es obvio que se lo puede hacer de alas desiguales–; **8.** perfil ángulo rigidizado; **9.** perfil "W"; **10.** canaleta autoportante para cubiertas.

Fig. 5.3. *El uso de artificios simples permite un más eficaz aprovechamiento del material.*

A la *izquierda:* perfil doble "T", obtenido con cuatro ángulos para cuya fijación se ha usado un hierro redondo en zigzag; el material resulta así concentrado en los lugares en donde es más necesario, formándose dos cordones continuos, uno en cada ala; el alma, en cambio, ha quedado limitada a una barra redonda con mínimo consumo de material. Sin soldadura, esta solución no sería posible.
A la *derecha:* detalle del nudo angular del apoyo de una armadura.
En ambos casos el momento de inercia final es mucho mayor que el que podría dar el perfil original.

Fig. 5.4. El corte en toda la longitud del alma de un perfil doble "T", brinda la posibilidad de crear nuevas formas. En **A**, se muestra el corte oblicuo: invirtiendo una de las partes y volviendo a soldarla sobre la otra, como se muestra en **B**, se ha logrado una pieza de igual resistencia (sección variable).

Fig. 5.5. *Roblonadura y soldadura.* La comparación puramente visual evidencia algunas de las ventajas de la segunda con respecto a la primera. (Se publica por gentileza de Librería y Editorial Alsina.)

Fig. 5.6. *Bulones.* De izquierda a derecha: cabeza y tuerca exagonal; cabeza redonda con cuello y tuerca cuadrados; cabeza y tuerca cuadradas. Falta indicar la arandela, necesaria para disminuir la presión de la tuerca sobre la pieza a fijar.

Fig. 5.7. *Roblones.* Forma del remache antes de su estampado y después de él. A la *derecha*, dos formas de cabeza **A** perdida y **B** gota de sebo.

Fig. 5.8. *Soldaduras.* **1** a **6**, soldaduras al tope. Aunque el dibujo no guarda escala, indica, de izquierda a derecha, el tipo conveniente de unión conforme aumenta el espesor de las piezas a unir. Se los llama, respectivamente, en "I", "V", "X", "Y", "K" (para piezas de distinto espesor y carga no excéntrica) y "U".
De **7** a **9**, soldaduras en ángulo. Las dos primeras, llamadas en "T", muestran los dos tipos usuales de

cordón: reforzado y liviano, respectivamente. Aplicable el primero cuando hay poca longitud de cordones; el segundo, constructivamente el mejor, se utiliza cuando hay solicitaciones dinámicas.

En las figuras **1** a **6** se muestra la unión en su forma teórica, para indicar la forma en que deben prepararse los bordes. En realidad, el material de las piezas se funde junto con el del electrodo y resulta, en definitiva, un contorno irregular, que se parece más a lo que se muestra en las figuras **7** a **9**.

Fig. 5.9. *Estéreo estructura o estructura espacial*. Estas estructuras se forman con caños o barras rectas. A la *izquierda*, planta de un módulo en forma de pirámide; *debajo* se observa el resultado en planta de colocar cuatro módulos con el vértice hacia abajo, y a la *derecha*, apoyadas sobre este vértice dos pirámides invertidas que completan la retícula. El secreto del montaje está en el nudo de unión, un elemento usualmente patentado.

5.12. FIGURAS

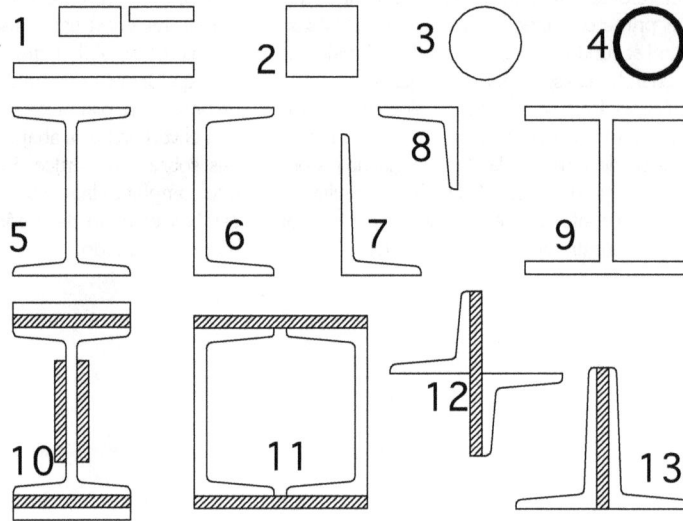

Fig. 5.1

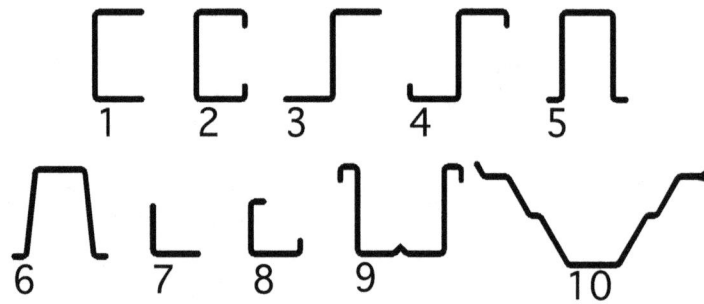

Fig. 5.2

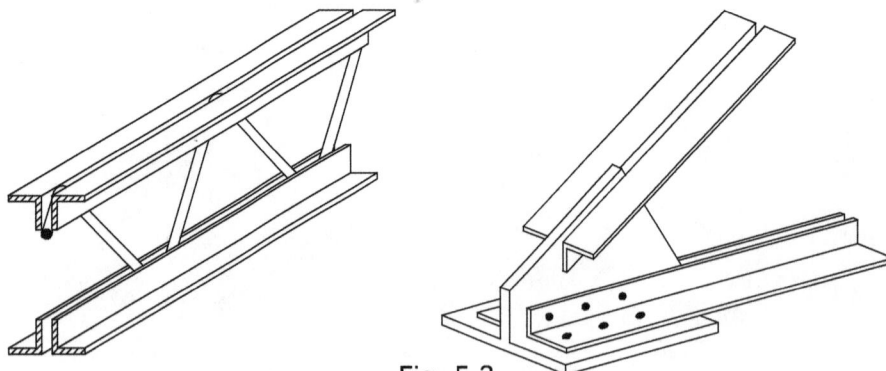

Fig. 5.3

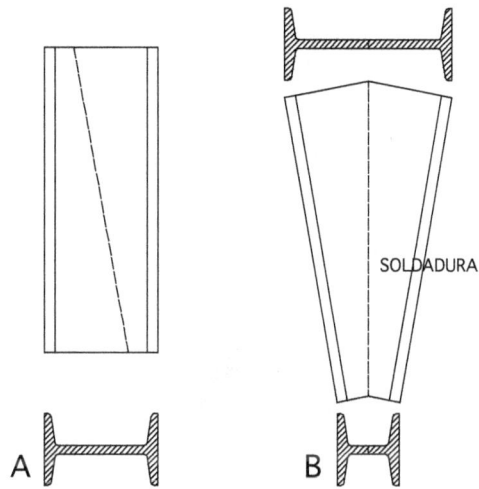

Fig. 5.4

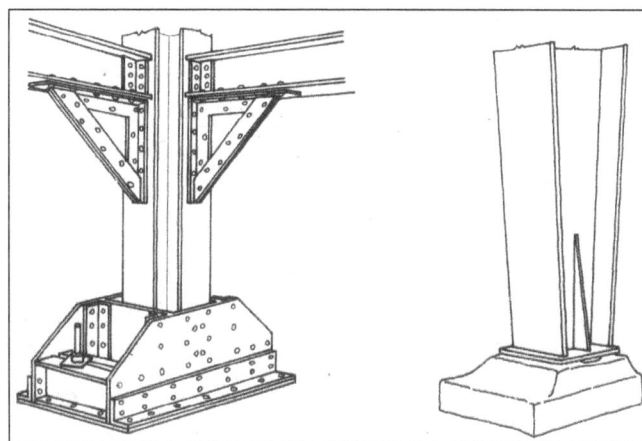

Fig. 5.5

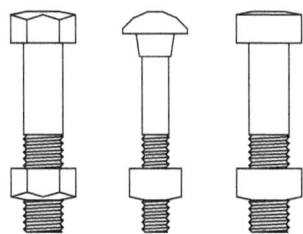

Fig. 5.6

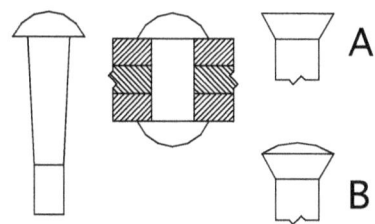

Fig. 5.7

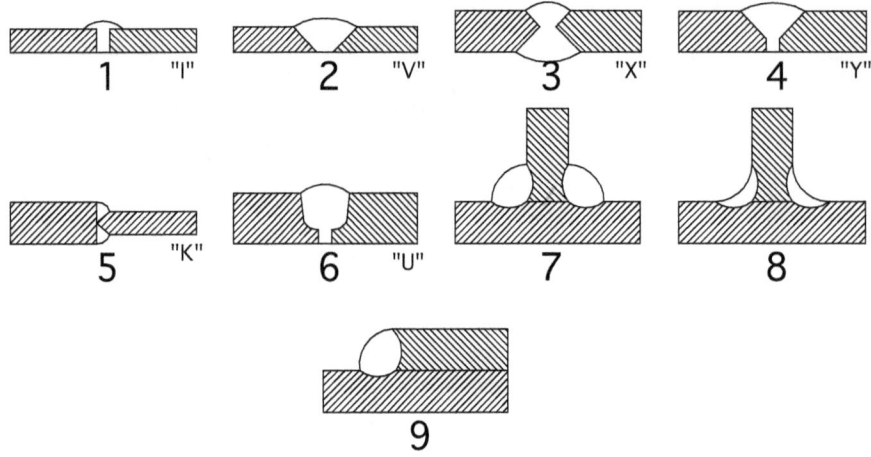

1 "I"   2 "V"   3 "X"   4 "Y"

5 "K"   6 "U"   7   8

9

Fig. 5.8

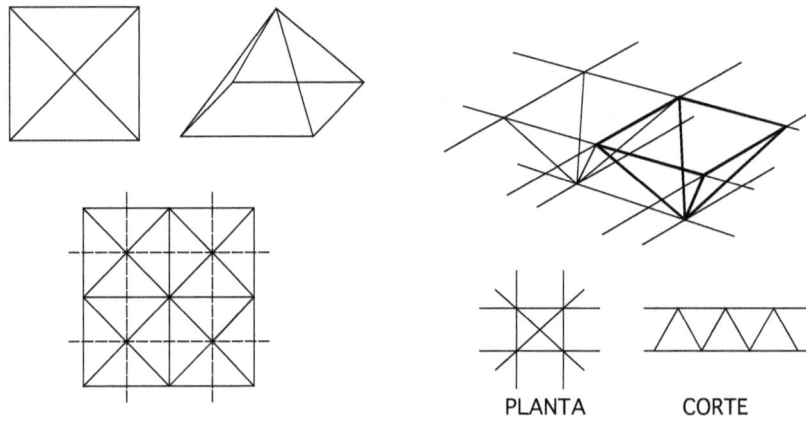

PLANTA   CORTE

Fig. 5.9

6. PROTECCIÓN ANTISÍSMICA

6.1. GENERALIDADES

Un temblor es un movimiento ondulatorio de la corteza terrestre. Cualquiera que sea la dirección real de la fuerza sísmica en cada caso, siempre será posible considerarla como formada por tres componentes: una vertical y dos horizontales, perpendiculares entre sí. La vertical tiene una dirección bien definida y es absorbida por el peso propio, pero las horizontales pueden tomar cualquiera de las infinitas direcciones que forman el plano horizontal. Cuál será la dirección efectiva en el momento del sismo, es algo que por ahora no puede predecirse; de allí que las prevenciones antisísmicas para proteger un edificio se desarrollen siempre en dos direcciones ortogonales, que se eligen en coincidencia con las direcciones principales de la planta.

Esas fuerzas determinan, en correspondencia con el suelo y cada uno de los pisos altos, esfuerzos de corte y momentos de volcamiento y torsión. Las columnas, pies de pórticos, tabiques de hormigón armado y muros portantes de mampostería se consideran aptos para absorber esas solicitaciones. En los edificios dotados de estructura independiente, esos esfuerzos deben ser absorbidos por ella y a tal fin se los incorporará a las hipótesis de carga con que será hecho el cálculo.

6.2. REGLAMENTACIÓN

La vasta región que ocupan las provincias de Salta, Jujuy, Tucumán, Santiago del Estero, Catamarca, La Rioja, Córdoba, San Luis, San Juan, Mendoza, La Pampa, Neuquén, Río Negro, Chubut, Santa Cruz y el territorio nacional de Tierra del Fuego, Antártida Argentina e Islas del Atlántico Sur, ha sido declarada zona sísmica por decreto 19.616.

Por el mismo decreto se creó el Instituto Nacional de Prevención Sísmica (IN-PRES), con el objeto de estudiar el fenómeno de los sismos y dictar normas al respecto. Este organismo ha puesto en vigencia las "Normas Antisísmicas Argentinas -NAA80", a partir del 12 de julio de 1981. En lo que sigue se expone un resu-

men de esta normativa, en la parte que nos interesa. Hoy, actualizada por el IN-PRES a través del reglamento IMPRES-CIRSOC 103.

Nota: Ver además, en la obra *Cómputos y Presupuestos*, de los mismos autores, el Capítulo 4 (Albañilería Antisísmica), donde se encontrará mayor información sobre esta temática.

6.3. GRADOS DE RIESGO

En la valoración cuantitativa de esas fuerzas, se toman en cuenta varios factores, cada uno de ellos expresable por un coeficiente, del que prescindiremos por ser elementos que corresponden a la etapa de cálculo estructural. Aquí sólo veremos:

• Zonas sísmicas

El país ha sido dividido en cinco zonas (**0**, **1**, **2**, **3** y **4**) que fijan, en el sentido creciente de la numeración, el grado de peligrosidad de los probables sismos (véase el mapa, figura 6.7). Así, la zona **0** está considerada como libre de sismos, en tanto que se considera que la zona **4** está potencialmente sujeta a la máxima violencia sísmica y, por consiguiente, debe adoptar las medidas de seguridad más severas. Sin embargo, para la construcción de obras especiales en la zona **0**, deberán realizarse estudios detallados de sismicidad y riesgo sísmico en el lugar de emplazamiento.

6.4. DESTINO DEL EDIFICIO

Según su destino, los edificios se encuentran divididos en cuatro grupos:

- *Grupo A:* construcciones cuyo normal funcionamiento es imprescindible después de un desastre. Se trata de hospitales, salas de primeros auxilios, puestos sanitarios, etc.; cuarteles de bomberos, policía y otros cuerpos de seguridad; instalaciones militares; centrales de comunicaciones radioeléctricas, telefónicas, telegráficas, etc.; edificios con contenido de gran importancia pública: centrales eléctricas, plantas de bombeo, plantas para distribución de gas, plantas potabilizadoras de agua, etc.
- *Grupo B:* construcciones en las que el colapso tiene grave repercusión. Edificios públicos (dependencias gubernamentales nacionales, provinciales y municipales); edificios del ámbito educativo (escuelas, colegios, universidades); edificios de uso público con elevado factor de ocupación cuya superficie cubierta es mayor de 300 m^2 (templos, estadios, cines, teatros, bancos, salas de conferencias, terminales y estaciones de transporte de pasajeros); edificios con contenido de gran valor (museos, archivos, bibliotecas).
- *Grupo C:* edificios habitacionales privados, viviendas, edificios de departamentos, hoteles; edificios de uso público con elevado factor de ocupación no incluidos en los grupos A y B; edificios comerciales e industriales; edificios del grupo D, cuya falla pueda afectar a otros edificios pertenecientes a los restantes grupos.
- *Grupo D:* edificios o instalaciones industriales no incluidos en los grupos A, B o C, aislados, con muy pequeño factor de ocupación y cuya falla no afecte a otras construcciones pertenecientes a los demás grupos.

6.5. ESTRUCTURA DEL EDIFICIO

Las características estructurales se agrupan en tres tipos.

- *Tipo 1:* construcciones con estructura de alta capacidad de disipación de energía. Se considerarán como tales aquellas cuya estructura esté constituida por pórticos de acero o de hormigón armado, resistentes a fuerzas horizontales y cuyas deformaciones sean debidas principalmente a la flexión de sus elementos estructurales. Los entrepisos y techos deberán constituir elementos rígidos en su plano y ser suficientemente resistentes como para distribuir las fuerzas horizontales entre todos los pórticos de acuerdo con sus rigideces relativas.
- *Tipo 2:* construcciones con estructura de mediana capacidad de disipación de energía. Construcciones con estructura resistente a fuerzas horizontales, constituida exclusivamente por tabiques de hormigón armado, muros portantes o pórticos metálicos o de hormigón armado con arriostramientos diagonales y cuyas deformaciones sean debidas, principalmente, a esfuerzo de corte o esfuerzo normal de sus elementos estructurales. Los entrepisos y techos deberán constituir elementos rígidos en su plano y ser suficientemente resistentes como para distribuir las fuerzas horizontales entre todos los elementos estructurales verticales de acuerdo con sus rigideces relativas.
- *Tipo 3:* construcciones con estruc-

tura de baja capacidad de disipación de energía. Estructuras que no reúnen las condiciones establecidas para los tipos 1 ó 2, tales como torres, tanques elevados, chimeneas y todas aquellas construcciones sustentadas por una sola columna o una hilera de columnas orientadas perpendicularmente a la dirección que se analiza, o cuyas columnas no estén vinculadas por elementos horizontales rígidos y suficientemente resistentes como para distribuir las fuerzas horizontales entre ellas.

6.6. SOBRECARGAS DEL EDIFICIO

Naturaleza de las cargas accidentales según su ubicación en obra, subdivididas en cuatro casos, con valores crecientes del coeficiente de participación de dichas cargas:

a. azoteas o techos inaccesibles;
b. locales donde no es usual la aglomeración de personas o cosas (edificios de departamentos, oficinas, hoteles, etc.);
c. locales donde es usual la aglomeración de personas o cosas (templos, bibliotecas, depósitos, archivos, museos, cines, teatros, escuelas, salones de negocios, salas de conferencias, etc.);
d. tanques de agua, silos, etc.

Finalmente, la influencia del suelo y el período de oscilación de la construcción expresada en un factor variable, según sea la tensión admisible del terreno.

6.7. ALGUNAS DISPOSICIONES REGLAMENTARIAS

Aunque no hayamos agregado los valores numéricos (para ello véase la obra *Cómputos y Presupuestos*, ya citada), el listado anterior permite formarse una idea clara de cuál es la posición que ocupará un edificio en la escala del riesgo y la seguridad.

De todas aquellas condiciones surge una mayoración de los esfuerzos, y de allí un probable mayor volumen de hormigón, una segura mayor cuantía de hierro, y el agregado de tabiques portantes, orientados en las dos direcciones principales del edificio.

Los planos de estructura tendrán incorporadas todas las prevenciones que al efecto fija el reglamento antisísmico. No se plantea nada especial desde el punto de vista de la tecnología por aplicar, sea en la elaboración y vaciado, sea en los encofrados o en la armadura.

Se recuerdan, finalmente, las siguientes disposiciones:

* Toda nueva construcción deberá proyectarse y construirse separada de las construcciones existentes; se recomienda que tanto las construcciones formadas por cuerpos de diferente altura, como aquellas que en planta tengan formas de L, T, H, E, etc., se separen en cuerpos, de modo que cada uno sea de planta preferentemente rectangular y altura uniforme; la junta de separación tendrá un espesor mínimo dado por una fórmula, que en ningún caso será inferior a 5 cm (en las zonas 4, 3 y 2) y 3 cm (en la zona 1).

- Los elementos de fundación estructuralmente aislados (bases, pilotes, etc.) se arriostrarán en el plano del terreno según dos direcciones perpendiculares o casi perpendiculares entre sí.
- Las losas formadas por elementos yuxtapuestos (bloques o ladrillones, y viguetas con o sin pretensado) llevarán una capa de compresión de 5 cm (en las zonas 4 y 3), 4 cm (en la zona 2) y 3 cm (en la zona 1). Esta capa deberá ser armada.
- Las juntas de hormigonado se ubicarán, en lo posible, en zonas poco solicitadas por las fuerzas sísmicas.

6.8. MAMPOSTERÍA ANTISÍSMICA

Donde aparecen diferencias importantes entre las construcciones antisísmicas y las que no lo son, es en la mampostería. Ésta, por un lado, debe ser rígidamente solidaria con la estructura para transmitirle, de un modo seguro, las fuerzas sísmicas que la afecten; y, por otro lado, debe estar dispuesta de modo tal de evitar el desprendimiento de pedazos que puedan comprometer la seguridad de las personas. Además, tratándose de muros portantes, deben dar por sí mismos seguridad contra la ruina de la obra.

Muro portante es el que además de su propio peso, soporta el de otras cargas verticales u horizontales contenidas en su plano; muro autoportante es, en cambio, el que sólo soporta su peso.

Para garantizar la citada solidaridad y evitar el desprendimiento, se hace que todo paño de albañilería sea abrazado por un marco rígido de hormigón armado que la ciña en todo su perímetro. El procedimiento se llama encadenado y de él pueden formar parte las piezas de la estructura, cuando las hay; es decir que las losas, vigas y columnas del esqueleto que coincidan con muros y tabiques, pueden ser consideradas como parte del enmarcado. Las figuras 6.1 y 6.2, tomadas de la norma del INPRES, dan cuenta de la ubicación del arriostramiento y el tratamiento que recibirán los vanos.

Nota: Los paneles o paños en que resulte dividido un muro tendrán las dimensiones que indica la tabla 6.1.

En cuanto a las medidas de los encadenados, las vigas tendrán un ancho igual al espesor del muro y una altura mínima igual al semiespesor, pero nunca menor de 15 cm (zonas 3 y 4) y 10 cm (zonas 1 y 2). Las columnas de encadenado correspondientes al encuentro de muros serán de lados respectivamente iguales a los espesores de aquéllos. Pero el lado menor será como mínimo igual al semiespesor mayor y nunca inferior a 15 cm (zonas 3 y 4) y 10 cm (zonas 1 y 2).

Las columnas de encadenado que no correspondan al encuentro de muros tendrán un lado normal al plano del muro igual al espesor de éste, y el otro lado será como mínimo igual al semiespesor del muro, pero nunca inferior a 15 cm (zonas 3 y 4) y 10 cm (zonas 1 y 2).

La armadura de los encadenados es una función del destino del edificio según la fórmula que da INPRES-CIRSOC 103, que fija, además, cuantías mínimas.

Para lograr una trabazón adecuada entre los muros de mampostería y las columnas de hormigón armado (portantes y de encadenado), se ejecutará primero la mampostería, interrumpiéndola en forma dentada (adarajas), y luego se hormigonarán las columnas, rellenando los huecos del dentado.

6.9. EL MURO

El nuevo reglamento clasifica a los diversos tipos de muros de la siguiente manera:

- Muros no resistentes.
- Muros resistentes. Y según que disposición de armadura, se clasifican en:

1. ampostería reforzada con armadura distribuida (disposición de armadura horizontal y vertical distribuida en todo el muro).
2. Mampostería encadenada (con armadura y vigas de encadenado perimetrales).

El reglamento fija en todos estos casos las alturas y espesores tolerados.

Los muros de ladrillos cerámicos macizos o huecos, o de bloques huecos de hormigón, se ejecutarán usando exclusivamente los siguientes tipos de morteros:

- Mortero de cal y cemento, compuesto por una parte de cal hidratada en polvo, una parte de cemento portland, y no más de cinco partes de arena de diámetro comprendido entre 0,5 mm y 2 mm.
- Mortero de cemento, compuesto por una parte de cemento portland y no más de tres partes de arena de

diámetro comprendido entre 0,5 mm y 2 mm.

(Ver tablas 6-2, 6-3, 6-4.)

6.10. EL PANEL

Los muros resistentes de mampostería se subdividirán en paneles confinados en todo su perímetro, por vigas y columnas de encadenado de hormigón armado.

El área y las dimensiones máximas de los paneles deberán satisfacer los siguientes requerimientos:

- Las áreas y dimensiones máximas de los paneles se indican en la tabla 6.5. Estas medidas podrán excederse siempre que se justifique detalladamente la resistencia del muro a cargas verticales, considerando además las excentricidades producidas por las solicitaciones sísmicas perpendiculares al plano del muro.
- La distancia máxima entre ejes de encadenados verticales no podrá exceder el doble de la distancia entre ejes de apoyos horizontales (entrepisos o techos a borde superior, encadenado de la fundación, etc.).
- Cuando la distancia máxima entre ejes de encadenados horizontales sea superior a una vez y media la distancia entre ejes de encadenados verticales, el panel se subdividirá a mitad de altura con una viga de encadenado, o con una junta armada horizontal cuya armadura tenga una sección equivalente a la de la viga de encadenado.

6.11. ENCADENADOS VERTICALES

6.11.1. En muro resistente sin abertura

1. *Muros exteriores (perimetrales).*

En todos los muros resistentes perimetrales se dispondrán columnas de encadenado, ubicadas en sus extremos libres y en las intersecciones con otros muros resistentes perimetrales e interiores.

2. *Muros interiores.*

En todos los muros resistentes interiores se dispondrán columnas de encadenado, ubicadas en sus extremos libres y en las intersecciones con otros muros resistentes perimetrales e interiores.

Cuando por sus dimensiones y naturaleza un muro interior pueda considerarse resistente, pero no se lo tenga en cuenta en el cómputo de la resistencia a cargas horizontales, ni se lo utilice para la transmisión de cargas verticales, se podrá prescindir de las columnas de encadenado prescriptas en el párrafo precedente. Sin embargo, en tal caso, deberán verificarse las condiciones de resistencia del muro, ante las solicitaciones perpendiculares a su plano, derivadas de las excitaciones sísmicas.

Tanto en 1, como en 2:

- Deberán disponerse columnas de encadenado intermedias cuando, según el articulo 9.2 del reglamento INPRES-CIRSOC 103, resulten necesarias las restricciones por área y dimensiones máximas del panel.
- En general, deberán disponerse columnas de encadenado en los bordes verticales de paneles adyacentes a los muros resistentes perimetrales e interiores, con aberturas.

Nota: Ver tabla 6.5, y figura 6.1.

6.11.2. En muros resistentes con aberturas

Podrá prescindirse de disponer columnas de encadenado en bordes de aberturas, en los siguientes casos:

1. Aberturas aproximadamente centradas con relación al panel (figura 6.2).

En este caso, sin embargo, deberán verificarse simultáneamente las siguientes condiciones:

- Que el área de la abertura sea igual o menor que el 10% del área total del panel considerado.
- Que las dimensiones máximas de la abertura sean iguales o menores que el 35% de las dimensiones correspondientes del panel.
- Que la distancia entre el borde vertical del panel y el de la abertura sea igual o mayor que el 25% de la longitud del panel considerado, y no menor que 0,90 m.
- Que la distancia entre el borde horizontal inferior de la ventana y el borde horizontal inferior del panel sea igual o mayor que el 25% de la altura del panel considerado.
- Que la distancia entre el borde horizontal superior de la abertura y el borde horizontal superior del panel sea igual o mayor que el 25% de la altura del panel considerado, debiendo quedar comprendidos en dicha distancia no menos de seis

hiladas de ladrillos cerámicos macizos, o no menos de dos hiladas de bloques huecos cerámicos o de hormigón.

- Que la abertura tenga viga de dintel según se establece en el artículo 9.17, y armadura de antepecho según el artículo 9.16 (ver reglamento).

2. Aberturas ubicadas en cualquier posición con relación al panel.

Deberán verificarse, en forma simultánea, las tres condiciones siguientes:

- Que el área de la abertura sea igual o menor que el 5% del área total del panel considerado.
- Que las dimensiones máximas de la abertura sean iguales o menores que el 25% de las dimensiones correspondientes del panel.
- Que la abertura tenga viga de dintel según se establece en el artículo 9.17, y armadura de antepecho según el artículo 9.16 (ver reglamento).

Nota: Ver figura 6.2.

6.12. TABLAS

TABLA 6.1. ÁREAS Y DIMENSIONES MÁXIMAS DE LOS PANELES

Área y Dimensiones		
Zona sísmica	**Área máxima**	**Dimensión mayor**
4 y 3	20 m^2	5 m
2	25 m^2	6 m
1	30 m^2	7 m
Nota: Tabla con más datos en la obra *Cómputos y Presupuesto* (tabla 4.4).		

TABLA 6.2. ALTURAS MÁXIMAS Y NÚMERO MÁXIMO DE PISOS
EN LAS CONSTRUCCIONES DE MAMPOSTERÍA

Muros resistentes		Zonas sísmicas 1 y 2		Zonas sísmicas 3 y 4	
Tipo de mampuesto	**Tipo de muro**	**Altura máxima h_n (m)**	**N° máximo de pisos**	**Altura máxima h_n (m)**	**N° máximo de pisos**
Ladrillos cerámicos macizos	M.1. Encadenado simple M.2. Encadenado armado M.3. Reforzado con armadura distribuida	12,5 15,5 15,5	4 5 5	9,5 12,5 12,5	3 4 4
Bloques huecos portantes cerámicos	M.4. Encadenado simple M.5. Encadenado armado M.6. Reforzado con armadura distribuida	6,5 9,5 12,5	2 3 4	4 6,5 9,5	1 2 3
Bloques huecos portantes de hormigón	M.7. Encadenado simple M.8. Encadenado armado M.9. Reforzado con armadura distribuida	6,5 9,5 12,5	2 3 4	4 6,5 9,5	1 2 3
Ladrillos cerámicos macizos	M.10. Sin encadenados verticales[1]	3,5	1	-	-

1 Para el tipo de muro M.10, deberá tenerse en cuenta, además, lo establecido en el artículo 9.3.2.3.
Nota: Espesores según tipo de mampuesto.

TABLA 6.3. PROPORCIONES DE LOS MORTEROS SEGÚN LA PRÁCTICA ACTUAL

Mortero Tipo	Cemento : cal : arena	Resistencia mínima a la compresióna los 28 días (MN/ m^2)
E	1:0:3 (cementicio puro)	15
I	1:1/4:3	10
N	1:1:51:1:6	5

TABLA 6.4. TENSIONES MÍNIMAS EN LA MAMPOSTERÍA

Tipos de mamposteria		Tensiones admisibles (MPa)	
		Compresión	Corte
Mampostería de ladrillos comunes cerámicos macizos	Con mortero de cal y cemento	0,8	0,1
	Con mortero de cemento	1,0	0,1
Mampostería de ladrillos cerámicos huecos o de bloques huecos de hormigón	Con mortero de cal y cemento	0,5	0,1
	Con mortero de cemento	0,7	0,1

Nota: MPa ≈ 10 kg/cm2

TABLA 6-5. ÁREAS MÁXIMAS Y DIMENSIONES MÁXIMAS DE PANELES DE MUROS RESISTENTES DE MAMPOSTERÍA (figuras 6.1 y 6.2)

Zonas sísmicas	Área máxima del panel	Dimensión máxima del panel	
		Muros de espesor neto ≥ 17cm	Muros de espesor neto < 17cm y ≥ 13cm
1	30 m^2	7 m	4,5 m
2	25 m^2	6 m	4 m
3 y 4	20 m^2	5 m	4 m

6.13. TEXTO DE LAS FIGURAS

Fig. 6.1. *Muro portante o muro portante sin abertura.*

Fig. 6.2. *Muro con abertura no enmarcable.*

Figs. 6.3. y **6.4.** La figura 6.3 esquematiza las disposiciones de INPRES-CIRSOC 103 con respecto a la distribución de los arriostramientos en la mampostería. **A**, muro sin abertura; **B**, muro con aberturas y sin encadenado en borde. En la 6.4 se observa: **A**, muro con una abertura y con encadenado de borde; **B**, muro con dos aberturas y con encadenado de borde.
Los encadenados se ubicarán de la siguiente manera:

- Columnas de encadenado en los encuentros de muros, en los bordes de aberturas y en los extremos de muros aislados.
- Vigas de encadenado inferior a nivel de terreno, dispuestas sobre el cimiento del muro.
- Vigas de encadenado a nivel de cada entrepiso, y a nivel del techo. Si el entrepiso o techo es de losa de hormigón armado, de cualquier tipo, las vigas de encadenado podrán ejecutarse de modo que la losa quede incluida en el espesor de ellas.
- En zonas sísmicas 4 y 3 se prolongarán por lo menos dos barras de la armadura inferior, alojadas en junta de mortero de cemento 1:3 (1 parte de cemento, 3 de arena), hasta anclarlas en las columnas más próximas.
- Las vigas y columnas portantes sustituyen respectivamente a las vigas y columnas de encadenado, si verifican sus requisitos mínimos. **1.** viga de encadenado superior; **2.** nivel de techo o entrepiso; **3.** encuentro de muro; **4.** columna de encadenado; **5.** columnas de encadenado en borde de aberturas; **6.** viga de dintel; **7.** abertura; **8.** viga de encadenado inferior; **9.** anclaje de columnas de encadenado en elementos de fundación; **10.** zapatas de muros.

Fig. 6.5. *Arriba*, forma de anclar la riostra vertical antisísmica con los encadenados horizontales. El dentado de las adarajas perfecciona la trabazón con la mampostería. *Abajo*, refuerzo de esquina con ladrillos huecos cerámicos "ad-hoc".

Fig. 6.6. *Detalle de la disposición de hierros en las juntas para armar la mampostería según cálculo.*

Fig. 6.7. *División del país en zonas sísmicas.* En el caso de dudas con respecto a la exacta ubicación de las poblaciones ubicadas en los límites separatorios de las zonas, debe adoptarse la normativa más severa.

6.14. FIGURAS

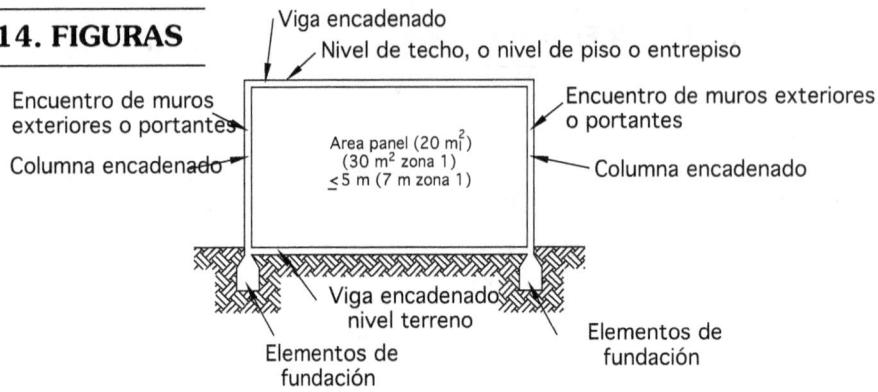

Fig. 6.1

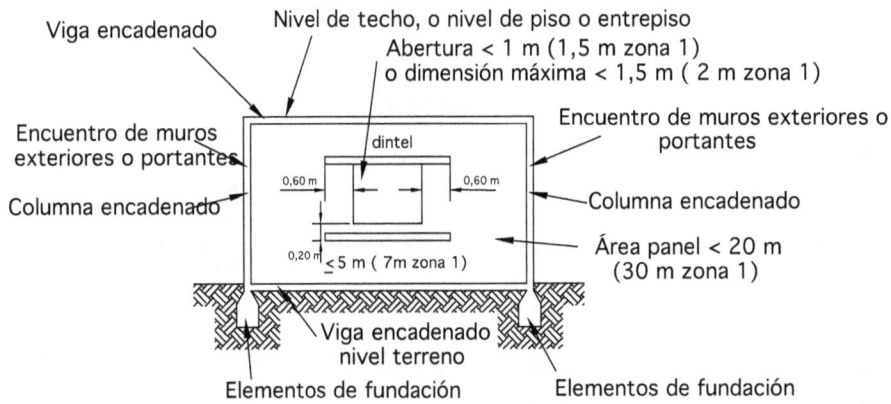

Fig. 6.2

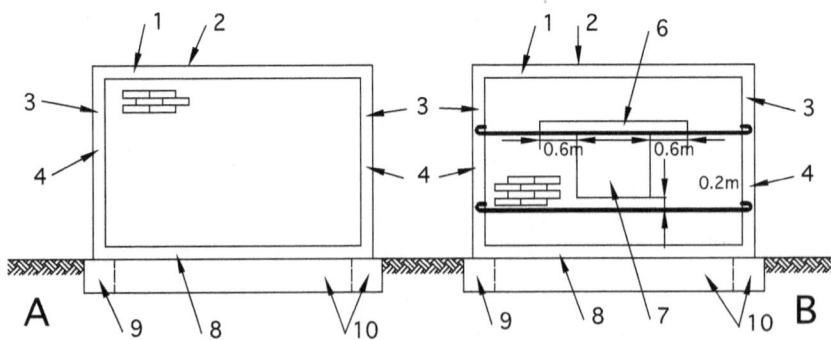

Fig. 6.3

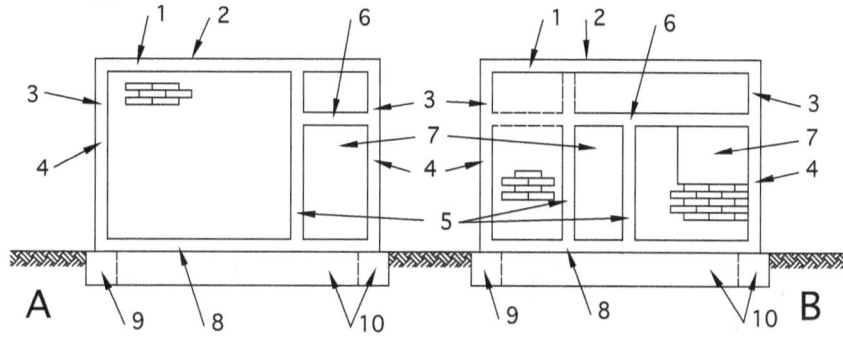

Fig. 6.4

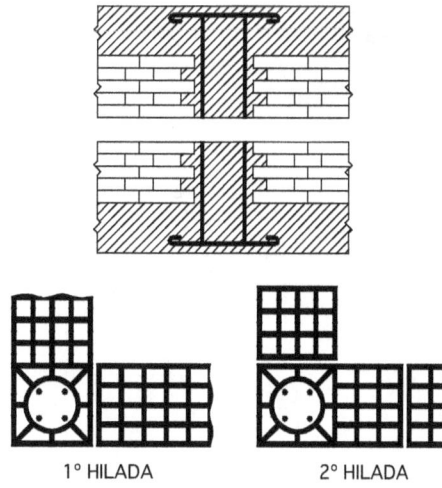

1° HILADA   2° HILADA

Fig. 6.5

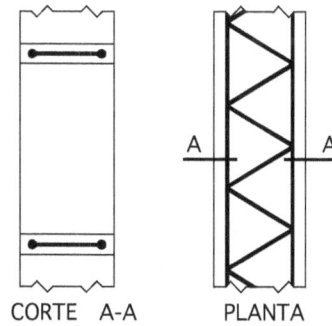

CORTE   A-A   PLANTA

Fig. 6.6

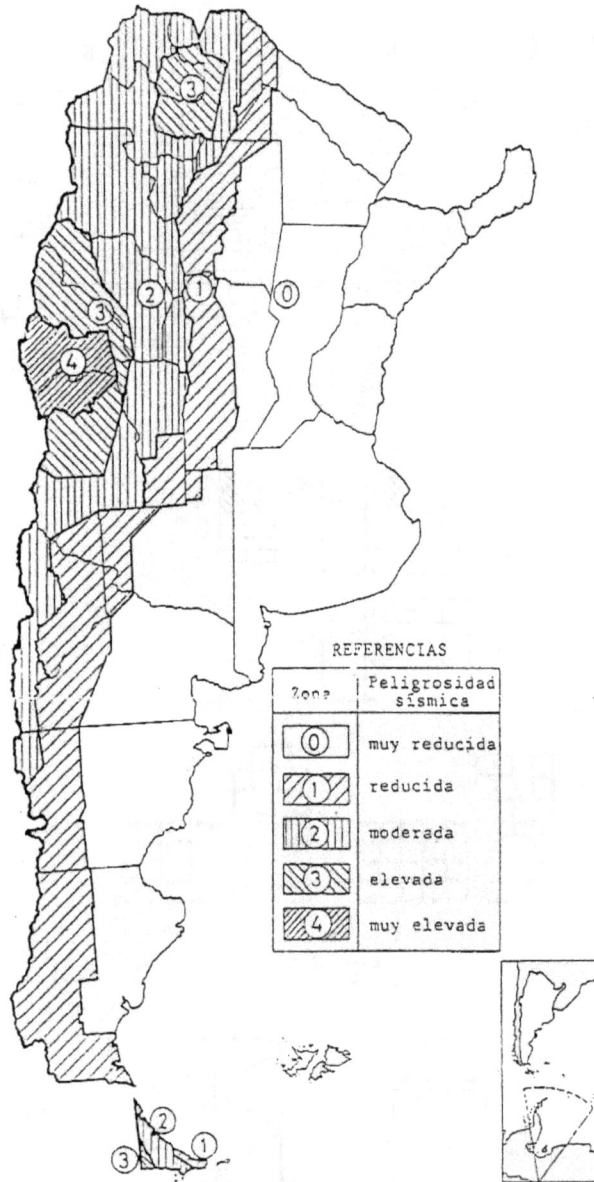

Fig. 6.7. Zona sísmicas de la Republica Argentina, Según CIRSOC.

Nota: Si el lugar de emplazamiento de la construcción coincide con la línea que delimita dos zonas, o si surgen dudas acerca de su ubicación con respecto a dicho límite, se la deberá considerar emplazada en la zona de mayor grado de peligrosidad sísmica.

7. FUNDACIONES

7.1. GENERALIDADES

La fundación es la obra en contacto con la tierra destinada a transmitirle el peso muerto del edificio, o sea el *peso propio*, las *sobrecargas accidentales* y el efecto dinámico de las cargas móviles que actúan sobre él, el desplazamiento o tránsito de personas, y la acción del viento.

La carga hace que el suelo se deforme, se hunda en una determinada medida, llamada asiento, y es exigencia primordial que los asientos de las distintas partes de una fundación sean compatibles con la resistencia general de la construcción, a riesgo de provocar lesiones más o menos importantes en su superestructura.

El comportamiento del suelo es decisivo en el éxito de una fundación; de ahí que el problema de fundar sea uno de los más importantes de la ingeniería civil. Y uno de los más difíciles: este estudio corresponde a la *mecánica de los suelos*, una ciencia relativamente nueva y compleja que abarca los métodos de exploración, muestreo y examen en laboratorio de las propiedades fisicomecánicas de las muestras (por ejemplo, los ensayos triaxiales), para finalmente determinar lo más idóneo para fundar.

La ejecución de una fundación supone en la casi totalidad de los casos la de un movimiento de tierras, a veces el costo de este, es la principal componente del costo de aquel. De aquí que es corriente que trabajos de excavación, medios de entibación, achique, etc., vayan indisolublemente ligados al estudio de las fundaciones. Prescindimos en este volumen de todo lo que sea movimiento de tierras, pues abordar este punto nos obligaría a detenernos en el complejo estudio del equipo necesario. Por lo demás, el tema está extensamente desarrollado en el libro *Cómputos y Presupuestos* ya citado (Capítulo II: "Movimiento de Tierra"). En el presente texto pueden encontrarse, sin embargo, algunos datos respecto de este tema, como por ejemplo acerca de los medios de entibación.

7.2. CONDICIONANTES

La elección de un tipo de fundación depende de múltiples factores que, por estar íntimamente ligados, no permiten sino por excepción considerarlos independientemente. Presentan un grado más o menos elevado de indeterminación, pues se relacionan con la naturaleza de un material –los suelos– con propiedades difíciles de conocer de un modo terminante.

El éxito de una fundación se relaciona con el comportamiento del terreno en el plano de su apoyo. Las características fisicomecánicas de ese lugar y en el momento de la obra pueden llegar a ser bien conocidas mediante ensayos de laboratorio; pero siempre estará la incógnita de su posible transformación con el tiempo y la presencia de factores no previstos, capaces de introducir nuevas variantes, en ocasiones indeterminadas, erráticas o aleatorias (la presencia de una piedra grande, por ejemplo, que ha escapado a los sondeos y puede romper o desviar un pilote; un bolsón o una "lenteja" que contiene un tipo de material distinto al resto, etc.).

Y dentro de este tipo de variables, se encuentran las condiciones de las capas subyacentes en profundidad, el propio tamaño del cimiento, la distancia relativa entre basamentos próximos, la presencia de edificios existentes o la posibilidad de futuras construcciones (figuras 7.2 y 7.3).

Una excavación en las cercanías de un edificio puede provocar corrimientos, facilitar la desecación, al modificar el contenido de agua del suelo y con ello su capacidad portante, entre otros efectos posibles.

Un terreno arcilloso cambia de volumen dentro de límites muy grandes al variar su contenido de agua; tanto que su comportamiento puede ser relativamente distinto si la zanja se abrió en invierno o en verano.

El drenaje por bombeo en un manto de arena fina puede arrastrar material sólido, provocando asientos insospechados en las construcciones vecinas.

La previsión de tales fenómenos es precisamente el objetivo práctico de la ingeniería de fundaciones. De un modo muy general podemos dar como términos del problema los siguientes (descontando que la selección económica va implícita):

- Naturaleza del terreno, y la forma en que la obra puede modificar sus propiedades.
- Valor de las cargas a transmitir y forma en que se transmiten.
- Profundidad del plano de asiento (Figs. 7.2 y 7.3).
- Resistencia de las capas por debajo del plano de asiento.
- Presencia de agua (napa freática).
- Comportamiento futuro del suelo.
- Existencia de construcciones vecinas.

No nos extendemos más sobre el particular y pasamos al detalle puramente descriptivo de formas, que es el objetivo fundamental de este libro.

7.3. TIPOS DE FUNDACIONES

Los sistemas o tipos de fundaciones, pueden ser agrupados en seis grandes categorías:

1. Fundaciones superficiales o directas, (zapatas, plateas pequeñas, etc.).
2. Fundaciones profundas o por pozos.
3. Fundaciones indirectas (por pilotes, pozos romanos, pilotines, plateas profundas).
4. Fundaciones hidráulicas.
5. Fundaciones por consolidación.
6. Subfundaciones o submuraciones.

Una fundación se denomina *superficial* o *directa* cuando su plano de asiento se encuentra a poca profundidad (entendiendo por poca profundidad aquella que puede ser alcanzada con la excavación corriente de bajo costo y poca dificultad, por medios mecánicos o manuales), para lo que debe contarse, por supuesto, con la necesaria capacidad portante del suelo.

Cuando, en cambio, el plano de asiento se encuentra tan profundo que sólo puede ser alcanzado mediante trabajos mecánicos de mucha dificultad y alto costo, la fundación se llama *profunda* o *por pozos*, por ser éstos el medio más corriente de realizarla.

A veces ni siquiera hay plano de asiento; la fundación se opera desde la superficie, hincando largas estructuras que trabajan de punta o por fricción: es el *pilotaje* o fundación *indirecta*.

Sea la fundación superficial o profunda, la presencia de agua crea técnicas operativas especiales que autorizan a dar categoría propia a las fundaciones, que en este caso se llamarán *hidráulicas*, en sus dos tipos: *con agotamiento*, es decir. con extracción del agua, y *sin agotamiento*, o sea, sin extracción.

A veces es posible mejorar la capacidad de soporte del suelo mediante tratamientos especiales (como por ejemplo, inyecciones de cemento), para apoyar sobre él un tipo cualquiera de estructura; ésta es la *consolidación*, que no es en sí misma una fundación, sino que la hace posible.

Finalmente, cuando es necesario llevar el plano de asiento de una fundación existente a un nivel inferior, se tiene la *subfundación o recalce*, llamada comúnmente *submuración*, que es tal *vez* el más riesgoso y comprometido de los trabajos de obra.

El pilotaje, la consolidación, la construcción y/o descendimiento de cajones (con aire comprimido o sin él), son verdaderos trabajos de ingeniería que requieren un desarrollo especial; aquí los abordamos para que la información sobre tipos no resulte incompleta, pero sin ahondar en la temática.

7.4. FUNDACIONES SUPERFICIALES O DIRECTAS

Éste es el tipo de fundación corriente en las pequeñas o medianas edificaciones, ya que sólo son capaces de transmitir al suelo cargas bajas, y además las razones de orden económico limitan a porcentajes muy estrictos la incidencia del cimiento sobre el costo total de la obra.

Es también frecuentemente utilizada en aquellos casos en que siendo importante el edificio y fuertes sus cargas, el estrato superficial es suficientemente compacto, homogéneo y potente como para recibir obras mayores. La fundación superficial es usada, además, cuando el proyecto incluye la construcción de sótanos y por ese motivo el fondo queda ya preparado para recibirla.

El tipo más sencillo es la *base o zapata aislada* y/o *corrida* (figuras 7.4, 7.5, 7.6 y 7.7), que puede recibir la carga de una columna, pilar o muros, y llevarla a tierra mediante un simple ensanchamiento, llamado zapata, tanto más pequeño o grande cuanto mayor o menor sea la re-

sistencia del terreno. Ésta es la solución más económica.

Una hilera de columnas próximas que requieran zapatas suficientemente grandes como para que lleguen a tocarse o superponerse, lleva a la idea de la *zapata continua* (figura 7.11), de mucha longitud y ancho relativamente pequeño. La zapata continua es la requerida para la fundación correcta de muros.

Varias zapatas continuas paralelas y suficientemente próximas como para que lleguen a tocarse o superponerse, producen la *platea o placa de fundación* (figura 7.12), de ancho y largo igualmente importantes, y que no es más que una zapata de grandes dimensiones.

Éste es el esquema general. Aunque una obra puede requerir soluciones más complejas. La presencia de construcciones anteriores o linderos que no pueden invadirse obligarán al uso de zapatas de carga excéntrica y con ellas a alguno de los artificios destinados a centrarlas (figura 7.8), tensores y/o vigas cantilever.

El temor de concentrar tensiones excesivas en algunos puntos y/o provocar asientos diferenciales, siempre indeseables, llevan al arriostrado mutuo de las zapatas, o a su combinación en grupos (base compuesta).

Por razones de economía y sencillez de ejecución, el material más adecuado es el hormigón, simple o armado. Como en la mayoría de las zapatas y plateas el esfuerzo dominante es la flexo-compresión, el uso del hormigón armado es prácticamente inexcusable, aun como apoyo de las obras de hierro y madera. Pero cuando el esfuerzo dominante es de compresión, como el caso de cimentación de muros, usamos como zapata el ensanchamiento de dichos muros (que hoy, por economía, podemos reemplazarlo por la llamada cascotada en zanja, o sea un hormigón pobre).

Interesa siempre que la excavación sea lo más pequeña posible, para evitar mover grandes volúmenes de tierra esponjada, con todos los problemas que en obra ello ocasiona; de ahí la ventaja del hormigón armado, que lo posibilita. En cambio, el hormigón simple no permite trabajar de esta manera, ya que requiere mayores ensanchamientos dada su menor capacidad de carga. En el primer caso la armadura deberá quedar bien protegida (el recubrimiento mínimo aconsejable es 5 cm), y como todos los elementos de un cimiento son relativamente grandes, no es necesario mucho contenido de cemento (es suficiente con 250 kg/m^3); pero éste no debe ser más bajo, para que la masa no resulte porosa y además defectuosa la adherencia con las barras de la armadura.

En todos los casos, la profundidad mínima debe quedar siempre por debajo de la zona de suelo que podría ser alterada por la intemperie y/o agentes orgánicos; esta profundidad se encuentra entre 0,8 m y 1,5 m del nivel natural del terreno (mediando la adecuada resistencia del suelo).

7.5. FUNDACIONES INDIRECTAS

Cualquiera de los tipos que se ven en las figuras 7.16 y 7.17 va incluido dentro de la clasificación general de fundaciones por pozos o profundas (pozos romanos).

Ésta es una técnica antigua, siempre presente cuando la profundidad no es demasiado grande, o siéndolo (por cargas muy importantes –por ejemplo: pilas de puentes–), se las puede ejecutar en condiciones económicas hasta los 8 m de profundidad.

En su forma más sencilla, el pozo romano, de un diámetro aproximado de 1,2 m, es vaciado a mano hasta encontrar fondo resistente; se lo rellena luego con hormigón pobre o reforzado según cargas, formándose una columna que apoya en firme y, eventualmente, trabajará también a fricción contra el suelo.

Y si el terreno es suficientemente consistente como para permitir trabajar a un hombre con seguridad, el pozo se hace sin protección, o con entibación ligera. La entibación avanza de arriba abajo junto con la excavación; hecho el cimiento, se la retira de abajo arriba, a medida que progresa el relleno. El pozo hecho por un solo hombre requiere entonces un diámetro de 1,2 m, o una sección de 1 x 1,2 m si es rectangular, no aconsejable por los riesgos potenciales de colapso por empujes del suelo. Luego de excavado, se llena de hormigón, uniéndose el coronamiento con el de los otros pozos mediante vigas de hormigón armado o arcos de mampostería, sobre los que descansará la superestructura del edificio (figuras 7.16 y 7.17).

Cuando el terreno resulta muy desmoronable, el entibamiento se complica y se puede llegar al tipo de la figura 7.33, y aun más. Los pozos de gran sección están sujetos a fuertes empujes, que muchas veces superarán la resistencia de la madera; se recurre entonces a otros materiales, recuperables o no, como entibados, tablestacados metálicos o de hormigón armado.

Se practica entonces sin encamisado, cuando el terreno lo permite –es decir, si no es desmoronable y no existen napas freáticas que perturben el trabajo–. El diámetro varía como dijimos entre 1 m y 1,2 m o más, y se realiza como si fuera un pozo a cielo abierto, para obtener agua o sencillamente para servir como pozo absorbente o negro. De encontrar un pequeño manto de arena se lo consolida aplicando sobre él un mortero cementicio.

El pozo romano es la solución técnica y económicamente más conveniente, con respecto al pilotaje, dado que no requiere de máquina especial alguna, y el rellenado se realiza con un hormigón no estructural, ya que soporta cargas únicamente centradas que le trasmiten esfuerzo de compresión, pudiendo carecer de armaduras.

Si, en cambio, las cargas fuesen no centrales (columnas medianeras), le producirán un estado de flexo-compresión que requerirá de armaduras y de una sección de forma elipsoidal (Fig. 7.17).

7.6. PILOTES

El pilote recibe la carga y la transmite al suelo de dos maneras: de punta, como si fuese una columna apoyada sobre un plano resistente, y/o por frotamiento lateral contra el suelo. En algunas ocasiones este frotamiento puede resultar suficientemente intenso como para que toda la carga sea absorbida por fricción, recibiendo la cimentación el nombre de *flotante*.

Se distinguen dos tipos de pilotes: los prefabricados y los moldeados *in situ*. Para los prefabricados se usan la madera, el hierro y el hormigón armado. Este último material es el más difundido en nuestro país para este uso.

Con una máquina (martinete), se levanta cada unidad, se la apoya de punta sobre el suelo y se la fuerza a golpes para enterrarla hasta la profundidad requerida. Los de madera y hormigón llevan una protección en la punta llamada *azuche*. Y para no dañar el extremo superior se intercala otra pieza metálica entre la cabeza y el martillo. Un pilote llega a pesar hasta 1,5 tn, con alturas de caídas de hasta 1,5 m, o más, del propio martillo.

La enérgica vibración producida durante la hinca, puede llegar a dañar los edificios existentes de las proximidades, y el ruido puede resultar inadmisible en la vecindad de escuelas u hospitales. Para evitar estos inconvenientes se han ideado tipos especiales de hinca silenciosa y continua (figura 7.32).

Los pilotes de madera y los de hierro necesitan ser protegidos en toda la zona de fluctuación de las aguas superficiales o de napa, para lo cual se los embebe en macizos de hormigón y/o brea en la extensión necesaria. Cuando los pilotes resultan de mucha longitud, se presentan algunos inconvenientes de importancia. En primer lugar, si el largo supera el de las piezas disponibles, es necesario empalmar, detalle fácil en hierro gracias a la soldadura, pero de resultado muy aleatorio en madera; en cuanto a los de hormigón, se pueden prefabricar con cualquier largo. En segundo lugar, el equipo de hinca debe ser más importante, necesitando martillos más pesados y grandes guías para sostener el pilote en su posición. Finalmente, no siempre se tiene disponible una playa grande para la elaboración, almacenamientos y manipuleo de enormes pilotes (de hasta 30 o 40 m).

Esos inconvenientes desaparecen con el empleo de pilotes moldeados en su propio agujero, algunos de cuyos tipos pueden verse en las figuras 7.18, 7,19 y 7.20, a cuyas leyendas nos remitimos.

La técnica ha desarrollado una gran cantidad de tipos, muchos de ellos protegidos por patentes. Está de más advertir que un tipo útil para un suelo puede no serlo para otro.

Premoldeado o *in-situ*, el pilote no recibe de un modo directo la carga, sino por interposición de un elemento llamado *cabezal*; y el correspondiente a un grupo de pilotes puede llegar a ser una estructura muy importante (figuras 7.23, 7.24 y 7.25). Pilotes de madera o hierro suelen unirse por emparrillados del mismo material. En cuanto a los de hormigón, una vez hincados, se descarna su cabeza una cierta longitud y se hacen solidarios con un cabezal del mismo material. Por lo demás, el tipo de fundación de un pilote por columna tiene el inconveniente de presentar poca rigidez a las fuerzas laterales; por ello, dada la importancia de las cargas que reciben las columnas, su descarga al terreno debe ser por medio de dos, tres o más pilotes por cada columna (según vemos en las figuras antedichas).

El pilotaje no está libre de inconvenientes. Los más frecuentes accidentes son:

- Desviación o rotura por la presencia de bloques erráticos.
- Viejas fundaciones.
- Roturas por fallas del material durante la hinca (en pilotes de madera esta falla puede pasar inadvertida).
- Lavado del hormigón por el agua subterránea durante la operación de levantar el tubo en ciertos tipos moldeados *in-situ*.
- Asientos inesperados de grupos de pilotes, cuyo comportamiento puede resultar completamente distinto del pilote que sirvió de ensayo (fenómeno semejante al de la figura 7.1).

7.7. PILOTINES Y VIGAS DE ENCADENADO

Los pilotines con vigas de encadenado conforman la fundación indirecta que mejor se adapta a la presencia de suelos constituidos por arcillas expansivas. En rigor, se trata de una suerte de pequeños pilotes, constituidos con hormigón (con o sin armadura, según transmitan o no flexión, el tipo de sobrecarga y/o de suelo), tienen una longitud mínima de 1,5 m y una separación entre sí de no menos de 2 m y no más de 4 m.

Las vigas de encadenado deben calcularse doblemente armadas para soportar no sólo la carga de los muros, sino también el probable hinchamiento del suelo (arcillas expansivas).

Los pilotines para fundación de obras tienen resistencia de punta y de fuste o fricción, y dicha resistencia constituye un dato importante para poder distribuir los pilotines en planta, a los efectos de que su posición y distancia les hagan tomar una carga igualitaria, que puedan resistir (figuras 7.1-A, 7.16-4 y 7.22).

7.8. FUNDACIONES HIDRÁULICAS

En los terrenos inundados, el profesional se ve obligado a trabajar con dos únicas alternativas: o saca el agua, u opera dentro de ella.

En el primer caso, usa bombas. Si la capacidad de éstas es suficiente para extraer toda el agua que se presenta, se tiene una fundación con *agotamiento hidráulico*; si, en cambio, las bombas no son capaces de producir el agotamiento total, se tiene la fundación por *depresión del nivel freático* (caso más corriente). En algunos casos no son posibles ni el agotamiento ni la depresión; se tiene entonces la fundación hidráulica sin agotamiento. Las dos primeras dejan el plano de trabajo en seco (con humedad reducida), y a partir de ese momento el cimiento y/o base se parece a cualquiera de los de fundación directa.

7.8.1. Fundaciones con agotamiento

Cuando las venas de agua son débiles, y el terreno tiene la necesaria consistencia para zanjearlo, es suficiente el *drenaje* hacia puntos más bajos que el nivel general de la excavación. Si esto es posible, se prefiere dar a estos drenajes carácter de permanentes (técnica usual en algunos países), asegurando al cimiento una vida totalmente libre de aguas, con todas las ventajas que esto significa (figura 8.1 y 8.2). Cuando esto no es posible, los drenes mueren en pozos "sumideros", y de éstos el agua se extrae con bombas; pero cuando éstas se retiran, el agua invade nuevamente el cimiento, cosa que en el proyecto habrá de ser contemplado para dotarlo de una correcta protección (figura 7.26).

Los drenes y pozos de bombeo se van profundizando a medida que la excavación progresa. Las paredes de la excavación van siendo protegidas con oportunas entibaciones (figura 7.33), según el tipo de suelo.

Por ello, en terrenos flojos, la entibación precede a la excavación, por medio de *tablestacado*, que hincado *a priori* prefigura el recinto estanco dentro del cual, mediante drenes y pozos de bombeo de profundidad creciente a medida que avanza la excavación, se va quitando el agua.

En general, el funcionamiento de las bombas no será continuo; se lo regula con flotantes de funcionamiento automático cuando el agua de los pozos alcanza cierto nivel.

Hay que tener en cuenta que el bombeo provoca una corriente de agua más o menos intensa en la masa del suelo y puede determinar el arrastre de la materia fina y otras alteraciones causantes de serios trastornos detrás de la entibación. Como la sub-presión que se genera produce un sifonaje hidráulico, pueden ocurrir así violentas avenidas hacia el recinto de trabajo, inutilizando totalmente la excavación y hasta destruyendo el tablestacado y/o entibado existente (figura 7.27).

7.8.2. Fundaciones con depresión freática

Este sistema permite trabajar en seco sin uso de tablestacas. La excavación futura queda cercada por un cinturón de pozos filtrantes previamente perforados, tan profundos como sea necesario, y separados a distancias convenientes según sean la calidad del terreno y la potencia de la napa. Dentro de dichos pozos se introducen tubos filtrantes (percoladores), de achique, unidos entre sí y conectados a un equipo de bombeo general. El número y diámetro de dichos tubos dependen del sistema a emplear, siendo el más conocido el "Well Points", con perforaciones cada dos metros y de un diámetro de los tubos de 2" (5 cm), teniendo un rendimiento aproximado de 220 litros por minuto y por tubo (figura 7.28).

El bombeo provoca el descendimiento (abatimiento o depresión) del nivel freático, y de esa manera puede hacerse la excavación sin ningún riesgo. En este sistema, el bombeo debe ser permanente hasta que el desarrollo de la obra permita suspenderlo.

Es conveniente que la excavación general se haga hasta muy cerca del nivel freático existente, y luego comenzar el bombeo. Napas muy poderosas requerirán más de un cinturón de bombeo; excavaciones muy profundas pueden exigir también el bombeo simultáneo en varios niveles.

7.8.3. Fundaciones sin agotamiento

El trabajo en presencia de agua ha quedado prácticamente limitado a la obra portuaria, túneles bajo río y otras en las que el bombeo y el tablestacado quedan superados por la profundidad o la cantidad de agua. Son tres los tipos, esencialmente distintos: las *escolleras*, los *cajones* (con o sin fondo), y los *cajones neumáticos*. Aquí sólo los citaremos, por escapar a los fines propuestos por el libro.

7.9. CONSOLIDACIÓN

La idea básica de este tipo de operaciones es mejorar por medios artificiales las condiciones del terreno, para asentar luego sobre él alguna de las fundaciones estudiadas anteriormente. Se trata de aumentar la capacidad de soporte del suelo, mediante su compactación puramente mecánica o su endurecimiento por medios químicos. Son tres los tipos de compactación:

- *Congelamiento*. Es una consolidación temporaria, con una finalidad semejante a la del tablestacado. El terreno es llevado a temperaturas muy bajas, solidificándose en macizos de alta capacidad de soporte, que lo convierten en autoportante y le permiten servir de muro de contención de los suelos adyacentes.

El procedimiento es el siguiente: alrededor de la futura excavación, se colocan tubos de perforación por los que se hace circular mezclas frigoríficas, enfriadas por la expansión de un gas nitrógeno. La temperatura es menor a -50°C, con lo que se puede llevar la resistencia, por ejemplo de ciertas arenas, hasta los 180 kg/cm^2 (18 MPa). Esto permite ejecutar con total seguridad las excavaciones y, por supuesto, los cimientos; el sistema además ha sido usado, para detener deslizamientos. Hecha la obra, se retira el sistema refrigerante y el terreno vuelve a su situación anterior. La modalidad es llamada "Geofreeze" (que operativamente es similar al sistema "Well Points").

- *Compactación*. En este caso la consolidación es permanente, y se la tiene en cuenta como un elemento de la obra definitiva.

La compactación se realiza de dos maneras:

1) Vibrando la masa del suelo, con lo que se consigue que disminuya de volumen, con el consiguiente aumento de la densidad. La disminución de volumen produce asientos superficiales que obligan a ulteriores rellenos con tierra de préstamo.

2) *Introduciendo pilotes* en cantidad suficiente para producir la requerida disminución de volumen por "aprietamiento", y el correlativo aumento de densidad. El menor volumen del suelo es compensado con el volumen de los pilotes introducidos, y no se presentan asientos ni hay necesidad de incorporar tierra de préstamo. Los pilotes son, por supuesto, parte de la obra definitiva.

- *Inyecciones petrificantes.* También es un tipo de consolidación permanente, intensamente usado para el cegado de las grietas en rocas fisuradas. Para éstas, el cemento a presión es la materia indicada.

En terrenos de acarreo se usan ciertos productos químicos que provocan la silicatización de la zona afectada. Ha de prevenirse contra dos inconvenientes: el endurecimiento demasiado rápido, capaz de obturar el entorno de la lanza de inyección, y el endurecimiento demasiado retardado, por motivo de la existencia de aguas poco adecuadas para el método dentro de la masa.

7.10. SUBFUNDACIÓN O RECALCE (SUBMURACIÓN)

El objeto del recalce es llevar el plano de apoyo de un cimiento a un nivel diferente. El caso se presenta en la ejecución de sótanos en edificios existentes, sótanos nuevos en la vecindad de obras viejas (como ocurre en el diario trabajo de submurar medianeras en obras urbanas); también puede ser necesario profundizar las bases para fundarlas sobre un suelo más firme en los casos de asientos excesivos por fallas del suelo, o por haberse incrementado las cargas en casos de ampliaciones, etc.

El trabajo supone excavar por debajo del cimiento existente, con el consiguiente riesgo de caída para toda la superestructura; por ese motivo es necesario apuntalarla debidamente, como un trabajo previo al descalce. La superestructura sufre el efecto de cuatro asientos. Y si éstos no se mantienen dentro de ciertos límites, el edificio sufrirá daños irreparables:

- Deformaciones elásticas del propio apuntalamiento provisorio, motivadas por la carga del edificio que sostiene.
- Hundimiento del terreno en el plano de apoyo de los puntales, por la carga transmitida.
- Deformaciones elásticas que sufra la submuración efectuada.
- Hundimiento del terreno en el nuevo plano de apoyo del submural construido.

Tanto los asientos temporarios, dados en los dos primeros ítems, como los definitivos, indicados en los dos últimos, deben conservarse dentro de las posibilidades de deformación de la obra por sustentar. Un apeo bien proyectado hará que, en todo caso, la suma de los dos primeros no supere la suma de los dos últimos, o sea, agregar la mínima deformación posible del apeo (ya que esto lo manejamos nosotros) a las otras dos deformaciones, propias de los materiales que constituyen el submural ejecutado. De ahí la necesidad de dimensionar con generosidad los apuntalamientos. En los artificios para el sostenimiento es preferida la madera, por su gran versatilidad para la combinación de distintos tipos de apeos.

Recalzar es, pues, una operación delicada, costosa y lenta, en ocasiones hecha en condiciones verdaderamente difíciles y complicada, aún más, por la necesidad de proteger la estructura por subfundar durante todo el período de construcción y vigilar la seguridad de terceros y la del propio personal (muchos de los trabajos de submuración se hacen sin interrumpir el funcionamiento de los locales). Por todo esto, debemos tener presente y obviamente aplicar las normas de seguridad que la Ley de Riesgo del Trabajo (Nº 19.587) fijó en su reglamentación con el Decreto 911/96 (ver artículos 147 a 166).

El proyecto de los medios de apuntalamiento deberá ser cuidadoso, fijando el asiento máximo tolerable y previniendo los movimientos laterales.

El trabajo, en general, se desarrollará siguiendo las siguientes etapas:

1. Apeo del edificio existente. Considerar: sustentación vertical en correspondencia inmediata con la parte afectada; sustentación vertical de todos los elementos que apoyen sobre esa parte y toda la zona que sea servida por los mismos; arriostramiento transversal entre columnas, pilastras, etc., y prevención de eventuales empujes fuera del plano vertical. Se entiende que todas estas medidas dejan prácticamente sin carga el cimiento a recalzar.
2. Descalce, es decir, excavación hasta el nivel deseado (eventualmente o no la excavación necesitará ser entibada).
3. Ejecución del cimiento nuevo.
4. Recalce (esta operación y la anterior no pueden llegar a ser una sola).
5. Retiro del andamiaje provisorio.

Los asientos deben ser constantemente controlados en los lugares críticos. Se vigilará para ello el encuentro de pisos con paredes, la unión de tabiques con cielorrasos, el encuentro de muros, dinteles, etc., para tener la inmediata información sobre grietas. En trabajos muy importantes habrá flexímetros para indicar el asiento.

La vigilancia deberá llevarse hasta algún tiempo después de terminado el recalce, en previsión de que las sobrecargas y/o la contracción de los morteros puedan motivar nuevos movimientos verticales.

Cada problema de recalce tendrá, sin duda, particularidades que lo diferencien de los demás; es posible, sin embargo, señalar criterios generales –como los rápidamente enunciados más arriba–, información que nos ha parecido prudente completar mediante la descripción de algunas soluciones que pueden ser consideradas típicas:

- Submuración (es decir, recalce de muros); vemos dos casos: usando mampostería, y taludes de la propia excavación como apeo del muro a submurar (figura 7.31), o mediante pilotes hincados a presión (figura 7.32).
- Recalce de una columna por prolongación de su fuste (figura 7.29).
- Recalce de muros para la construcción de un subterráneo (figura 7.30).
- Recalce con tabiques de hormigón armado (no invade eje medianero), y su comparación con uno de mampostería (figura 7.34).

Nota: Nos remitimos a las leyendas correspondientes a las diversas figuras.

7.11. TEXTO DE LAS FIGURAS

Fig. 7.1. *Fundación de una pequeña obra sobre arcilla activa.*
A: durante la sequía, la arcilla pierde agua y se contrae, apareciendo grietas más o menos profundas. Durante las lluvias, absorbe agua y se hincha; luego las grietas se cierran, pero el volumen aumenta aún más, apareciendo empujes verticales (V), y horizontales (H), que pueden causar múltiples lesiones en el edificio (si la construcción es suficientemente pesada y reforzada, el empuje puede ser absorbido sin daño). Este fenómeno afecta a numerosas zonas en todo el mundo; en nuestro país, se registra en Salta y Entre Ríos, por ejemplo, y en lugares como Castelar o Los Polvorines, en el Gran Buenos Aires. **B**. *Primera solución:* platea de hormigón armado. No anula el fenómeno producido pero lo resiste. Es una excelente solución, aunque generalmente costosa. **C**. *Segunda solución:* construcción de veredas perimetrales de aproximadamente 2 m de ancho, a fin de regular el contenido de agua del suelo, impidiendo que la lluvia lo aumente o la evaporación lo disminuya. Solución tanto más segura cuanto mayor sea la impermeabilidad y el ancho de las veredas. **D**. *Tercera solución:* los cimientos se llevan por debajo de la profundidad alterable y el piso se construye elevado; los fustes pueden ser eventualmente protegidos por arena. Excelente pero costosa.

Nota: Como cuarta solución, tenemos el empleo de pilotines con vigas de encadenado (figura 7.22).

Fig. 7.2. *El comportamiento de una fundación depende de la distancia relativa entre las bases.* Por encima del plano 1-1, las tres bases determinan el mismo estado de tensiones. Entre los planos 1-1 y 2-2, el rayado vertical indica superposición de tensiones, que llegan a valer el doble que sus vecinas. Por debajo del plano 2-2 el cuadriculado indica una triple superposición de tensiones. Como consecuencia, el pilar central sufrirá un asiento mayor que sus vecinos y en éstos surge la tendencia a inclinarse hacia el centro. El lector meditará sobre la importancia que

puede tener una construcción nueva sobre las vecinas preexistentes.

Fig. 7.3. *El comportamiento de un cimiento depende de sus dimensiones.* Las líneas curvas dibujadas bajo las zapatas indican la zona de terreno en la que se hace sentir de un modo apreciable el efecto de las cargas (esas curvas limitan el llamado bulbo de presiones). Si por debajo del plano 1-1 se encuentra un suelo flojo, la base grande corre un peligro que es inexistente en la base chica. En zapatas y plateas de forma alargada, desde este punto de vista es el ancho la dimensión que interesa.
Este ejemplo indica la conveniencia de manejar con prudencia el clásico ensayo de la mesa, con el que una prueba de carga hecha sobre un área de 30 x 30 cm se generaliza a bases de cualquier dimensión.

Fig. 7.4. *Fundaciones directas: bases de hormigón para columnas metálicas.* En la figura superior, el pie derecho se embute en el hueco de la base y luego éste se rellena con hormigón. El pie va provisto de piezas de anclaje para afirmarlo y repartir mejor la carga sobre el hormigón; la sustentación se aproxima así al empotramiento perfecto.

Fig. 7.5. *Fundaciones directas: base de hormigón para columna metálica que transmite pequeñas cargas.*

Fig. 7.6. *Fundaciones directas: base metálica para columna metálica, en terreno flojo.* El ensanche de la superficie de apoyo puede ser mayor agregando más hileras de perfiles. Para asegurar su inmovilidad relativa se fijan mediante pernos roscados embutidos en caños (estos pernos siguen las líneas punteadas). El conjunto se apoya sobre un lecho de hormigón y se envuelve totalmente en el mismo material para protegerlo de la corrosión. El sistema no presenta ventajas sobre las zapatas de hormigón armado, salvo que, dada su gran resistencia, el hierro puede dar grandes superficies de apoyo con alturas de cimiento relativamente pequeñas.Técnica poco usual en nuestro medio.

Fig. 7.7. *Fundaciones directas: bases de hormigón simple y armado.*

A: *clásica base de hormigón armado*, para terrenos de consistencia normal. La altura (a), hasta el nivel del solado más bajo, debe ser la mínima necesaria; en la parte inferior está dibujada la parrilla de hierros, los que, como se ve, son de medidas menores que el lado de la base y se encuentran colocados en posiciones alternadas para cubrir, con mayor economía, toda la superficie de ésta. **B:** *base troncocónica invertida de hormigón simple*; ha sido concebida (Ing. G. Laufer) para aprovechar la fricción existente entre suelo y hormigón; útil para grandes cargas y suelos resistentes, su economía proviene de la carencia total de armadura, la facilidad de ejecución y la excavación totalmente aprovechada, sin ulteriores rellenos. **C:** *base de hormigón armado para apoyos de gran superficie* (carga muy pesada o terreno poco resistente); la forma quebrada permite economizar hormigón. **D**: *base con nervios*; útil para situaciones como la anterior; los nervios resultan por lo general fuertemente armados (son en realidad ménsulas) y permiten rebajar la altura total de la zapata.

Fig. 7.8. *Fundaciones directas: bases de hormigón simple y armado para cargas excéntricas* (la situación se presenta en construcciones adosadas a otras existentes y/o medianerías).
A: corresponde al primer tipo de la figura anterior; el momento flector de la zapata se transmite íntegramente a la columna que resulta solicitada a la flexión compuesta. Para disminuir este efecto se la construye lo más ancha que se pueda en el sentido perpendicular al plano de la flexión. Resulta, de todos modos, una estructura poco conveniente y de comportamiento estático dudoso, sobre todo en relación con el suelo. La forma más correcta la veremos en el tipo **C** y en la figura 7.9.
B: corresponde al tipo **B** de la figura anterior; todo el momento producido por la excentricidad de la carga debe también ser absorbido por la columna. **C:** el uso de tensores permite centrar la carga de las bases excéntricas, liberando a la columna de flexiones; en la figura se muestra el tensor formado en el cuello mismo de la base, y en sótanos es posible también hacer el tensor al nivel de la primera losa, debiendo calcularse el tramo inferior de la columna para absorber la flexión creada.

Fig. 7.9. *Fundaciones directas: base con viga cantiléver (voladizo o mensula), de hormigón armado*. La flexión producida por la excentricidad será absorbida por una viga que une la base de medianera con otra central, no excéntrica. En la parte inferior de la figura se ilustra la organización de las armaduras. Ambas bases y sus fustes quedan armados como si no existiese la compresión excéntrica.

Fig. 7.10. *Fundaciones directas: base compuesta para dos columnas, con indicación de la disposición de la armadura principal de la viga central y las ménsulas terminales.* El menor ancho corresponde a la columna de menor carga. Las bases compuestas de este tipo son de aplicación cuando las bases simples resultan tan grandes que llegan a superponerse.

Fig. 7.11. *Fundaciones directas: zapata continua para asiento de una hilera de columnas.* La viga invertida es el principal elemento de soporte; por ello se ha dibujado en la parte inferior el diagrama de momentos (en trazos gruesos, la ubicación de la armadura principal). Como el comportamiento de los suelos es indefinido y a veces impredecible, tanto en este caso como en otros es prudente que la armadura de las vigas y refuerzos de cimiento sea doble, para prevenir momentos de flexión en cualquier sentido. El ancho (a) puede ser variable en correspondencia con la mayor o menor carga de las columnas.

Fig. 7.12. *Fundaciones directas: platea.*
Elemento principal de la sustentación es la malla de vigas invertidas, que da al conjunto una gran rigidez. La losa de fondo puede faltar si el terreno es suficientemente consistente.

Fig. 7.13. *Fundaciones directas: platea en forma de losa hongo invertida.* Con menor consumo de madera y mano de obra, respecto de la alternativa de la figura 7.12.

Fig. 7.14. *Fundaciones directas.* La platea que se muestra en la parte inferior de la figura no tiene vigas invertidas. En la parte superior se compara el corte de la figura 7.12 con el de esta, para hacer resaltar las evidentes ventajas en tiempo y dinero: supresión total de la madera de encofrado y cascotada de relleno, a la par de una mayor rapidez de ejecución, obviamente con distintos estado de carga.

Fig. 7.15. *Fundaciones directas: esquemas para muros de poca carga.* El primero de arriba muestra un simple ensanchamiento de la mampostería (ver figura 7.35); mejor es la zapata corrida de hormigón armado, capaz de prevenir asientos diferenciales, como se ve en el segundo esquema. El tercero da una variante en la posición del encadenado, sin ninguna ventaja especial (necesita encofrado). El cuarto –pilotines y viga de encadenado de hormigón simple o armado– es adecuado en terrenos flojos o alterables por las condiciones del ambiente; se realiza en profundidades mayores que las de las zanjas comunes (ver figura 7.22). Para terrenos muy flojos son también usuales la zapata ancha o la platea, ambas superficiales.

Fig. 7.16. *Fundaciones por pozos.* **A:** pozos vaciados a mano y rellenos con hormigón simple; el peso de la fábrica se transmite a ellos por medio de arcos de descarga; la tierra misma servirá de cimbra. **B:** pozos como los anteriores; la fábrica descansa sobre viga de hormigón armado.

Nota: "A", sistema antiguo corrientemente encontrado en demoliciones.

Fig. 7.17. *Fundaciones por pozos romanos.* De profundidad variable, pudiendo llegar hasta 8, 10 ó 12 m, de acuerdo a la mano de obra, la resistencia del suelo, y la seguridad de las condiciones de trabajo. Se los puede llenar con un hormigón menos rico que los estructurales, integrado por piedras o cascotes de ladrillos, o aglomerados con morteros de cal hidráulica reforzada. Si bien el pozo romano trabaja fundamentalmente de punta (lo hace también por fricción, aunque este aspecto se desprecie), recibe en su coronamiento columnas de hormigón, por lo cual es conveniente realizar en su base y en su tapa un hormigón estructural, e incluso acompañar su arranque con un declive de 30° con respecto a la vertical, para lograr un ensanchamiento en el apoyo. En la figura vemos tres variantes posibles.

Fig. 7.18. *Fundaciones por pilote: pilote Vibro* (técnica no usual en nuestro medio). En la parte *inferior* de la figura se observan las cinco etapas de su ejecución, a saber:

1° Se hinca un tubo de acero con su extremidad inferior cerrada por un azuche independiente, que queda perdido formando la punta del pilote.
2° Se coloca la armadura dentro del tubo.
3° Se cuela todo el hormigón necesario de una sola vez.
4° Mediante un martillo de funcionamiento automático se comienza la extracción del tubo.
5° Con la extracción total del tubo, el pilote queda terminado.

Arriba, los tres dibujos permiten comprender mejor el proceso de elaboración de esta unidad, moldeada *in situ*, que resulta, además, vibrada. **A:** el azuche independiente es de mayor diámetro que el tubo, con lo que se mejora el proceso de compactación del hormigón; complementariamente, los valores de rechazo no están influidos por el frotamiento. **B** y **C:** al golpear hacia arriba, el martillo levanta el tubo en una fracción (H), no mayor de 3 o 4 cm; el hormigón desciende en esta operación y llena el espacio que deja el tubo. Al golpear hacia abajo el martillo, obliga al tubo a descender nuevamente y éste, por fricción, hace que toda la columna de hormigón contribuya a compactar la parte inferior, que va formando un pilote fuertemente comprimido y vibrado (los golpes se producen a razón de 80 ó 90 por minuto).

1. Hormigón vaciado dentro del tubo, aún no compactado.
2. Hormigón que ha escapado ya del tubo formando la masa vibrada del pilote.
3. Volumen compactado en cada golpe, aproximadamente 1,5 a 2 cm.
4. Tubo de acero mostrando el ensanchamiento de su extremidad para facilitar la hinca del azuche y mejorar las condiciones de compactación.
5. Azuche.

Fig. 7.19. *Fundaciones por pilotes: pilote Franki.*
Primer paso: el tubo puesto verticalmente sobre el suelo, recibe un pastón de hormigón con muy poca agua que, fuertemente comprimido por el martillo, forma un tapón, resistente y compacto.
Segundo paso: forzado por el golpe contra el tapón, el tubo se va enterrando.
Tercer paso: alcanzada la cota requerida, el tubo

se levanta en una medida "H", y en esa posición el tapón es expulsado con nuevo agregado de material, formándose así la base ensanchada.

Cuarto paso: se coloca la armadura y se comienza el relleno total del tubo con apisonamiento en capas de 30 cm.

Quinto paso: al extraer totalmente el tubo, el pilote queda terminado. La superficie de contacto con el suelo es muy rugosa, y de mayor diámetro que la del tubo.

7.20. *Pilotes de gran diámetro (mayor de 60 cm).* La secuencia superior muestra en: **A,** el antepozo (**1**), con que se comienza el trabajo, a partir del cual un trépano (**2**), de diámetro igual al del futuro pilote, comienza la excavación. A medida que ésta va profundizándose, el pozo va colmándose con barro de bentonita (**3**), llamado lodo de perforación, que es una mezcla de agua y arcilla de bentonita –arcilla muy plástica– que impedirá el derrumbe de las paredes y la eventual irrupción de agua freática, al tiempo que servirá como medio para arrastrar hacia el exterior los detritus (residuos o desagregación del suelo) de la excavación. Las flechas indican el sentido de circulación del barro que sale por el tubo central mezclado con material de excavación. En **C** se ve, finalmente, el proceso de hormigonado (**4**), de abajo arriba, con el cual es expulsada la bentonita.

La secuencia inferior ilustra otra forma de lograr un pilote de gran diámetro. En **A** se ve el antepozo, y la cuchara excavadora que llegará hasta la profundidad deseada, extrayendo los detritus. En **B,** durante el avance de la pala, el pozo se va llenando de bentonita, que cumple solamente la función de retención, no de arrastre. En **C** el hormigón se va volcando, y al ir llenando el pozo de abajo arriba, desplaza la bentonita (de menor peso específico que el hormigón).

Si los pilotes van a ser armados, la armadura –preparada fuera del pozo– se introduce una vez retirado el trépano o la cuchara, dentro de la propia bentonita, y previo a la hormigonada.

1. antepozo; **2.** trépano; **3.** bentonita; **4.** hormigón; **5.** pala o cuchara.

Fig. 7.21. *Juntas de dilatación.* En cualquiera de los tres casos que muestra la figura, las juntas de dilatación son una necesidad no de fenómenos térmicos, sino de las fundaciones de cada edificio.

En *el primer caso,* en planta, el cuerpo marcado con **1** tiene una altura uniforme y alta, y entre la zona encerrada por las juntas lleva pesadas instalaciones vibratorias. El cuerpo **2** es, en cambio, bajo y de poco peso, y el cuerpo **3** es preexistente. Las juntas tienen la finalidad de evitar que los asientos diferenciales puedan producir grietas a lo largo de esas líneas y comprometer la estabilidad del conjunto.

En *el segundo caso,* en corte, la lógica manda la instalación de una junta justamente allí donde el edificio presenta un cambio tan grande en su sección transversal que producirá, sin lugar a dudas, asientos diferenciales.

Fig. 7.22. *Fundación por pilotines y viga de encadenado.* Apta para pequeñas y medianas sobrecargas, hormigonándose *in-situ,* con una profundidad de 3 a 4 m, según la resistencia del manto y la capacidad de penetración de las herramientas (actualmente, pala vizcachera manual y/o máquinas perforadoras); con estas herramientas el diámetro del orificio de perforación es de aproximadamente 0,3 m. Los pilotines se completan en sus cabezas con vigas que se encadenan, las cuales reciben sobre sí las cargas de los muros. En la figura, vemos una planta esquemática y un corte de este tipo de fundación indirecta.

Fig. 7.23. *Cabezales para dos y tres pilotes.* Muestran en elevación y planta la organización de las armaduras principales. La disposición simétrica es la más conveniente; el efecto de punzonamiento es el peligro más grave, de ahí que los cabezales resulten generalmente macizos, de cierta importancia.

Fig. 7.24. *Cabezales para pilotes (para 4, 8 y 9 pilotes).* En los dos primeros, como en los dos de la figura anterior, puede asegurarse que cada unidad recibe una parte alícuota de la carga. En el cabezal de nueve pilotes, en cambio, éste no pasa de ser una hipótesis de cálculo, necesaria por cierto.

Fig. 7.25. *Cabezal de hormigón armado para 25 pilotes.* Destinados a sostener la estructura de contraviento de un edificio de mucha altura (con indicación de las cargas incidentes y el momento de volcamiento).

Fig. 7.26. Detalle de la depresión de la napa freática, con pozo sumidero.

Fig. 7.27. Patología de la depresión de la napa freática.

Fig. 7.28. Detalle de la depresión de la napa por el sistema "Well Point".

Fig. 7.29. *Subfundación de una columna por prolongación de su fuste.*
Primer paso: se construyen un par de zapatas (**2**), de hormigón simple o armado, una a cada lado de la columna (**1**) y tan próximas entre sí como sea posible. Para fijar esta distancia mínima se tendrá en cuenta que una vez cargadas no transmitan a los paramentos de la futura excavación un empuje peligroso. Para ello se las dimensionará todo lo grande que sea necesario, para que la presión unitaria sobre el terreno sea muy pequeña.
Segundo paso: se colocan los perfiles (**4**), sobre los cuales se llevará provisoriamente la carga de la columna; estos perfiles asientan cómodamente sobre un colchón de madera escuadrada (**3**), de dimensiones robustas, cuya finalidad es repartir las reacciones de los perfiles sobre las zapatas (**2**). Si éstas están próximas, los perfiles tendrán menos flecha, y entonces serán menores los movimientos de la superestructura.
Tercer paso: se ejecuta el dado (**5**) de hormigón armado; previamente la columna ha sido descarnada para que el dado que se haga sea totalmente solidario con ella y transmita por corte su carga a las vigas metálicas (**4**). Este dado es el elemento principal de la estructura provisoria; se le dará una altura grande para que tenga rigidez, llevará armadura fuerte, será hecho con hormigón de calidad y un vaciado muy controlado. Una vez endurecido se puede proceder al descalce de la base.
Cuarto paso: se hace la excavación des- calzando completamente la base de la columna, que queda en el aire. Las zapatas (**2**) reciben la totalidad de la carga por intermedio de las vigas y el dado. Tal vez la excavación requiera entibación, para absorber el empuje de las zapatas provisorias, en lugar de talud.
Quinto paso (no dibujado): se construye la nueva base con su fuste, previa demolición de la base vieja.

Nota: Previo a todo, deberá procederse a descargar, en la medida de lo posible, la sobrecarga que podría incidir sobre la columna **1**.

Fig. 7.30. *Submuración de la estructura afectada de un edificio por la construcción de un subterráneo* (tema exclusivamente ingenieril, pero conceptualmente válido para nosotros).
A: muestra la posición relativa de la pared a submurar y la del futuro subterráneo, (estando indicadas las galerías de avance del túnel).
B: se calza el muro con una losa de hormigón armado ejecutada por tramos sucesivos y alternados.
C: a lo largo de la base del muro y rígidamente unida a la losa de recalce, se hormigona una viga a la que aquélla queda unida en forma de ménsula.
D: se excavan desde la galería (de abajo arriba) las chimeneas, hasta llegar al cimiento, desviándolas luego hacia la vereda.
E: las chimeneas se rellenan con hormigón sin armar; y el muro queda así apoyado sobre pilares (chimeneas) convenientemente distanciados.
F: se construye la bóveda del túnel.
G: fraguado el hormigón de la bóveda, se corta el pilar y el edificio queda descansando sobre el túnel, sobre puntos aislados.
Obsérvese que en correspondencia con la intersección del pilar con la bóveda, ambos se apoyan entre sí como las dovelas de un arco (tomado de la revista *La Ingeniería*).

Nota: En la actualidad esta operatoria fue simplificada notablemente con el uso del sistema "GeoFrezze", que permite congelar directamente el suelo afectado por la base a recalzar, dándole así la resistencia necesaria para sostenerla provisoriamente y permitir la ejecución de la tunelería sin interrupciones. Luego del descongelamiento, el abovedado absorberá definitivamente las cargas de dichas bases.

Fig. 7.31. *Submuración de una medianera existente para construir un sótano en el predio vecino.* En **A** se ve, en planta, la disposición del talud y la banquina, cuyo corte A-A muestra la situación de la obra al comienzo de la submuración, con indicación de "N1", nivel actual,

"N2", nivel futuro, y "N3", plano final de asiento del cimiento de la pared recalzada.

Primer paso: se corta el terreno perpendicularmente al muro (trincheras o frentes de ataque), hasta lograr el perfil que muestra la figura **B**; con estos cortes de anchos no menor a 1 m ni mayor a de 1,5 m, separados de 3 m a 4,5 m (distancia que se aumentará prudentemente para muros muy cargados). O sea, abrir todas las trincheras número **1**, con la separación indicada *e* inmediatamente proceder a submurarlas; luego abrir la número **2**, para repetir la operación anterior, y así de seguido con las número **3** y **4**, hasta tener la totalidad del muro recalzado. No debe permitirse la submuración simultánea de trinchera de distinto número.

Segundo paso: esos cortes permiten ejecutar la pared nueva por debajo del cimiento antiguo, quedando de ese modo sostenida como se indica en **C**.

La misma operación se repite de la manera que se observa en **D** y **E**, de tal forma que los submurales en ejecución simultánea conserven siempre el mismo distanciamiento. En **E** se ve la última trinchera 4, con indicación de las alternancias elegidas en el caso del ejemplo.

7.32. *Submuración de una pared por medio de pilotes hincados a presión (pilote Mega).* En **A** y **B** se observa un procedimiento semejante al de la figura anterior, que permite construir el encadenado bajo el cimiento existente del muro. En **C**, se excavan los pozos equidistantes (con una separación de acuerdo al cálculo del encadenado), y con las dimensiones necesarias para que pueda trabajarse en ellos cómodamente. Se coloca el primer segmento del pilote, hincándolo con un gato hidráulico (que hace fuerza contra el encadenado), y por simple agregación de los tramos premoldeados se llega a la profundidad requerida. **D** muestra el detalle de un tramo del pilote anular cuyo hueco, una vez hincado, se re-

llena con hormigón armado, para su ensamble final. Este tipo de pilote de hormigón prefabricado, en rigor fue concebido para usarse en reparaciones y/o para el refuerzo de fundaciones, buscando estratos más firmes, sea por deficiencias del suelo o por aumento de sobrecargas.

Fig. 7.33. *Entibación en madera.*
Arriba a la izquierda: entibación para zanjas, donde cada costado empuja contra el otro a través de los codales (tirantes horizontales). Los tablones en contacto directo con la tierra deben formar una superficie continua (si el suelo es muy desmoronable). *Arriba a la derecha:* aquí, los tablones forman un tablestacado hincado por debajo del nivel del fondo, por suelo desmoronable. *Abajo a la izquierda:* entibación para pozo en suelo desmoronable; el encajonamiento de madera se repite hasta la profundidad requerida, mediando aros de arriostramiento en los distintos tramos necesarios. *Abajo a la derecha:* esquema de excavación de grandes dimensiones, la luz de los codales se corta con soportes intermedios.

Fig. 7.34. *Variantes de submuración de un muro medianero con submuración de mampostería u hormigón armado.*
1. nuevo cimiento; **2.** aislamiento hidrófugo; **3.** recalce; **4.** muro existente; **5.** panderete; **6.** relleno con mortero; **7.** talón cimiento existente a suprimir; **8.** submural de hormigón armado; **9.** tierra confinada.
El punto 3 se ejecuta 48 h después del muro submural.

Fig. 7.35. *Detalle típico de una cimentación en mampostería.*
1. cimiento; **2.** contrapiso; **3.** aislamiento hidrófugo; **4.** mortero de asiento: **5.** solado de ladrillo; **6.** revoque grueso; **7.** revoque fino; **8.** ladrillo; **9.** carpeta de clavado; **10.** carpeta de pegado; **11.** solado de madera; **12.** tierra.

7.12 FIGURAS

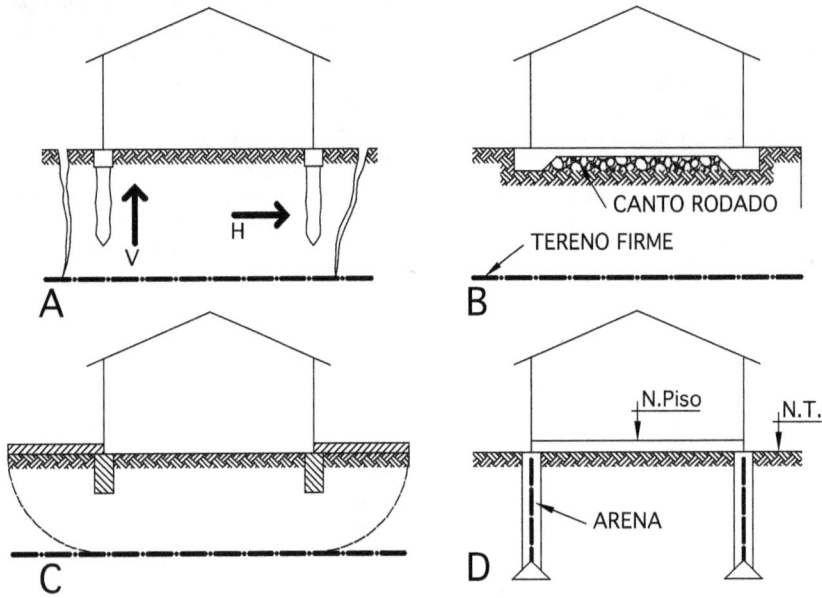

Fig. 7.1

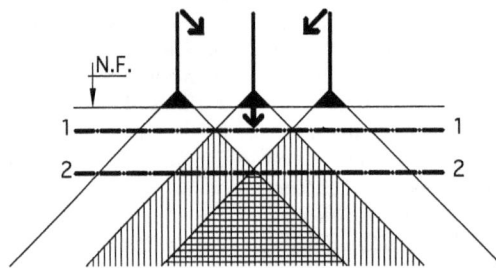

Fig. 7.2

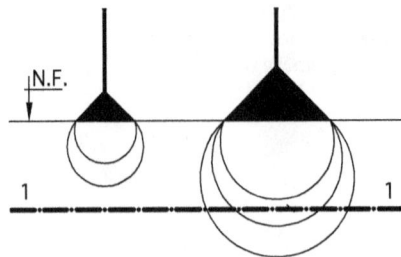

Fig. 7.3

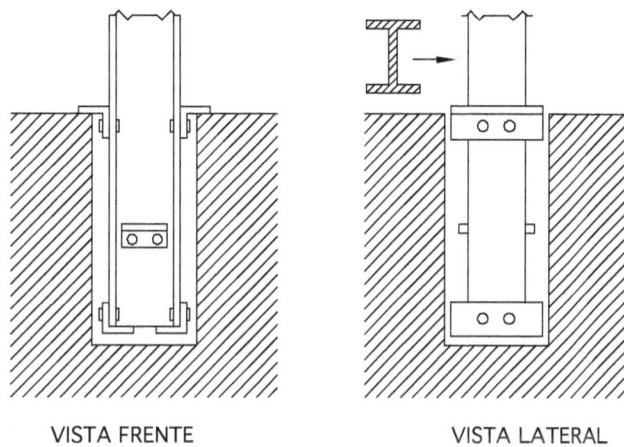

VISTA FRENTE   VISTA LATERAL

Fig. 7.4

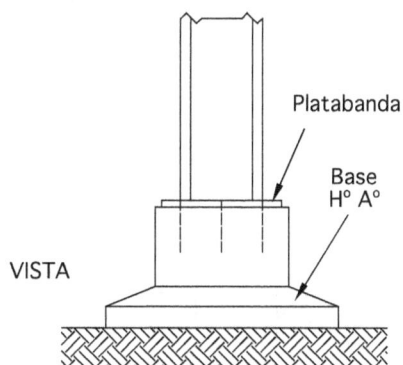

VISTA

Platabanda

Base
Hº Aº

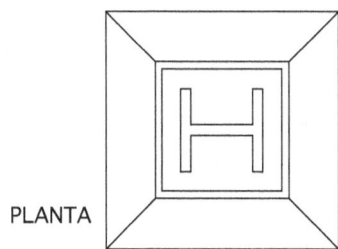

PLANTA

Fig. 7.5

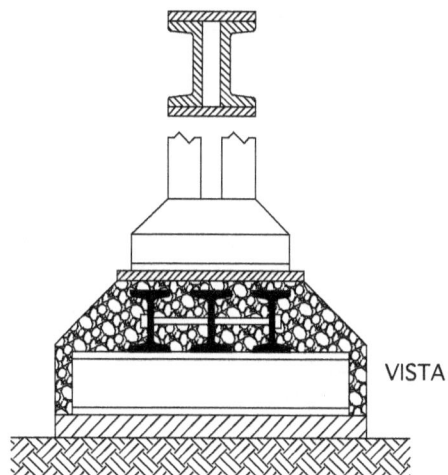

VISTA

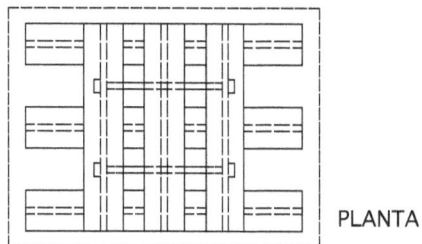

PLANTA

Fig. 7.6

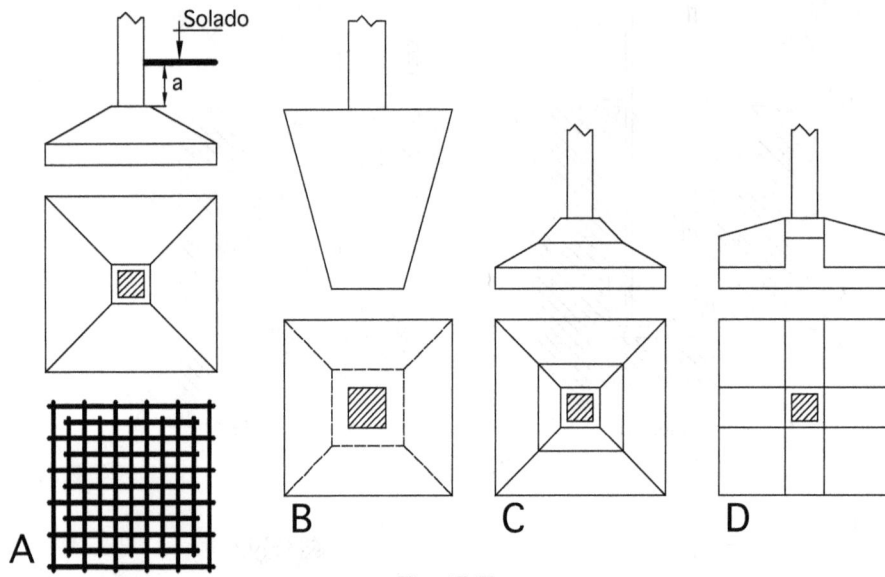

Fig. 7.7

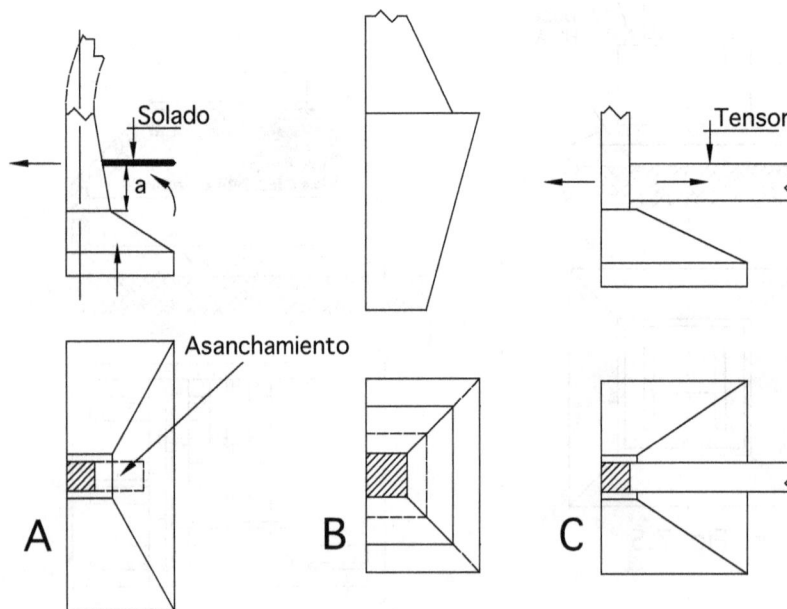

Fig. 7.8

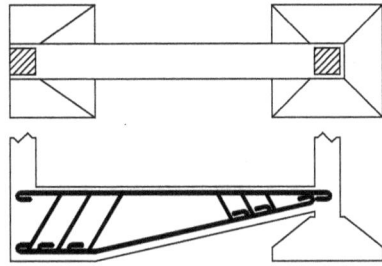

Fig. 7.9

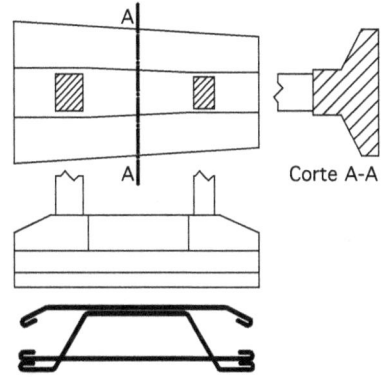

Corte A-A

Fig. 7.10

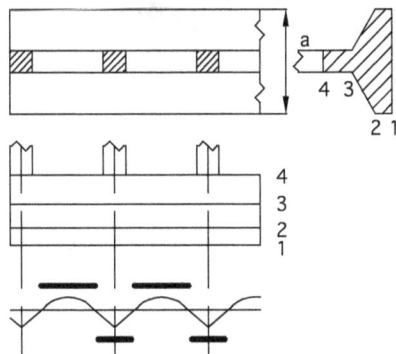

Fig. 7.11

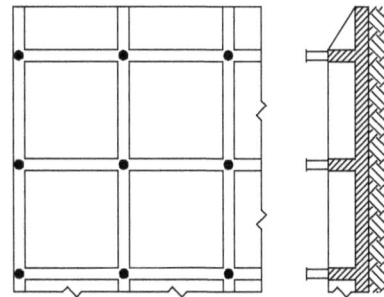

Fig. 7.12

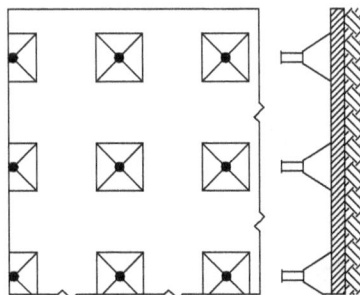

Fig. 7.13

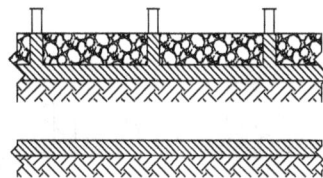

Fig. 7.14

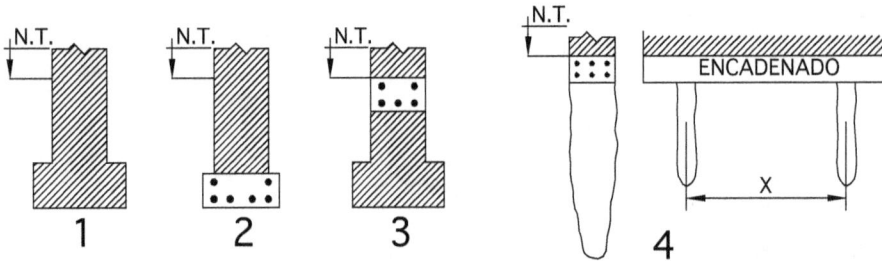

Fig. 7.15

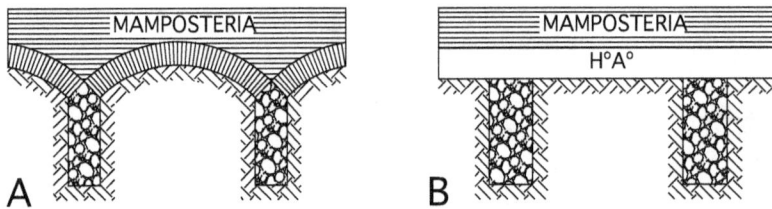

Fig. 7.16

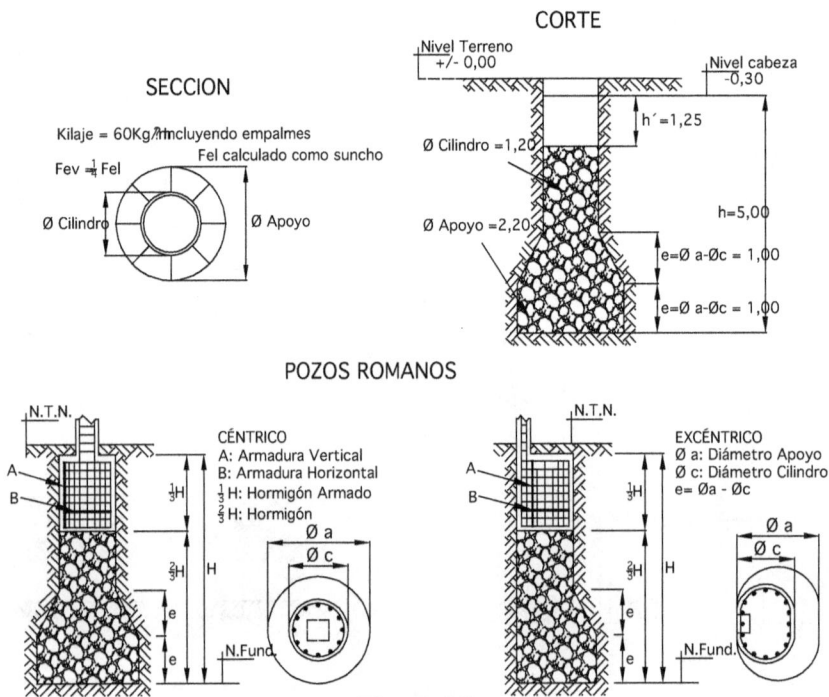

Fig. 7.17

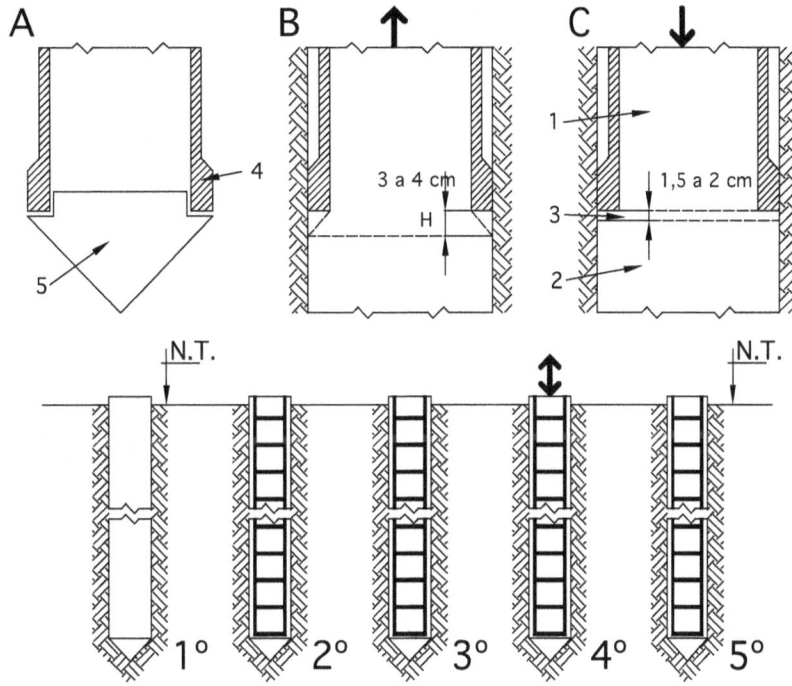

Fig. 7.18

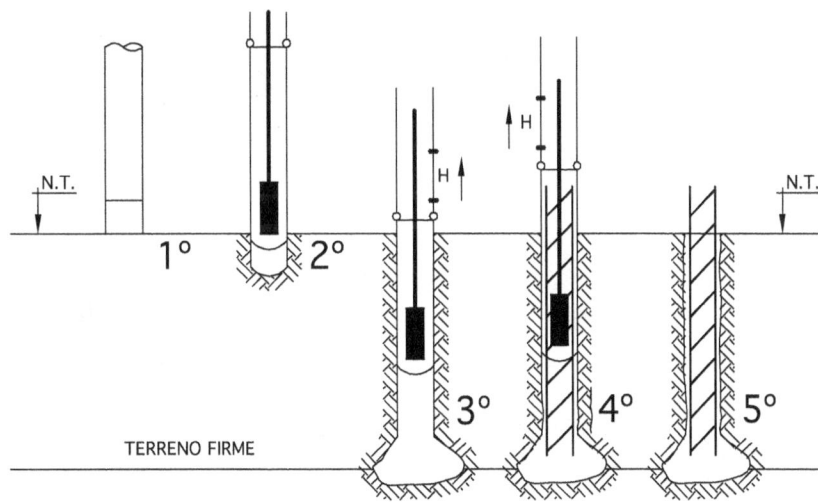

Fig. 7.19

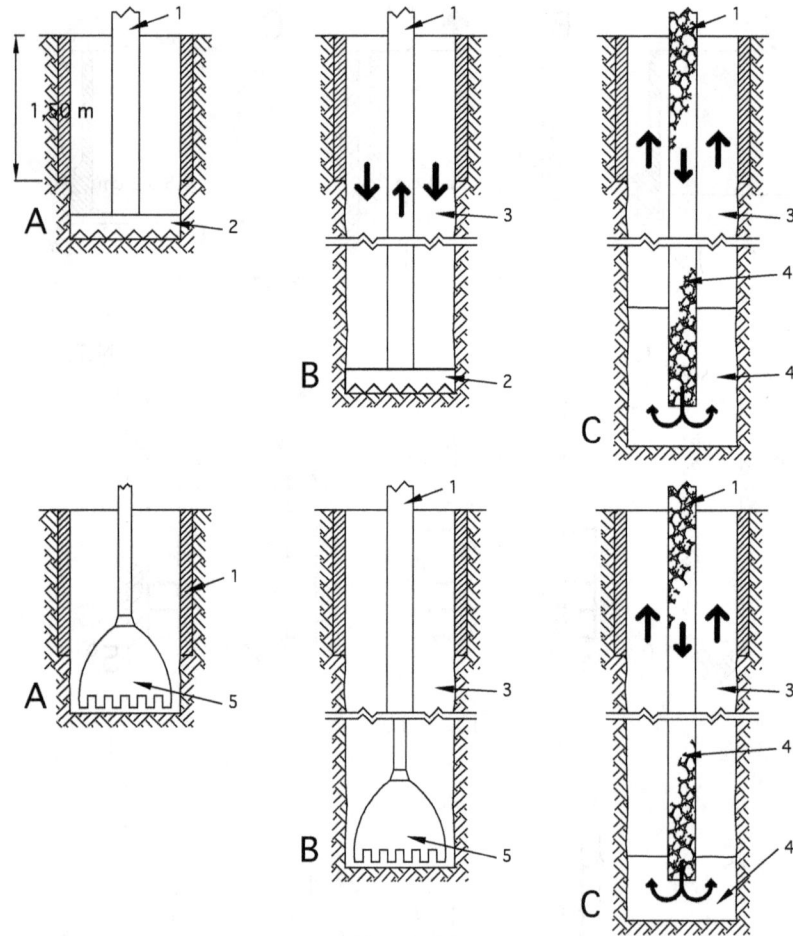

Fig. 7.20

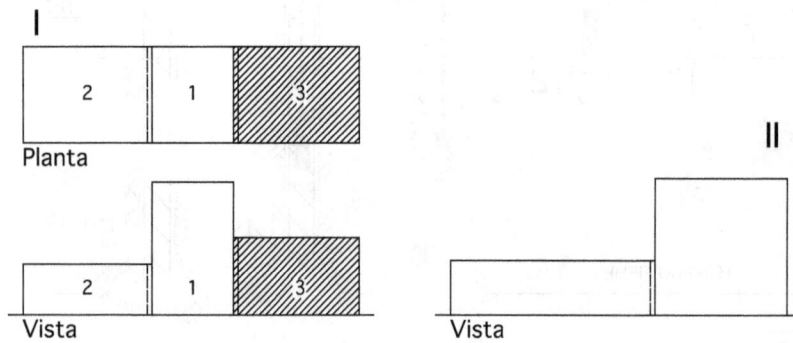

Fig. 7.21

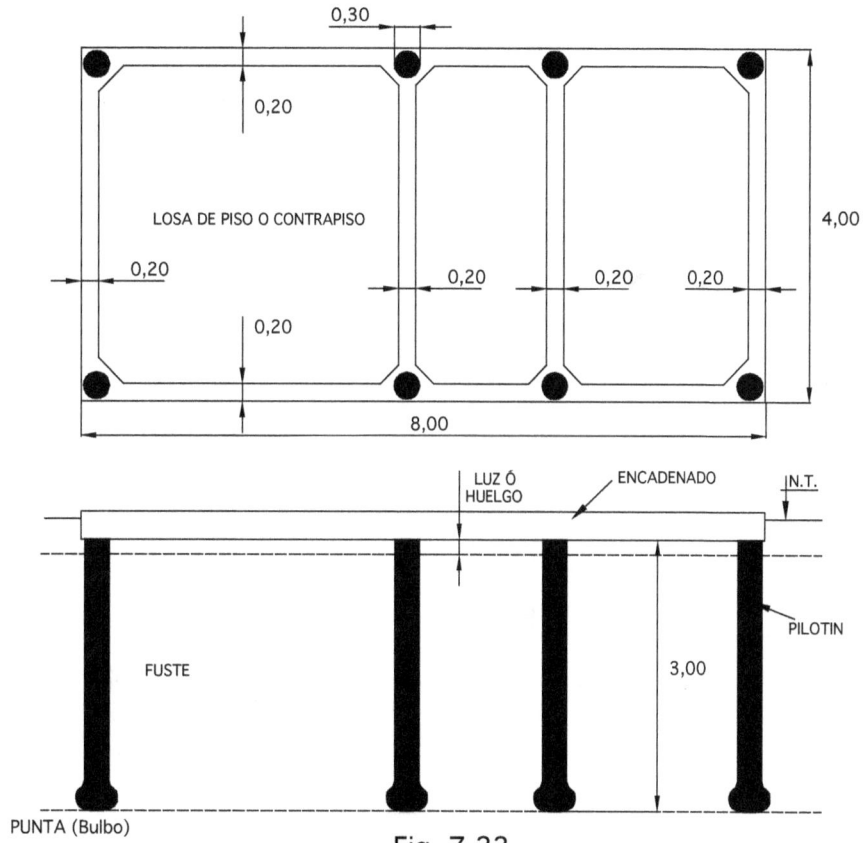

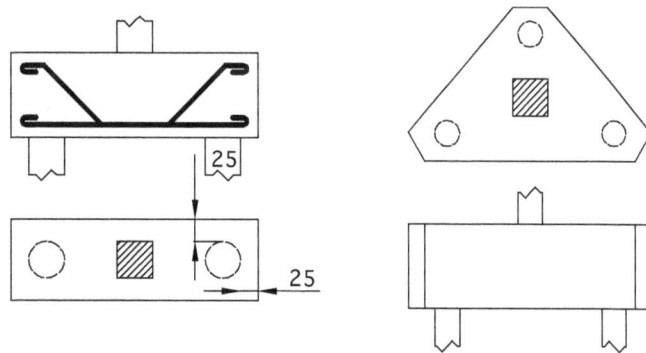

Fig. 7.23

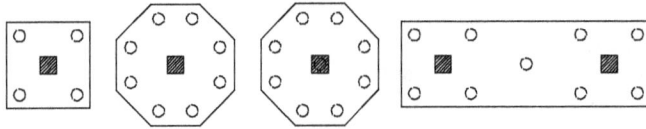

Fig. 7.24

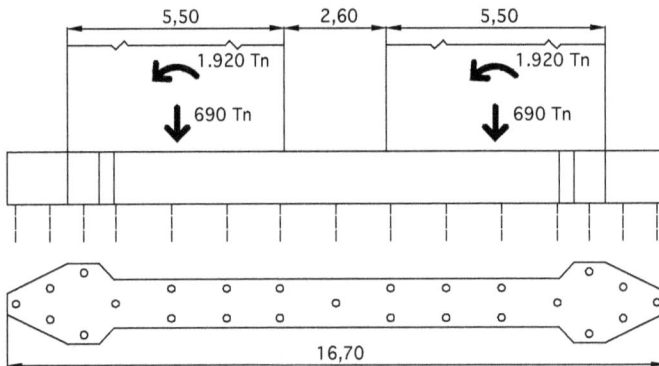

Fig. 7.25

Det 1°

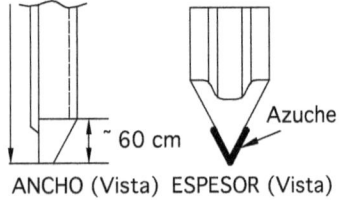

Det 2°

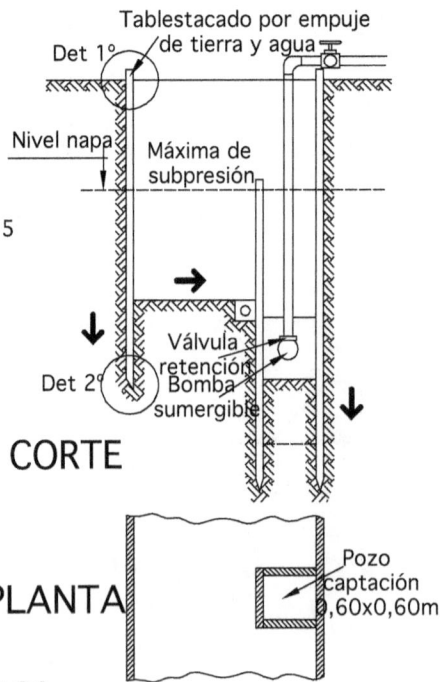

CORTE

PLANTA

Fig. 7.26

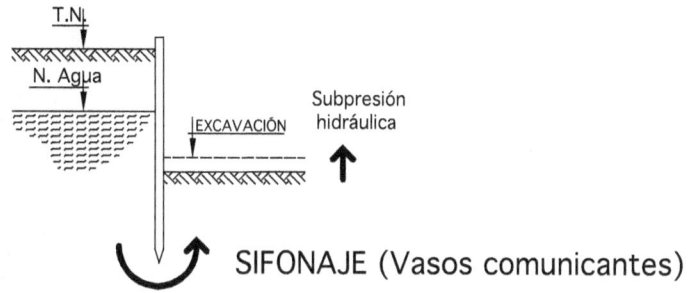

SIFONAJE (Vasos comunicantes)

Fig. 7.27

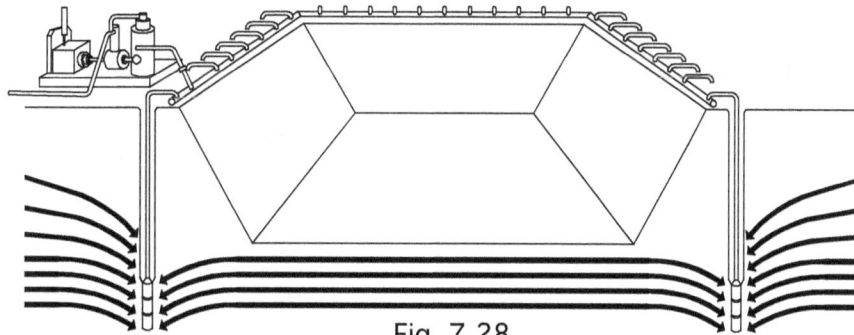

Fig. 7.28

1° Paso

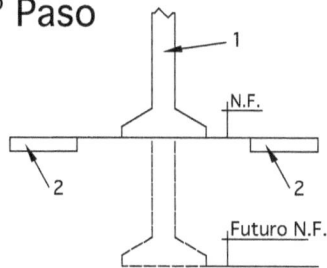

2° Paso

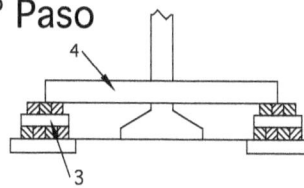

3° Paso

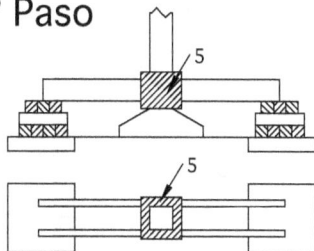

4° Paso

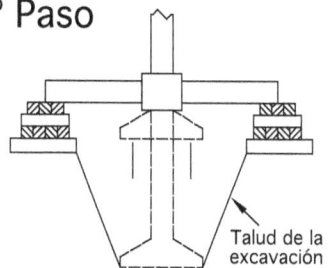

Fig. 7.29

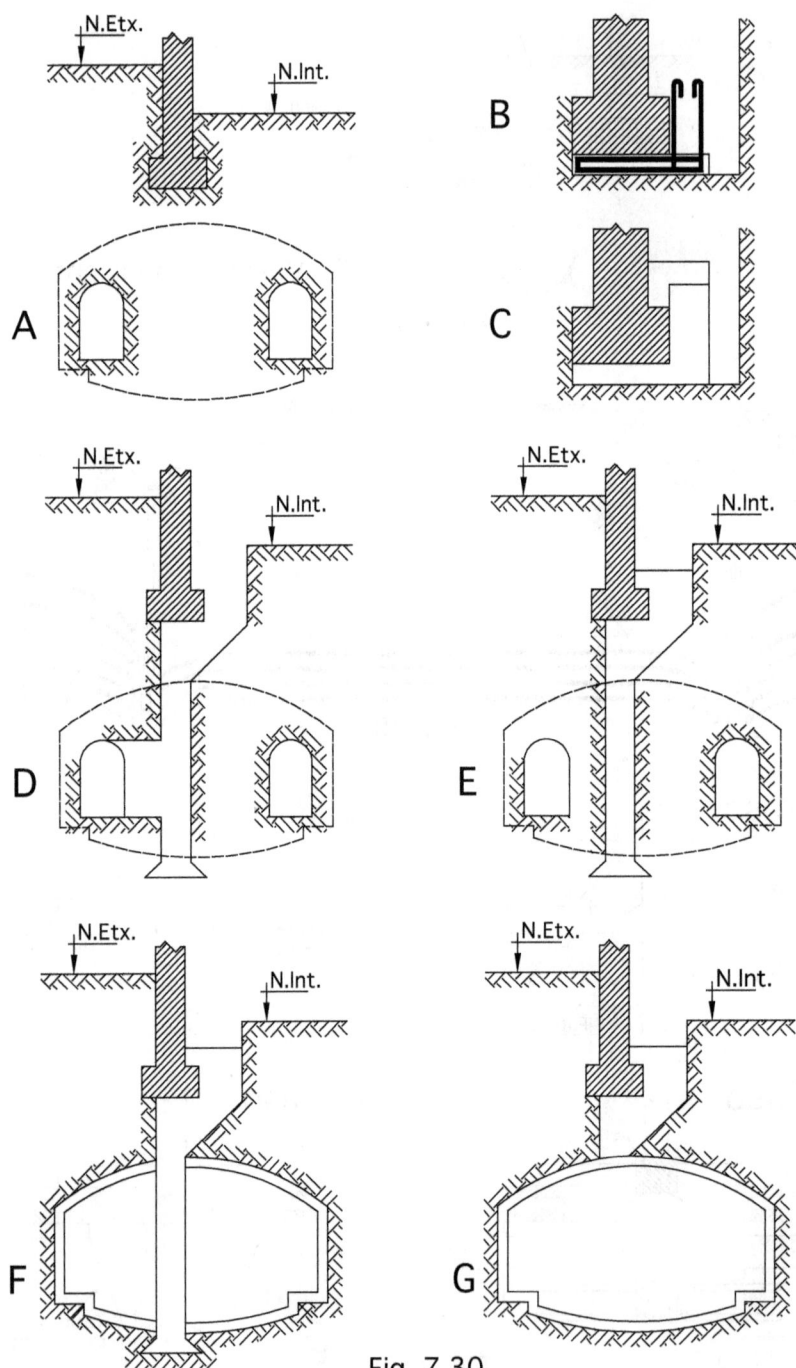

Fig. 7.30

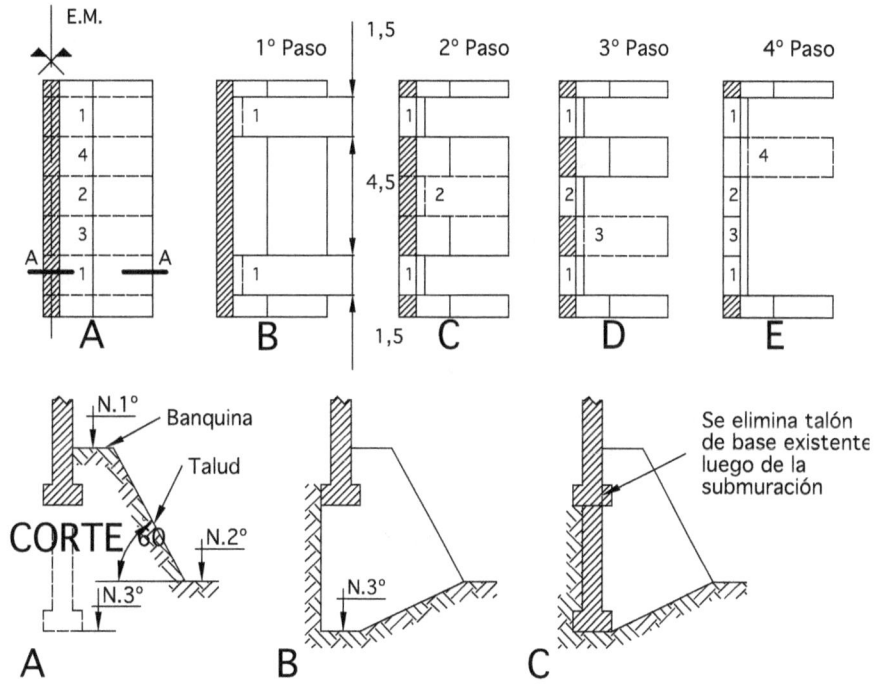

Fig. 7.31

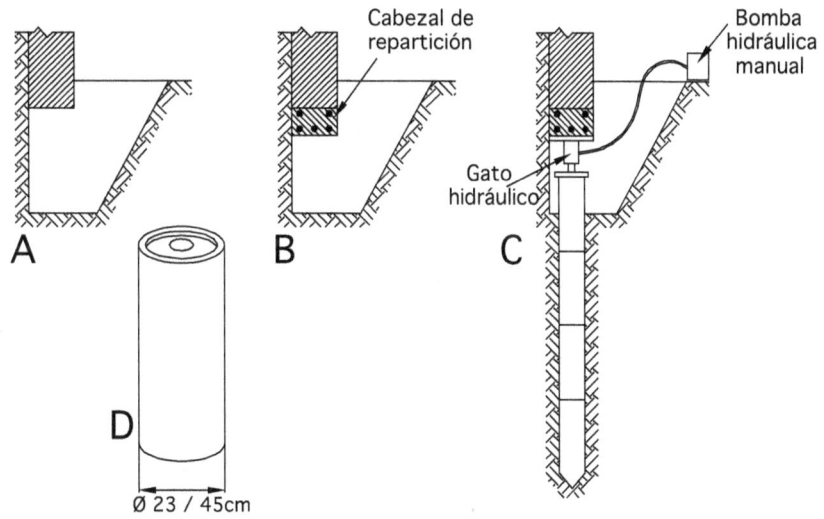

Fig. 7.32

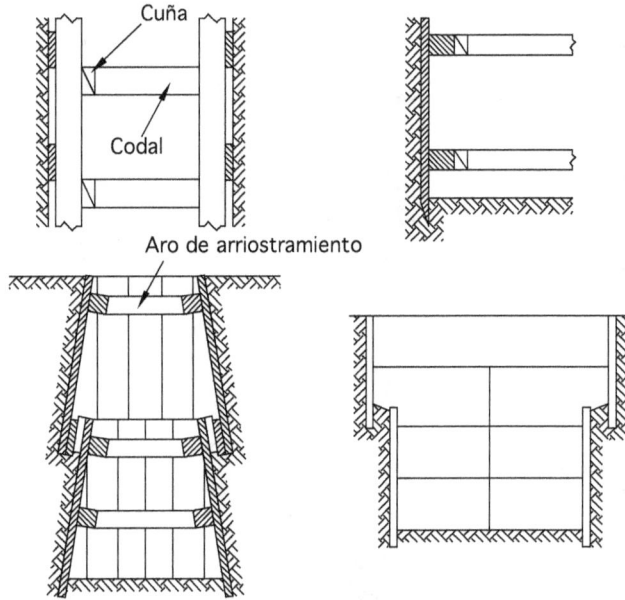

Cuña

Codal

Aro de arriostramiento

Fig. 7.33

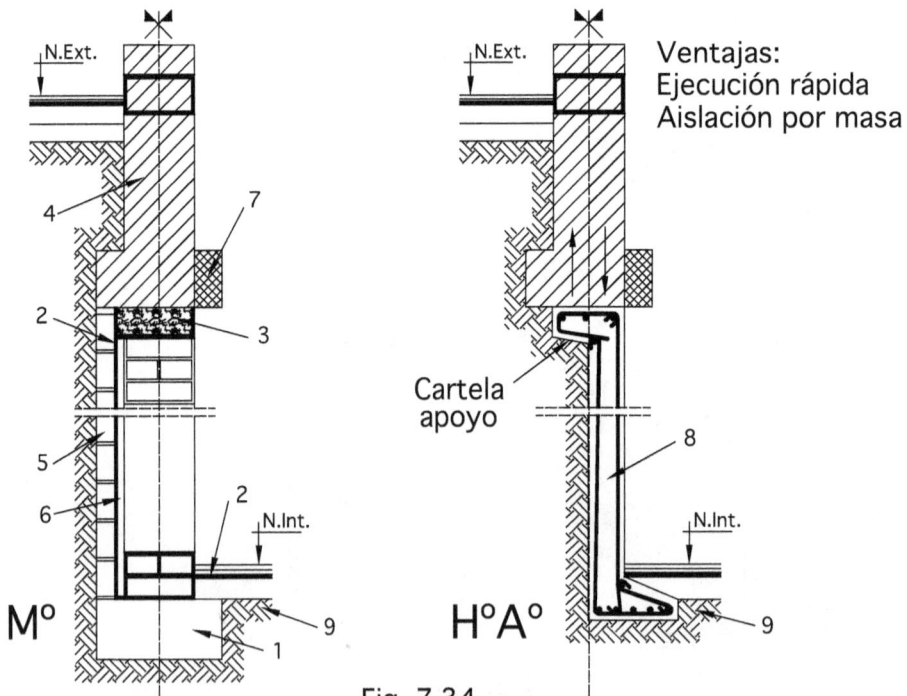

N.Ext.

N.Ext.

Ventajas:
Ejecución rápida
Aislación por masa

Cartela
apoyo

N.Int.

N.Int.

Mº

HºAº

Fig. 7.34

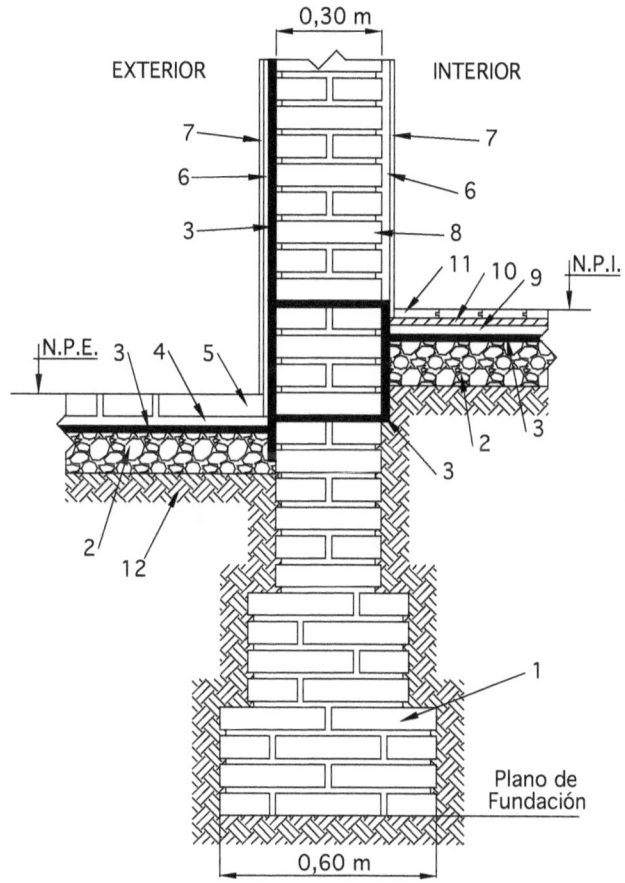

Fig. 7.35

8. PROTECCIÓN HIDRÓFUGA

8.1. GENERALIDADES

Ya se ha podido apreciar hasta qué punto la durabilidad de un edificio está afectada por la acción del agua. Todos los materiales de la obra gruesa y/o fina –morteros, hormigones, mampuestos, hierro, madera– encuentran en el agua el agente principal de su destrucción a largo plazo (o corto, si no se han tomado mínimas prevenciones de defensa).

El agua, uno de los elementos naturales más abundantes, está presente en todas partes y es prácticamente imposible construir sin pensar en los medios de protección contra sus efectos.

Si es corriente (que corre), el agua puede llegar a tener una enérgica acción abrasiva superficial, sea destruyendo por frotamiento, y exponiendo por lavado, el ensanche de capas, cada vez más profundas en las estructuras. Una vez incorporada a los vacíos o porosidad del material como líquido, la temperatura en descenso puede congelarla, con una fuerza expansiva suficiente como para provocar la destrucción acelerada de los materiales. Su acción física no se limita al desgaste y arrastre mecánico o destrucción por aumento de volumen: actúa además como diluyente de las partes solubles y como agente electrolítico en infinidad de procesos galvánicos.

Tiene, por supuesto, una acción química directa al servir como portadora de sustancias agresivas contra uno u otro material. Y por último, una acción biológica como sostén de organismos vivos, destructores de los elementos orgánicos.

Se la encuentra libre en la lluvia y en los suelos; en estos últimos también como agua de adsorción y absorción (sea de la propia agua de lluvia infiltrada o por la presencia de napa freática). En el aire, como vapor de agua, y en la masa íntima de la obra misma, en todas aquellas partes que fueron hechas con agua y tardan algún tiempo en combinarla o perderla.

Si todos estos medios se pueden considerar como naturales para la presencia del agua, hay otros circunstanciales, como pueden ser la acción del hombre en los locales, generando vapor de agua (la transpiración, el aliento, la cocción, las duchas, etc.), el lavado permanente de pisos y cosas, la rotura de un caño de la instalación sanitaria, etc. Por ejemplo: un suelo de arcilla expansiva humedecido por la pérdida de líquido, a través de una junta mal hecha en un caño de cloaca, constituye un riesgo muy grande para el cimiento y la obra misma; e, inversamente, la evaporación natural de ese suelo a través de una pared de sótano no imper-

meabilizada (puente hidrófugo) puede tener el mismo efecto.

Y si la humedad es un factor importante en el proceso de destrucción edilicia, no lo es menos desde el punto de vista de la salud humana. Para la ingeniería sanitaria, el nivel de humedad de los ambientes no debe exceder de un máximo, por encima del cual la salud queda comprometida.

Para el confort ambiental, los niveles tolerados son aun menores, debiendo todo equipo acondicionador de aire estar provisto de un sistema regulador de la humedad.

En sótanos profundos, hundidos en la napa, se produce un efecto mecánico adicional: la presión hidrostática sobre las paredes y la subpresión sobre el fondo pueden llegar a romper los componentes estructurales. Ningún sistema de protección hidrófuga es capaz de resistir y/o prevenir este fenómeno, que deberá ser enfrentado por la obra portante.

8.2. LA PREVENCIÓN

La *protección hidrófuga* de las obras es el importantísimo arte de prevenir la acción del agua en cualquiera de sus formas. Significa, en todo caso, un mayor costo inicial, ampliamente compensado luego por los menores costos de mantenimiento y una mayor duración. La defensa de la salud y la mejor conservación de las cosas no requieren comentario adicional.

Todas las partes de la obra expuestas deben ser protegidas, sean cubiertas, paramentos, sótanos, etc. En este capítulo nos interesa particularmente el aislamiento de las que están en contacto con el suelo (cimientos y sótanos), y el tratamiento correctivo de edificios existentes afectados por la humedad.

Todos los artificios de prevención se resumen en tres posibilidades, para cada una de las cuales existen métodos adecuados de aplicación:

- Facilitar el escurrimiento de las aguas libres, lejos de la obra, y lo más rápido que se pueda (mediante desagües y drenajes).
- Aislar la construcción para impedir todo contacto con las fuentes de provisión de agua (impermeabilización).
- Ventilar las superficies humedecidas (ventilación).

Nada impide la aplicación simultánea de las tres posibilidades, y así se hace en muchos casos.

Hay una cuarta posibilidad, en edificios existentes, aplicable solamente a obras nuevas que aún poseen en sus estructuras el agua residual de su propia elaboración en obra. En estos casos se debe dejar transcurrir el tiempo necesario para que el agua de construcción de amasado, de mojado de ladrillos y paramentos, de limpieza, etc., se seque. Estas aguas pueden provocar manchas en pinturas y ligeros deterioros en revoques, maderas o hierros; pero los efectos no son grave y dejarán de ser una molestia en menos de seis meses, si permitimos que dicha agua evapore a través del material y sus revestimientos, que han de ser carácter poroso, como: pintura a la cal, al látex o revoques símil piedra. No volveremos sobre este tema.

8.2.1. Desagües y drenajes

Es el nombre que se da a la técnica aplicable al primer caso (facilitar el escu-

rrimiento), para que la obra quede protegida por ausencia del elemento agua.

El agua superficial –de lluvia, riego, lavado, etc.– es alejada del edificio mediante el desagüe de techos y patios. Con desagüe o sin él, es conveniente disponer un ligero talud del terreno natural desde la construcción hacia afuera, con una pendiente del 2% en los primeros tres o cuatro metros solamente. Mejor si el talud se cubre con césped, y mucho mejor aun si se lo pavimenta parcialmente.

En cuanto al agua subterránea, se canaliza con drenajes (cañería cribada), y se la lleva hacia los puntos bajos; si desde éstos no puede ser evacuada naturalmente, se la bombea. Esas canalizaciones subterráneas se llaman *drenes*.

Un dren completo consta de un caño poroso y cribado de 150 mm de diámetro, colocado con las juntas separadas (2 ó 3 cm) y una envoltura de material granular (piedra partida o canto rodado de entre 10 y 40 mm de espesor) (ver figuras 8.1 y 8.2).

El drenaje es una protección muy adecuada para aquellas regiones de suelos permeables, con aguas corrientes de infiltrado que puedan dañar los cimientos, erosionándolos y/o provocando asentamientos en el suelo, y con rumbos de agua errantes, permanentes o temporarios. Es inútil en suelos saturados, salvo durante el período de construcción.

8.2.2. Impermeabilización

Se da este nombre a la técnica aplicable al segundo caso referido, que consiste en aislar la construcción. En suelos comunes con humedad natural de absorción y/o adsorción, por lo general un cimiento no necesitará protección. Puede llegar a tomar el mismo contenido de humedad del terreno sin riesgo alguno. Tampoco son necesarias las protecciones en suelos saturados, si las aguas no son agresivas. No ocurre lo mismo cuando éstas son corrientes o se hacen corrientes a través del cimiento, como acotamos al comienzo del capítulo. El agua se mueve por las masas en contacto con ella de dos maneras: por filtración, a lo largo de grietas, fisuras, juntas o cavidades relativamente grandes, o por capilaridad, a través de canalículos de muy pequeño diámetro (entre 0,01 y 1 mm de diámetro).

El agua de filtración se encuentra siempre por debajo del nivel del agua libre, puesto que se mueve por gravedad. El agua capilar, en cambio, suele encontrarse por encima del nivel del agua libre, puesto que se eleva por succión y tensión superficial. Cuando un muro se encuentra en contacto con dos ambientes de distinto contenido de humedad (por ejemplo: tierra y aire, como ocurre en los sótanos), se establece a través de él una corriente de agua o vapor de agua (capilaridad). produciéndose así los ataques fisicoquímicos mencionados más arriba, o transportándose el agua del suelo hacia los ambientes habitables.

La tarea planteada consiste, entonces, en impedir las filtraciones y cortar la capilaridad, para lo cual las soluciones son dos:

- Hacer impermeable la propia masa del cimiento (impermeabilización por masa); o
- Intercalar barreras adicionales para cortar el movimiento del agua dentro del muro (impermeabilización por membrana).

El material apropiado para lograr un macizo impermeable por sí mismo es el hormigón, por su falta de juntas y su relativamente baja porosidad cuando se lo ha elaborado en las siguientes condiciones: baja relación *agua/cemento,* granulometría cerrada, compactación enérgica –mejor aún vibrado–, curado eficaz y, muy particularmente, uso de agentes incorporadores de aire. La acción de estos agentes produce burbujas minúsculas de aire en la masa del hormigón, aisladas entre sí, y es precisamente esa falta de comunicación es la acción inhibidora de la capilaridad. Hoy, el mercado ofrece además aditivos para impermeabilizar hormigones por masa; se trata de compuestos químicos en polvo que se dispersan dentro de la propia estructura del hormigón, reaccionando así con el cemento y el agua en un proceso de hidratación integral que genera agujas cristalinas entrelazadas que obturan totalmente los capilares existentes en la masa.

Para la segunda solución existen las llamadas *capas aisladoras* (mantos intercalados en lugares determinados), que siendo impermeables por sí mismas, cortan el acceso del agua o interrumpen el ascenso por capilaridad. De estas capas aisladoras son dos los tipos conocidos:

1. Capa hidrófuga sobre la base de morteros de cemento adicionados con agentes impermeabilizantes (aditivos), aplicados como revoques que cortan el paso del agua líquida, pero no del vapor de agua (no recomendamos, pues, su uso como barrera de vapor).

2. Las membranas, hechas con una o varias láminas (cartón asfáltico, fieltro, techado asfáltico, materiales plásticos –láminas de poliestileno–, velos de vidrio, geotextil, cobre, aluminio, etc.), con intercalación, o no, de lechos de asfalto o materiales similares. Estas membranas, que solían confeccionarse *in-situ*, con la técnica de la multicapa, hoy prácticamente fueron sustituidas por la preformadas, con la técnica de la monocapa.

Clasificar las capas aisladoras como "horizontales" y "verticales" responde a una comodidad del calculista de costos, careciendo de una significación importante en el sentido técnico.

En sótanos, la capa aisladora se constituirá del lado de afuera, hacia la tierra, para que la presión del agua –existente o eventual– la comprima contra el muro (presión positiva). En donde esto no sea posible –es el caso de los sótanos existentes–, la presión desde afuera puede hacer saltar la capa aisladora (constituida, ahora, del lado de adentro), a menos que desde dicho lado se construya una estructura de hormigón armado para impedirlo (presión negativa).

Nunca se deja la aislación en contacto directo con la tierra; si el manto es horizontal, se lo tiende sobre el contrapiso; si es vertical, se lo aplica sobre un tabique previo, o de erección simultánea con la aislación. El uso de productos asfálticos o láminas metálicas obliga a la preparación de la superficie con un alisado previo de cemento para proveer un plano de asiento sin rugosidades, para no perforar el manto. Esta superficie, además de lisa, debe estar seca, sin humedad de condensación ni remanente del mortero, para evitar que el manto aislante se despegue.

Sea horizontal o vertical, la capa aisladora se hará con el mismo material y cuidando la continuidad al pasar de la primera posición a la segunda.

El mortero de cemento hidrófugo se elabora con un dosaje característico de una parte de cemento y 3 de arena gruesa (1:3), que se mezclan con el agua adicionada con el hidrófugo (en un 10%), aplicándose en una sola operación en un espesor de 15 a 20 mm, *sin alisar*. Como hemos indicado, es preferible utilizar arena de grano grueso, que asegura mayor compacidad.

En su aplicación en superficies verticales, en especial en paramentos de muros sobre terraplén y/o muros exteriores (con barrera de vapor), este mortero se combina con la aplicación de pintura asfáltica sobre su superficie, en dos manos cruzadas bien espesas, asegurando así el total sellado de los microporos y cumpliendo también la función de barrera de vapor.

En cuanto a la construcción de membranas, véanse los tipos indicados en el Capítulo 9 (9.4.1), que pueden ser mejorados con intercalación de láminas metálicas (con preferencia actual hacia el aluminio).

8.2.3. Ventilación

Es el nombre que se da a la técnica aplicable en el tercer sistema de protección hidrófuga que hemos referido.

Es conocida la propiedad del aire húmedo de depositar parte de su vapor de agua sobre las superficies frías. El fenómeno es particularmente visible en el vidrio de las ventanas exteriores durante el invierno, y se lo llama *condensación*. Puede deberse a un estado natural del aire o a la presencia de fuentes de vapor, como ser la concentración de personas o artefactos productores de humedad (por ejemplo, ventilaciones de artefactos de gas –conductos de zinc–, que acumulan bastante agua en su base). En estos casos, el aire actúa como agente de la humedad, y en otras oportunidades es también conocida su capacidad de absorber el vapor de los ambientes que lo tengan en mayor proporción, en cuyo caso actúa como agente de desecación. Esta capacidad es tanto mayor cuanto más pronunciada sea su propia sequedad, su temperatura y su movimiento. Una superficie de mampostería húmeda, en contacto con aire en esas condiciones, le entrega su agua y termina por secarse (caso del tubo Knappen). Si la fuente de humedad es permanente, la circulación de aire también deberá serlo; se producirá, entonces, un arrastre de agua o vapor de agua a través del muro, desde la fuente hacia el aire. Si la alimentación no es muy intensa, podrá lograrse, por simple ventilación, un grado aceptable de deshidratación. Pero si la humedad del aire es alta, la aireación resultará ineficaz, a menos que, de alguna manera, a dicho aire se lo seque previamente.

El proceso de ventilación puede ser natural o forzado. Aquí nos interesa el primero, puesto que el segundo corresponde a una especialidad bien definida de la instalación termomecánica de las obras (de todos modos, será el constructor quien decida la necesidad de la circulación forzada, y al especialista corresponderá suministrarla). Son muy sencillos los dispositivos usados para la aireación natural: generalmente se disponen bocas de entrada de aire exterior en el nivel más bajo que la obra permita, y bocas de salida hacia el exterior en el nivel más alto que se pueda. Si estas últimas se encuentran suficientemente libres de obstáculos –a esta circunstancia se la denomina "a los cuatro vientos"– el movimiento se establece espontánea y permanentemente de abajo arriba, como una suerte de "barrido".

No está en los alcances de este libro más de lo que hemos dicho sobre la ventilación.

Los medios de ventilación en obras nuevas son una previsión del proyecto que, lamentablemente, a veces se ignora.

Algunos artificios de ventilación para obras existentes se ven en las figuras 8.8 (tubo Knappen) y 8.9. Véase también las figuras14.3 a 14.7 (Cap. 14).

8.2.4. Humedad en edificios existentes

En obras habilitadas, el problema de la humedad presenta mayores dificultades y/o costos, dado que en muchas ocasiones la protección hidráulica falta totalmente o, existiendo, se ha vuelto obsoleta y es necesario rehacerla. Con el transcurso de los años, un muro puede llegar a absorber apreciables cantidades de agua, y a veces el constructor se ve frente al doble problema de, por una parte, evitar que continúe el embebimiento, y, por la otra, eliminar la humedad absorbida.

Naturalmente, la primera tendencia será a actuar sobre la fuente productora de agua, eliminándola; solución inmediata en los accidentes comunes de rotura de caños y similares. Pero muchos suelos transmiten a la obra la humedad que previamente tomaron del ambiente (lluvias, etc.), o de las napas freáticas, y no es posible eliminar la fuente. Ésta es la situación más repetida que se presenta, en la gran mayoría de los casos, como una humedad ascendente desde el suelo al cimiento y a los muros en elevación.

Este fenómeno de capilaridad comienza a manifestarse inmediatamente sobre el zócalo a nivel de planta baja; produciendo inicialmente manchas en la pintura y luego su destrucción, como así también el deterioro y caída de los revoques (en locales bien ventilados es visible la erosión que sufren entre la línea divisoria de la parte húmeda y la seca).

Además, afecta de un modo uniforme a ambos paramentos, salvo que tengan muy distinta ventilación o que uno de ellos posea revoque impermeable. Si el desperfecto abarca todo el largo del muro, indica falta de capa aisladora o, si la tiene, su decrepitud total.

Los remedios pueden ser varios, y su elección es un problema de criterio, en el que habrá que hacer intervenir factores como el costo, si el local se encuentra ocupado, y la existencia de predios vecinos medianeros. Las soluciones posibles son:

- *Reconstrucción de la capa aisladora horizontal, o ejecución de una nueva.* Son soluciones trabajosas y aún riesgosas, pero que aseguran total efectividad. Su proceso constructivo es el siguiente: la pared se corta horizontalmente en tramos alternados de no más de 1 m de largo, y separados entre sí 1 m, en todo su espesor, con una altura de dos o tres hiladas. En cada uno de estos cortes, se ejecuta la capa aisladora (mortero de cemento impermeabilizado con aditivos hidrófugos), para luego reconstruir la mampostería. Terminada esta primera operación de corte, se procede a una nueva rotura con el resto de los tramos que fueron alternados, procediendo también a su ulterior rellenado en la forma descripta, completando así la longitud del muro dañado. El trabajo es lento, porque se hace a mano por etapas no simultáneas, y dando tiempo al mortero para que seque. Resulta costoso y muy molesto si el local está ocupado o hay vecindad medianera.

Se han ideado medios mecánicos para acelerar el corte de la pared (hilos de acero, sierras, etc.), y el rellenado a presión del espacio resultante.

- *Construcción de revoques impermeables en ambos paramentos.* Se trata de una solución pésima, porque la humedad queda definitivamente confinada y sigue subiendo hasta superar el nivel de la propia impermeabilización, generando así el fenómeno de la pared fría, en donde fatalmente habrá de producirse la condensación del vapor de agua existente en los ambientes que limita.

- *Ventilación de la masa interna del muro por medio de sifones atmosféricos.* Estos sifones, a su vez, pueden ser reemplazados por perforaciones de forma tubular que atraviesen todo el espesor de la pared. Como ejemplo tenemos los tubos Knappen, que al igual que las simples perforaciones, necesitan aireación suficiente en la superficie de la pared, de modo que no es posible colocarlos en locales interiores (se transferiría al ambiente la humedad de la pared), salvo que posean ventilaciones permanentes "ad-hoc". Estos elementos sanean un área muy limitada del muro, razón por la cual se los debe colocar en gran cantidad para que resulten eficaces (uno cada 2 m^2).

- *Protección con tabique y cámara de aire.* Una excelente solución si no importa que el local pierda entre 10 y 15 cm en una de sus dimensiones.

- Con una finalidad puramente informativa, citamos los *procedimientos electro-osmóticos* (protegidos por patentes), que con la simple colocación de un hilo de cobre de 4 mm de diámetro (alojado en una canaleta practicada en el muro, con ramales perpendiculares del mismo material que atraviesan la pared cada 50 cm) permite la desecación de la misma en el término de unos meses, siempre que se le coloquen algunas tomas de tierra. Se asegura que el procedimiento no requiere suministro de fuerza motriz (aunque algunos de los sistemas necesitan corriente continua de entre 5 y 10 voltios) (Fig. 8.9).

- Finalmente, por *colmatación de la porosidad del muro* con productos adecuados (figuras 8.10 y 8.11) puede lograrse su impermeabilización, sea nuevo o viejo, con poca molestia y costo relativamente bajo. Aunque no asegura una total solución, este método permite reducir el problema. Ello es debido a que no siempre la reacción del producto infiltrado en la mampostería existente es la esperada, dadas las variables erráticas de composición de los mampuestos, como así de los dosajes de los respectivos morteros de asiento (a veces con presencia de tierra, elementos orgánicos u otras impurezas, etc.).

8.3. TEXTO DE LAS FIGURAS

Fig. 8.1. *Drenaje*
1. El caño cribado o poroso se coloca unos centímetros más bajo que el fondo del cimiento. **2.** Indica el relleno granular fino (arena), para cortar el movimiento horizontal del agua y obligarla a bajar hacia el caño; en realidad la parte superior de este relleno se hace con tierra común para evitar la filtración rápida del agua de lluvia. *A la izquierda* se ve la disposición preferida, de funcionamiento tan seguro como la de la *derecha*, pero que evita una excavación en dos etapas. **3.** Es la capa aisladora para cortar la capilaridad. **4.** El cimiento. **5.** Tierra común. **6.** Relleno granular grueso (granza).

Fig. 8.2. *Drenaje*
A la izquierda, drenes perimetrales de protección alrededor de un edificio (trazo discontinuo grueso) con ramales de seguridad (trazo discontinuo fino) por debajo de él. En este caso todos los drenes están por debajo de los cimientos, con pendiente que respeta el sentido del movimiento natural de las aguas. *A la derecha*, el dren interior mostrando el caño envuelto en material granular. Actualmente el relleno fino es reemplazado por un manto *geo-textil*.

Fig. 8.3. *Capas aisladoras para muros.*
A: muestra el movimiento capilar del agua y su evaporación hacia el exterior; una disposición como ésta no evitará las manchas de humedad a la altura del zócalo (interior y exterior).
B: forma correcta: doble capa aisladora con unión vertical del mismo material; no hay ascenso capilar ni arrastre de agua a través del cimiento.

Fig. 8.4. Para el *desagote de una zanja inundada*, por presencia de napas freáticas o precipitaciones pluviales, se realiza lo que llamamos "el achique de excavación", para lo cual se ejecuta un pozo sumidero lateral en el fondo de la excavación, dándole pendiente al suelo compactado, o no removido (sobre el que apoyará la base), hacia él, y colocando dentro de dicho pozo una bomba de achique sumergible, que irá evacuando el agua hacia el exterior.

Fig. 8.5. *Aislación de sótanos.*
A la izquierda, para terrenos compactos con poca humedad natural y sótanos pequeños (-3 m). Muro de ladrillos con tabique a panderete del mismo material y capa aisladora intercalada de concreto con hidrófugo. Estos tres elementos son de erección simultánea; la excavación se recorta perfilada a plomo con la cara exterior del panderete, cualquier huelgo que pudiera producirse entre tierra y albañilería se rellena con suelo-cemento bien compactado. El detalle **A**, véase en la figura siguiente.
A la derecha, sótano en suelo con agua abundante y/o sótanos medianos (-3 a -9 m). Piso y paredes son de hormigón armado, calculados para resistir la subpresión. El tabique hacia tierra es por lo menos de medio ladrillo y su construcción, como la de la capa aisladora, es previa a la del hormigón. Estas estructuras, además, deben ser usadas como encofrado perdido. Véase en la figura 8.7 el proceso constructivo.
1. capa aisladora horizontal más alta que el suelo; **2.** panderete; **3.** capa aisladora vertical; **4.** muro de sótano de albañilería; **5.** capa aisladora horizontal al pie del muro y sobre contrapiso; **6.** capa aisladora horizontal y vertical continua en muro y piso; **7.** tabique protector hacia tierra de ladrillo común de 0,15 m; **8.** hormigón armado estructural; **9.** zarpa de asiento; **10.** contrapiso alisado para apoyo de la aislación hidrófuga del piso.
Actualmente, puede eliminarse la ejecución del tabique de mampostería de 0,15 m en el caso de la derecha (donde apoya el aislamiento hidrófugo), dado que a las estructuras de hormigón se les aplica el aditivo hidrófugo por masa.

Fig. 8.6. *Terminación superior del tabique a panderete (detalle A de la figura 8.5).*
A la izquierda, la disposición es viciosa: la impermeabilización es inoperante contra la infiltración del agua de lluvia, que afectará al paramento del sótano. La tercera es la más adecuada, al trabar el panderete contra el muro.

Fig. 8.7. *Aislación de sótanos.* Indica el proceso constructivo en presencia de agua. Se hace la excavación más grande que la obra (**2**), y se instala el sistema de drenaje más bajo que el fondo; los drenes (**1**), concurren a un pozo de bombeo.

Sobre el fondo seco se construye el contrapiso (**7**), y apoyado sobre éste se levanta del tabique (**3**), de espesor suficiente. A continuación se revocan el contrapiso y el tabique con mortero hidrófugo (**4**), sobre el cual se apoyará la membrana asfáltica y/o bitumen asfáltico con FV (en el caso de presencia de napa freática).

Luego se construye el piso y el muro de hormigón (**5**), y finalmente se rellena la excavación excedente (**6**), con suelo-cemento o suelo-cal.

Fig. 8.8. *Sifones atmosféricos.* Son sistemas que se aplican por fallas (o carencias) en los "dados hidrófugos" del muro. Conceptos de sifón:
A: agujero recortado hasta el centro de la pared, con cierre de tela mosquitero; éste es el modelo más sencillo de sifón atmosférico, Véase el desnivel **"h"**, entre el punto más bajo de la generatriz en el fondo y el punto más alto de la misma en la entrada; el aire se mueve en el sentido de la flecha y sale cargado de humedad. **B:** cualquier tipo de sifón requiere muchas unidades; una cada 33 cm, alternadas (tresbolillo), en ambos paramentos o corridas en uno solo. El paramento interior lleva los sifones, y dicho ambiente será ventilado. **C** y **D:** aplicación del sifón atmosférico. El tubo de Knappen (artificio de cerámica porosa) consiste en ejecutar un agujero dentro de la pared, de aproximadamente 15 x 15cm, no superando la mitad del muro, y con una inclinación de aproximadamente 12°, dejando su interior sin tratamiento. En Europa, se suministra un tipo de ladrillo hueco muy poroso, que se introduce en el agujero, ofreciendo una mejor terminación. De él se espera que acelere la evaporación en su cara en contacto con el muro, para expulsar más rápidamente la humedad, por diferencia de densidad de vapor de agua, y por enfriamiento se forma la corriente extractiva de convección (sifón de una rama). Se coloca un tubo cada 1,5 m^2 de superficie-paramento.

Fig. 8.9. *Protección electro-osmótica.* El sistema consiste en cortar una canaleta en el muro humedecido con perforaciones equidistantes, donde se alojan conductores de cobre, unidos por otro conductor longitudinal, a lo largo de la pared. El conjunto se pone a tierra y paulatinamente el muro va perdiendo humedad por diferencias de potencial. Se trata de un método patentado. En general requiere una fuente de baja tensión. de 5 a 10 v.

Fig. 8.10. *Reconstrucción de la capa aisladora.* Perforando la pared humedecida con una doble hilera de agujeros en tresbolillo, y rellenándolos luego con una solución acuosa de productos adecuados, los poros de los ladrillos se van colmatando. El producto luego cristaliza dentro de los capilares del muro, para formar un tapón macizo que reemplaza a la capa aisladora envejecida. Puede no asegurar el 100% de efectividad, pero mejora la estanqueidad.

Fig. 8.11. *Forma de ejecutar el trabajo.*
El botellón con el líquido (geles sintéticos) se introduce en perforaciones horizontales practicadas en el muro cada 20 ó 30 cm. El líquido desciende por gravedad y penetra en la pared colmatando sus poros.

Existen varias marcas comerciales de productos que cumplen esta función.

8.8. FIGURAS

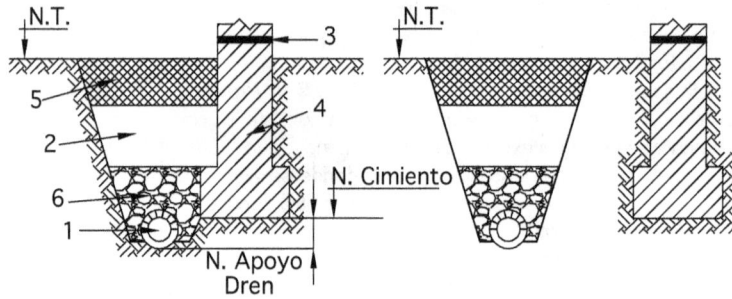

Fig. 8.1

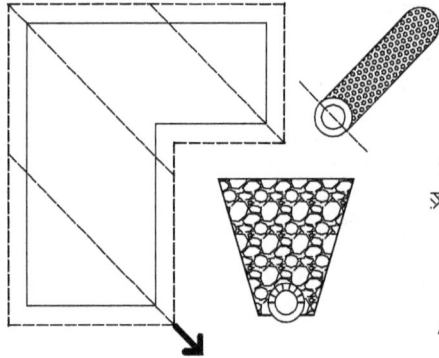

Fig. 8.2

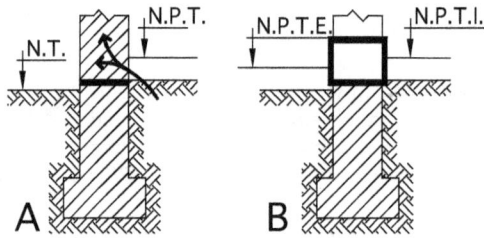

Fig. 8.3

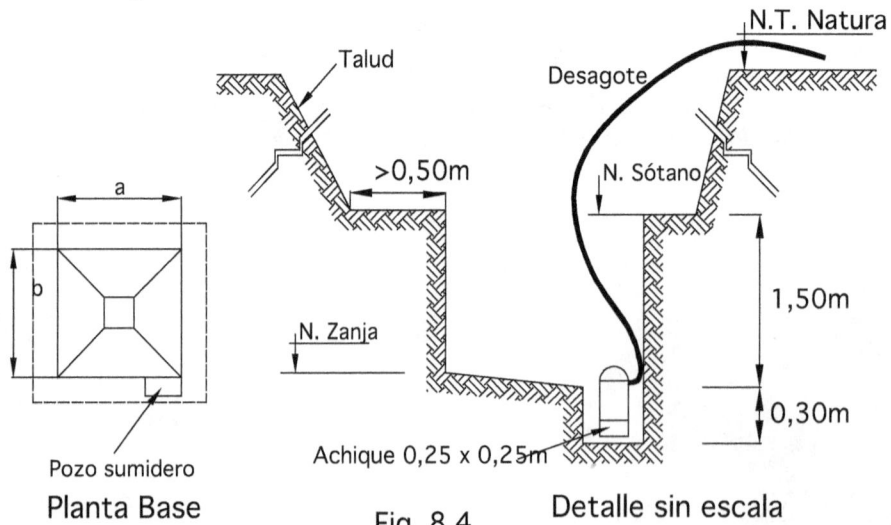

Planta Base

Fig. 8.4

Detalle sin escala

A

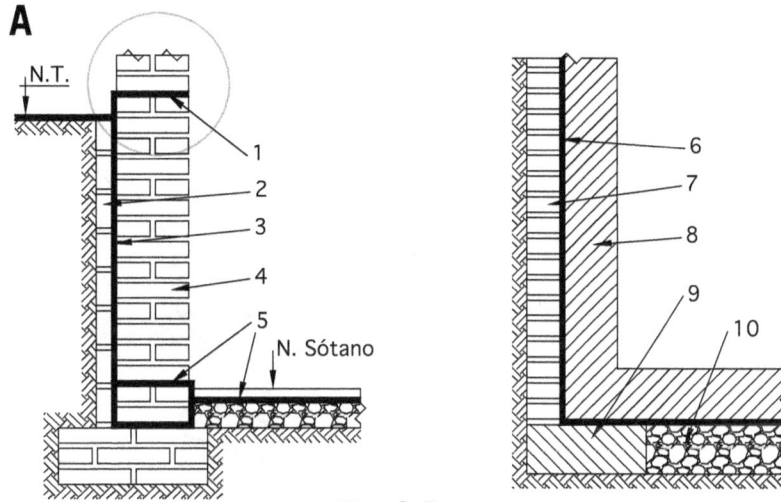

Fig. 8.5

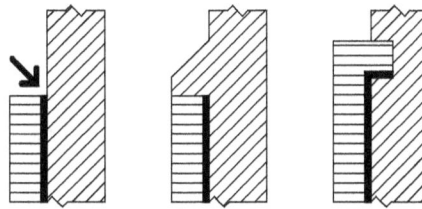

Fig. 8.6

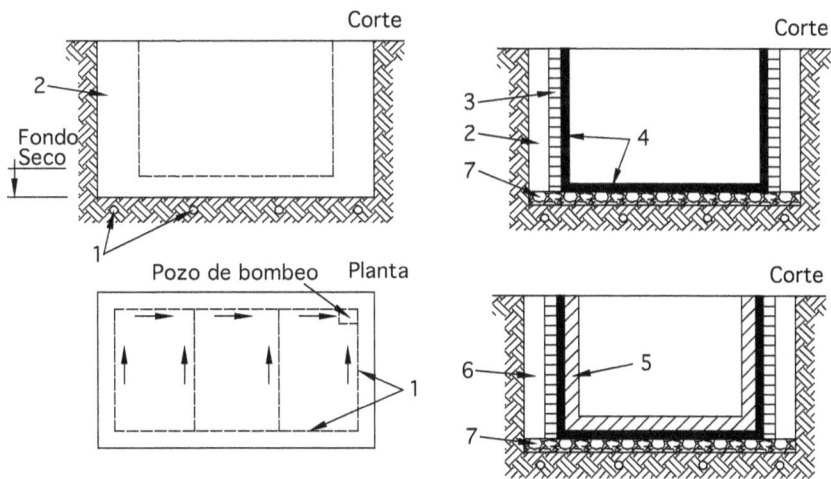

Fig. 8.7

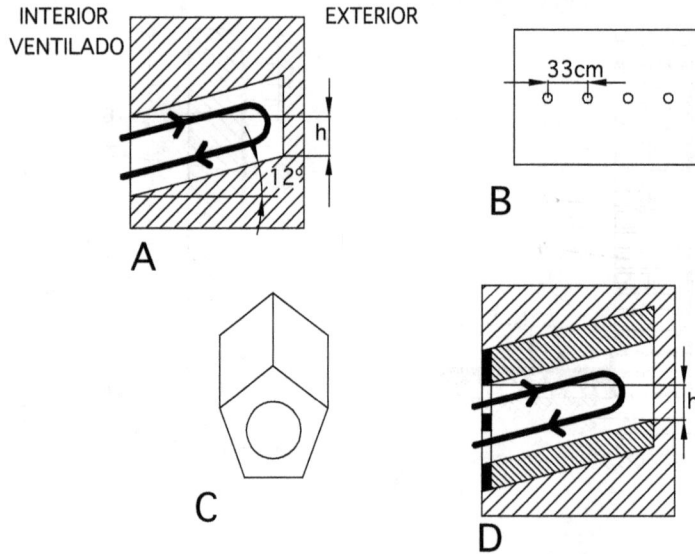

Fig. 8.8

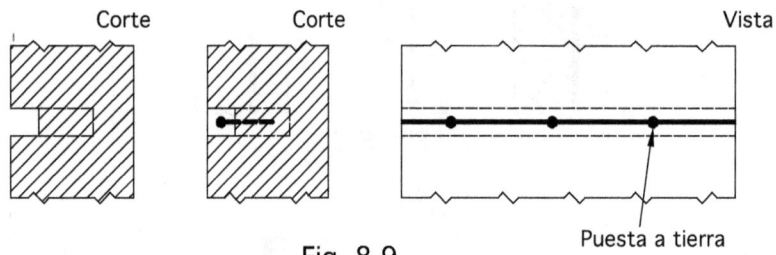

Fig. 8.9

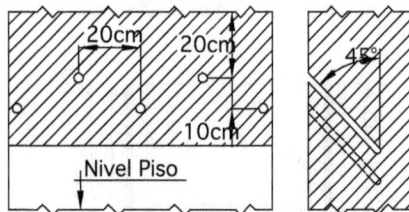

Fig. 8.10

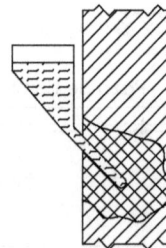

Fig. 8.11

9. TECHOS

9.1. GENERALIDADES

El techo es una de las partes más importantes de un edificio. Su misión, al igual que la de las paredes exteriores, es la de suministrar protección contra todos los agentes externos; por su exposición directa a la intemperie necesita estar formado por materiales de gran resistencia a las variaciones térmicas e hidráulicas de la atmósfera.

Clasificación de techos según las Normas IRAM 11.535:

- **Techo:** conjunto de elementos que cierran y cubren la parte superior de un edificio.

Se pueden clasificar en:

- *Azotea*: techo plano, casi horizontal, transitable, y de no fácil acceso (salvo con escalera móvil y/o fija –tipo gato y/o marinera).
- *Terraza*: es una azotea pero de fácil acceso, con escalera fija y cómoda.
- *Techo de pendiente:* son los de fuerte pendiente, generalmente intransitables y de no fácil acceso.

Paralelamente, la norma IRAM define a la *cubierta* como el revestimiento superior de un techo, pudiendo ser de tejas, baldosas, chapas, membranas expuestas, etc.

El entramado del techo, tanto por su posición bio-climática (coronamiento superior de la mayoría de los edificios) como por la complejidad de las funciones que cumple, tendrá que soportar tensiones hídricas, térmicas, de vapor y, obviamente, las mecánicas.

Los seis componentes principales de cualquier techo son: **1.** cubierta, la que soporta directamente la exposición; **2.** aislamiento hidrófugo, que sirve como barrera impermeable al agua; **3.** contrapiso, cuya función es dar pendiente hacia los desagües (cuando se necesita); **4.** aislaciones termo-acústicas, que eventualmente se pueden ubicar integrando el contrapiso; **5.** barrera de vapor; **6.** estructura resistente.

Siempre se necesita una estructura de soporte, sea una losa de hormigón, un enrejado de cabios, correas y cabriadas, etc. Este sostén subyacente queda excluido de este capítulo, pues su estudio ya fue abordado en los capítulos correspondientes al hormigón armado, el hierro y la madera.

De todos los agentes de la intemperie, el agua es el más difícil de combatir, por ello la función principal de la cubierta resulta ser, entonces, la de rechazar el agua, sea de lluvia o de humedad ambiental.

Para ello, el constructor, valiéndose de materiales de definida aptitud impermeable, aplica un principio que repetimos varias veces en el texto: disponer las cosas de tal manera que el agua se aleje lo más rápidamente posible. De aquí la importancia de las pendientes (siempre presente), siendo precisamente ella la que nos permite establecer los tres grandes grupos en que se dividen los techos:

1. Aquellos de poca pendiente (superficie casi horizontal), ejecutados generalmente sobre una base horizontal (por ejemplo: losa de hormigón armado), cuyo tipo representativo es la azotea o terraza. Reciben el nombre de *cubiertas planas,* que no debe ser entendido en su sentido geométrico estricto, sino en el sentido más corriente de llano, horizontal. Este tipo de techos, desde el punto de vista hidrófugo, es el llamado *de membrana continua.*

2. Aquellos de pendiente acentuada (a veces muy fuerte), ejecutados sobre una base inclinada (estructura metálica, de madera, y a veces losas de hormigón), cuyo tipo representativo es el techo de una o más aguas; recibiendo el nombre de *cubiertas de pendiente,* y que hidrófugamente son los llamados *de membrana discontinua.*

3. Aquellos de pendiente variable en el sentido horizontal, y según directrices curvas en una o más direcciones; recibiendo el nombre de *bóvedas* y *cúpulas.*

9.2. MATERIALIDAD

La elección del material es un problema de proyecto, y en la gran mayoría de los casos se lo resuelve considerando razones económicas y/o arquitectónicas, sin que pesen mucho las de orden técnico. Una larga experiencia sobre el comportamiento de las tejas coloniales, por ejemplo, asegura la eficacia de este techo en toda la extensísima zona templada de nuestro país; sabemos también que la cubierta asfáltica a base de membranas preformadas puede aplicarse con seguridad dentro de la misma zona. Pero la expansión territorial de nuestro país nos pone en presencia de climas extremos, por su temperatura, su contenido de agua, sus lluvias, sus vientos, obligándonos a examinar con cuidado la experiencia extranjera en situaciones semejantes, sin olvidar que vivimos en otro medio, con una determinada capacidad industrial que nos impide contar, a veces, con la variedad y calidad de materiales que caracterizan al mercado de países tecnológicamente más avanzados.

Por otra parte, la pendiente elegida para un techo dependerá del material a usar y del modo como se lo coloque. Un material liviano, fuertemente afirmado sobre la infraestructura, puede admitir la pendiente máxima (90°), y el techo se convierte así en una pared: tal el caso de las chapas onduladas de fibrocemento, hierro o aluminio, capaces de formar techo y/o paramentos. Un material muy liviano, débilmente afirmado sobre su base, resulta peligroso bajo la acción de fuertes vientos. Es sabido que la acción del viento en las áreas de sotavento provoca una succión y lo mismo ocurre, o puede ocurrir, en las de barlovento, de poca pendiente; si la cubierta es muy liviana, la contrapresión tenderá a levantarla; éste suele ser el punto débil de los techos de chapas lisas y delgadas y de las carpas y cubiertas colgantes.

Aumentando la pendiente, se incrementa también la superficie de los faldones y con ello la cantidad de piezas necesarias para cubrirlos. Hay, por ese motivo, un importante incremento en el peso del techo y como resultado un mayor costo de la infraestructura de sostén.

El ideal de estanqueidad lo dan las chapas metálicas soldadas y los materiales asfálticos. Con ambos puede lograrse la formación de verdaderos receptáculos de agua y no habría en principio inconveniente en usarlos con la pendiente mínima (0°). No es prudente, sin embargo, llegar a ese extremo, porque el agua estancada es un agente poco higiénico y además su acción biológica podría llegar a deteriorar la impermeabilización.

Cubiertas con muchas juntas poco herméticas son muy peligrosas en lugares de temporales fuertes, porque el viento puede hacer que el agua suba en contrapendiente y filtre a través de las juntas. En estos casos, ese fenómeno se evita con pendientes más pronunciadas, o con el calafateo de las juntas y/o aumento de la superposición del solape de los elementos del techo.

Todos los techos conocidos deben tener una gran libertad de movimientos, provenientes de su propia elasticidad (membrana y láminas metálicas), de la gran cantidad de juntas (tejas) o de elementos "adhoc" (juntas, cámaras de dilatación), que pueden seguir así, dentro de límites muy grandes, los movimientos propios de la obra o los producidos por la carga térmica. Conviene, entonces, que aquellas unidades que por sí mismas son rígidas y frágiles (como las baldosas de techo), tengan la necesaria movilidad para evitar que se rompan, como indica la fragilidad referida.

La cerámica, la pizarra, los materiales cementados, entre otros, son inertes, inactivos, prácticamente inalterables por la exposición o por el contacto con otros materiales. Las unidades metálicas, en cambio, no lo son: el agua y las sustancias que lleva disueltas pueden atacarlas; es el caso de, por ejemplo, las chapas galvanizadas, o dos metales distintos que son puestos en contacto (pueden formar una cupla o par galvánico). De aquí la necesidad de tomar medidas especiales cuando se usan estos elementos metálicos, que generan un grado de actividad electroquímica dada por su posición en la lista ordenada de acuerdo con su tendencia a la corrosión galvánica. Los metales reunidos en un mismo grupo no ejercen un gran efecto entre ellos, pero cuanto más separados estén el efecto corrosivo es mayor; todo ello está referido en la escala de Nernst (potencial electroquímico de los metales; ver tabla 9.1) (9.9).

9.3. PUNTOS SINGULARES

La construcción de un techo presenta dificultades especiales en ciertos lugares que llamaremos *puntos singulares,* tanto más complicadas cuanto mayor sea el juego de las distintas pendientes. Algunos de estos puntos (en los techos de tejas o pizarras) requieren verdaderos trabajos de artesanía, como suelen ser:

1. El encuentro de dos faldones formando valle o cumbre (limatesa, limahoya o cumbrera, según sea la arista).
2. Los bordes de terminación, en las distintas situaciones de alero (cenefas, canaletas, etc.).
3. El paso de los plenos de ventilación y/o chimeneas, etc., que son motivo de un tratamiento especial, no sólo por su

importancia en el comportamiento del conjunto, sino también por el valor que pueden tener para la volumetría de la obra.
4. En los planos de encuentro de un techo con una pared (parapeto o carga), en los embudos de desagüe pluvial y en los plenos de las instalaciones.

En todos estos puntos es donde se concentran los movimientos del edificio, y los propios del techo; en ellos además suele también acumularse la máxima energía del agua durante los temporales, aumentando así el peligro de su penetración.

9.4. TECHOS PLANOS

Son techos planos los de pendiente muy suave, aproximadamente del 3%. Cuando están terminados de tal manera que se pueda transitar por ellos sin mayores restricciones, se llaman *azoteas* o *terrazas accesibles*, según ya vimos. Tanto unas como otras son el ejemplo más completo y complejo de las cubiertas planas (sus partes constitutivas pueden verse en las figuras 9.1 y 9.2), las que describiremos a continuación, según sus componentes (ya citados).

- El *contrapiso* es variable en su espesor (con un mínimo de 5 cm en los embudos), teniendo como finalidad principal la de obtener una superficie inclinada (aunque cuando la obra misma tiene esa pendiente, el contrapiso debe presentar un espesor uniforme, como es obvio), y la secundaria la del aislamiento térmico y/o acústico. Tratándose de un material que es puramente de relleno, se lo suele ejecutar con hormigón pobre, salvo en el caso del aislamiento con agregados "ad-hoc".

- El *aislamiento térmico,* ejecutado con un espesor uniforme de materiales aislantes (EPS –poliestireno expandido–, vermiculita, hormigón alveolar, etc.), eventualmente podrá cumplir funciones de aislación acústica. Podría pensarse, como dijimos, en hacer del contrapiso y el aislamiento un manto único, reemplazando por ejemplo el cascote del hormigón pobre por arcilla expandida; ello es posible y a veces conveniente. Pero en azoteas de grandes dimensiones y con una inconveniente disposición de los embudos, el contrapiso podría llegar a tener en los puntos más alejados del desagüe un espesor de 20/25 cm y aún más; en esas condiciones, el relleno ya no puede hacerse con materiales costosos, sí el criterio económico prima.
- La *impermeabilización o aislamiento hidráulico* es, de todas las operaciones del techo, la más importante, por su función y por las dificultades que presenta su ejecución. Sobre el particular nos extenderemos más adelante.
- La *protección o terminación* es colocada en el plano superior de la cubierta con el objeto de recibir los impactos directos del clima y de las acciones mecánicas del tránsito eventual (azotea), o permanente (terraza), protegiendo así a los demás miembros del techo. En el caso más completo, la terminación puede llegar a ser un verdadero pavimento.

Lo usual es que el orden en que hemos enunciado estos elementos se mantenga como plan de ejecución, pudiendo ocurrir que alguna de estas partes cumpla varias de las funciones indicadas más arriba, en cuyo caso el techo se simplifica; puede ocurrir también que por razones de economía se suprima totalmente alguno de esos elementos. Lo que no debe faltar nunca ni conviene simplificar demasiado es la impermeabilización, cuando se trata de obras permanentes. Y a ella nos referimos a continuación.

9.4.1. Aislamiento hidráulico

La impermeabilización constituye la más delicada operación en el proyecto y ejecución de una terraza. Dos son las condiciones por cumplir: la primera se refiere a la rápida evacuación de las aguas, que se logra mediante una correcta disposición de los embudos y una optima pendiente de la terminación superficial y del manto hidrófugo, nunca menor del 3%. En cuanto a la cantidad de los embudos, véanse las Normas de Ex Obras Sanitarias de la Nación, siendo prudente preferir varios caños bien ubicados más que uno solo de mayor diámetro. La azotea debe ser dividida en partes, de manera que cada embudo no sirva más que a 60 m^2 de superficie.

La segunda condición se refiere a la absoluta continuidad de la impermeabilización, que debe ser una suerte de cajón estanco ininterrumpido, sin más posibilidades de ser atravesado por embudos y/o plenos previamente ejecutados.

Para ese fin hidráulico, no son aptas las carpetas cementicias, que por su excesiva rigidez y fragilidad no pueden acompañar los movimientos de la obra;

además, su elevada contracción facilita la aparición de grietas. Se prefieren por ello los materiales elásticos, capaces de grandes alargamientos sin rotura.

Para la ejecución de techos ajardinados, las chapas metálicas cumplen con los requisitos citados, realizadas en materiales como plomo, cobre y aluminio (que ofrecen las mejores propiedades). Entre estos materiales se destaca el plomo, con el que se puede hacer una cubierta gruesa, pesada, muy deformable y totalmente homogénea, sin más puntos dudosos que los de la línea de superposición de las distintas chapas, cuyo calafateo es sencillo y de fácil control. Con el cobre y el aluminio, al igual que con el plomo, debe tomarse la precaución de impedir su contacto directo con morteros y hormigones, disponiéndolos entre mantos de asfalto y/o fieltros saturados.

En razón de su mayor economía, actualmente son más usuales las membranas hidrófugas preformadas con *geo-textil* y con mantos de drenaje. Cuando se guardan las debidas precauciones de ejecución, con ellas puede alcanzarse un servicio eficiente de razonable duración.

9.4.1.1. Tipos de aislamiento hidrófugo

Dos son los tipos principales de impermeabilización de cubiertas con materiales bituminosos:

1. La cubierta compleja de mantos múltiples de fibra de vidrio, alternados con mantos de asfalto colados en obra; actualmente en total desuso, tanto en sus variedades de techados asfálticos en frío o caliente.

2. Membranas hidrófugas monocapa preformadas. Estos tipos pueden ser independientes de la base "flotante" (es decir, no adheridos, no pegados, sino simplemente apoyados), en cuyo caso los llamaremos *a membrana despegada;* o bien estar íntimamente vinculados a la misma mediante los propios materiales bituminosos empleados, en cuyo caso los llamaremos *a membrana adherida.* La técnica usual en el país se orienta hacia estas últimas.

De las primeras se dice que tienen la ventaja de ser independientes de los movimientos de la obra, sin estar impedidas de los propios. En todo caso, cuando están colocadas bajo una protección o pavimento suficientemente pesado y no corren el riesgo de levantarse de su asiento, pueden ejecutarse sin ningún inconveniente técnico y con ventaja económica (membranas lastradas).

Nota: Existe también una solución intermedia, llamada, precisamente, *semi-adherida.*

---

3. Membranas hidrófugas sintéticas de conformación *in-situ,* como son las pinturas acrílicas, los cauchos clorados, etc.

4. Membranas hidrófugas sintéticas preformadas, como son las de PVC, goma, etc. La industria provee láminas de PVC (cloruro de polivinilo) de 1 a 1,4 mm de espesor, cuyas juntas se solapan entre 3 y 4 cm para luego soldarse con aire caliente.

5. Con materiales sintéticos y estructura de fibra de vidrio, geo-textil, etc., como son, por ejemplo, las llamadas de Neopreno-Hypalon. Se encuentran también en plaza otros tipos de cubierta que no modifican en lo esencial los principios enunciados más arriba.

9.4.1.2. Las especificaciones

Adherida, semi-adherida, flotante, monocapa o múltiple, la cubierta será ejecutada sobre superficies perfectamente lisas, limpias y secas, tres condiciones que deben cumplirse estricta y simultáneamente (los descuidos al respecto explican buena cantidad de las fallas posteriores). Alisar y limpiar son operaciones sencillas y de fácil control. La vigilancia de la humedad es en cambio más difícil, ya que ella está presente en el agua de amasado de morteros y hormigones y en la propia atmósfera.

Para evitar que la evaporación del agua de amasado se aloje debajo de la membrana formando ampollas, lo mejor es no apurar demasiado el comienzo de la impermeabilización, dando tiempo a que el alisado de base se seque, aunque lo recomendable es el uso de evaporadores, según veremos más adelante. Y para evitar los efectos del agua atmosférica lo mejor es trabajar con tiempo seco, algo realmente poco manejable, dado que la humedad ambiente es el estado natural en algunas de nuestras regiones; habrá entonces que aplicar un programa de trabajo y una técnica especial que permitan cubrir con rapidez la mayor superficie de membrana totalmente terminada, evitando así que entre manto y manto pueda depositarse humedad, e impida luego la buena adherencia. Por ese motivo nunca deberán ejecutarse cubiertas asfálticas de grandes dimensiones, sin asegurarse, por lo menos, que parcialmente vayan quedando completadas todas las operaciones. Los problemas anteriormente expresados, fuerón superados con el uso de las membranas hidrófugas monocapa.

Es esencial contar con materiales de calidad y mano de obra competente. El fracaso de una aislación hidráulica de techo conduce luego a reparaciones costosas, molestas y no siempre seguras, porque a veces el propio manto impermeable conduce el agua y hace aparecer manchas de humedad en lugares muy alejados del de la filtración (caso típico de las membranas flotantes y semiadheridas).

La vigilancia debe ser permanente, muy especialmente sobre los puntos singulares de la cubierta: babetas, juntas de dilatación, embudos, paso de conductos, etc. Es totalmente inútil que la oficina de proyectos haya detallado las especificaciones de la mejor membrana, si el capataz descuida por ejemplo la ejecución de una babeta: por allí se filtrará el agua, constituyendo uno de los puntos más insidiosos y enemigos del constructor.

En todo encuentro con un muro, la babeta debe prolongarse dentro de aquél (canaleta), hasta una profundidad que se supone ya libre del acceso del agua. Para asegurarse de ello, es necesario cumplir con ciertos requisitos. Señalemos que los parapetos colocados en el borde de las losas están muy expuestos a recibir los movimientos de la obra, y como las babetas se empotran fuertemente en ellos (figura 9.7, multicapa), el movimiento de éstos, junto con los de la propia membrana, puede hacer que el manto asfáltico se encuentre sometido a tracciones superiores a su resistencia, y termine por romperse (caso A). De aquí que los dispositivos de la figura 9.9, todos con incorrecta solución del enbabetado y además carentes de cámara de expansión, sean ejemplos no totalmente felices.

Los requisitos más importantes son los siguientes:

- La babeta debe ser independiente de la propia membrana, en la forma que se muestra en la figura 9.7-B, disposición que en el caso de dilataciones favorece el mutuo corrimiento de los mantos, conservando la impermeabilidad.

- Deben prohibirse los ángulos vivos (figura 9.10-D), ya que en ellos la cubierta puede cortarse.
- Los dispositivos de dilatación serán generosos y estar bien ubicados.
- Toda la superficie de los parapetos por encima de la babeta debe ser revocada con mortero impermeable.

9.5. EVAPORADORES

Un sistema de evaporación es el manto de ladrillos huecos indicado en la figura 9.3, que mantiene ventilado el contrapiso arrastrando la humedad de filtración que pueda formarse en el mismo, por disfunción de la membrana hidrófuga y/o confinamiento por celeridad constructiva del agua de empaste del propio contrapiso; lo que, de producirse, provocaría daños a la obra, como ser: oxidaciones, pudriciones, expansiones hídricas, etc., si no encuentra una rápida salida. Para ello, como hemos dicho, se han creado los evaporadores (figura 9.6), destinados a producir centros de tiraje. Resumiendo: existen dos tipos de evaporadores, los lineales (figura 9.3), y los puntuales (figura 9.6).

9.6. TERMINACIÓN

La superficie superior de cualquier tipo de membrana debe ser protegida de la intemperie directa y del movimiento de las personas o cosas sobre ella. Algunos tipos ya traen de fábrica su propia protección (granza, arena, etc., sobre una de sus caras). Pero es preferible algo más completo, por lo menos un tendido de 10 kg por m^2 de granza de mármol (5 cm de espesor promedio), cuando no se hayan indicado protecciones como las de las figuras 9.4-b, u otras.

Una pintura de alto poder reflectante (por ejemplo: pinturas o foil de aluminio), no es lo adecuado cuando la azotea no es accesible; siempre serán preferibles las protecciones mecánicas duras, tipo embaldosado, manto de ladrillos comunes, losetas, etc. (según ya vimos en la figura 9.4-b).

Nota: La pintura asfáltica sobre losas de hormigón armado produce en éstas un efecto (del que deben ser rápidamente protegidas), ya que la fuerte absorción de calor (cuerpo negro) provoca importantes dilataciones, con su secuela de grietas en el mismo hormigón, y en la mampostería adyacente; nunca, pues, debe dejarse en estos casos la superficie asfáltica desnuda por mucho tiempo, ya que su función verdadera es la de barrera de vapor, y no hídrica.

9.7. TECHOS DE PENDIENTE

En este apartado se incluyen tres categorías de techos no accesibles:

9.7.1. Los de tejas cerámicas, pizarras naturales o artificiales y piezas similares por su forma, tamaño y colocación, como las de acero vitrificado, las asfálticas "*shingles*", las de micro-concreto, etc.

9.7.2. Los de chapas onduladas de hierro galvanizado, fibrocemento (sin asbesto), aluminio y piezas similares por su forma, tamaño y colocación, como por ejemplo de plástico.

9.7.3. Los de chapas lisas delgadas –de cobre, aluminio, zinc, plomo–, y piezas similares por su forma, tamaño y colocación.

9.7.4. Bóvedas y cúpulas.

En todos los casos pueden distinguirse los siguientes elementos fundamentales:

1. La cubierta propiamente dicha, formada por la yuxtaposición de múltiples unidades iguales, superpuestas y trabadas de modo de formar una superficie totalmente cerrada al paso del agua (desde el punto de vista hídrico es una suerte de membrana hidrófuga discontinua); estas unidades son siempre relativamente pequeñas, siendo manejadas por un solo hombre, dos a lo sumo, cómodamente y sobre el mismo plano de colocación.

2. La infraestructura, inmediatamente por debajo de la cubierta y sobre la que ésta se apoya, que en el caso más sencillo es un conjunto de listones paralelos y equidistantes, y éstos a su vez pueden tener sobrepuesto el plano continuo de un entablado, o en el mejor de los casos una losa de hormigón.

Además tenemos, por supuesto, la estructura resistente, o sea el elemento portante destinado a recibir el peso total del techo y las eventuales sobrecargas de personas, nieve, viento, etc. El estudio de la estructura, como hemos dicho, se aborda en otros capítulos.

9.7.1. Cubiertas de tejas y pizarras

La palabra teja se refería originalmente a piezas de material cerámico destinadas a ejecutar revestimientos de cubierta. Cuando, en cambio, ese material era pizarra natural, esas piezas se llamaban pizarras.

En la actualidad, tanto unas como otras pueden encontrarse fabricadas con los más diversos materiales: morteros, fibrocemento (sin asbesto), vidrio, material plástico, asfalto, etc. La variedad de los tipos que puede suministrar la industria es grande y no vale la pena clasificarlos o distinguirlos de un modo especial. Lo verdaderamente interesante es aprender que tejas y pizarras se colocan formalmente de la misma manera, que puede ser cualquiera de las que se muestran en la figura 9.14, con la salvedad que la llamada pizarra artificial además de clavada va enganchada.

9.7.1.1. Formas de colocación

a) *Entablonado y enlistonado.*
El revestimiento se clava, ata o engancha sobre listones paralelos y equidistantes (el enganche en algunos tipos está ya formado en la propia teja, figura 9.19 y 9.20). Aquí el problema consiste en fijar con precisión la distancia entre listones.

Para algunos tipos de tejas –como la francesa, la colonial y todas las de encastre– esta distancia depende solamente del largo de cada una, y no puede variarse. Para otras –como las tejas planas y las pizarras– esa distancia puede variarse dentro de límites muy amplios, según el recubrimiento adaptado o el aparejo con que se disponga el tejado. En este caso, la separación entre listones viene dada por el largo de la parte visible de la teja una vez terminado el techo (figura 9.15).

El enlistonado se dispone paralelo a la línea del alero; muy excepcionalmente en líneas inclinadas, generalmente a 45°, cuando la apariencia así lo exige. Cada listón debe ir cepillado y conformado, para que las piezas no apoyen sobre el filo vivo, aunque por razones de economía se prescinde a veces de esta exigencia. Los clavos y los ganchos deben ser galvanizados o, mejor aún, de cobre.

El entablado es no sólo el apoyo del enlistonado, sino que recibe el techado o fieltro asfáltico (ruberoi), y eventualmente el aislamiento térmico, sirviendo además como plataforma de trabajo. Solamente entonces se colocan las piezas para clavar, previa aplicación, como ya dijimos, del techado asfáltico (ruberoi) y del listón de yesero (figura 9.16).

b) *Asentadas con mortero.*

A veces la infraestructura es una losa de hormigón o forjados cerámicos; en ese caso, como ya no es posible ni engancharlas ni clavarlas, las tejas y/o pizarras se colocan con mortero, permitiendo una importante economía de madera y mano de obra. Muchas regiones del país cuentan con buenas posibilidades de fabricar cerámica y hormigón, pero son pobres en maderas de construcción, por lo que esta forma ha nacido como respuesta a una necesidad de hecho.

9.7.1.2. Los detalles constructivos básicos

El conjunto de figuras agregadas ilustra sobre los detalles constructivos de los tipos más usados en el país: tejas coloniales, tejas francesas, tejas planas (estas últimas en una gran variedad de modelos). Es natural que las pizarras –naturales o de fibrocemento (sin asbesto)– sean preferidas cuando se trata de cubiertas de mu-

cho recubrimiento o fuertes pendientes, en razón de su menor peso, fácil manejo y mejores anclajes. Las pendientes muy acusadas son funcionalmente válidas en zonas de intensas nevadas.

En las figuras se han incluido también algunos detalles de terminación en los puntos singulares. Éstos son los de más delicada construcción por su comportamiento futuro; su éxito depende casi exclusivamente de la calificación del operario. Son cuatro las situaciones por resolver:

1. Encuentro de faldones de distinta pendiente.
2. Encuentro de un faldón con un muro con variante en el sentido transversal de la pendiente y otra en el longitudinal.
3. Borde libre sobre alero o sobre mojinete.
4. Paso de conductos.

Los artificios empleados para resolver cada uno de estos problemas son los siguientes:

- El uso de piezas especiales para el primer caso.
- El uso de morteros y/o zinguería para el segundo.
- El uso de piezas de acordamiento para el primero, el tercero y el cuarto casos. Siempre que se pueda, se debe trabajar con detalles de zinguería para completar los artificios anteriores.

Nota: La construcción de una cubierta de tejas o pizarras se comienza alineando los listones y nivelándolos, para luego colocar el revestimiento que arranca por el punto más bajo (el alero), hacia arriba.

9.7.2. Cubiertas de chapa ondulada

Las chapas onduladas, llamadas también chapas canaletas, suelen ser de hierro galvanizado, aluminio, fibrocemento (sin asbesto), cartón impermeabilizado o material plástico.

El método para la colocación de todas ellas es el mismo: se las atraviesa con clavos "ad-hoc", previa perforación, o se las sostiene con ganchos, que evitan la perforación y facilitan el desmonte. Las ligeras diferencias de cada tipo no modifican su modo de colocación.

Por su liviandad, facilidad de montaje, fácil recupero y bajo costo de conservación, esta clase de cubierta es la preferida en la construcción de galpones, para los que no hay por el momento una alternativa más económica. Su poco peso permite la cómoda construcción de los cerramientos laterales, con muy sencillos artificios para la ventilación e iluminación de los locales.

La figura 9.25 ilustra sobre el dibujo que puede lograrse según la disposición de las juntas: en el que se indica en **A**, puede verse que en cada encuentro (figura 9.26) se superponen cuatro chapas, cosa que no presenta inconveniente alguno cuando se trata de chapas aluminio o hierro galvanizado, dado su poco espesor, pero que no puede tolerarse en las de fibrocemento, cuyo espesor haría que quedasen excesivamente separadas, razón por la cual será necesario "despuntarlas", como en la figura 9.26.

a) De hierro galvanizado

Para su puesta en sitio, las chapas de hierro galvanizado previamente se perfo-

ran de tal modo que los agujero resulten hecho desde la cara que será inferior hacia la exterior (el agujereado es un proceso de taller, hecho a máquina sobre lotes de chapas), conforme a su ulterior ubicación en el techo.

Por estos agujeros se pasan los clavos, si las correas son de madera, o ganchos si son de hierro (figura 9.28). Los clavos tienen cabeza de plomo para permitir calafatear el agujero. Los ganchos llevan tuerca para hacer el ajuste, teniendo en su remate dos arandelas, la de arriba de hierro galvanizado y la inferior de plomo, para estanquizar el agujero (actualmente se utiliza neopreno en lugar de plomo).

Como estas chapas son muy delgadas, llevan siempre una correa intermedia (además de las dos principales), a la que también se clavan o enganchan. Cada chapa, entonces llevaría tres clavos en la parte alta, tres en la correa intermedia y tres en la parte inferior. Sin embargo, la succión del viento en los grandes temporales somete al techo a fuertes solicitaciones con vibración, por lo que, para estos casos, se perfecciona el cierre entre chapas intercalando a media distancia los llamados bulones de tormenta, que forman una verdadera costura a lo largo de los bordes de cada chapa.

La disposición de chapas en cada agua debe ser debidamente estudiada, para tratar de cubrirla con chapas enteras, evitando los cortes y/o superposiciones excesivas, siempre antieconómicas. La industria provee una gran variedad de largos, y en trabajos de importancia puede suministrarlos a medida. El empleo de correas intermedias y bulones de tormenta hace posible el uso de chapas muy largas. Actualmente se encuentran unidades de 80 cm de ancho por 10 m de largo. Con tal amplitud pueden hacerse pendientes con desperdicio prácticamente nulo.

Esta cubierta no brinda protección térmica; por ello, en climas cálidos, donde la temperatura de los recintos cerrados puede llegar a ser mayor que la del exterior, o en galpones de trabajo de poca altura, se deberá dotarla de una adecuada aislación térmica adicional. También debe tenerse en cuenta la condensación que se produce en el invierno, con el consiguiente goteo interno que genera.

b) De aluminio

Trabajando con este material, la puesta en obra es idéntica a la descripta más arriba. Las medidas normales son las mismas, de modo que, en la mayoría de los casos, puede procederse a un reemplazo directo de un material por otro.

Con relación al hierro galvanizado, el aluminio tiene la ventaja de su poco peso. Es un material que, además, prácticamente no requiere conservación, pues posee una gran resistencia a la humedad y un gran poder de reflexión de la luz y el calor, con las consiguientes ventajas térmicas. Pero en su escaso espesor tiene su principal inconveniente, puesto que son sumamente sensibles a los impactos durante el transporte y manipuleo, al igual que al granizo. Otra característica es que son muy flexibles, pudiendo adaptarse con toda facilidad a formas curvas suaves.

La posibilidad de producir fenómenos electrolíticos por el contacto con otros metales, es especialmente peligrosa en climas húmedos, lo que obliga a ser cuidadosos con este metal, que ocupa un lugar alto en la escala de Nernst (ver tabla 9.1). Por ello se recomienda muy especialmente no usar ganchos, clavos o tira-

fondos que no sean de aleación de aluminio, precaución que deberá observarse en todos los accesorios de acordamiento. Deben evitarse muy particularmente los contactos con plomo, hierro, estaño, cobre, latón y bronce.

Por este motivo, el asiento de chapas de aluminio sobre estructuras de hierro debe hacerse intercalando un fieltro asfáltico u otro aislante neutro; estas intercalaciones dan mejores resultados que las pinturas, aunque éstas también pueden usarse, salvo el *minio de plomo*. Por supuesto que las arandelas de plomo también deben prohibirse. No hay problemas electrolíticos entre el aluminio y el cadmio, zinc o galvanizado.

Los contactos con la mampostería y el hormigón deben ser totalmente evitados; se usará siempre un agente separador, generalmente un fieltro saturado o una pintura bituminosa sobre las chapas.

Nota: Ciertos tipos comerciales, algunos de ellos protegidos por patentes, reemplazan la onda curva por ondas trapezoidales u otras formas, como el llamado techo "Kalha".

c) Cubiertas de fibrocemento

Este material tiene muy buenas propiedades de resistencia a la intemperie y al fuego, con un satisfactorio comportamiento mecánico. Es generalmente liviano y de fácil colocación, aunque es inconvenientemente frágil y en sus tipos más gruesos resulta algo pesado.

Hoy su fabricación está sometida a normas que implementan una serie de medidas respetar, como la eliminación del asbesto (cancerígeno) y su reemplazo por fibras sintéticas y/o celulósicas.

Hay también piezas de acordamiento del mismo material para resolver los variados problemas de tejados. Como todos los moldeados, ofrece teóricamente una variedad ilimitada de posibilidades; razones de orden económico condicionan, sin embargo, la producción de piezas comerciales.

Los métodos de fijación usuales son dos: por medio de tirafondos (eventualmente clavos), para los cuales las chapas deben ser previamente perforadas; y por medio de grapas, como las que pueden verse en la figura 9.28.

Se recomienda el segundo método, con indudables ventajas sobre el primero. Como el fibrocemento es un material poco elástico, conviene darle márgenes de movimiento, lo que se obtiene mejor con las grapas que con los tirafondos; además, un exceso de presión por parte del operario en el ajuste del tirafondo puede determinar tensiones locales, capaces de trizar el material.

La colocación de las chapas sobre los tirantes de sostén resulta muy fácil; como estos pueden ser de madera o hierro, las grapas se presentan ya con la forma adecuada a cada tipo. Finalmente, las chapas pueden recuperarse totalmente sanas como material de demolición. Por tal motivo, los pliegos de obras públicas prohíben el uso de clavos y/o tirafondos. De cualquier manera, tanto las grapas como los tirafondos deben ser galvanizados.

Hay que considerar que a mayor espesor del fibrocemento, mayor será su resistencia. Los tipos comerciales se producen en espesores de 5, 7, y 8 mm, y largos de 1,22 hasta 3,66 m; por supuesto, no mediando razones de economía, deben ser preferidos estos últimos.

Es importante inspeccionar una por una las chapas a colocar; para ello, se las golpea ligeramente, y el sonido resultante indicará la existencia de fallas no visibles. El almacenaje se hará manteniéndolas verticales, apoyadas sobre su canto menor en una superficie horizontal y bien lisa.

El operario debe trabajar sobre puentes de servicio, y será prohibido el paso, aun eventual, sobre las chapas ya colocadas; sobre éstas tampoco se permitirá apilar materiales, aunque sea para su uso inmediato.

En pendientes inferiores a los 15° pueden usarse, siempre que las juntas se calafateen con un mástic o sellador adecuado.

Hoy, la industria provee una paleta de colores (negro, verde, rojo y azul), con accesorios (como las cumbreras).

d) Cubiertas de plástico

Se las fabrica de las mismas medidas que las de fibrocemento, hierro galvanizado y aluminio, para su reemplazo directo. Son translúcidas, incoloras o ligeramente coloreadas, y se usan para la iluminación, resultando un artificio de muy fácil colocación y relativamente barato en comparación con claraboyas u otras alternativas. En la actualidad se están comercializando mucho las de policarbonato.

9.7.3. Cubiertas de chapas lisas

Las cubiertas hechas con chapas metálicas lisas, de muy poco espesor, son tal vez el medio más eficaz y duradero de ejecutar un techo. Pero a las grandes ventajas que ofrecen en cuanto a servicio y durabilidad, se oponen dos inconvenientes serios (por lo menos en nuestro país): su alto costo y la gran especialización de la mano de obra necesaria para su colocación, que influye fuertemente sobre el primero.

Al igual las chapas, por ser también metálicas, son muy sensibles a los cambios de temperatura; por eso su disposición debe permitir la inmediata acomodación a las dilataciones; de allí su nombre más conocido: techos *a libre dilatación*. Con ellas, es posible obtener mínimas pendientes y también el recubrimiento de superficies verticales, al igual que curvas, que encuentran en este sistema una inobjetable solución técnica.

Los materiales más usados para la elaboración de estas chapas son el cobre, el zinc, el aluminio, el hierro galvanizado y el plomo. Estos dos últimos están menos generalizados: el plomo, por su costo, y el hierro por razones de calidad, que no es comparable con la de los otros del grupo.

Para las chapas elaboradas con los tres metales nombrados en primer término los detalles de su colocación son los mismos. El hierro galvanizado, en cambio, menos dúctil, se aplica con uniones más sencillas, y también menos seguras. Finalmente, el plomo, por su peso y espesor, lleva muy pocos pliegues, dando el cierre más seguro; además es el material más duradero y maleable, soldándose con total facilidad. Es ideal para cubrir con seguridad las mínimas pendientes y asegurar total estanqueidad, por ello es también recomendable su uso para terrazas ajardinadas o con piscinas. En orden de méritos le sigue el cobre y luego el zinc, que es por su costo el más empleado. El cobre, expuesto a la intemperie, se patina (oxida), adquiriendo una gran belleza, con sus tonalidades verduzcas.

En todos los casos la cubierta de chapa se apoya sobre entablado de madera, continuo o con una ligera separación. Estas separaciones permitirán a su vez el movimiento de aquél, pero resultan muy peligrosas, porque las cargas accidentales pueden llegar a hundir las delgadas chapas, en correspondencia con las juntas. Entre el metal y el entablado se debe intercalar un fieltro o techado asfáltico, precaución con la que se evita que la transpiración de la chapa pueda afectar la tabla y que los agentes activos de ésta puedan a su vez dañar la chapa. Si el fieltro no se intercala, la clavazón de la madera debe ser del mismo material que la cubierta, por razones de corrosión electrolítica.

El revestimiento va afirmado al maderamen mediante grapas del mismo material de la cubierta (las que suelen llamarse *agrafes* –voz francesa–, y de allí el nombre de *agrafados* con que también suele llamarse a estos techos).

En las figuras puede verse la descripción de los dispositivos usuales para el caso, con preferencia sobre los tipos de cobre, zinc y aluminio. Son muy pocas las variantes que pueden encontrarse con respecto a los agrafados. Los sistemas en uso son tres:

1. Juntas sobre listones: es el sistema que se considera de mayor calidad en cuanto a su funcionamiento y presentación; también es el de más difícil ejecución y mayor costo (figuras 9.31 y 9.32; secuencia del plegado **A**, **B**, **C** y **D**).

2. Juntas plegadas rebatidas: juntas laberínticas que se preparan acostadas (figura 9.35).

3. Juntas plegadas rectas: el pliegue de una chapa sobre otra en forma laberíntica hace el cierre; la junta que sigue la pendiente del techo queda perpendicular al plano de éste (figura 9.31).

Nota: Todas las juntas son a libre dilatación.

Se puede ver el detalle constructivo de ejecución y terminación de varios tipos de encuentros en la figura 9.34.

En todos los casos los espesores son de apenas unas décimas de milímetro. Con aluminio se ha llegado a 0,1 mm (en este caso no se engrapa, se pega). En general, van de 0,4 a 0,7 mm, salvo en las de plomo, donde se llega a 1,5 mm.

9.7.4. Bóvedas y cúpulas

Por la existencia de curvatura (doble en el caso de las cúpulas), no todos los materiales de cubierta se adaptan a la formación de estas superficies cilíndricas o esféricas, de lo que resulta que debemos seleccionar, entre los materiales que hemos visto para conformar cubiertas de pendiente, aquellos más adecuados por sus dimensiones.

En efecto, dada la pequeñez de las piezas individuales (tejas, pizarras y aun chapas) en relación con la superficie total de la bóveda, ésta resultaría formada por múltiples planos que no modifican el aspecto del conjunto. Suelen crear un problema especial las zonas superiores del coronamiento de las bóvedas, donde no resulta fácil disimular las diferencias entre el plano y la curva, y se lo resuelve con trabajos de zinguería.

Cuando la estructura que define la forma es hormigón armado, se preferirá revocarla con material especial para frentes, o pintarla con productos elastoméricos, o recubrirla con azulejos o mosaicos venecianos, de dimensiones pequeñas, para acompañar fielmente la conformación curvilínea.

9.8. TABLAS

TABLA 9.1. ESCALA DE NERNST

Escala de Nernst (potencial electroquímico de los metales)			
	Símbolo	**Metal**	**Volts**
Extremo ánodo (corrosión)	Al	Aluminio	-1,67
	Mn	Manganeso	-1,65
	Zn	Zinc	-0,76
	Cr	Cromo	-0,71
	Fe	Hierro	-0,44
	Cd	Cadmio	-0,40
	Co	Cobalto	-0,28
	Ni	Níquel	-0,25
	Sn	Estaño	-0,13
	Pb	Plomo	-0,12
	H	Hidrógeno	0,00
Extremo cátodo	Sb	Antimonio	+0,10
	Bi	Bismuto	+0,23
	Cu	Cobre	+0,34
	Ag	Plata	+0,80
	Hg	Mercurio	+0,85
	Au	Oro	+1,42
Nota: Esta escala tiene importancia no por los valores considerados aisladamente, sino por la posición relativa de los elementos.			

9.9. TEXTO DE LAS FIGURAS

Fig. 9.1. *Detalle constructivo de techo plano frío en dos variantes (terraza completa en este caso).* De abajo arriba pueden verse las partes integrantes de un techo completo desde el punto de vista de su función. Sobre el plano horizontal superior de la estructura (**7**), ha sido ejecutada la barrera de vapor (**6**), el contrapiso (**5**) para dar pendiente, y sobre éste la aislación térmica (**4**); a continuación la aislación hidrófuga (**3**), y finalmente un piso de losetas de borde biselado (**1**), apoyadas sobre viguetas premoldeadas o pilares de mampostería (**2**), de altura variable y colocadas de tal manera que vuelven a dar un plano horizontal (el apoyo de las losetas sobre pilarcitos de ladrillos o viguetas, fue lo que primitivamente se usó, pero hoy se lo reemplazó por los apoyos plásticos de PVC). El agua de lluvia cae a través de las juntas entre losetas (que se dejan abiertas), sobre el manto impermeable, y de ahí pasa a los embudos. La protección es perfecta y la cámara de aire mantiene fresca la membrana, y ventilada su cara superior (la cámara de aire –**8**– no tiene una finalidad térmica para los locales subyacentes, aunque sí influyente). Este tipo de azotea o terraza suele ser llamado entre nosotros "a la catalana", y es una excelente solución desde todo punto de vista.

Fig. 9.2. *Detalle constructivo general de una terraza completa (techo caliente).* Ejecutada con solado de baldosas cerámicas e impermeabilización protegida. El dibujo muestra algunos detalles importantes de todo techo, de cualquier tipo:
1. refuerzo con barras de acero; **2.** babeta para levantar la membrana hidrófuga; **3.** altura del embabetado, 15 a 20 cm; **4.** solado de baldosas cerámicas, 20 x 20 cm; **5.** junta de dilatación del solado, con sellador bituminoso con aditivos elastómeros; **6.** altura mínima de la carga, 0,5 m; **7.** mortero de asiento; **8.** arena suelta; **9.** membrana hidrófuga bituminosa monocapa; **10.** carpeta de mortero 1:4 (cemento/arena) o MAR, o sea, con mortero no muy rico en ligante (por las fisuras de retracción), para soporte de la membrana hidrófuga; **11.** contrapiso de hormigón de cascote o arcilla expandida, para dar pendiente (2% como mínimo); **12.** junta de MC; **13.** aislamiento térmico EPC, 2" (20 kg/m^2); **14.** barrera de vapor; **15.** estructura resistente; **16.** cielorraso; **17.** junta de expansión EPC, 1"; **18.** viga; **19.** metal desplegado (absorbe los movimientos y evita las fisuras); **20.** enduido de yeso; **21.** fieltro de poliestireno (facilita los movimientos diferenciales); **22.** revoque grueso o jaharro; **23.** mampostería; **24.** cámara de expansión de 2" de EPC; **25.** ladrillo hueco; **26.** azotado hidrófugo (impermeable); **27.** revoque grueso exterior; **28.** revoque fino exterior.

Fig. 9.3. *Detalle de ruptores de vapor lineales.* Se muestra en planta **A**, en línea punteada, y en corte **B**, la disposición de la canaleta ruptor, marcada con **4**, en el corte. Las salidas al exterior **1** y **2** establecen un tiraje de aire que mantendrá ventiladas las canaletas (por los huecos de los ladrillos) y la superficie del aislamiento térmico y del propio contrapiso.

Fig. 9.4. *Ocho tipos diferentes de cubiertas planas.*
A: techo frío con solado de baldosas coloradas, aislación térmica de poliestireno expandido (EPS), y contrapiso para dar pendiente. En este caso, como en los que siguen, la protección hidráulica es una membrana hidrófuga preformada monocapa de 4 mm (sin aluminio). **B:** techo semifrío con solado de baldosas coloradas, asentadas con mezcla sobre la aislación hidrófuga. Aislación térmica de EPS, y contrapiso para dar pendiente; barrera de vapor sobre la losa. **C:** terraza jardín; la terminación es de tierra negra para cultivo, con una lámina de geotextil; un manto de canto rodado (de granulometría más o menos uniforme) sirve de drenaje y protege la aislación hidrófuga contra los golpes de la pala. Debajo, el contrapiso para pendiente. **D:** techo caliente no accesible; puede terminarse con un manto de granza de espesor suficiente para mantener fresca la membrana asfáltica; en este caso, la protección térmica se ha colocado por debajo del contrapiso para pendiente y se ha provisto una barrera de vapor. **E:** techo ventilado con solado de losetas premoldeadas de cinco patas; de carecer de ellas se reemplazan por taquitos plásticos, para formar cámara de aire que mantenga ventilada la aislación hidráulica. Ésta se aplica, por ejemplo, sobre un manto de ladrillos comunes asentados con mezcla sobre el contrapiso de pendiente. **F:** protección mecánica de ladrillos comunes o huecos tendida con mezcla pobre sobre la aislación hidrófuga. La

aislación térmica va debajo del contrapiso de pendiente. Finalmente, una barrera de vapor. **G:** con ladrillones cerámicos huecos especiales para este fin, terminados con mortero, se protege la aislación hidráulica; luego se colocan el contrapiso de pendiente, la aislación térmica y la barrera de vapor. **H:** las canaletas invertidas son premoldeadas en la obra misma y protegen la aislación hidrófuga. En estos dos últimos dibujos se ha hecho un corte normal al sentido de la pendiente y por eso el contrapiso aparece horizontal.

1. estructura; **2.** contrapiso para dar pendiente; puede ser de hormigón pobre o de hormigón ligero; **3.** aislación hidrófuga aplicada sobre una carpeta de cemento alisado; **4.** protección térmica (EPS), mortero de vermiculita o lava volcánica; **5.** mortero de asiento; **6.** baldosas cerámicas; **7.** aislación térmica de hormigón alveolar (variante); **8.** tierra negra para jardín; **9.** canto rodado; **10.** cordón de piedra; **11.** arèna; **12.** solado de lajas; **13.** manto de granza; **14.** ladrillos colocados de plano; **15.** losetas premoldeadas; **16.** variante de aislación térmica de poliestireno expandido de alta densidad; **17.** ladrillones cerámicos huecos (media sombra); **18.** mortero de terminación; **19.** barrera de vapor; **20.** piezas especiales de hormigón premoldeado; **21.** techada asfáltico (o papel Kraf); **22.** manto de geo-textil.

Nota: El aislamiento térmico y el contrapiso pueden llegar a unificarse, reemplazando el cascote por arcilla expandida, lava volcánica, etc. En los casos E, G y H es conveniente reforzar la membrana hidrófuga en los apoyos puntuales (por efecto punzonado).

Fig. 9.5. *Impermeabilización con materiales bituminosos.* El detalle se refiere exclusivamente a la aislación hidrófuga, sin relación con el resto de los elementos de un techo. Los espacios blancos que se ven entre las distintas capas son una licencia de dibujo: en realidad no existen.
A: aislación a mantos múltiples, adherida con seis operaciones: imprimación (línea llena triple fina), asfalto (trazo negro), fieltro saturado (línea de rayas), asfalto, fieltro saturado y asfalto. Son llamados techados multicapa, ejecutados *in-situ*, hoy ya poco empleados. **B:** variante de la anterior; los fieltros saturados han sido reemplazados por fieltro de vidrio hilado (líneas de punto y raya). **C:** membrana asfáltica preformada monocapa en rollos de 1,2 m, preparados para colocar en una sola operación; los trazos negros finos indican el material bituminoso desprendido del calentamiento por fuego de revés de la membrana utilizada.

1, 2 y 3. pintura de imprimación (mínimo, dos manos cruzadas); **4.** mantos de asfalto; **5.** fieltros saturados; **6.** velos de vidrio hilado; **7.** láminas de plástico, para facilitar el enrollado impidiendo el contacto asfalto-asfalto, y a su vez protegiéndolo; **8.** mantos de asfalto plástico especialmente tratado; **9.** alma de polietileno o geo-textil; **10.** foil de aluminio.

Nota: 7, 8, 9 y 10 son cortes de la membrana monocapa (tal como se provee).

Fig. 9.6. *Evaporadores (puntuales).* A la *derecha*, el techo ha sido provisto de un evaporador, con el objeto de extraer los vapores de agua que pueda formarse sobre la barrera de vapor y bajo la aislación hidráulica, o sea en el contrapiso. A la *izquierda*, otro tipo de extractor.
1. barrera de vapor; **2.** contrapiso para dar pendiente; **3.** cemento alisado; **4.** loseta con patas para formar cámara de aire; **5.** aislación hidrófuga; **6.** arcilla expandida suelta, capa de drenaje; **7.** marco de hormigón; **8.** evaporador de chapa (uno cada 20m^2); **9.** losa.

Fig. 9.7. Babetas. El trabajo correcto se muestra en B; en A, la disposición es falsa, con grave peligro de agrietamiento y/o rotura en la impermeabilización, en la sección 5. Se comienza recortando la canaleta (1) en el parapeto (mal llamada babeta), suavizándose luego el ángulo (2) con un cuarto de círculo redondo (una botella –lomo– por ejemplo). La superficie de asiento (3) de la babeta, se alisa con concreto. La babeta (4) es completamente independiente de la aislación de la cubierta.

Fig. 9.8. *Corte de encuentro cubierta con parapeto (techo semi-frío).* **1.** pendiente de 5% hacia el interior (parte superior carga); **2.** revoque fino exterior; **3.** revoque grueso exterior; **4.** azotado hidrófugo de mortero impermeabilizado 1:3 (cemento/arena gruesa/ hidrófugo químico inorgánico c/r agua 10%); **5.** mortero de cemento con refuerzo de barras de acero; **6.** micro-hormigón pobre; **7.** cámara de expansión para absorber los movimientos del contrapiso EPS (poliestireno expandido) de 2"; **8.** caveto; **9.** altura mínima, 0,15 m; **10.** babeta de membrana hidrófuga; **11.** altura mínima, 0,5 m; **12.** membrana hidrófuga bituminosa (membrana pre-elaborada asfáltica tipo "monocapa" de 4 mm –40 kg–, con terminación de aluminio); **13.** mortero 1:4 (cemento/arena), o MAR; o sea con mortero no muy rico en ligante (por fisuras de retracción), como carpeta soporte y capa niveladora de la membrana hidrófuga; **14.** aislamiento térmico (EPS alta densidad); **15.** contrapiso de hormigón de cascote o arcilla expandida, para dar pendiente (2% como mínimo); **16.** barrera de vapor, dos manos de pintura bituminosa cruzada de base acuosa; **17.** estructura resistente; **18.** cieloraso de yeso; **19.** techado asfáltico; **20.** junta de dilatación para absorber los movimientos de la losa EPC 1"; **21.** enduido de yeso; **22.** revoque grueso o jaharro; **23.** mampostería (con mortero de asiento MHR).

Fig. 9.9. *Babetas.*

1 y **2**: en la primera, falta la babeta y en la segunda está mal hecha. Dos formas obviamente deficientes, pero que hemos tenido oportunidad de ver en un prospecto de propaganda e incluso en un libro, respectivamente. Si alguien ha llegado a construir así, habrá bastado la primera lluvia para convencerlo de que lo hizo mal: en **1** se separa, y en **2** se despega. **3** y **4** muestran la técnica tradicional argentina en dos alternativas. En **3**, la membrana queda aprisionada debajo del parapeto, que se termina una vez ejecutada aquélla. En **4**, en cambio, concluido el parapeto se recorta la canaleta y en ella va alojada la impermeabilización. En ambos casos se aplica la baldosa de protección con mucha pendiente en la línea del parapeto, y la junta de dilatación sellada con mástic en 3. Las formas **3** y **4** tienen una peligrosa tendencia a provocar grietas horizontales en el paramento interior del murete; carecen en rigor de la babeta (ver figura 9.8.), y realmente no son aconsejables.

Fig. 9.10. *Cuatro ejemplos extranjeros.*

A: cordón premoldeado de hormigón armado, verdaderamente eficiente. **B** y **C:** dos soluciones con piezas "ad-hoc", metálica la segunda y cerámica la primera; en ambos casos la ranura se sellará con masilla asfáltica. **D:** dos piezas de zinguería debidamente solapadas forman la protección de la babeta asfáltica; el ángulo vivo es peligroso, tanto para el asfalto como para el metal.

Fig. 9.11. *Un ejemplo para la terminación de un borde (en el caso de una cubierta de pendiente).* Una cenefa de chapa doblada N° 14 (2,1 mm) cierra el borde e impide que el viento levante la impermeabilización y la desgarre.

1. cenefa aplicada, protegida internamente con pintura anticorrosiva y/o cementicia, o utilizada como encofrado perdido (si **5** es una obra de hormigón armado); **2.** cubierta, membrana asfáltica monocapa mineralizada color gris, verde o rojo; **3.** mortero alisado para asiento de aquélla; **4.** aislación térmica, hormigón de vermiculita, arcilla expandida, etc.; **5.** losa.

Fig. 9.12. *Paso de conductos en cubiertas planas.* **1.** sombrerete; **2.** caño camisa; **3.** solado; **4.** mortero de asiento sobre carpeta, fuera de escala; **5.** aislación hidrófuga con babeteado; **6.** contrapiso para pendiente; **7.** plancha de EPS; **8.** conducto pasante, **9.** barrera de vapor.

Fig. 9.13. *Puntos singulares de un techo.* Se muestran solamente los que corresponden a un techo de aguas. Cada pendiente se llama faldón; el muro terminado en forma triangular se llama *mojinete*. El coronamiento superior de dos faldones divergentes (**1**) se llama *cumbrera*. El borde inferior (**2**) de un faldón sobresaliente más allá del plomo del muro se llama *alero corrido*. El encuentro saliente de dos vertientes (**3**) se llama *limatesa* (diedro saliente). El encuentro entrante entre dos faldones (**4**) se llama *limahoya* (diedro entrante). El alero sobre el mojinete se llama *alero de borde*.

Fig. 9.14. *Cubiertas de tejas.* Esquemas que ilustran las formas básicas de colocación (sin valor de detalle constructivo).

A: sobre enlistonado; las maderas conservan una estricta equidistancia; cada teja o pizarra apoya solamente sobre un listón, en el cual queda atada, clavada o enganchada. **B:** las tejas coloniales dan una ligera variante sobre el anterior, pero el agregado de la alfajía para sostén de la teja cobija no modifica la esencia del sistema, que queda siempre definido por la presencia de los listones. **C:** sobre enta-

blado; el revestimiento se fija solamente por medio de clavos. **D:** con mortero de asiento; naturalmente, la base debe ser cerrada y muy adherente con respecto al mortero; en la figura se ha dibujado una placa de hormigón armado.
1. teja o pizarra; **2.** listones; **3.** cabio o elemento cualquiera de la obra resistente; **4.** alfajía, usada solamente en el tejado colonial; **5.** entablado; **6.** mortero; **7.** estructura maciza (losa, loseta o forjados premoldeados).

Fig. 9.15. La separación entre listones es igual a la longitud de la parte visible de las pizarras o tejas. Esta regla es completamente general, cualesquiera que sean el recubrimiento, la ubicación de los encastres o los agujeros de los clavos. Solamente varía la ubicación del primer listón a partir del borde del alero, según cómo se prefiera terminar este detalle.

Fig. 9.16. *Cubierta de tejas coloniales.* En este dibujo y en los siguientes se muestra en detalle el más popular de nuestros techos, en su forma más completa, tal como se considera correcto construirlo en nuestro país. Presenta excelentes condiciones de aislación hidráulica y termoacústica; puede contarse con abundante mano de obra para hacerlo, y requiere materiales de fácil obtención.
1. cabio o elemento de la obra portante; la distancia **a** está dada por la resistencia del elemento marcado con **2**, y nunca debe superar los 60 cm; **2.** entablado de no menos de 19 x 150 mm; en trabajos de calidad se lo machimbra a bisel; **3.** sobre este entablado se coloca un techado asfáltico (ruberoi) o fieltro saturado de tipo pesado, que suministra seguridad adicional contra filtraciones por eventuales roturas de tejas; **4.** listoncillo de 8 x 38 mm (listón de yesero), uno sobre cada cabio; levanta el enlistonado principal permitiendo la circulación por debajo de las teja y sirve durante el montaje para mantener en su sitio el techado; **5.** enlistonado principal de 38 x 50 mm, verdadera infraestructura del tejado; la distancia **b** es aproximadamente 31 cm; **6.** alfajía para clavar la teja cobija; es de 25 x 90 mm y sostiene la cobija evitando que se apoye sobre la teja canal, lo que da al techo un gran margen de movimiento; **7.** teja canal; **8.** teja cobija; la canal y la cobija son tejas exactamente iguales, con una superposición de más o menos 10 cm para el largo normal, de 40 cm, que suelen tener.
Clavos: el entablado se asegura sobre los cabios con dos clavos según el espesor de la tabla.

Fig. 9.17. *Techo de tejas coloniales (cortes).*
A: corte normal a la pendiente mostrando la disposición del enmaderado, cuya resultante es una gran libertad de movimientos. Véase cómo el techo no apoya sobre el entablado, cargando el peso de las tejas sobre el listón **5**, cuya resistencia depende de la distancia entre cabios. **B:** corte paralelo a la pendiente en el que se ha omitido el dibujo de las tejas. **C:** el mismo corte anterior, mostrando la posición relativa de las tejas y el modo de terminar el alero.

Nota: Vale la referencia de la figura 9.16.

Fig. 9.18. *Techo de tejas coloniales.*
A: disposición, en planta, de las tejas de borde para formar el alero. **B:** encuentro del techo con el mojinete y/o parapeto, cuando éste lo sobrepasa en altura. **C:** organización del alero lateral. **D:** detalle de la cumbrera, asegurada con mortero; no hacen falta piezas especiales, puesto que la teja misma tiene la forma adecuada para ese servicio.

Fig. 9.19. *Techo de tejas francesas.* Corte en el sentido paralelo a la pendiente. Véase cómo el enmaderado es totalmente semejante al de la figura 9.16, salvo la alfajía para la teja cobija, que en este caso falta. La forma de las tejas es tal que todos los bordes quedan encastrados, por lo que deben usarse solamente unidades enteras. La parte superior de cada pieza queda asegurada por encastre sobre el listón y clavado sobre él, y la parte media por atadura sobre el listón siguiente (sólo en zonas ventosas).
1. entablado machimbrado (puede también llevar separaciones); **2.** fieltro saturado de tipo pesado (o techado asfáltico) para prevenir la rotura de alguna teja y la filtración consecuente; **3.** listoncillo (listón de yesero), a razón de uno por cada cabio; levanta los listones **4**, para mantenerlos ventilados, y sirve para fijar el fieltro durante el montaje; **4.** enlistonado principal para servir de apoyo a las tejas; en él se clava la teja y se engancha; **5.** teja; **6.** madera para formar el cierre del alero en su borde inferior y mantener la pendiente; **7.** cabio con el extremo preparado para dejarlo a la vista; **8.** clavo; **9.** atadura (cuando de necesite).

Fig. 9.20. *Techo de tejas francesas.*
A: detalle del alero sobre obra de albañilería. **B:**

cumbrera; es una pieza "ad-hoc", que se fija con mortero.

Fig. 9.21. *Cubierta de tejas planas y pizarras.* Cortes paralelo y perpendicular al sentido de la pendiente. Cada pieza cabalga algo más de dos tercios sobre la otra, de tal manera que en cualquier punto del techo se encuentran tres tejas superpuestas; este recubrimiento suele ser el máximo por razones de costo. Las piezas van clavadas. El dibujo incluye un detalle de pendientes para mostrar que la real de las tejas es menor que la teórica ("**a⁻**", pendiente teórica; "**a**", pendiente real).
1. madera para cerrar el alero y dar la pendiente de la primera pieza; **2.** cabio preparado para quedar a la vista; **3.** entablado machimbrado; **4.** fieltro saturado; **5.** listoncillo para levantar la cubierta y mantenerla separada del fieltro; **6.** enlistonado principal para sostén de las unidades; **7.** tejas o pizarras; **8.** madera para cerrar el borde del alero de mojinete; **9.** madera para mejorar la terminación y sostén; **10.** falso cabio.

Fig. 9.22. *Cubierta de pizarras exagonales.* Aunque el material podría ser otro, los más usados son el fibrocemento y los metálicos. A la *derecha*, el mínimo recubrimiento tolerado produce el dibujo de rombos perfectos. Si los listones se separan más, la cubierta no resulta estanca. Si se aproximan, en cambio, se tiene el aspecto escamado de la figura de la izquierda. La parte sombreada indica que en el espesor del techo hay solamente una pizarra. Se ven las piezas rectangulares con que se inicia el techo y que, además de sellar las juntas, sirven para dar a la primera hilera de pizarras su pendiente.

Fig. 9.23. *Cubierta de pizarras.* Varias formas de pizarras. La primera, rectangular, si se coloca sobre un enlistonado a 45° produce el efecto de rombos cuando la superposición es 1/2.

Fig. 9.24. *Artificios de zinguería.*
Arriba a la izquierda: babeta para encuentro con muro. La chapa superior es corrida a lo largo de éste, en tanto que la chapa inferior está recortada a la medida de las pizarras y colocadas a razón de una chapa por cada teja. *Abajo a la izquierda*: lima hoya utilizable con cualquier tipo de teja o pizarra, apoyada directamente sobre el entablonado. El dibujo inferior muestra el tipo a usarse cuando los faldones tienen distinta pendiente: el pliegue formado sobre el ángulo impide que la energía del agua proveniente del faldón de mayor pendiente pueda vencer a la que proviene del otro. A la *derecha*: lima hoya para techo de pizarras. Las chapas, cortadas a la medida de las tejas, van colocadas debajo de éstas a razón de una por cada pizarra. Se cortan en forma trapezoidal, como indica el dibujo inferior (a la *derecha*), y las chapas como se ve a la *izquierda*.

Fig. 9.25. *Forma de colocar las chapas acanaladas de fibrocemento.* A juntas rectas, mediante el uso de chapas enteras para comenzar cada hilera; éste es el método más usado en nuestro país.
Más detalles se dan en las figuras siguientes, y con el empleo de cumbrera fija.

Fig. 9.26. *Colocación a juntas rectas.* En este caso, en el punto indicado con **A**, en la figura 9.25, se superponen las puntas de cuatro chapas; el cierre resulta entonces muy imperfecto, puesto que el fibrocemento es relativamente grueso, y es necesario despuntar dos de las chapas para que el asiento de la hilera superior sea perfecto sobre la inferior. El despunte se hace como se indica *abajo*, y la posición relativa de las cuatro chapas concurrentes a un punto se ve en la figura de la *izquierda*. A la *derecha*, con el objeto de completar el detalle, se ha dibujado el encuentro con las chapas separadas. La chapa **1** se encuentra más abajo, y luego van las **2**, **3** y **4**, que es la de más arriba. Ese orden es también el orden cronológico de la colocación. A la *derecha*, detalle del despunte.

Fig. 9.27. *Cubierta ondulada de fibrocemento, con detalles generales de ejecución.* Orden de colocación de las chapas y disposición del corte en cada una de ellas. Se muestran los dos faldones de un techo a dos aguas; conforme con el sentido que se indica para los vientos dominantes, en el faldón **A** (el de *abajo* en la figura), la colocación se hará (desde la ubicación del colocador), de izquierda a derecha–; en el faldón **B** (el de *arriba* en la figura) se hará de derecha a izquierda. A la *izquierda* del grabado se ve la disposición de corte para la colocación izquierda (faldón **A**), y a la derecha del mismo se ven los cortes para la colocación derecha (faldón **B**). El faldón se comienza y termina siempre con una chapa tipo **1** (sin corte); cada faldón lleva solamente dos chapas sin despuntar, la primera y la última. A excepción de la primera, todas las chapas del borde más bajo del faldón son del tipo **3**. A excepción de la última, todas las chapas del borde superior del faldón son del tipo **2**. A excepción de la primera y la última, todas las chapas del borde más expuesto a los vientos son del tipo **4**. A excepción de la primera, todas las chapas del borde menos expuesto a los vientos son del tipo **2**. Todas las chapas que no sean de borde son, sin excepción, del tipo **4** (con dos cortes diagonalmente opuestos). Estas reglas valen cualquiera que sea la cantidad de hileras a colocarse.

Fig. 9.28. *Medios de fijación para chapas onduladas.*
Arriba, el tirafondo y el gancho para chapas metálicas. *Abajo*, dos tipos de grapa para fibrocemento con tirantería de madera y hierro, respectivamente.

Fig. 9.29. *Cubierta de chapa ondulada, detalles de terminación adoptado según material.* **A**, **B** y **C**: terminación en el borde de mojinete; la tercera sobre mampostería, sin vuelo. La mayoría de las veces el éxito de estos artificios depende de la generosidad del recubrimiento: en faldones muy grandes (en el sentido de la pendiente) la acumulación de agua en las grandes tormentas puede superar la capacidad de una onda y desbordarla.

Fig. 9.30. *Cubierta de chapa ondulada en general; detalles de terminación.* Coronamiento de un faldón contra un muro y con alero corrido.
1. chapa ondulada; **2** y **4.** las dos piezas de la babeta; **3.** gancho de fijación de la pieza inferior de la babeta; **5.** correa; **6.** estructura portante; **7.** gancho de fijación de la chapa ondulada; **8.** solera (evita empotrar la tirantería en la pared).

Fig. 9.31. *Cubiertas a libre dilatación (de zinc o cobre).* Los dos tipos fundamentales de cubiertas a libre dilatación con chapas metálicas delgadas: a la *izquierda*, la forma más completa, segura y costosa, con listones en el sentido de la pendiente para servir de junta y sostén; a la *derecha*, la forma más económica y sencilla, formándose la junta con las propias chapas.
1. entablado de madera; **2.** fieltro saturado, sirve de barrera al agua de condensación y evita fenómenos de contacto; **3.** listón para fijar y servir de guía, sostén y junta; **4.** tapajunta; **5.** cubierta.

Fig. 9.32. *Indica la forma de hacer una cubierta a libre dilatación con listones. No se ha dibujado el fieltro (corte perpendicular a la pendiente).*
A: clavado el listón sobre la base, se lo provee de los ganchos en cada lado a razón de uno cada 40 cm. **B:** se pone la cubierta y por plegado de los ganchos se la asegura a los listones. **C:** se coloca la tapajunta y por plegado se la asegura a las chapas de la cubierta. **D:** se completa el plegado y el techo queda listo.

Fig. 9.33. *Perspectiva paralela a la pendiente.* Para el techo de la figura anterior, la chapa de cubierta se corta y prepara en la forma que indica el grabado, enganchándose y solapándose **B** debajo de **A**.

Fig. 9.34. Muestra el modo de terminar una junta de listones en el borde del alero y en la cumbrera.

Fig. 9.35. *Indica la forma de hacer la cubierta de juntas plegadas, sin el uso del listón.*
Arriba: la junta de doble pliegue, rebatida sobre el plano del techo. *Abajo*: la junta de pliegue simple, sin rebatir.

Fig. 9.36. Cubierta de chapa de plomo. Las juntas resultan sumamente sencillas. A la derecha, una muestra de la junta según la pendiente.
1. Fieltro saturado. **2.** Chapa de plomo. **3.** Entablado. **4.** Listón para formar el resalto. **5.** Listón conformado para hacer la junta.

Fig. 9.37. *Cubierta de ondas autoportantes.* Con chapa doblada como se ve a la *derecha*, se forman ondas autoportantes capaces de cubrir grandes luces. La profundidad de la onda, su ancho y el espesor de la chapa, como asimismo el número de pliegues, son variables que permiten resolver con distintos consumos el problema de las luces útiles. Se ve la pieza angular que cierra e impermeabiliza la junta longitudinal. La pieza que se observa a la *izquierda* sirve de soporte extremo y de cierre al hueco que deja la honda.

Fig. 9.38. *Chapa plegada de acero zincado (tipo Kalha); cortes y perspectiva.*
1. chapa plegada; **2.** perfil de acero; **3.** anclaje.

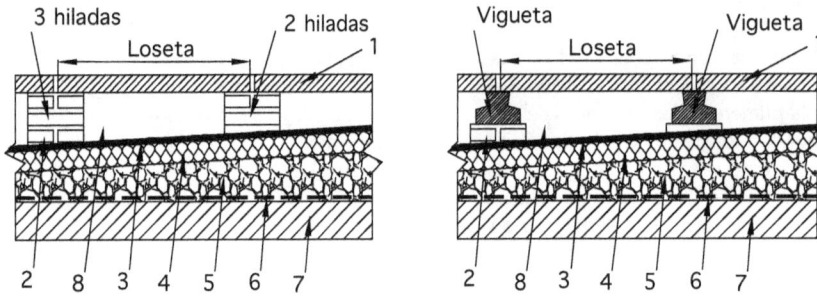

Fig. 9.1

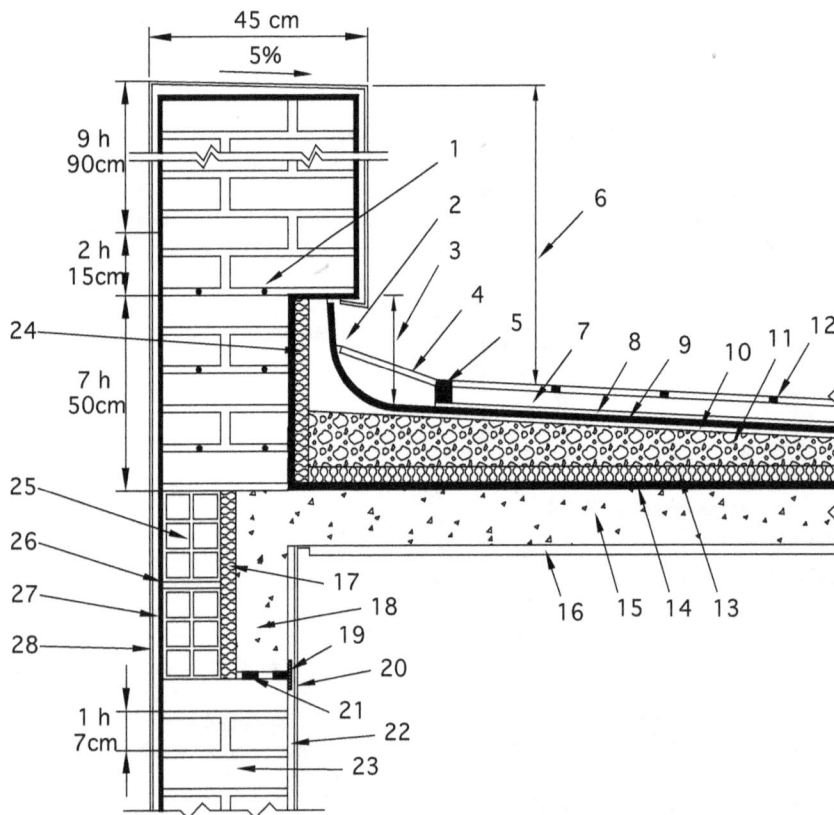

Fig. 9.2

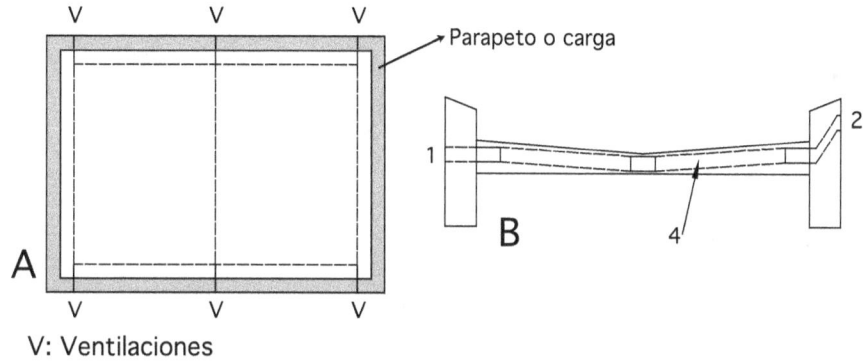

V: Ventilaciones

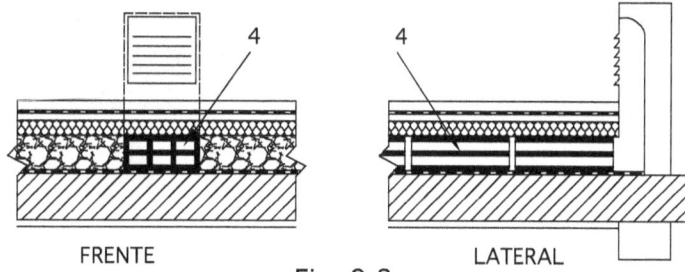

Fig. 9.3

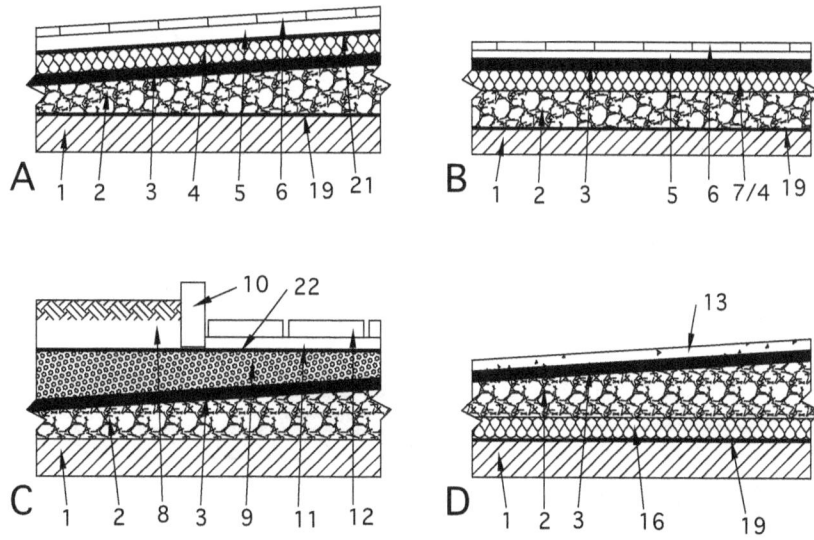

Fig. 9.4a

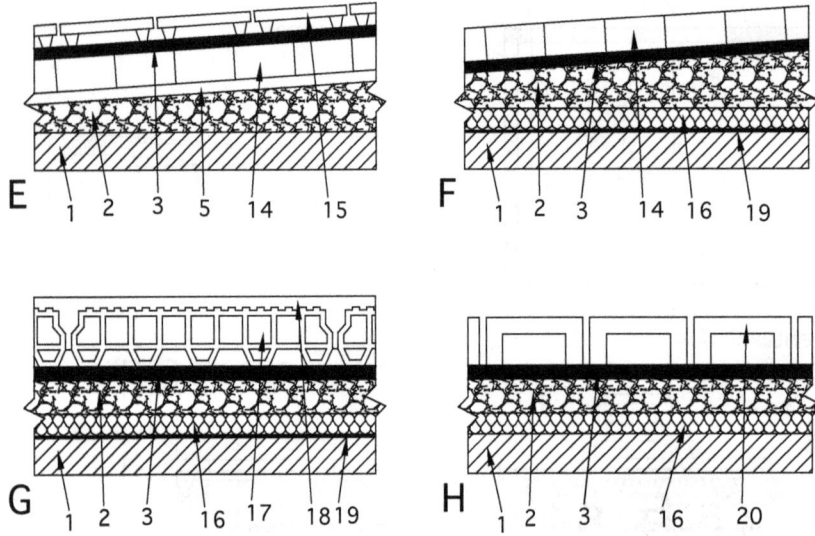

Fig. 9.4b

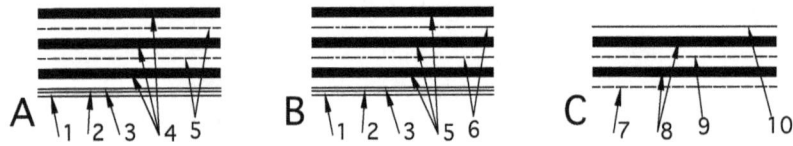

Fig. 9.5

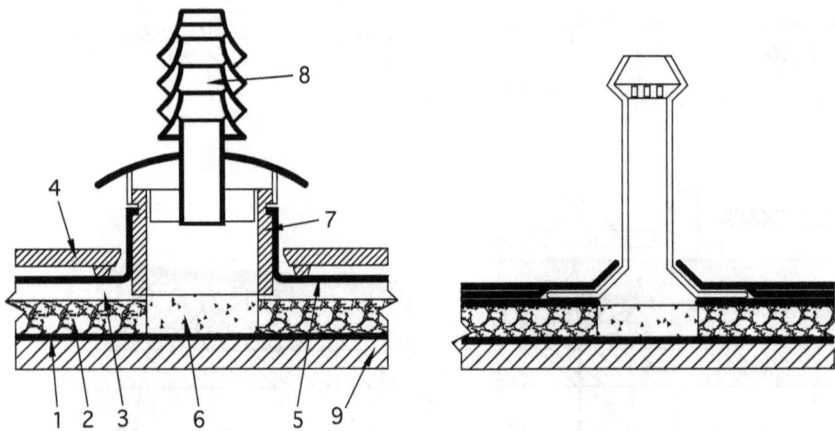

Fig. 9.6

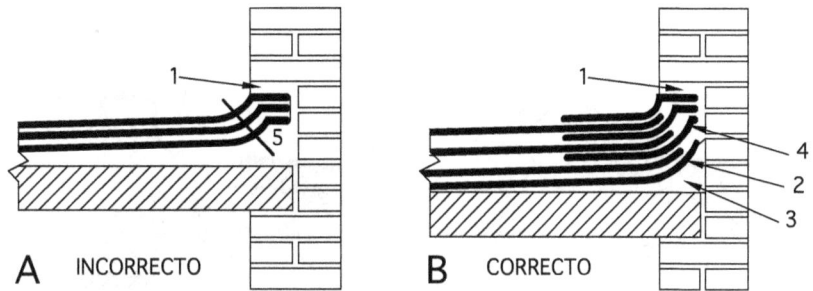

Fig. 9.7

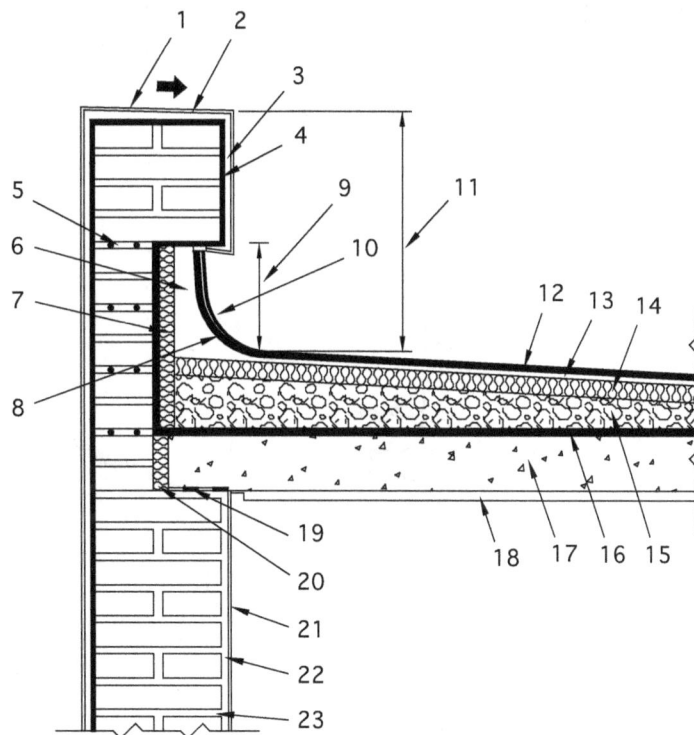

Fig. 9.8

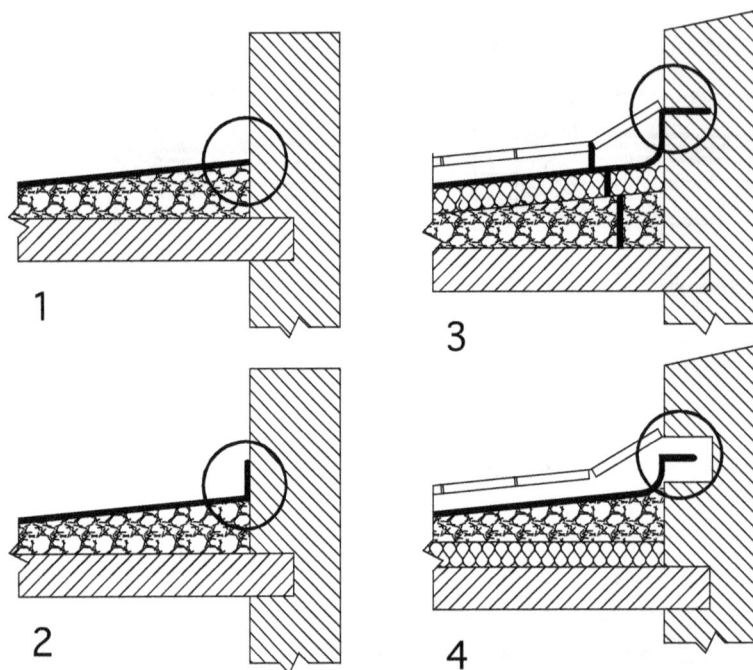

Fig. 9.9

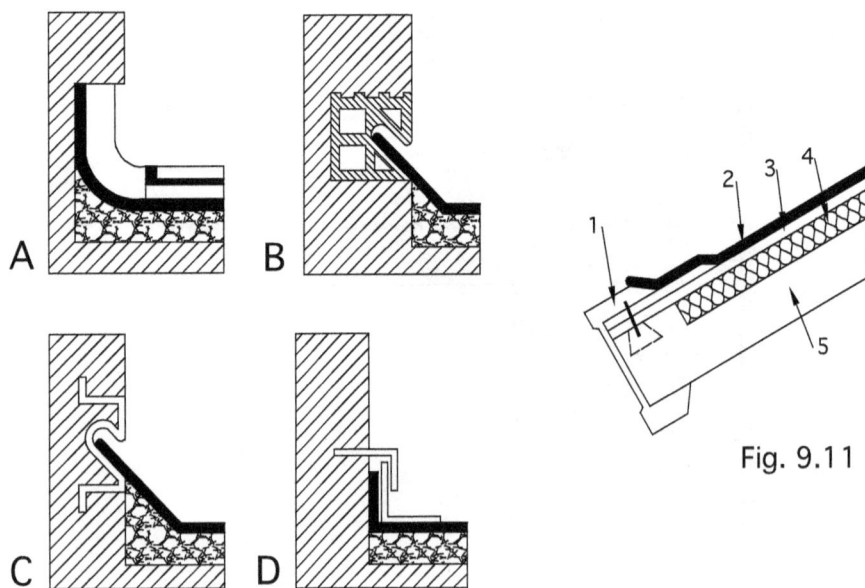

Fig. 9.10

Fig. 9.11

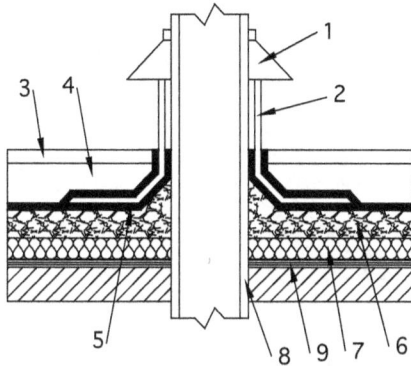

Fig. 9.12

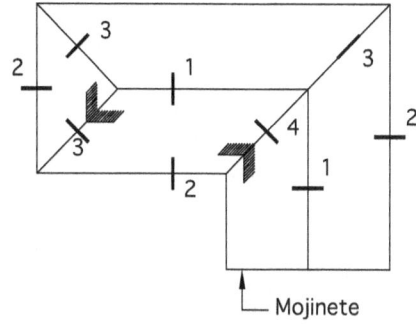

Fig. 9.13

└─ Mojinete

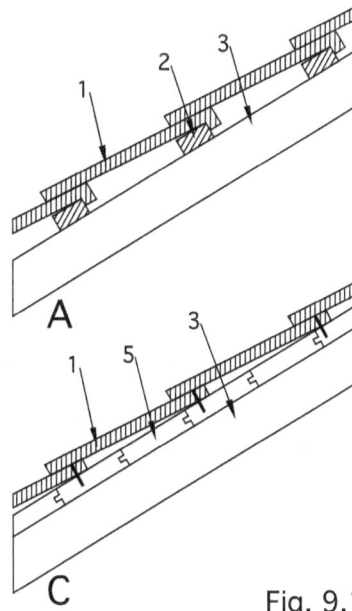

Fig. 9.14

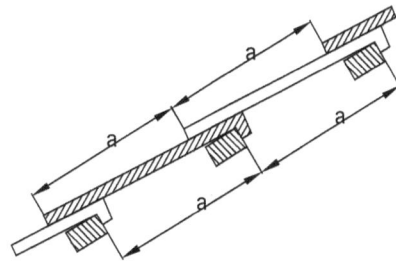

Fig. 9.15

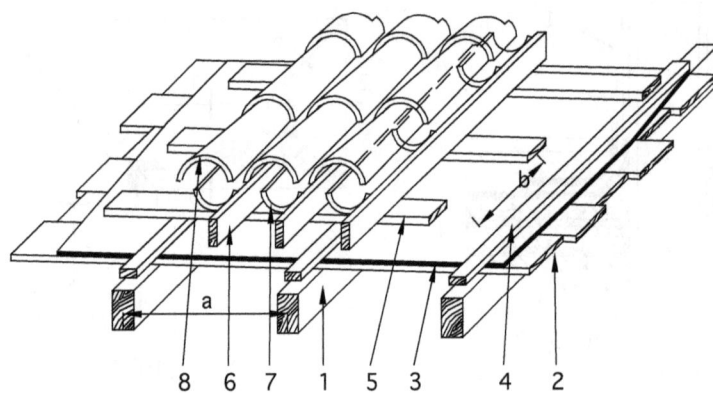

Fig. 9.16

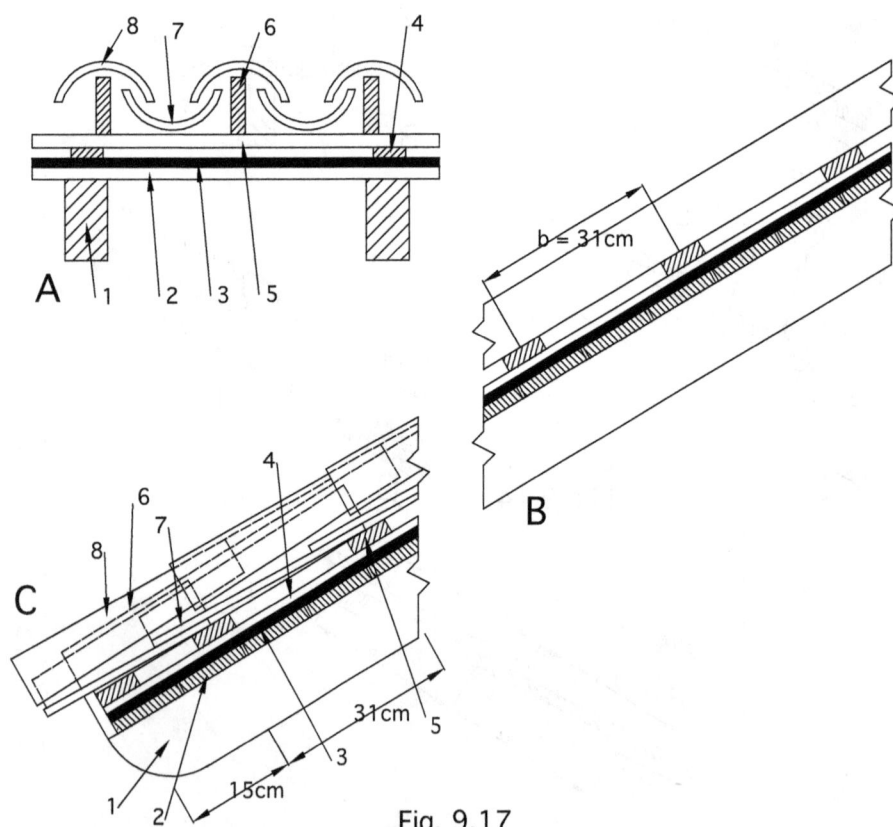

Fig. 9.17

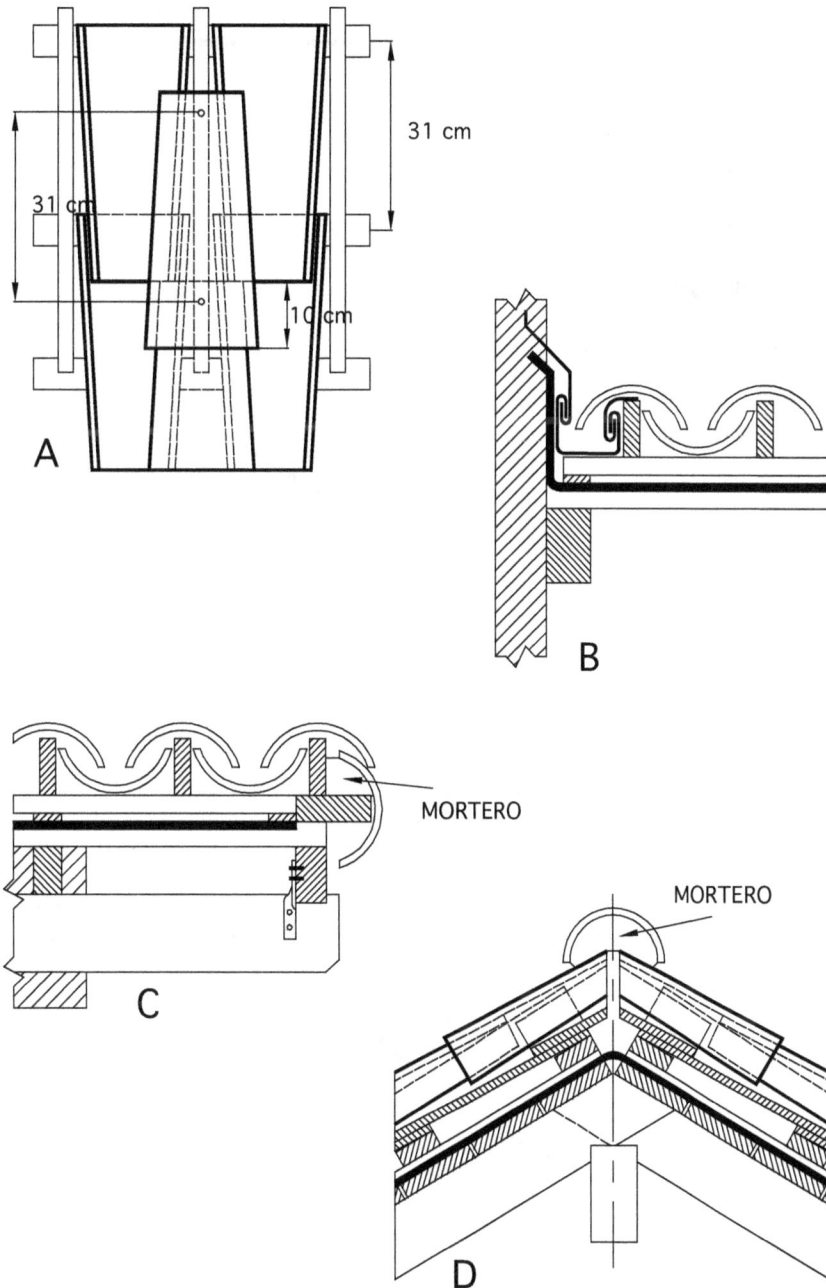

31 cm

31 cm

10 cm

A

B

MORTERO

C

MORTERO

D

Fig. 9.18

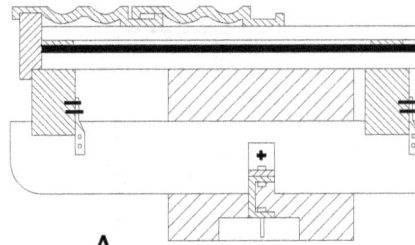

A

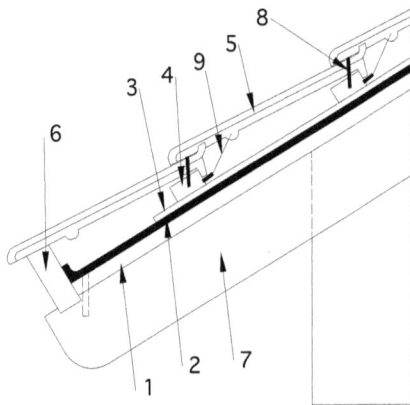

Fig. 9.19

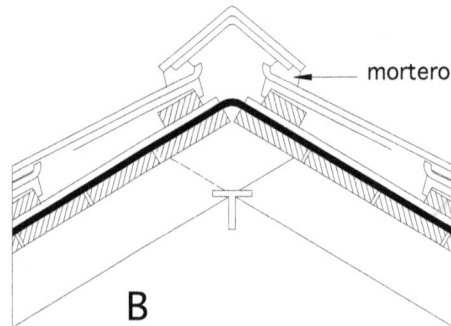

mortero

B

Fig. 9.20

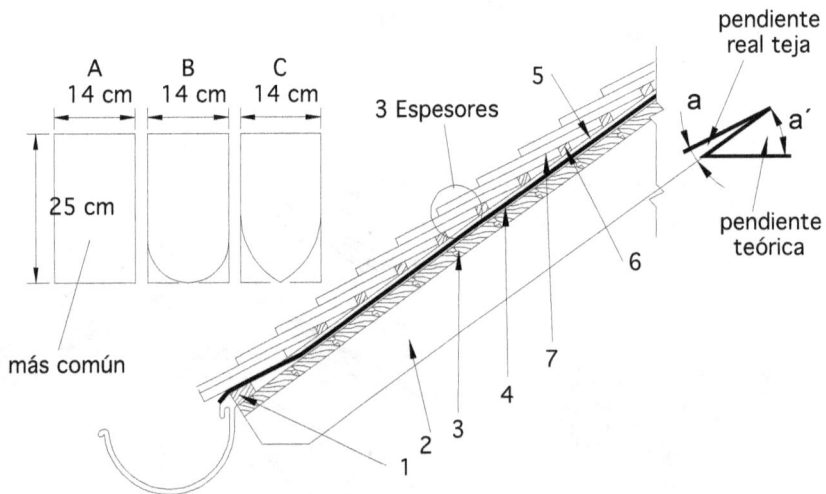

Fig. 9.21a

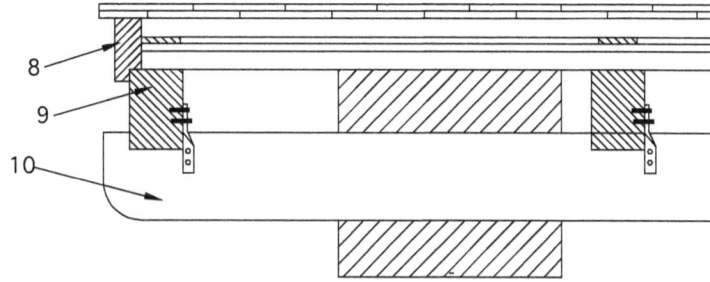

Fig. 9.21b

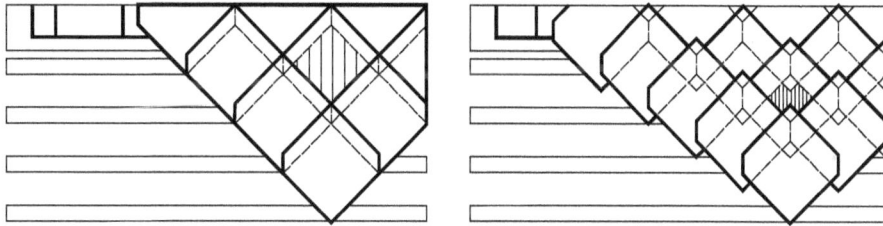

Fig. 9.22

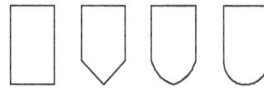

Fig. 9.23

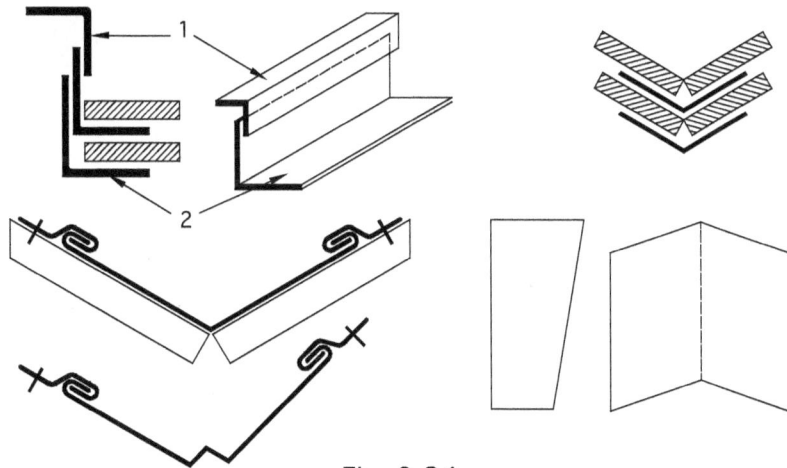

Fig. 9.24

SECUENCIA DE MONTAJE

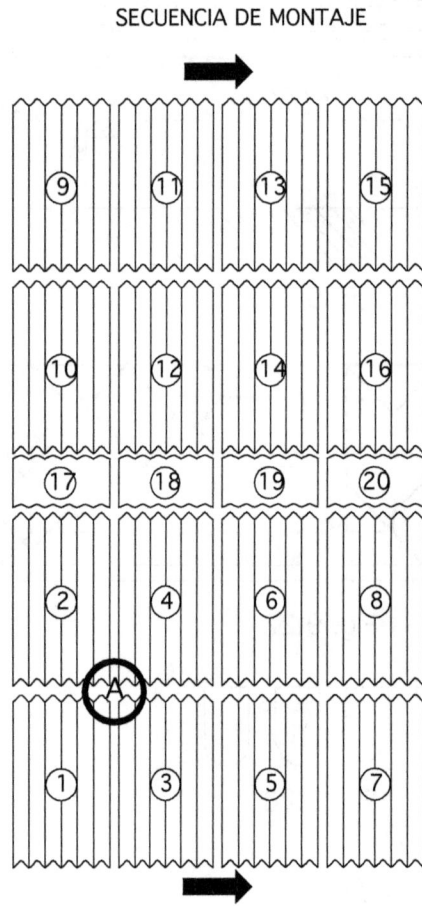

Fig. 9.25

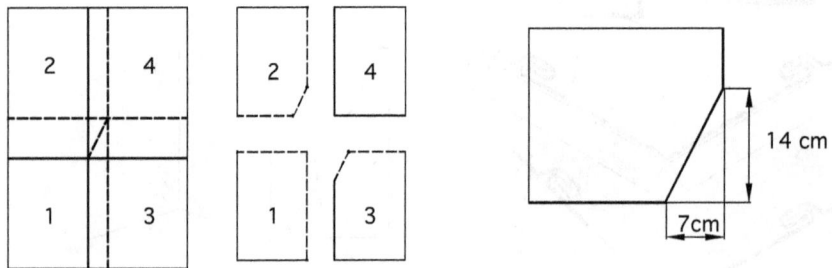

Fig. 9.26

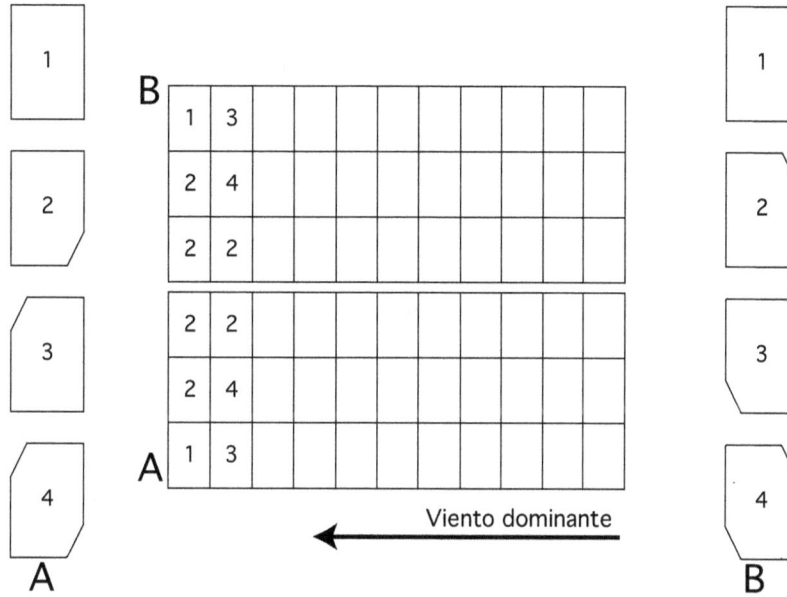

Fig. 9.27

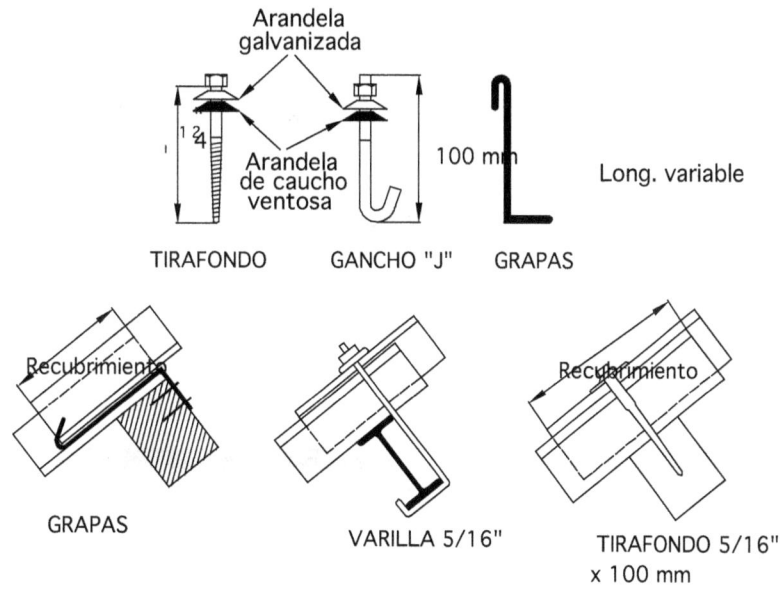

Fig. 9.28

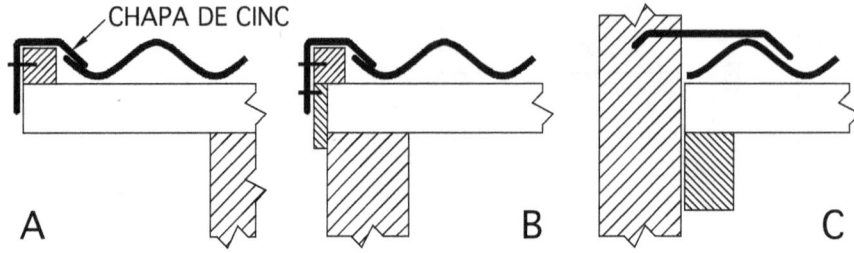

Fig. 9.29

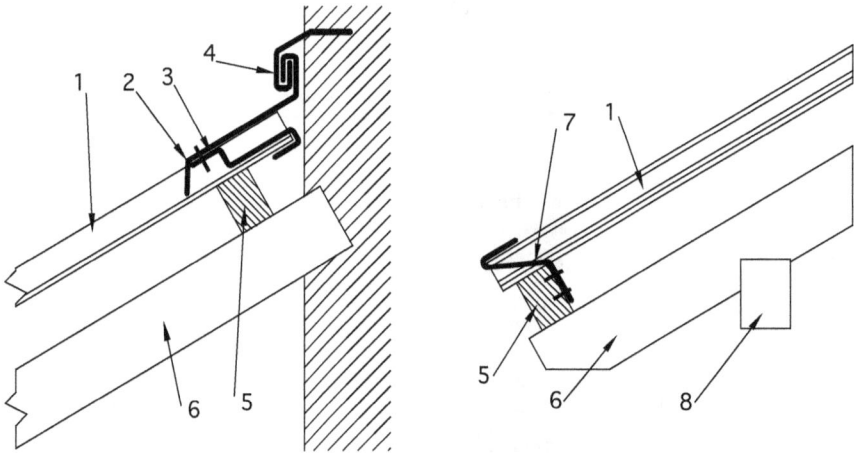

Fig. 9.30

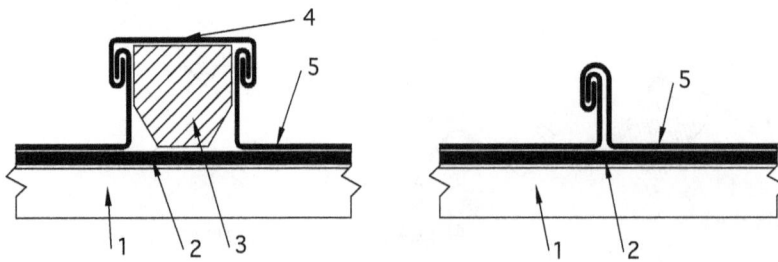

Fig. 9.31

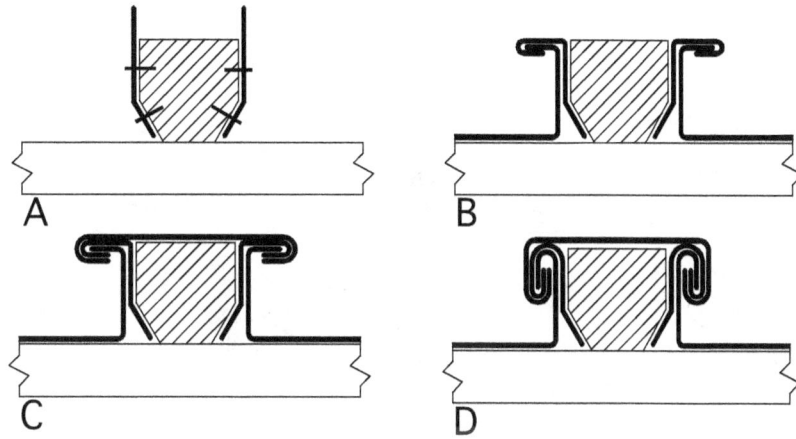

Fig. 9.32

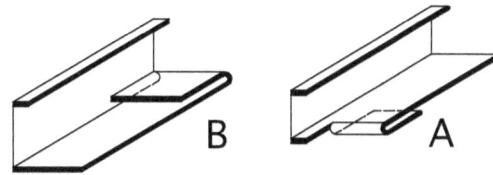

Fig. 9.33

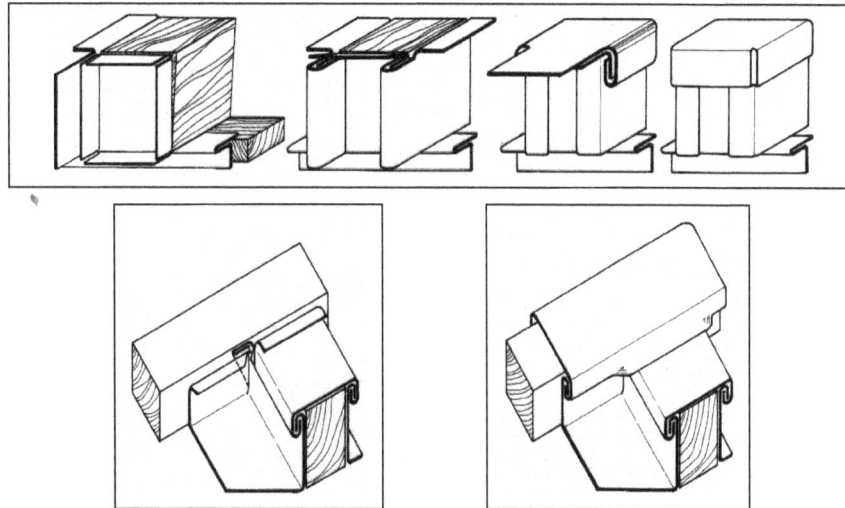

Fig. 9.34

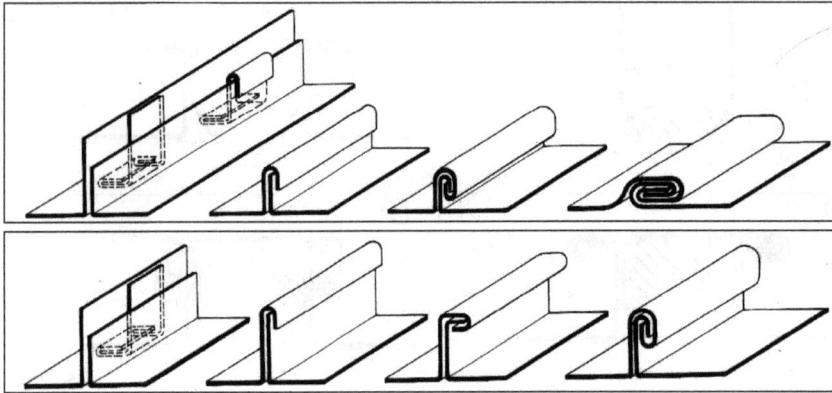

Fig. 9.35

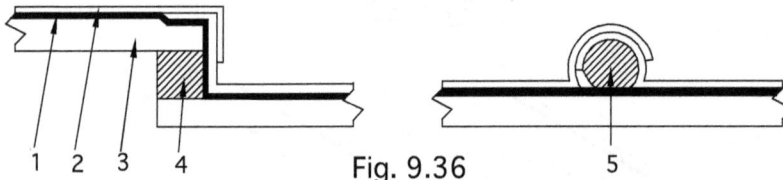

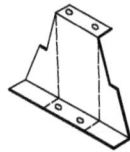 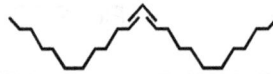

1   2   3   4   Fig. 9.36   5

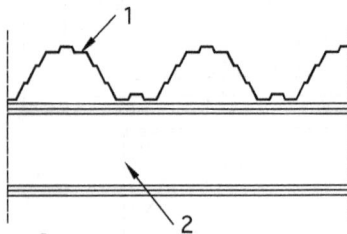 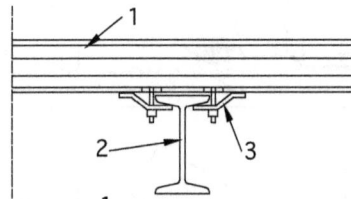

Fig. 9.37

Corte
transversal

Corte
longitudinal

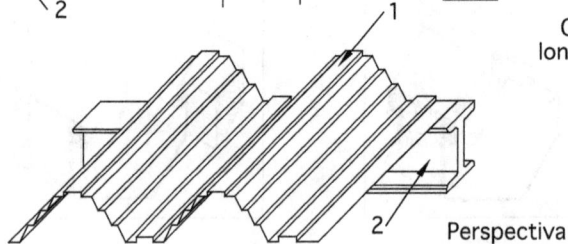

Perspectiva

Fig. 9.38

10. REVOQUE, REVESTIMIENTOS DE PARAMENTOS Y CIELOS RASOS

10.1. GENERALIDADES

Solamente por pautas de diseño se deja la obra gruesa (mampostería, hormigón, etc.) con la superficie aparente "a la vista". Lo corriente es cubrirla con un acabado final, que al tiempo que la protege hidrófuga, térmica y acústicamente, le da terminación adecuada desde el punto de vista higiénico y estético, como así también constructivamente, dándole plomo y nivel.

Un tendido superficial de mortero sobre el paramento de un muro o la superficie de un cielorraso es lo que se llama *revoque*. La aplicación de piezas cerámicas o de piedra, madera, mármol, granito, plásticos, etc., es lo que se llama *revestimiento*.

En todos los casos está presente la finalidad fundamental de asegurar la duración de las estructuras básicas del edificio, protegiéndolas de los agentes climáticos y el efecto destructivo del uso; está, además, la necesidad, también importante, de perfeccionar las condiciones higiénicas de los locales por medio de superficies lisas y duras. Complementariamente hay una intencionalidad ornamental, menor en importancia funcional, pero que aumenta día a día en la preferencia del profesional (caso del famoso arquitecto mexicano Luis Barragán, creador de un estilo personal basado en revoques rústicos y colores fuertes).

En la confección de presupuestos detallados es usual distinguir entre *revoques* y *cielorrasos*. En ambos casos, la técnica de aplicación es la misma y aquella distinción sólo obedece a razones de precio y comodidad en el ordenamiento del cómputo métrico.

La aplicación de un revestimiento requiere también , generalmente, el revocado previo de la superficie, aunque algunos tipos no; es el caso de los revestimientos *armados* o *independientes* sobre entramados de sostén (bastidor), que estudiaremos también en este capítulo. Este tipo, llamado a veces *obra falsa*, es muy importante en la ejecución de formas de ornato, gargantas para luces indirectas, falsas vigas y pilastras, huecos para cañerías, mochetas, etc.

10.2. REVOQUES

En su forma más completa un revoque consta de tres capas de función diferente.

La **primera** se llama *azotada*, hecha con mortero de cemento 1:3, con adición de impermeabilizantes. Su nombre proviene del movimiento del albañil cuando arroja la mezcla con fuerza contra la pared.

Se aplica siempre sobre los paramentos externos de los muros exteriores, sobre los paramentos de los muros interiores en la cara que limita con locales sanitarios, y sobre el paramento interior de muros exteriores cuando la cara externa deba conservar el aparejo a la vista y, mejor aún, dentro cámaras de aire "adhoc", dejadas en el interior del muro.

La azotada cubre completamente la superficie, sin discontinuidades, pero no disimula ninguna de sus irregularidades, puesto que su misión es solamente impermeabilizar.

En cambio, sin la adición de impermeabilizantes (lechada), y aplicada sobre superficies de hormigón –por ejemplo, en cielorrasos– cumple la importante función de asegurar un puente de adherencia entre el hormigón y el ulterior revoque de terminación.

La **segunda** capa, llamada *revoque grueso*, *jaharro* y también *engrosado*, tiene la misión principal de suministrar una superficie absolutamente plana, lisa y aplomada como base para la terminación final, disimulando totalmente cualquier imperfección en el paramento del muro: huecos, juntas salientes, desplomes, etc. La correcta ejecución del jaharro es muy importante, puesto que de ella depende lo que podríamos llamar la forma geométrica del paramento o cielorraso. El espesor mínimo del engrosado debe estar en los quince milímetros en el punto de menor recubrimiento, con un máximo de no más de veinticinco milímetros, ya que mayor espesor resultaría excesivo, pudiendo producir grietas (fragüe) y/o desprendimientos (peso propio). Naturalmente, si la superficie del aparejo es muy lisa y perfeccionada –ocurre con los ladrillos de máquina, huecos, bloques, etc., por ejemplo– el engrosado hasta puede faltar, dado que dichas superficies generalmente no necesitan emparejamientos.

Finalmente, la **tercera** capa, llamada *revoque fino* o *enlucido*, tiene la finalidad de suministrar una superficie de textura suave, para brindar la óptima base de apoyo, en el sentido técnico y económico, de las pinturas y/o empapelados.

Nota: La operación del engrosado será previa al trabajo de instaladores de electricidad, gas y aguas, en todo lo que sea diámetros pequeños, para permitir que éstos corten cómodamente sus canaletas con el grueso hecho. El enlucido de paredes será siempre posterior al de los cielorrasos.

10.3. OPERATIVIDAD

Antes de revocar, debe prepararse la superficie de la siguiente manera:

- Se limpiará con cepillo duro, desprendiendo las partes flojas, rascando las juntas, cortando las rebabas en el hormigón y lavando con ácido muriático (clorhídrico) rebajado todas las manchas de salitre (eflorescencia) que no aflojasen con el raspado.
- Se rellenarán con cascotes empastados los agujeros de tamaño apreciable (como huecos de mechinales, etc.) y se cubrirán con metal desplegado las canaletas de los desagües de gran diámetro; y sobre ello se aplicará luego un salpicado cementicio 1:3, para luego engrosar. (Un trabajo análogo puede hacerse donde aparecen, en el paramento de ladrillos, superficies de hormigón, como columnas, vigas, etc.).
- Si, por una razón cualquiera –desplomes, errores de replanteo o modificación de las terminaciones–, entre el paramento y el plomo definitivo del revoque grueso quedase mucho espacio, "oquedad", mayor a veinticinco milímetros de profundidad, convendrá hacer un relleno adicional en toda la parte afectada, enchapado con ladrillos de poco espesor (como las "escallas" de ladrillo hueco) y armado con metal desplegado (o mediante cualquier otro artificio), a fin de reducir el espesor final del jaharro, que de otro modo se agrietará o caerá.

Una limpieza, particularmente intensa, es conveniente en aquellos lugares que hayan quedado expuestos sin protección durante mucho tiempo.

Toda operación de revoque –sea sobre pared, fino sobre grueso, etc.– será precedida siempre por un mojado intenso de la superficie, con el objeto de evitar que su porosidad tome agua de la mezcla fresca. Sin este requisito el respectivo tendido puede despegarse una vez seco, por pérdida prematura de agua de empaste (en estos casos, en la jerga de obra se dice que la mezcla "se quemó").

En cuanto al revoque en sí, se ejecuta de la siguiente manera:

- Aproximadamente a 30 cm tanto del piso como del techo y los extremos de la pared, se colocan, paralelos al paramento, cuatro hilos formando un rectángulo (en el cual, también con hilos, pueden trazarse las diagonales); estos hilos se atan a clavos, de tal manera que en conjunto forman el plano del futuro revoque; se podrá verificar así que las separaciones mínima y máxima entre los hilos y la pared se encuentren dentro de los espesores aconsejados.

- Tomando como guía el hilo superior, se colocan pedacitos de madera o escallas cerámicas, macizadas con mortero (se los llama bolines). Siendo la superficie de los mismos la futura superficie del revoque, ya que siempre siguiendo el hilo superior se colocan otros bolines distanciados entre 1 y 1,5 m. Operación que se repite con el hilo inferior; y en correspondencia vertical con los de arriba, se colocan los otros abajo.
- Cada pareja de bolines en sentido vertical sirve de guía para hacer la *faja* o *maestra* ejecutada con un mortero reforzado, rellenando luego el espacio que queda entre la pared y la regla apoyada sobre dichos bolines.

Nota: En paramentos exteriores se debe tener la precaución de dar antes la parte correspondiente de azotada.

- El espacio así comprendido entre fajas se revoca y empareja, manteniendo la regla apoyada sobre aquéllas. Queda completado así el revoque grueso (ver figura 10.2).

En los ángulos salientes es una regla la que sirve de maestra; los ángulos entrantes son moldeados con la propia regla.

Como la superficie del engrosado quedó plana y aplomada, el enlucido no necesita ya de maestras y se aplica directamente sobre el jaharro. Dado que el enlucido es una capa muy delgada, a lo sumo de 5 mm, no es capaz de dar ninguna forma; en consecuencia, todas las salientes o entrantes quedarán acusadas. Por tal, el cuerpo de grandes molduras, por ejemplo, va en la fábrica, y el corte de piedra, en cambio, va en el jaharro.

Por último, la regla general es rayar (peinar) el grueso para lograr una superficie rugosa y perfeccionar así la adherencia con el fino. Sólo cuando éste sea un salpicado o un sopleteado se prescindirá de tal rayado (ya que el enlucido no sería capaz de disimularlo, y dicho fondo quedaría "copiado" en el mismo).

10.4. ESPECIFICACIONES TÉCNICAS

El clima extremo (en temperatura, viento y sequedad) trae problemas que aconsejan suspender los trabajos de revoque en esas condiciones. Ocurre algo parecido a lo que dijimos en el Capítulo 3 (3.6): el frío congela el agua libre y así el mortero queda destruido; el calor y el viento evaporan rápidamente el agua y el mortero "se quema", desprendiéndose.

Si de todos modos hay que revocar, se tomarán las precauciones señaladas en aquella ocasión: medios físicos de protección contra el calor o el frío, y uso de productos de adición adecuados.

Ciertos trabajos exteriores se harán también con precauciones mínimas, aun en climas templados. Para el revoque de frentes, por ejemplo, hay épocas favorables: las templadas de otoño y primavera, y hasta horas más indicadas, como las de sombra. Paramentos permanentemente castigados por el sol se protegerán con telones de arpillera humedecidos, film de polietileno o agregados a la mezcla de aditivos plásticos "ad-hoc".

Los revoques impermeables (no confundir con la azotada) necesitan más que cualquier otro del curado consecuente, por lo menos durante la primera semana. Respetar este proceso es más eficaz que proceder al alisado con cemento puro, que se da como tratamiento final, aunque no agrega impermeabilidad y no tiene más fin que el de mejorar el aspecto de la terminación. Es un error muy difundido hacer el revestimiento impermeable en tres capas con contenido creciente de cemento desde la pared hacia afuera (o sea, un engrosado 1:3, un enlucido 1:2 y una terminación superficial con cemento puro). En realidad, las capas superiores no tienen por qué ser más fuertes que las inferiores, y hasta es peligroso, como en el caso de las pinturas. Lo conveniente es preparar un mortero bien graduado, mezclando arenas de distinta granulometría (si fuese posible), con alto contenido de cemento –en proporción 1:2 ó 1:3– y con el agregado de hidrófugo de calidad. Se aplica en dos capas de espesor aproximadamente igual (8 a 10 mm) y ambas de la misma dosificación; la textura de terminación será la que resulte de alisar con la herramienta apropiada, sin trabajo posterior. Sólo cuando haya necesidades de orden estético, o sean necesarias superficies muy lisas para evitar la acumulación de suciedad, se hará el enlucido con cemento puro, aplicado luego de una hora de haber dado las dos capas anteriores.

Para finalizar con el subtema revoques, en la actualidad podemos agregar el uso de mallas de fibra de vidrio dentro de su estructura, tanto en el grueso como en el fino, para evitar las potenciales fisuras y/o microfisuras en ellos, por contracciones de fragüe, mala dosificación, etc.

Hoy también debemos tener en cuenta la posibilidad de utilizar revoques proyectados, tanto finos como gruesos. Para acceder a esta tecnología, se debe contar con máquinas que impulsan los revoques (tolvas, con bombas impulsoras); ello con gran economía de mano de obra, tiempo y materiales.

Cabe agregar, además, la variedad de productos existentes en el mercado que reemplazan tanto a los revoques (sean comunes y/o hidrófugos) como a las pinturas. Por ejemplo:

Granito plástico: constituido por mármoles, granitos procesados y resinas acrílicas y minerales. Es impermeable y reemplaza a la pintura y al revoque fino.

Piedra París: mortero cementicio que permite revestir muros, cielorrasos y pisos con una terminación similar a la piedra natural. Viene en varios colores y terminaciones. Reemplaza al revoque fino y la pintura.

Monocapa: también reemplaza al revoque fino y la pintura. En algunos casos es impermeable.

Monocapa completo: cumple las funciones de revoque grueso, de aislamiento hidrófugo, de revoque fino y de terminación final.

Texturado: es un revestimiento formulado en base a resinas acrílicas, aditivos plastificantes, pigmentos y cargas minerales. Es impermeable, reemplaza a la pintura y el revoque fino.

Estuco: es un revestimiento decorativo formulado con resinas sintéticas, agregados minerales inertes, pigmentos estables a la luz. Reemplaza a la pintura y al revoque fino y grueso.

Para mayor información se recomienda consultar con los fabricantes.

Para dosajes ver tablas 1.1. a 1.6 del Cap. 1.

10.5. REVESTIMIENTOS

Gracias a la participación de una industria cada vez más diversificada, el recubrimiento de muros y cielorrasos con materiales que no sean morteros ofrece hoy posibilidades muy grandes en cuanto a sus variedades. No obstante, podemos clasificarlas, según sea la forma de su aplicación:

a) Con morteros convencionales o del tipo adhesivos de capa fina.
b) Con pegamentos, colas, incluso adhesivos, etc.
c) Con anclajes mecánicos.
d) Independientes o armados (bastidores).

Como hemos dicho, esta clasificación responde a las formas de colocación, ya que un listado que considerase los diversos tipos de material sería muy extenso, por la gran cantidad de productos disponibles, capaces de cubrir una amplísima gama de gustos y costos.

En el replanteo del hormigón armado, de la mampostería, de los marcos de la carpintería metálica o de madera, debe tenerse muy en cuenta la forma de aplicación de los recubrimientos, ya que algunos de los tipos podrán modificar sustancialmente el espesor de aquéllos.

10.5.1. Morteros y adhesivos

El primer tipo de aplicación (**a**), es característico de las piezas de tamaño manual convencionales, cuyo modelo es el *azulejo* (originalmente una placa cerámica esmaltada en una de sus caras; actualmente el nombre se da a toda pieza que se le parezca, cualquiera que sea el material que la constituya). Y hoy ya disponemos de una gran variedad de tipos *cerámicos*.

La colocación de estos revestimientos puede ser hecha con mortero o adhesivo, lo que determinará el tipo de preparación de la pared que se requiera. En primer lugar, es conveniente impermeabilizarla, azotando el paramento; esta precaución tiene en cuenta la posibilidad de que el revestimiento sea mojado abundantemente durante operaciones de limpieza y/o función sanitaria, pudiendo llegar a filtrarse el agua a través de las juntas. En segundo lugar, de emplearse adhesivo para la colocación, debe engrosarse con mortero de cal aérea reforzada, con lo que la pared quedará nivelada y aplomada. El nivel se da con hilo o con bolines hechos con trozos de azulejo. Cuando colocamos con morteros tradicionales (mortero de asiento), podemos evitar el engrosado.

Con piezas rectangulares o cuadradas, el dibujo se limita a la junta recta o trabada (figura 10.1), o colocación en diagonal (esta última con mucho desperdicio). Para salvar cualquier imperfección de forma, de bordes y de alineamiento, ha nacido la junta abierta, consistente en dejar aproximadamente entre 2 y 4 mm de separación entre azulejos, que luego se cubren con pastina. Actualmente, dada la mayor precisión industrial en la fabricación de las piezas, la junta es "a tope", con una separación de apenas 1 ó 2 mm.

El mortero de asiento es el que indicamos en la tabla 1.3 (Capítulo 1). Necesita cal aérea por razones de adherencia y retención de agua, con fuerte porcentaje de cemento para adquirir resistencia e hidraulicidad, ya que el mortero quedará aislado del aire (por ese motivo, el empastinado de las juntas no se da inmediatamente). El más difundido defecto en la colocación de azulejos es la falta de mortero, que forma huecos en la superficie de asiento; solamente la responsabilidad del colocador puede reducir este vicio, tan corriente.

En cuanto a los adhesivos, consultar con los fabricantes.

10.5.2. Pegamentos

En el segundo grupo (**b**), se incluye toda la serie de revestimientos sintéticos, como telas y/o papeles vinílicos, revestimientos plásticos y otros. El pegamento se aplica en pequeños espesores, de donde no resulta posible usar el propio recubrimiento para el aplome final de las superficies, de aquí que, si no se trata de locales húmedos, se prefiera revocar, para un fondo aplomado, con yeso reforzado, cuya resistencia mecánica se asegura con fuerte porcentaje de cemento (1 kg de este material por cada 3 kg de yeso).

Estos tipos de recubrimientos, relativamente recientes, se venden generalmente en rollos de varios metros cuadrados, haciendo posible una interesante aceleración de los trabajos de terminación por su bajo consumo de mano de obra.

En todo caso, es de la mayor importancia la perfecta terminación de la superficie por cubrir.

10.5.3. Anclajes

El tercer grupo (**c**) está conformado por los revestimientos de piedra natural (mármol, granito, etc.), que se fijan mediante grapas, ganchos y otros sostenes

metálicos como las brocas; además, el espacio entre la cara posterior de la placa y la obra gruesa se rellena con un mortero muy fluido (1:1:4, cal aérea/cemento/arena), con la finalidad de proporcionar un apoyo continuo (de otra manera, las piedras terminarían por rajarse), y perfeccionar la adherencia. Los recubrimientos de piedra se presentan con espesores menores de 4 cm; por arriba de esa medida las piezas deben tratarse como mampostería, como es el caso de la piedra caliza "tipo Mar del Plata".

10.5.4. Bastidores

Por último, el cuarto grupo (**d**), es la categoría de revestimientos independientes o prearmados, donde podemos distinguir dos elementos de función diferenciada: el revestimiento propiamente dicho (superficie visible de terminación) y el sostén (invisible, de naturaleza estructural, generalmente un costillaje con tirantes de madera y/o tacos, comúnmente llamado bastidor).

La finalidad de estos revestimientos puede ser de pura forma ornamental (tipo buaserí), o para disimular de un modo elegante algunas desprolijidades de la estructura. Pero lo más importante funcionalmente es la construcción de superficies aptas para el acondicionamiento y/o la aislación termoacústica de los locales (auditorios, salas de ensayos, etc.).

Para revestir paredes, el soporte de listones (bastidor) se clava o atornilla sobre tacos previamente embutidos en la mampostería; la separación entre listones será la que convenga al revestimiento (por ejemplo, si es de chapas de aglomerado con terminación superficial en laminado plástico, es su medida la que regula la distancia entre listones); convendrá, de todas maneras, ser generoso en la distribución de los tacos en homenaje a la economía y elasticidad del sostén. El detalle constructivo de un forro vertical de paramentos puede verse en la figura 10.3.

10.6. CIELOS RASOS

Son las terminaciones y/o revestimientos que puede llevar la parte inferior del cerramiento horizontal de los locales, sean éstos entrepisos o techos, cumpliendo varias funciones, como ser:

- Emprolijar y/o regularizar el aspecto.
- Modificar la forma y/o proporciones del local.
- Mejorar las aislaciones térmicas y/o acústicas.
- Crear un espacio técnico; etc.

También se pueden clasificar según varios parámetros, por ejemplo:

a) Por el material empleado al momento de la ejecución, en:
- Húmedos (su constitución clásica).
- Secos (por plaqueados preformados).

b) Por su posición y/o construcción con respecto a la estructura resistente del entrepiso o techo:
- Aplicados.
- Armados (pudiendo a su vez ser suspendidos o independientes).

c) Por el material y/o forma de terminación:
- Natural (o sea, la estructura del techo o entrepiso a la vista).

- Por morteros, sea a la cal, yeso o tipo símil-piedra.
- Por materiales especiales, en general preformados (maderas, placas de roca de yeso, metálicos, etc.).

Desde el punto de vista operativo, son los armados los que reciben más atención, consistiendo su conformación en:

- Una estructura principal de vigas maestras.
- Una estructura secundaria aplicada sobre la anterior.
- Un entramado de sostén y/o apoyo de la terminación elegida (en general metal desplegado).
- La terminación propiamente dicha.

Es en el cubrimiento de cielorrasos donde el armazón puede complicarse. Tanto más cuanto mayor sea la distancia entre éste y aquél. Lo común es colgar de la tirantería y/o losa del techo (ver fig. 10.8), en cuyo caso el cielorraso se denomina *suspendido*. Cuando esto no es posible (porque la distancia al techo es muy grande o el cielorraso resulta demasiado pesado), se hace una estructura portante y cada uno de los elementos principales del sostén puede llegar a ser una verdadera viga de celosía (independiente).

Preparando el armazón de soporte, se procede a fijar el revestimiento propiamente dicho, formado por placas, que se presentan en una gran variedad (chapas de madera y sus derivados, plásticas, metálicas, etc.), clavadas o atornilladas sobre el sostén.

Un papel muy importante en esta clase de trabajos ha sido reservado al metal desplegado, cuya flexibilidad le permite adaptarse a cualquier forma. Cubierto luego con revoque, constituye el recurso de la obra falsa más utilizado para tapar cañerías, disimular mecanismos y construir toda clase de superficies que la obra gruesa no puede dar. En áreas planas, o de una sola curvatura, el metal desplegado puede ser reemplazado por un enrejado de listoncillos (ver figura 10.8-A), método anticuado de muy lenta ejecución, o por un lío de cañas atadas con bramante llamado cañizo, de resultado inferior. Ambos sistemas son de antigua data y se encuentran hoy en desuso.

La técnica más difundida para hacer un cielorraso armado con metal desplegado se presenta en dos alternativas:

- Con armazón de madera.
- Con armazón de hierro redondo.

Los dos tipos de armazones son aplicable a los cielorrasos suspendidos; por ejemplo: en una losa de hormigón, en la que previo a su colada se ha perforado el encofrado y dispuesto los colgantes (chicotes), recibiendo el nombre de *suspendido*, o apoyado en muros y tabiques perimetrales, en cuyo caso se lo llama *independiente*. La separación entre hierros para atar o listones para clavar el metal desplegado no debe superar los 21 cm, en cualquiera de las alternativas.

Naturalmente, la sección de la tirantería de sostén dependerá de la luz entre los apoyos, y si el armazón está colgado estas secciones serán, en general, más pequeñas que si el apoyo se asienta en muros de cabecera. Para este último caso se recomiendan las escuadrías y separaciones que constan en la tabla 10.1.

Nota: Para luces mayores de las indicadas convendrá verificar la estabilidad del conjunto o, si fuera posible, disminuirlas, colgando de puntos intermedios.

10.7. MOLDURAS

Las molduras son también "obra falsa", y constituyen la más complicada operación en trabajos de terminación, ya que requiere una mayor calificación por parte de los operarios. En obras de yesería, el trabajo puede simplificarse, comprando la moldura hecha en taller y pegándola en obra, tendencia que actualmente se ha impuesto.

Para el primer caso, o sea, su ejecución en obra, se opera de la siguiente manera:

- Se construye una plantilla con el dibujo de la moldura recortada sobre chapa de zinc; se aplica esta plantilla sobre una base de madera adaptada siguiendo la forma de aquélla, y provista de refuerzos para darle solidez con una pequeña corredera de madera en cada uno de sus extremos, para facilitar su desplazamiento. Esto constituye el molde.
- Se hace la moldura en bruto, pasando el molde repetidas veces, hasta terminarla en una sola operación; pero previamente se colocan sobre la pared y/o el cielorraso dos guías de madera a lo largo de lo que será la futura moldura, perfectamente niveladas y equidistantes en toda su longitud, separadas por la distancia que el molde requiera (el cual debe hacerse primero, para definir la posición de las guías).

Si la moldura fuese muy saliente, se la puede hacer de tres maneras:

1. Se la acusa en grueso en trabajos de albañilería.

2. Se la preforma con metal desplegado en trabajos de yesería.

3. Se la construye en dos etapas (con el mismo molde, provisto de suplementos que permitan acercarlo en la primera etapa y separarlo en unos dos milímetros en la segunda).

10.8. TABLAS

Tabla 10.1. Tirantería para cielorrasos independientes

Luz (m)	Escuadría (mm)	Separación (m)
1,5	25 x 76	1
1,8	25 x 76	0,7
2,1	25 x 76	0,5
2,4	25 x 102	0,7
2,7	25 x 102	0,55
3	25 x 152	1
3,3	25 x 152	0,85
3,6	25 x 152	0,7
3,9	25 x 152	0,6
4,2	25 x 152	0,5

10.9. TEXTO DE LAS FIGURAS

Fig. 10.1. *Revestimiento de azulejos y/o cerámicos.* En la parte de *arriba* se ven las dimensiones más usuales del producto comercial corriente. En **A** y **B,** respectivamente, se ven la colocación a junta trabada y a junta recta; esta última, ejecutada con un espesor de junta de 4 a 5 mm, permite disimular con mayor eficacia los defectos de forma, escuadra y borde que presentan los productos más baratos. En los esquemas se observan ocho modos de formar un ángulo saliente (ver **C**).

Fig. 10.2. *Forma "clásica" de ejecutar un revoque.*

Fig. 10.3. *Revestimiento de madera y similares.* El corte enseña esquemáticamente la técnica tradicional para revestir con madera aglomerada, terciado y/o planchas similares. Las piezas van clavadas o atornilladas a los listones, cuya separación depende de la medida de la chapa.
1. muro; **2.** listón clavado sobre tacos empotrados en el muro; **3.** chapa de revestimiento; **4.** tacos.

Fig. 10.4. *Revestimiento de piedra natural (granito, mármol, etc.).* Por su peso, la piedra requiere fuertes medios de fijación a la fábrica. El corte muestra el uso de algunos tipos de grapas, que hacen posible conservar cierta separación entre las piezas para permitir una mayor libertad de movimientos. En la técnica usual, el trabajo de las grapas se complementa con un vaciado de mortero que rellena el hueco entre la piedra y la pared.

Fig.10.5. *Revestimiento de cielorrasos (aplicados).*
A: típico cielorraso aplicado sobre losa de hormigón armado.
B: revestimiento acústico sobre listones de madera (relleno absorbente de lana mineral con forro de placas de terminación perforadas).
1. losa de hormigón; **2.** grueso de yeso (cal fina); **3.** enduido de yeso; **4.** listón de madera; **5.** colchón de lana mineral (o similar); **6.** placa de terminación; **7.** taco.

Fig. 10.6. *Corte de cielorraso armado independiente (terminación vista de madera).*
A: Corte transversal.
B: Corte longitudinal.
1. estructura principal "maestra"; su dimensión depende de la luz a salvar (aproximadamente 1" x 6"); **2.** estructura secundaria, listones de 1" x 2" clavados a la maestra; **3.** entramado de soporte, listones de 1" x 2"; **4.** revestimiento a elección.

Fig. 10.7.
A: se muestra el apoyo de las viguetas (**1**) de la figura 10.6, en el muro, encerradas entre tacos fuertemente afirmados.
B: se ve un modo de unir los listones a las viguetas.

Fig. 10.8. *Cielorrasos armados (suspendidos).* Dos detalles para cielorrasos con sostén de madera.
A: armado con los llamados listones de yesero; la separación "**a**" es igual a un centímetro. Muy frecuente en obras viejas, ya casi no se utiliza.
B: armado con metal desplegado, seguramente el modo más difundido no solamente en formas complejas, sino también en las planas y simples.
1. losa de hormigón armado; **2.** alfajía de sección variable con la luz a cubrir; **3.** listón de yesero, como soporte del cielorraso de yeso; **4.** yeso; **5.** hierro redondo o alambre para colgar; **6.** metal desplegado; **7.** listón (que sujeta el metal desplegado).
C: *isométrica.* En **1**, la vigueta o perfil resistente, cuya escuadría y separación se determinan por cálculo. En **2**, los listones o *Fe*, para lograr una adecuada luz de apoyo para la terminación elegida (**3**), sobre los cuales se clavan las chapas del cielorraso (poliestireno expandido, roca de yeso, metálica, etc.), o simplemente metal desplegado y yeso.

Fig. 10.9. *Ídem figura 10.8, pero con armazón metálico.*

Fig. 10.10. *Cielorrasos de chapas metálicas plegadas.*
Arriba, dos tipos de perfiles. Las chapas plegadas son de poco ancho (varios centímetros), y

mucha longitud (varios metros), dando lugar a los llamados cielorrasos lineales y con terminación del esmalte horneado.

1. soporte regulable; **2.** portadores; **3.** barrera de vapor; **4.** manta termo-acústica; **5.** perfil del cielorraso; **6.** losa de hormigón armado; **7.** perfil estructural.

Nota: A la izquierda su isometría del conjunto, con los portadores.

Fig. 10.11. *Variante estructural de la figura 10.10.*
1. soporte; **2.** regulación; **3.** perfil estructural; **4.** portador; **5.** aislaciones; **6.** acoples.

10.10. FIGURAS

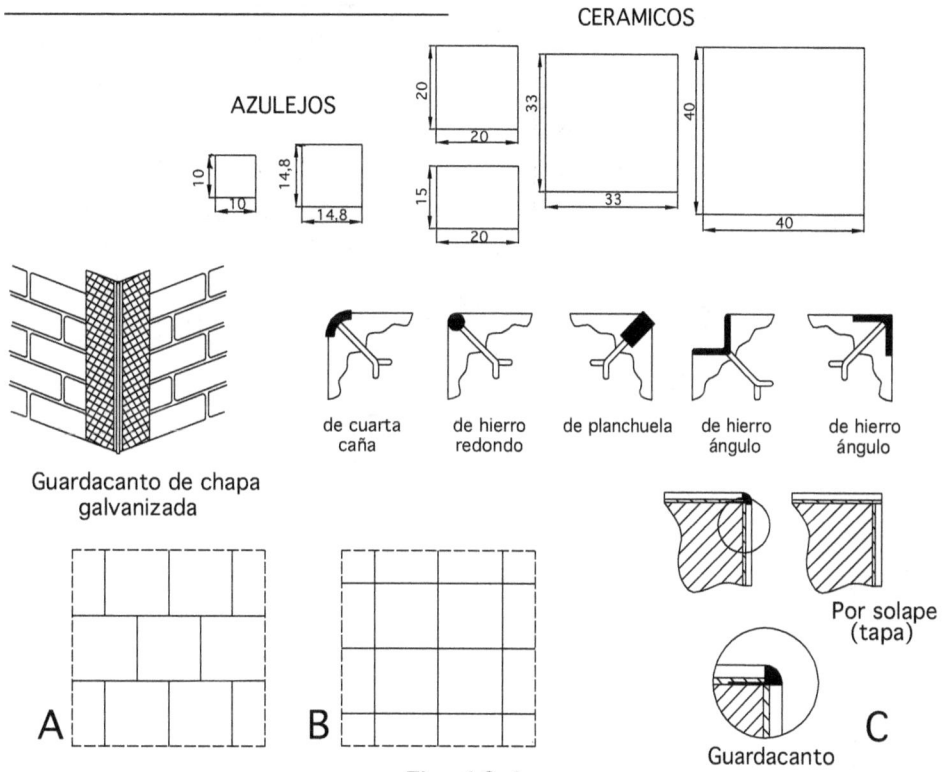

CERAMICOS

AZULEJOS

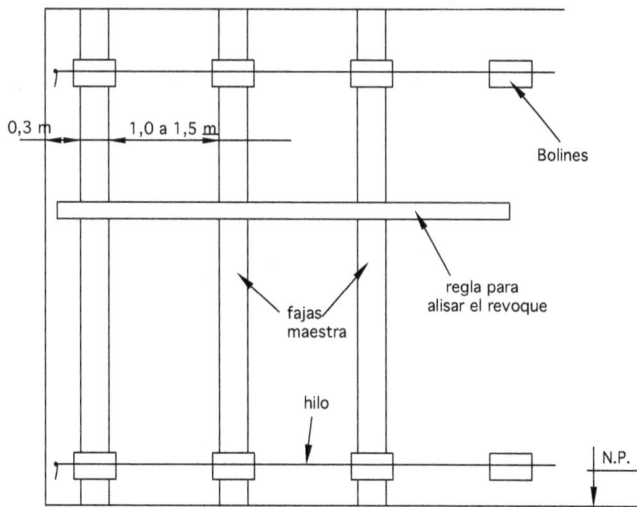

A

B

Fig. 10.1

Guardacanto de chapa
galvanizada

de cuarta
caña

de hierro
redondo

de planchuela

de hierro
ángulo

de hierro
ángulo

Por solape
(tapa)

Guardacanto

C

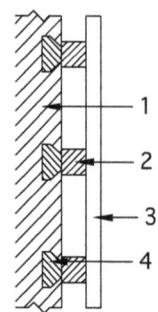

0,3 m   1,0 a 1,5 m

Bolines

regla para
alisar el revoque

fajas
maestra

hilo

N.P.

Fig. 10.2

1
2
3
4

Fig. 10.3

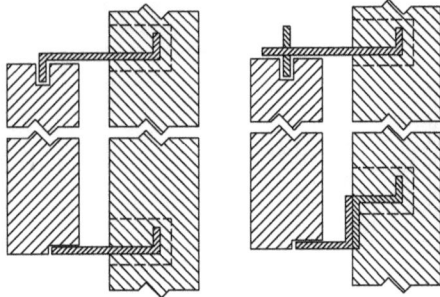

Fig. 10.4

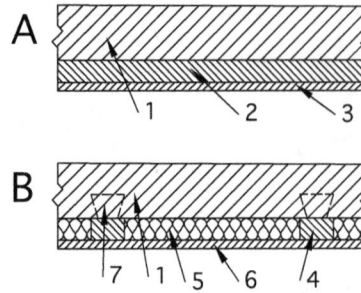

Fig. 10.5

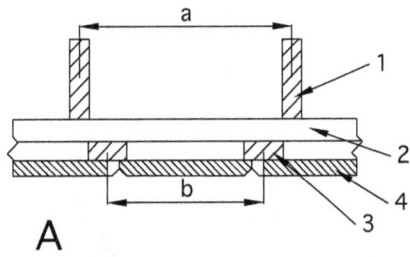

A

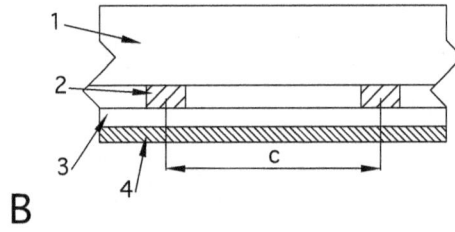

B

Fig. 10.6

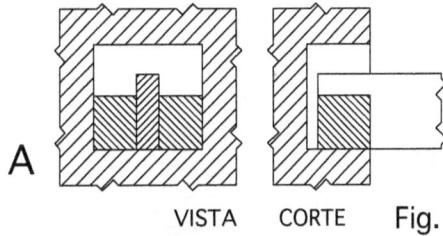

A

VISTA   CORTE

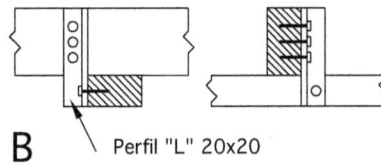

B

Perfil "L" 20x20

Fig. 10.7

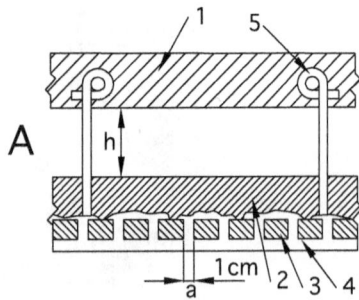

A

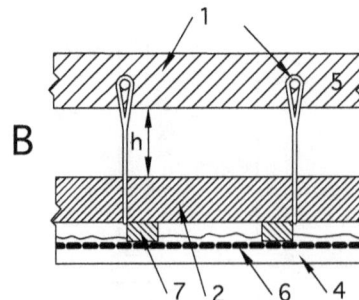

B

Fig. 10.8

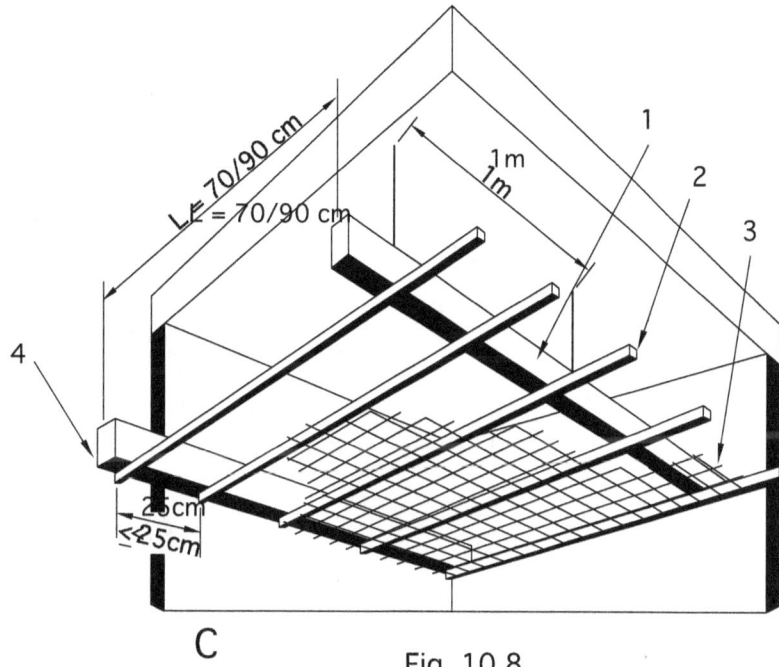

C

Fig. 10.8

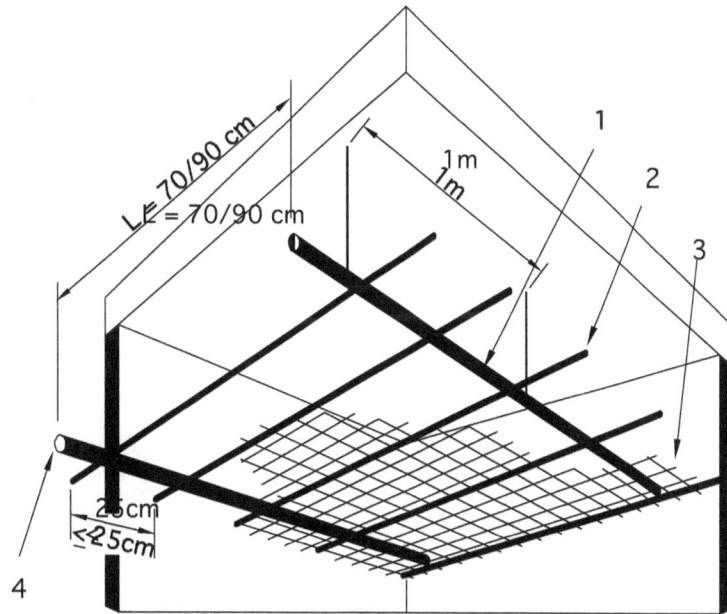

Fig. 10.9

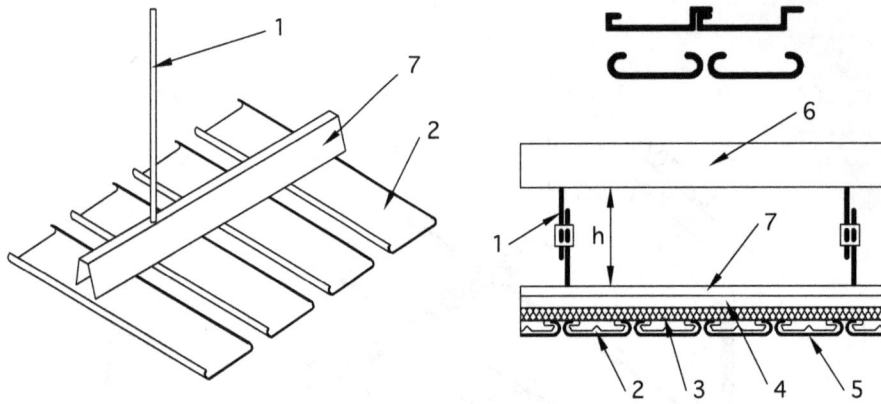

Fig. 10.10

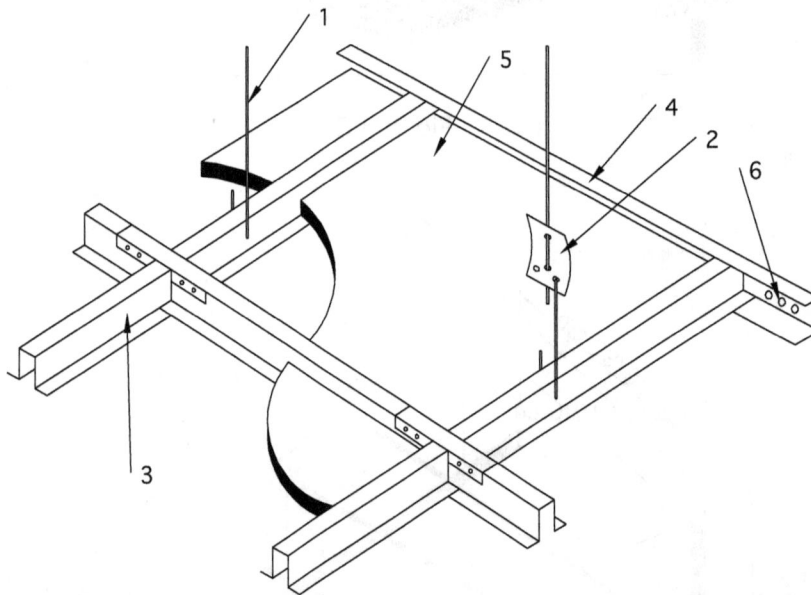

Fig. 10.11

11. SOLADOS

11.1. GENERALIDADES

Un solado está compuesto por dos partes bien diferenciadas: el *piso* y el *contrapiso*.

Como la superficie superior del solado está expuesta al uso sin protección, necesita estar formada por materiales duraderos, tanto más cuanto más intenso sea el servicio. Siendo además visible, cae dentro del concepto de obra de terminación. Solamente este revestimiento superior del solado se llama *piso* e incluye todos los elementos necesarios para su asiento o fijación (clavos, pegamento, mortero, etc., según sea el caso).

La industria provee una variedad grande de materiales para este fin. Su duración y eficacia dependen de su resistencia al desgaste e impacto, aunque no siempre el criterio selectivo se orienta por esa cualidad. En la construcción de edificios habitables son preferidos el aspecto y el confort; en cambio, en las construcciones industriales se imponen las cualidades utilitarias.

El *contrapiso* es la estructura inferior de soporte, más o menos compleja según sea el tipo, destino y ubicación del solado. Si la elección del piso es casi exclusivamente la elección de un material, la del contrapiso es la de todo un proceso constructivo, cuyos elementos son: el piso por sustentar, los niveles previstos en el proyecto (ver figura 11.2) y la eventual necesidad de impermeabilización o protección termoacústica (ver figuras 11.3 y 11.4).

En los solados apoyados sobre el terreno natural, el contrapiso transmite las cargas al suelo e impide que los movimientos de éste puedan llegar a agrietar el piso, convirtiéndose así en una verdadera estructura resistente; su espesor en este caso no será menor a 15 cm. Finalmente, sirve para alojar múltiples elementos útiles de la edificación, que deben quedar ocultos o protegidos, como las canalizaciones de desagüe, calefacción, instalación eléctrica, etc.

En la edificación corriente, al constructor solamente se le indican los niveles de "piso terminado"; debe entonces calcular el nivel de la obra gruesa, para lo cual tendrá en cuenta los espesores de todos los elementos necesarios del solado (piso y contrapiso).

Para el estudio de estos elementos nos parece conveniente clasificar los solados en las cuatro categorías siguientes, establecidas conforme con la manera como se coloca el piso:

- Pisos para pegar.
- Pisos para asentar con mortero o adhesivos de capa fina.
- Pisos fundidos en obra.
- Pisos para clavar, entarugar y/o pegar.

Los pisos de *plásticos*, *goma* y otros que se ponen como *alfombras* (moqueta), no constituyen un problema de mayor técnica de obra, y quedan por lo tanto excluidos de este texto. Los *pavimentos*, o sea los solados destinados a la circulación de vehículos, son un tema de la ingeniería civil, por lo que solamente haremos ligeras referencias a ellos.

Veamos ahora los contrapisos.

11.2. CONTRAPISOS

El contrapiso se hace generalmente con hormigón pobre, no compacto, de muy bajo contenido de cemento. Es una estructura de relleno y su componente principal es el cascote de ladrillos de demolición (sin yeso), arcilla expandida, etc.

Solamente cuando el suelo sea muy flojo, húmedo o activo está justificado el uso de hormigones bien dosificados y aun armados. Los espesores normales de un contrapiso sobre un entrepiso rondan los 8 cm, pero sobre terreno natural no menos de 15 cm por los imprevistos propios del suelo, como ya fue comentado.

A continuación, las formas de colocación.

11.3. PISOS PARA PEGAR

Los materiales más usuales en pisos pegados son los plásticos, la goma, las moquetas, etc. Los pegamentos son sintéticos, colas de otros tipos, y adhesivos de doble contacto. Todos estos pisos son de muy poco espesor, algo más de un milímetro, dos a lo sumo, y se pegan sobre una base sumamente pareja de cemento alisado, de lo contrario acusarían todas las imperfecciones del sustrato, se desgastarían de un modo desparejo y se romperían.

Pueden aplicarse también sobre un solado existente, siempre que esté sumamente liso y no se mueva. A veces fracasan por este motivo, sobre todo en pisos de madera con cámara de aire, por lo que desaconsejamos pegarlos sobre dicho sustrato.

Salvo esta excepción, cuando lo apliquemos a estos recubrimientos deberemos emplear previamente una masa niveladora especial a base de polímeros. Estas mezclas son especiales para nivelar pisos existentes, que luego recibirán alfombras, goma, etc.

11.4. PISOS PARA ASENTAR CON MORTERO O ADHESIVOS DE CAPA FINA

En este apartado cabe toda la variedad de baldosas, materiales calcáreos, mosaicos, lajas, cerámicos, etc., cuya puesta se hace con mortero sobre contrapiso común, con una técnica que es la misma, cualquiera que sea el material. Actualmente pueden utilizarse los morteros de capa fina, llamados corrientemente adhesivos. Veremos a continuación las características de las diversas opciones disponibles para este tipo de pisos.

Baldosa: es en general, cualquier pieza pequeña y de poco espesor que sirve para piso de solado, sea cerámica, gres cerámico (porcellanatos), de cemento comprimido o calcáreo.

Mosaico: es en rigor cualquier revestimiento de solado o muro hecho con pequeños pedacitos –al estilo de la taracea–, regulares o no, coloreados o no, formando dibujos o no; pero nosotros llamamos mosaico granítico sobre todo a las baldosas de piedra reconstituida. Hoy se fabrican mosaicos y baldosas con mayor tecnología, dando nuevos diseños y colores, con superficies pulidas, martelinadas, mate y estampadas.

Laja: baldosa de piedra natural sin labra, generalmente irregular.

Loseta: baldosa de hormigón armado premoldeada.

Baldosón: de base cementicia y terminación superficial de cemento, piedra granítica, canto rodado, etc.

El piso para asentar con mortero se caracteriza, entonces, por estar formado por un gran número de piezas, generalmente regulares, aunque no necesariamente del tamaño adecuado para que puedan ser afirmadas por un solo hombre, a mano. El obrero trabaja de rodillas; tiende primero la mezcla sobre el contrapiso, y sobre ella asienta las baldosas, apretándolas y golpeándolas hasta dejarlas niveladas. Para los alineamientos se vale de hilo y reglas, vigilando constantemente con el nivel la horizontalidad de las piezas y del conjunto.

El mortero clásico podría ser, por ejemplo, 1/8:1:3:1 (cemento/cal aérea/arena, preferiblemente gruesa/polvo de ladrillos). La mezcla debe resultar muy trabajable y adherente.

Y se observarán las siguientes precauciones (vale en general para todos los pisos):

• No comenzar la ejecución de embaldosados sin tener terminados los trabajos de albañilería, revoques e instalaciones, para evitar roturas, remiendos y manchas.

- Limitar el espesor de las juntas al mínimo posible, rellenándolas luego con mortero de cemento o pastina, según convenga al color. Por las juntas comienza la destrucción de los embaldosados.
- Limpiar el piso inmediatamente de terminado, sacando todo residuo superficial de mortero antes de que endurezca y manche definitivamente.
- Prohibir el paso sobre el piso terminado durante un período de varios días (una semana sería lo conveniente). Si inevitablemente se requiere caminar sobre un piso nuevo, habrá que colocar tablones sobre él (cuando los morteros de asiento sean convencionales).
- Cuidar muy especialmente la perfecta coincidencia de las baldosas en el plano horizontal; cualquier resalto, aparte de resultar visible y feo, será también motivo de destrucción acelerada.

Los mosaicos de material reconstituido (graníticos) pueden ser lustrados en obra para obtener de ellos su máximo rendimiento en belleza y duración. Agreguemos, de paso, que este material es el de mayor resistencia y durabilidad de todos los pisos no industriales; y es el único que admite lustrado, con lo que se consigue emparejar perfectamente la superficie, eliminando todos los resaltos que pudieran resultar de la colocación.

Para su lustrado en obra, el mosaico debe llegar empastinado. Luego de al menos quince días desde su colocación, se procede a desempastinarlo. Con el auxilio de medios mecánicos y mediante el uso de abrasivos de finura creciente, se consigue desbastar la superficie. Finalmente se lava con abundante agua, se vuelve a empastinar y con piedras más finas aún se completa esta operación, llamada *pulido a la piedra fina*. En obras económicas la operación termina allí; pero en las de mayor costo y con materiales más valiosos continúa, empleándose granos cada vez más finos, hasta llegar a la lámina de plomo, con la que se obtiene el máximo brillo. Esta operación se llama *lustrado a plomo*.

Nota: Cuando empleemos los adhesivos o morteros de capa fina, previamente se ejecutará sobre el contrapiso una carpeta niveladora cementicia.

11.5. PISOS FUNDIDOS EN OBRA

El más sencillo de los solados está indicado en la figura 11.1. Se lo llama *piso de cemento alisado* o simplemente *alisado*, y forma parte del grupo que hemos denominado *para fundir en obra*.

El primer manto alisado se comienza a tender cuando el contrapiso aún no ha comenzado a fraguar (para que lleguen a formar así un solo cuerpo). Esta primera capa, de 2 cm de espesor, debe ser hecha con concreto 1:3. Antes de que comience a fraguar se aplica la segunda capa, de 2 mm de espesor con concreto 1:2, amasado con poca agua. Esta segunda capa se comprime hasta que el agua fluya hacia la superficie, y se la nivela y alisa con cucharín o rodillo, espolvoreándola simultáneamente con cemento puro. Se lo cura con cualquiera de los medios conocidos.

Las grandes superficies de cemento alisado necesitan juntas para controlar la aparición de grietas de contracción. Estas juntas conviene que atraviesen también el contrapiso, y se hacen con un espesor de más o menos 15 mm de ancho, rellenadas con selladores, compuestos asfálticos, cauchos sintéticos, etc. Los paños encerrados entre juntas no deben sobrepasar una superficie de 20 m^2, con lados aproximadamente iguales.

El más sencillo dentro de este tipo es el cemento alisado, ya descrito (11.1). Para su uso como superficie de intenso tránsito, el alisado puede completarse en su cara superior con un manto de mortero especial, hecho con una mezcla de cemento portland y granulado metálico no oxidable, por partes iguales. Este granulado metálico debe estar exento de polvo y más bien grueso, de forma alargada y dimensión máxima aproximada de 2 mm. El cemento y la viruta se mezclan a razón de 1,5 kg de cada material por metro cuadrado de piso, para tránsito liviano, y hasta 3 kg de cada elemento para servicios más pesados. En la actualidad existen premezclas para ejecutar el cemento alisado, en base a cemento portland de alta resistencia y diversos agregados (color), que evita grietas y/o fisuras, incluso color (microcemento).

El llamado *terrazo* es, básicamente, una mezcla de cemento portland y/o cemento blanco con granulado de mármol y eventual agregado de pigmentos minerales. La mezcla puede ser hecha en obra o se la compra preparada (esto último es lo recomendable, en razón de la mayor uniformidad del color).

Un *terrazo* está formado por dos capas, una de terminación y otra de base. Sus distintos espesores son:

- Espesor mínimo necesario para la capa de terminación: 15 mm.

- Espesor mínimo necesario para la capa de asiento: 30 mm.
- Espesor mínimo necesario para el lecho de arena: 6 mm.

Aumentar el espesor del manto de terminación no reporta ninguna ventaja. En las imágenes puede verse el espesor conveniente de la capa de base en cada caso (ver figura 11.7).

Estos pisos son muy sensibles al agrietamiento, por lo que no pueden ejecutarse en paños de grandes dimensiones. Con el objeto de controlar las grietas y limitar su aparición, se colocan varillas de latón, transformándose el inconveniente en la oportunidad de aplicar una serie infinita de recursos decorativos. Esta junta es imprescindible (puede ser también un sellador, u otro material, pero debe existir siempre). Se la coloca formando paños no mayores de 70 x 70 cm, pudiendo llegarse hasta 120 x 120 cm cuando hay colchón de arena. Su ubicación, aparte de sujetarse a las formas decorativas elegidas, debe hacerse coincidir con aquellos lugares en que sean de temer las grietas; por ejemplo, a lo largo de las viguetas portantes.

Las tiras divisorias (juntas de latón) tienen 31 mm de alto, de los que aproximadamente la mitad se entierran en la capa de base, debiendo sobresalir sobre ésta una altura igual a la capa de terminación. Cualquiera que sea el dibujo por formar, éste se prepara fuera de su emplazamiento definitivo y se lo emplaza luego ya armado, asegurando así su particular diseño.

Recomendaciones particulares:

- Limpiar perfectamente la superficie de la losa o contrapiso, eliminando todo residuo de mortero, madera y especialmente yeso, etc.

- La capa de base va con mortero 1:4 (cemento portland/arena gruesa); para espesores mayores de los indicados, resulta mejor un hormigón 1:2:4 (cemento portland/arena gruesa/piedra partida).
- Es importantísimo el curado del manto de base y el propio terrazo (capa asiento), que deben ser mantenidon con humedad (tierra o arpillera humedecida) durante por lo menos 3 días el primero y 6 días el segundo.
- Una vez colocada la capa de terminación (lleva 5 litros de agua por bolsa de 50 kg) debe ser rodillada a las pocas horas. Nunca debe espolvorearse cemento para secar el agua excedente.

El pulido se hace en tres etapas:

1. Desbaste con piedra N° 24.
2. Afinado con piedra N° 80 y ulterior empastinado.
3. Nuevo afinado con piedra N° 80 y aún más fina.

Si en lugar de granulados de mármol se usan agregados comunes para hormigón, el terrazo se transforma en un piso industrial, en cuyo caso conviene que la capa de terminación tenga por lo menos 25 mm de espesor. Un piso de este tipo, debidamente pulido, es particularmente apto para fábricas donde sea necesario eliminar el polvo. Una variedad del terrazo son actualmente los alisados calcáreos, que dan superficies de colores limpios con un mantenimiento mínimo, pudiéndoseles agregar compuestos de mármol triturado, cemento, cuarzo, fibras y aditivos plastificantes, que se incorporan así a las bases dando una suerte de aplicación símil piedra parís en los pisos.

11.6. PISOS PARA CLAVAR, ENTARUGAR O PEGAR

El piso de madera es el más característico, constituyendo la más tradicional solución al problema del solado de los locales habitables. Está al tope de las preferencias del público y los constructores lo vienen usando desde hace siglos. Dentro de ciertos tipos, como son las maderas nacionales (eucalipto, caldén, etc.), lo convierten en el elemento insustituible para solado de vivienda. Es un excelente aislante del calor y del sonido, ofrece grandes posibilidades decorativas y demanda una conservación de muy bajo costo, lo que permite mantener su valor a lo largo del tiempo, como lo demuestra el material recuperado de las propias demoliciones.

Para su uso en pisos, la madera se presenta en dos variantes: la *tabla* o *entablonado* y la *hijuela* (esta última destinada a jugar en los infinitos dibujos del parquet). Espesores superiores a 22 mm (una pulgada cepillada) son hoy inusuales.

Las tablas se entarugan y las hijuelas se clavan, aunque éstas también pueden llegar a ser pegadas, o pegadas y clavadas simultáneamente.

Toda madera debe ser sometida a severas condiciones de recepción. Cualesquiera que sean su tipo y dibujo, se exigirá que las piezas sean perfectas en forma y dimensión; los espesores se controlarán con calibre; los bordes deberán ser vivos y los machimbres de ajuste, sin tolerancias. Los pisos desnivelados o flojos y las juntas abiertas constituyen el comienzo de la destrucción del solado, y se deben en muchas ocasiones a errores de escuadra, paralelismo o tamaño ocurridos durante la fabricación.

El mayor inconveniente de la madera es su sensibilidad a los cambios de humedad, a los que acompaña con movimientos de dilatación o contracción, según aquélla aumente o disminuya. Este inconveniente se agrava cuando la madera está impedida de moverse libremente, en cuyo caso se producen deformaciones o torceduras que llegan a inutilizar grandes superficies. Este efecto disminuye cuando, mediante un proceso natural o artificial de estacionamiento, se ha conseguido dar al material un grado óptimo de humedad propia que le permita intercambiarla con la del ambiente, dentro de ciertos límites de equilibrio y sin realizar mayores movimientos. De aquí la precaución de usar solamente madera suministrada por proveedores responsables, capaces de garantizar el estacionamiento del producto.

Aun tratándose de un material bien estacionado en el momento de su colocación, las variaciones de la humedad ambiente pueden ser tan grandes –particularmente en el caso de nuestro poblado litoral fluvial– que difícilmente pueda la madera mantenerse sin ningún movimiento. Éstos se producirán de cualquier modo, y para prevenirlos se ejecutará en el piso un espacio "ad-hoc" para dar espacio a la dilatación, generalmente contra las paredes, ocultos por el zócalo (figura 11.14-A), o verdaderas juntas de dilatación en los locales de grandes dimensiones.

La colocación sólo se iniciará cuando el estado de adelanto de la obra garantice una ulterior protección contra manchas, golpes, roturas, etc. No se hará el piso en ambientes que no tengan colocada su carpintería exterior, con los vidrios y celosías necesarios para protegerlo del sol y de la intemperie.

En cuanto al entablonado o entablado (reminiscencia del antiguo enlistonado a la inglesa), se coloca sobre alfajías tradicionales, amuradas a la carpeta sobre la que luego se entarugan las tablas. El mercado hoy ofrece también tablas laminadas de madera maciza o sintéticas –los llamados *"pisos flotantes"*–, que se colocan sobre un manto de polietileno.

11.6.1. Acabado y protección de la madera

Las operaciones que se indican a continuación son comunes a todos los pisos de madera y serán ejecutadas aun cuando se haya trabajado con el mejor material y los más competentes operarios:

- *Rasqueteo y pulido.* Tiene por objeto emparejar la superficie suprimiendo todo resalto o desnivel; es además una enérgica operación de limpieza superficial. El rasqueteo puede hacerse a mano, pero se prefiere la máquina por economía de tiempo; se lo hace cuando la obra está en la última mano de pintura. En los lugares de acceso muy difícil, se lo hace a mano. Un pulido completo consiste en dos pasadas de lija, la segunda más fina; aunque a veces se hacen tres pasadas, la última con lija muy fina.
- *Parafinado.* Inmediatamente después del pulido se da al piso una mano de parafina, más bien diluida para que tapone bien los poros y deje la superficie preparada para el encerado final.
- *Encerado y lustrado.* Tiene la finalidad de proteger el piso durante su uso, preservándolo de la humedad

y el polvo. Se vuelve a pulir a máquina con papel de lija extrafino para desparafinarlo, y luego se dan dos manos de cera, la que, una vez seca, se lustra con máquina. La operación de lustrado se convierte posteriormente en un trabajo de la rutina familiar, que es necesario repetir de tanto en tanto.

Otras variantes posibles son los plastificados, impregnados al óleo, laqueados e hidrolaqueados.

11.6.2. Formas de colocación

Son tres las formas de colocar solados de madera. La primera, el llamado *parquet baldosa* (figura 11.6). Este tipo viene pegado sobre papel y se adhiere al alisado base, con mástic especial o pegamento sintético; humedeciendo luego el papel que quedó en la cara superior, se lo despega. Este parquet utiliza pequeñas hijuelas sin machimbrar, con gran economía de madera. Más complicadas son las otras dos formas que veremos a continuación, para las cuales hace falta personal verdaderamente especializado.

La segunda forma de colocación es sobre carpeta de clavado y pegado (figura 11.14-B), que está generalizada como base para el parquet en cualquiera de sus tipos; y la tercera, sobre listones amurados a la carpeta (figura 11.13), de mayor calidad y nobleza, usada para los entablados, especialmente en su variedad entablado y entarugado.

En cuanto al contrapiso macizo para pisos de madera, no se diferencia en mucho de los que se usan bajo pisos de mosaicos. Tiene solamente algunos agregados que dependen de la forma de asiento del piso y de que el solado sea sobre tierra o piso alto. En efecto, si se trata de pegar las hijuelas, el contrapiso debe ser terminado con un alisado plano y firme, y nada más (figura 11.6); pero si se trata de clavarlas, el manto de terminación del contrapiso debe tener un espesor adecuado (carpeta), al largo del clavo y, sobre todo, una consistencia adecuada para que éste quede firmemente retenido y no se salga. Cuando el solado quede directamente apoyado sobre tierra, será necesario intercalar una barrera impermeable para la protección hidráulica de la madera.

Puede verse fácilmente que las variaciones higroscópicas del medio ambiente afectan a la cara superior de las hijuelas o tablas de distinta manera que a la inferior de apoyo (si ésta está pegada). Aun admitiendo que la madera sea de la mejor calidad y estacionamiento, la hijuela tendrá más movimiento arriba que abajo; el fenómeno de arqueamiento resultante puede ser evitado dejando juntas de dilatación perimetrales bajo zócalos, como dijimos en el punto 11.6 (figura 11.14-A).

11.6.3. Especificaciones constructivas

Para la descripción de los distintos tipos de pisos de madera de uso corriente en el país nos remitimos a los detalles de las figuras 11.10 a 11.14. La modalidad constructiva más frecuentemente usada es el parquet pegado y clavado, que trataremos a continuación.

Sea que este solado se haga sobre tierra o sobre piso alto, el método de ejecución es el mismo, con la única diferencia que en el segundo caso se suprime la aislación hidrófuga por innecesaria.

Consta de las siguientes operaciones:

- *Contrapiso de relleno y nivelación.*
- *Aislación hidráulica*, formada por un tendido de concreto con impermeabilizante. Este manto protegerá lateralmente al parquet (figura 11.14-A), debiendo para ello levantarse verticalmente sobre los paramentos que lo rodean, recomendándose que en lo posible se empalme con la capa aisladora de las paredes.
- *Manto de mortero apto para clavar.* Es el elemento fundamental del contrapiso, de cuya consistencia, perfección y lisura depende el éxito del piso. En este manto debe entrar y retenerse el clavo, por lo que debe ser blando, para recibir el clavo, pero no tanto, para retenerlo. Por eso se suele utilizar en la mezcla polvo de ladrillo, siendo recomendable la siguiente proporción: 150 kg de cemento, 120 kg de cal aérea hidratada, 0,5 m^3 de arena y 0,5 m^3 de polvo de ladrillo. En reemplazo del polvo de ladrillo puede usarse lava volcánica, carbonilla, vermiculita, etc. Con un espesor de 25 mm, para que aloje completamente el clavo, se lo terminará con fratacho ancho, a fin de lograr la máxima lisura. Hay que curarlo, por ello, durante los tres primeros días, y luego deberá transcurrir un plazo de secado natural mínimo, ya que el exceso de humedad de la mezcla confinada bajo el asfalto puede causar futuros trastornos en el piso. (Tampoco es conveniente dejar pasar mucho tiempo antes de colocar el parquet; en obras que por algún motivo fueran paralizadas, el manto para clavar suele ponerse tan duro con el tiempo que resulta inútil y hay que levantarlo.)
- *Manto de asfalto para pegar.* Tendido sobre el anterior (una vez que esté seco y limpio, y previa mano de imprimación), con un espesor aproximado de dos milímetros. Debe recordarse que es para pegar el parquet, no para emparejar las irregularidades del alisado. Si el manto para clavar resultó desparejo, es inútil que se espese en ciertos lugares la mano de asfalto; las hijuelas terminarán por hundirse y desportillarse en las puntas y en los machimbres. Debe prohibirse el uso de querosén o aceites para fluidificar el asfalto, pues terminan traspasando el piso, manchándolo.
- *Colocación del parquet.* Toda hijuela deberá ser clavada, y para los tipos comercialmente llamados 1/2 y 3/4 (espesores que en realidad son de 10/11 y 14/15 milímetros, respectivamente) se usarán clavos de 32 mm; y los tipos de 22 mm, con clavos de 39 mm. El clavo se coloca inclinado dentro de la hembra, nunca desde arriba (solamente tolerable cuando se trata de los pequeños pedacitos que suelen quedar contra las paredes y que no pueden clavarse en la forma indicada). Se cuidará en el paso de un local a otro la conservación del sentido de la colocación. La terminación perimetral contra los muros y tabiques se hará con recortes, razonablemente calculados, cuidando que la madera deje un juego con respecto al paramento, disimulado luego con el zócalo (juntas de dilatación), según ya aconsejamos.

11.7. PISOS FLOTANTES

La creciente tendencia de dar a las estructuras, sean paredes y/o entrepisos de los locales habitables, las mínimas dimensiones posibles (especialmente en los espesores), agrava los problemas de vecindad en cuanto a ruido se refiere. Se ha desarrollado como compensación y en forma paralela la técnica de la aislación acústica, orientada también en el sentido del mínimo consumo de espacio. Llevada al plano de los solados, esta técnica ha dado nacimiento al *piso flotante* (figuras 11.15 y 11.16), cuya esencia consiste en la intercalación de una capa de material liviano, colocada de tal manera que elimine todo contacto del solado con la obra estructural básica (entrepiso y paredes), de tal suerte que los ruidos que el piso pueda transmitir quedan confinados en el local donde se producen. Un detalle fundamental del sistema es el zócalo de material aislante, que anula toda la posibilidad del puente acústico.

El piso flotante, que por ignorancia y/o mayor rédito se obvia (y que en edificios habitables protege al piso inmediato inferior), se aplica, por supuesto, a todo problema de aislación termoacústica, aun en los más exigentes servicios (frigoríficos, cámaras sordas, etc.).

11.8. PINTURA PARA PISOS

La pintura para pisos es hoy, aparte de la técnica más novedosa, la más económica en cuanto a solado, ya que brinda un piso uniforme y sin juntas (fuente de polvo y suciedad), y por lo tanto muy apto para uso doméstico o industrial (por ejemplo, en la rama alimenticia). Su aplicación es rápida, ya que se reduce a pintar una carpeta o un alisado cementicio con pinturas especiales, como son:

- Los esmaltes sintéticos para pisos (resistentes a la intemperie).
- Pinturas al agua (ecológicas), que por no tener solventes no perjudican la salud, siendo aptas para viviendas, lofts, locales, etc.
- Pinturas epoxi para tránsito pesado (camiones, playas de cargas, etc.), con una vida útil no menor a 10 años y sin mantenimiento.
- Esmaltes sintéticos a base de poliuretano (contra agentes corrosivos ambientales).

Finalmente tenemos las que se aplican en los pisos industriales (antiácidos), deportivos, viales, etc.; a base de solventes, acrílicos, alquídicas y cauchos clorados (piletas de natación).

11.9. ELEMENTOS COMPLEMENTARIOS DEL PISO

El encuentro entre el paramento de un muro y el piso se resuelve mediante el uso del *zócalo,* cuya finalidad es disimular la imperfección de una junta difícil de ejecutar. El zócalo, además, protege la parte inferior de las paredes, contra los golpes de los utensilios de limpieza, muebles, etc. Lo más empleado es el zócalo del mismo material del piso, o similar; en las figuras descriptivas de los pisos hemos incluido también los zócalos, y a ellas nos remitimos.

El encuentro entre dos pisos de materiales diferentes (o que siendo del mismo material fueran de colores distintos o tuvieran diferentes dibujos), se resuelve mediante la aplicación de una *solia,* cuando ambos se encuentran al mismo nivel (figura 11.19).

La solia puede ser de un material completamente diferente al de los solados que une. Muchas solias se encuentran ubicadas en correspondencia con las puertas, en cuyo caso se las suele llamar *entrepuertas.*

El paso de un nivel hacia otro (desnivel), se resuelve con el *umbral,* que en nada se diferencia de los peldaños de una escalera. A diferencia de la solia, el umbral requiere una mayor resistencia, por estar más expuesto, ser de mayor importancia, más visible, y mostrar uno de sus frentes (contraescalón y nariz).

El encuentro de un solado con la tierra se resuelve por medio de un *cordón.* También es cordón el borde de un pavimento que requiera ser protegido contra los golpes de las ruedas de los vehículos (figura 11.20).

11.10. PAVIMENTOS

Aunque la construcción de los pavimentos es un asunto de la ingeniería vial, no son pocas las ocasiones en que el constructor de edificios tiene que hacerlos. La industria, sobre todo, necesita patios de maniobra, sendas interiores, y hasta el propio solado interior, con capacidad portante y resistencia al desgaste similares a las de los caminos. En estos casos, la mecánica constructiva no tiene por qué ser distinta.

En su forma más compleja, un pavimento está compuesto como se indica en la figura 11.22. La capa superior o capa de rodamiento puede por sí misma ser el pavimento completo, y en muchos casos lo es; la alternativa más adecuada depende de la verdadera situación del terreno natural para la fundación del camino. Valle Rodas da las siguientes relaciones:

- Si el terreno es pésimo, debe sustituirse por un suelo de mejor calidad.
- Si el terreno es malo, habrá que colocar una sub-base de material seleccionado.
- Si el terreno es regular o bueno, puede no hacerse la sub-base.
- Si el terreno es excelente, puede no hacerse la sub-base y la base.

Para trabajo exigente, las mejores superficies de rodamientos se obtienen con algunos de estos tres tipos:

- Bloques puestos a mano sobre lecho de arena (bloques de granito, llamados *adoquines;* bloques hexagonales de hormigón premoldeado y con intertrabas laterales para el ajuste mutuo; ladrillos especiales por su dureza, condiciones antiácidas o antichisposas; y –en un plano menor de exigencias– ladrillos comunes). Posiblemente sean el adoquín, empleado antiguamente, y hoy los bloques de granito o pórfido, los tipos de mayor calidad por su elasticidad –capaz de soportar importantes deformaciones–, su alta resistencia a la abrasión, su capacidad de soporte, su facilidad para la puesta en obra y su gran adaptabilidad en modificaciones, refacciones, etc. Finalmente, tiene un valor de recupero casi total:

el adoquín de los viejos pavimentos vuelve a ser usado todas las veces que haga falta.

- *Hormigón simple o armado.* Las condiciones de la subrasante y carga rigen la necesidad de armadura. Necesita juntas de contracción y dilatación. Las reglas del arte son las expuestas en el Capítulo 3; podríamos insistir en la conveniencia de seleccionar los agregados, mejorar la granulometría y, si hay exposición a la intemperie, usar incorporadores de aire.

- *Carpeta de hormigón asfáltico.* Ejecutada en espesores y con mezclas variables de cemento asfáltico, agregados pétreos y rellenos minerales calizos o cemento portland. Provee una excelente impermeabilización de toda la infraestructura del camino. La mezcla puede comprarse hecha, presentándose en una variedad capaz de cubrir todas las necesidades y constituir así los pavimentos asfálticos.

Para la selección y mezcla de materiales de base y sub-base, como para las operaciones de tendido *in situ,* remitimos al lector a la literatura especializada (entre otros, puede verse el pliego de condiciones de la Dirección Nacional de Vialidad, y de algunas Direcciones Provinciales).

11.11. TEXTO DE LAS FIGURAS

Fig. 11.1. *Construcción de un contrapiso.*
Primer paso: sobre la tierra bien emparejada y apisonada se colocan tirantes paralelos, o guías, debidamente nivelados y asegurados con estacas para que no se muevan durante el trabajo; el nivel superior de estas guías debe ser perfectamente horizontal y coincidente con el nivel del futuro contrapiso.
Segundo paso: se tiende el relleno entre las guías apisonándolo enérgicamente, y apoyando una regla sobre éstas se forma la superficie superior plana del contrapiso.
Tercer paso: se quitan las guías.
Cuarto paso: las canaletas resultantes se rellenan con el mismo material y queda terminado el contrapiso.
Finalmente, se ejecuta el piso, que en el caso de la figura es un tendido de cemento alisado.
1. terreno natural; **2.** guías; generalmente son tirantes de madera; a veces se las hace como las fajas de los revoques, con mezcla; **3.** material de relleno cuyo espesor dependerá del nivel final; nunca será inferior a 15 cm, si se lo hace sobre buen terreno; sobre entrepisos puede ser menor; **4.** terminación de cemento alisado; **5.** estacas.

Fig. 11.2. *Función del contrapiso.* Los pisos interiores de una misma unidad tienen, corrientemente, un mismo nivel; eso se logra con el contrapiso de relleno, cuya altura (**h**) va jugando dentro de los límites necesarios. A la *izquierda* se muestra el solado de un local sanitario con **h** grande (mínimo 20 cm), para alojar el desagüe de los artefactos (fig. 11.17-A); a la *derecha*, en cambio, el valor se ha reducido para dar lugar a una losa radiante. A veces, el constructor deberá acusar con el contrapiso, muy ligeras diferencias (véase la figura 11.18-**A**).
1. embaldosado; **2.** mortero de asiento; **3.** contrapiso de relleno; **4.** obra, o terreno natural; **5.** piso asentado con adhesivo; **6.** cemento alisado; **7.** hormigón simple, compacto, buen conductor del calor, para formar la losa radiante; **8.** conductos de la calefacción; **9.** aislación térmica (evita la difusión del calor hacia abajo; las calo-

rías consumidas caldean de esa manera el ambiente superior).

Fig. 11.3. *Solado para vivienda y climas muy fríos, con barrera térmica.* Este dispositivo es muy apropiado, sobre todo para pequeñas unidades de vivienda aisladas (sin otras construcciones adosadas).
1. piso; **2.** contrapiso; **3.** aislación térmica, capa de ladrillos huecos (los agujeros pueden ser coincidentes pero sin comunicación con el exterior; **4.** alisado con hidrófugo; **5.** contrapiso; **6.** tierra; **7** mortero de asiento.

Fig. 11.4. *Solado sobre tierra para cámara frigorífica.*
1. piso antiácido; **2.** contrapiso de espesor y resistencia suficientes para absorber la carga; si la aislación térmica subyacente es muy blanda, deberá ser armado; **3.** aislación térmica, preferentemente rígida (poliestireno expandido de alta densidad); **4.** aislación hidrófuga, preferentemente barrera de vapor; **5.** cemento alisado con hidrófugo; **6.** contrapiso; **7.** tierra; **8.** mortero de asiento.

Fig. 11.5. *Pisos para asentar con mortero.*
Todos los embaldosados, cualquiera que sea el material de terminación, tienen la estructura indicada en este detalle: el contrapiso, el mortero de asiento y el piso propiamente dicho. Las figuras muestran el encuentro de uno de estos solados con el muro: a la *izquierda*, la solución más económica: el zócalo recto; a la *derecha*, la solución más técnica: el zócalo sanitario, superior al anterior en aspecto y funcionamiento higiénico. El espesor indicado vale para el llamado mosaico granítico; de cualquier modo, todo embaldosado necesita unos dos centímetros de mortero de asiento, y, como los cerámicos o maderas, de juntas de dilatación perimetrales e internas.
1. zócalo; **2.** embaldosado; **3.** mortero de asiento; **4.** contrapiso; **5.** aislamiento hidrófugo (en caso de terreno natural).

Fig. 11.6. *Baldosas de madera (parquet mosaico).* La industria provee dos tipos de tableritos de madera para asentar con mortero o pegar con adhesivo. En **A** puede verse el típico aspecto de un parquet mosaico tal como sale de la fábrica, con un manto de asfalto que tiene adherida una capa de granza granítica. Las dimensiones comerciales son de 333 x 333 mm, y otras menores, con un espesor de madera de 10 a 11 mm. Con respecto a los demás pisos de madera, éste tiene la ventaja de no necesitar para su puesta en obra la mano de obra especializada de parquetistas. En corte, el mosaico ha sido colocado sobre un contrapiso de hormigón liviano; para tomar niveles, debe tenerse en cuenta que la suma de **1**, **2** y **3** es de aproximadamente 40 mm. El segundo tipo se muestra en **B** (con el corte correspondiente): las hijuelas, sin machimbre ni unión de ninguna especie, se mantienen juntas pegadas sobre un papel que se retira una vez colocado el tablero. La superficie de asiento debe estar perfectamente libre. Como las hijuelas no tienen machimbre, se les da el espesor mínimo de 8 mm, con aproximadamente 150 x 150 mm de superficie.

1. hijuelas de madera para formar dibujos; **2.** manto de asfalto cubierto de granza; **3.** mortero en proporción 1/3:1:3 (cemento portland/cal hidráulica/arena); **4.** aislación termoacústica; **5.** obra; **6.** manto de concreto; **7.** pegamento.

Fig. 11.7. *Terrazo.* Piso de material granítico reconstituido *in situ* (llamado a veces *piso romano*).

1. terrazo; **2.** junta de latón, plástico, etc.; **3.** base de mortero cementicio; **4.** fieltro saturado liviano, generalmente en doble capa; **5.** carpeta niveladora; **6.** contrapiso; **7.** lecho de arena, lava volcánica, vermiculita o materiales similares; **8.** tierra.

Fig. 11.8. *Zócalos para el terrazo.*
En **A** se muestra una terminación de calidad, de muy bello efecto: la pieza se funde en obra y queda separada del piso y revoque por juntas metálicas. En **B**, la terminación se ha hecho con un zócalo sanitario premoldeado.

1. revoque; **2.** junta de latón especial para el remate del zócalo; **3.** base de mortero; **4.** zócalo fundido en obra; **5.** junta de piso; **6.** zócalo premoldeado; **7.** terrazo.

Fig. 11.9. *Piso técnico.*
1. granito de 60 x 60 cm x 11 mm, ó 30 x 30 cm x 8 a 9 mm; **2.** panel estructural; **3.** borde perimetral; **4.** revestimiento inferior en aluminio; **5.** guarnición antirruido; **6.** estructura transversal; **7.** columnas.

Fig. 11.10. *Entablado sobre contrapiso de madera (poco usual).* Entre el entablado que sirve de solado (**3**) y la tirantería (**1**) de sostén, se ha interpuesto otro entablado (**2**), discontinuo que hace las veces de contrapiso. La separación entre las tablas (**2**) depende del espesor del machimbrado, con un máximo de 15 cm y un mínimo que podría ser cero, en cuyo caso el contrapiso resulta completamente cerrado. *Abajo*, se lo muestra en cortes. El detalle es correcto solamente en sus elementos **1**, **2** y **3**, y muestra un modo de asiento de los tirantes que, siendo usual, es inconveniente porque:
Es difícil nivelar los tirantes sobre la capa aisladora.
Si la aislación se agrieta, la humedad llegará hasta la madera.
Si el contrapiso de madera fuera cerrado, la circulación del aire sería incompleta.

1. tirante; **2.** contrapiso de madera; **3.** piso de tablas machimbradas; **4.** capa aisladora cementicia; **5.** contrapiso: **6.** tierra.

Fig. 11.11. *Piso de parquet con contrapiso de madera (poco usual).* Se ve, en planta, la disposición "a bastón roto" de las hijuelas. Un corte de este piso sería análogo al de la figura 11.10. Las hijuelas (**1**) se clavan sobre las tablas (**2**), y éstas van, a su vez, sobre tirantes (**3**). Si el entablado de contrapiso va a ser discontinuo, de las figuras se deduce el modo correcto de colocarlo.
En **A** se indica el modo incorrecto: las puntas de las hijuelas caen arbitrariamente dentro o fuera de las tablas para clavar; del mismo modo, como la posición relativa de hijuela y tabla es cualquiera, los clavos resultan distribuidos en forma incoherente y azarosa. Si, en cambio, las tablas para clavar se disponen en líneas paralelas a la sección **I - I**, resulta la disposición de **B**, correcta, en la que las puntas quedan debidamente sustentadas y las hijuelas pueden clavarse todas de la misma manera. El largo (**L**) de estas últimas, determina la distancia **a = 0,707 L.**

Fig. 11.12. Cuando el entablonado es cerrado no importa qué dirección tengan las tablas para clavar: se puede colocar cualquier dibujo; en la figura, el tipo "a tablero recto", sobre un entablonado diagonal. El contrapiso en diagonal da una gran estabilidad lateral a la tirantería (en construcciones totalmente de madera esto es muy conveniente).

Nota: Las figuras 11.10 a 11.12 corresponden a ejecuciones de antigua data.

Fig. 11.13. *Entablado y entarugado.* En este detalle se muestra un piso de tablas atornilladas sobre alfajías de 3/4" x 4", que mediante clavos se fijan sobre la carpeta clavable. La cabeza de los tornillos se aloja en cavidades cilíndricas que luego se obturan con taponcitos (tarugos) de nogal. El aspecto es muy agradable y suntuoso. Es obvio que este tipo puede hacerse tanto sobre una planta baja como en un entrepiso.
1. taruguito de madera oscura, que cierra la cavidad del tornillo y es un elemento principal de la decoración; **2.** cavidad para alojar el tornillo; **3.** tabla del piso, machimbrada, atornillada; **4.** alfajía 3/4" x 4" clavada; **5.** carpeta, en cuya masa se clavan las alfajías; **6.** manto de asfalto en caliente; **7.** contrapiso (sería necesaria una aislación hidráulica si la base fuera tierra natural); **8.** hueco.

Fig. 11.14. *Piso de parquet, pegado y clavado.* Es la modalidad más difundida en nuestro país. Economía y rapidez junto a la seguridad y espesor mínimo. La figura muestra, en **A,** su ejecución en planta baja con la esencial capa aisladora unida a la de las paredes (importante precaución que nunca debe olvidarse). Importante es también el vacío marcado con **7.** En **B** puede verse la construcción en piso alto, donde es innecesaria la capa aisladora.
En **A: 1.** zócalo de madera; no debería apoyarse sobre el piso; **2.** revoque; **3.** taco para amurar el zócalo; **4.** manto de concreto hidrófugo; **5.** muro; **6.** contrapiso sobre el terreno natural; **7.** vacío para la dilatación; **8.** hijuela; **9.** carpeta para pegar y clavar; **10.** manto de asfalto en caliente para pegar la hijuela. En **B:** en planta alta, **11.** contrapiso común para nivelar, con aislación acústica; **12.** estructura resistente; **13.** clavo.

Fig. 11.15. *Pisos flotantes (esquema).* El detalle ilustra el principio de todo piso flotante: el sonido queda confinado en el local en que se produce. La protección es para los locales externos a él, sin que el proceso inverso deje, por supuesto, de resultar útil. A la *derecha* se muestra la dispersión de los sonidos por falta del zócalo aislante que se ve a la *izquierda*. El piso flotante se usa corrientemente sólo en locales de uso noble (dormitorios, salas de estar, etc.), lo que constituye un error, puesto que los ruidos de pasos en baños, cocinas, pasillos, etc., quedan sin confinar y pasan así a los pisos inferiores.
1. revoque; **2.** zócalo; **3.** solado (incluye mortero o adhesivo); **4.** contrapiso; **5.** aislamiento acústico; **6.** muro; **7.** zócalo acústico; **8.** estructura (losa, forjado, etc.).

Fig. 11.16. *Piso flotante (esquemas).* Modos de hacer la terminación de la aislación térmica en su encuentro con un muro: a la *izquierda*, con material aislante rígido; a la *derecha*, con material aislante flexible (colchón de lana de vidrio, por ejemplo).

Fig. 11.17. *La imagen ilustra variantes de posibilidades de solados (según local o ambiente que sirven).*
A: piso para local sanitario; se puede ver el espesor del contrapiso común (de cascotes), de aproximadamente 20 cm, con el objeto de alojar los desagües. Lleva un manto de aislación hidrófuga.
B: vereda exterior, de lajas de hormigón premoldeadas. Las lajas se apoyan sobre un lecho de arena y éste sobre un contrapiso corriente. El lecho de arena permite una gran comodidad en las operaciones de mantenimiento de cañerías de la red pública, con un mínimo de roturas y remiendos.
1. mosaico; **2.** mortero de asiento; **3.** contrapiso de hormigón pobre; **4.** caja de plomo con rejilla de instalación sanitaria; **5.** dos fieltros saturados entre mantos de asfalto o pintura asfáltica; **6.** losa; **7.** losetas de hormigón; **8.** lecho de arena; **9.** tierra.

Fig. 11.18. *Encuentro de pisos diferentes (esquema).*
A: encuentro entre un piso de parquet pegado y clavado y otro de mosaicos sobre piso alto. Se ha interpuesto una planchuela de latón o bronce

de 30 mm de ancho, que conviene colocar antes del parquet.

B: pieza de bronce de poco espesor entre dos zonas de parquet de distinto dibujo o en pisos distintos; funcionará como junta si por humedecimiento de la madera se dilatan las hijuelas.

1. piso parquel; **2.** bitumen pegado; **3.** carpeta clavada (sin escala); **4.** contrapiso; **5.** mosaico; **6.** mezcla de asiento; **7.** planchuela latón; **8.** estructura o tierra de apoyo; **9.** solia de bronce; **10.** hijuela; **11.** junta de dilatación.

Fig. 11.19. *Entrepuertas.*

A la *izquierda*: una solia de madera que rellena el espacio entre los marcos de la puerta. Algunos consideran que la solución del *centro* (a puerta cerrada) es mejor, porque cada piso muestra su propio dibujo. A la *derecha*: sin solia. Como en la anterior, a puerta cerrada, cada piso muestra su dibujo. Esta última es de ejecución más delicada (ver figura 11.18-B**)**. Es obvio que las piezas pueden se de madera, mármol o granito (reconstituido o no).

Fig. 11.20. *Cordones para vereda.*

A la *izquierda*, el cordón es de piedra o premoldeado de hormigón y va alojado en una cama formada por el mismo material del contrapiso. A la *derecha*, se lo ha formado con el mismo material de la vereda y va armado para prevenir su agrietamiento en el borde.

Fig. 11.21. *Estructura genérica de un pavimento.* La sub-base "sirve de drenaje, controla y

elimina los cambios de volumen, elasticidad y plasticidad perjudiciales que pudiera tener el terreno de fundación; además controla la humedad capilar protegiendo así contra heladas".

La base "absorbe las cargas y las reparte uniformemente".

Fig. 11.22. *Pavimentos para playas de maniobra.*

A: bloques de granito (granitullo), o de hormigón vibrado sobre base de hormigón simple o armado. Los bloques se asientan sobre un lecho de arena suelta. **B**: ladrillos de máquina colocados de canto, con lecho de arena sobre contrapiso tipo macadam. **C**: tarugos de madera dura con lecho de asfalto sobre base de suelo-cemento. **D**: carpeta de hormigón de asfalto sobre base de suelo-cemento. **E**: solado de hormigón armado, mostrando una junta de contracción. **F**: junta de dilatación, con pasador incluido.

1. adoquín; **2.** lecho de arena; **3.** contrapiso; **4.** terreno natural; **5.** ladrillos de máquina; **6.** contrapiso de macadam; **7.** asfalto; **8.** base de suelo-cemento; **9.** carpeta de hormigón asfáltica; **10.** junta de contracción (la sección de hormigón se ha debilitado "ex-profeso", para obligar a la formación de la junta); **11.** junta de dilatación (tanto ésta como la de contracción deben rellenarse con asfalto para evitar que el agua inunde la subrasante); **12.** hormigón armado; **13.** tira de hormigón –podría ser una capa de ladrillos– para perfeccionar la estabilidad de la junta; **14.** pasador; **15.** tarugo de madera dura; **16.** armadura.

11.12. FIGURAS

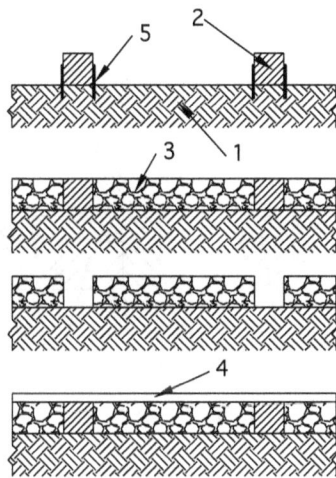

Fig. 11.1

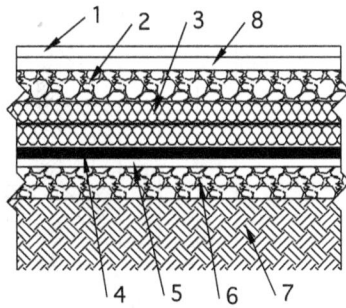

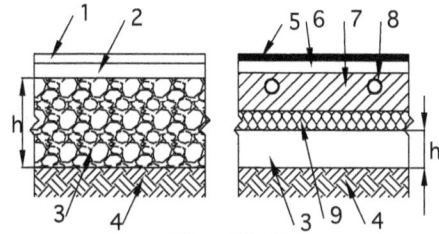

Fig. 11.2

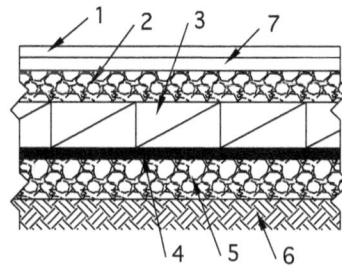

Fig. 11.3

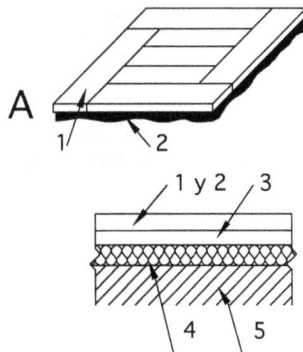

Fig. 11.4

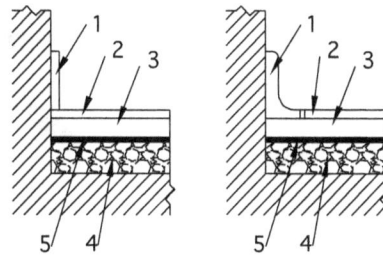

Fig. 11.5

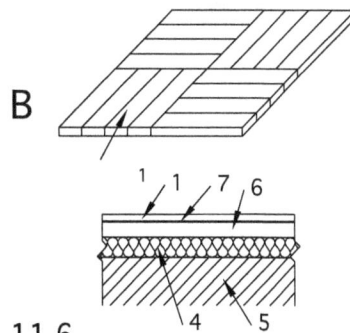

Fig. 11.6

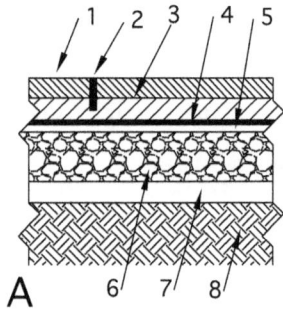

Fig. 11.7

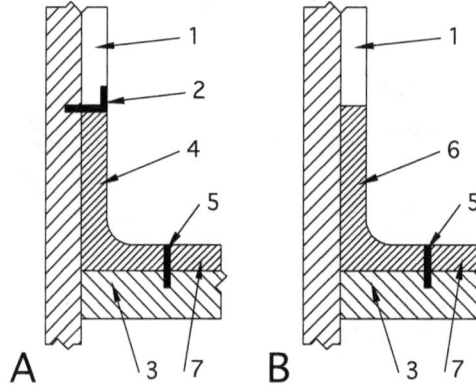

Fig. 11.8

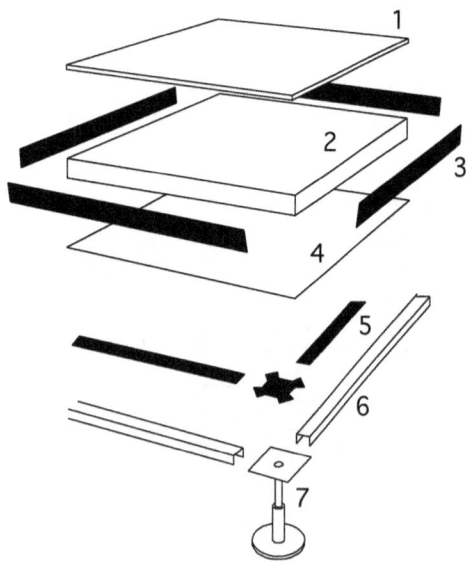

Fig. 11.9

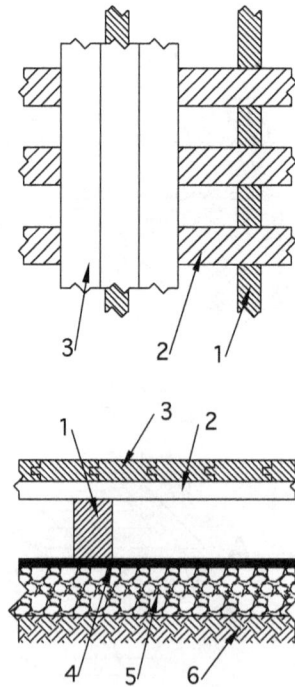

Fig. 11.10

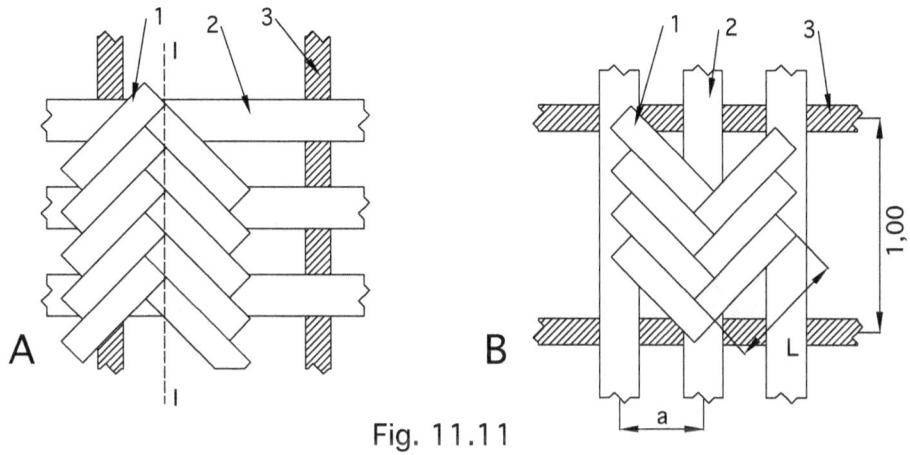

Fig. 11.11

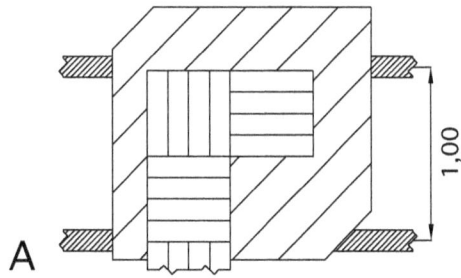

Fig. 11.12

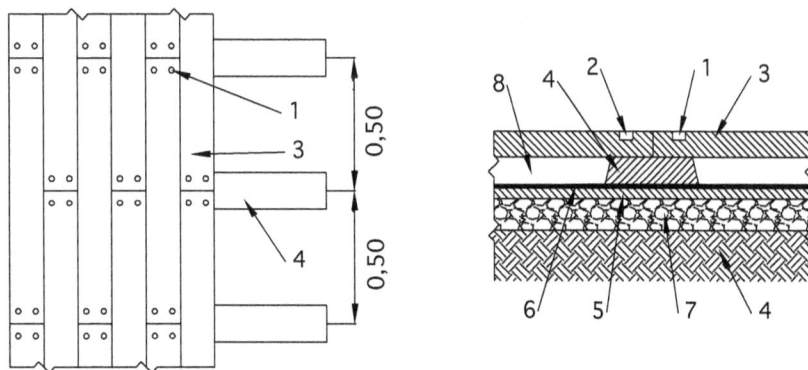

Fig. 11.13

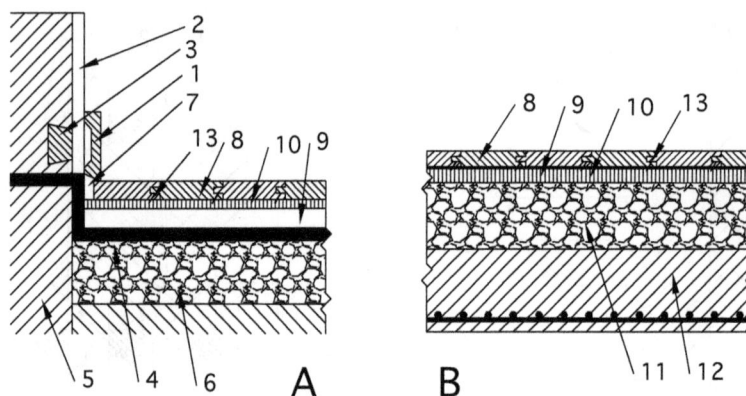

Fig. 11.14

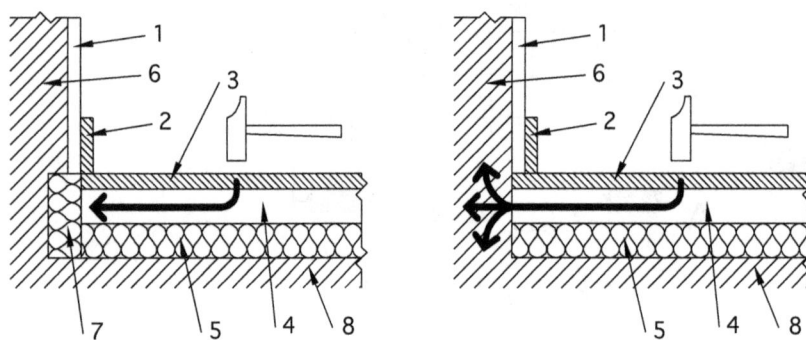

Fig. 11.15

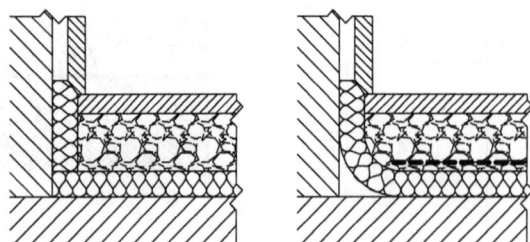

Fig. 11.16

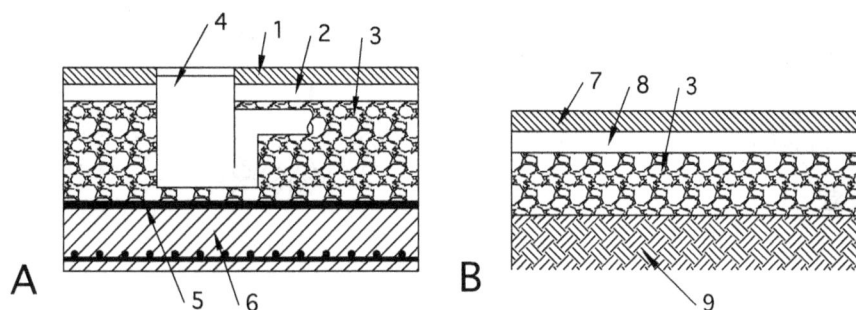

Fig. 11.17

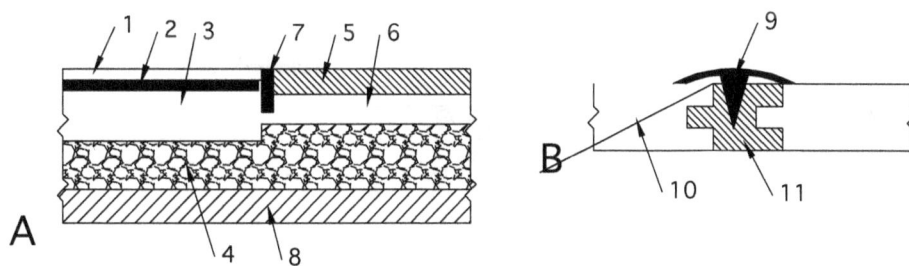

Fig. 11.18

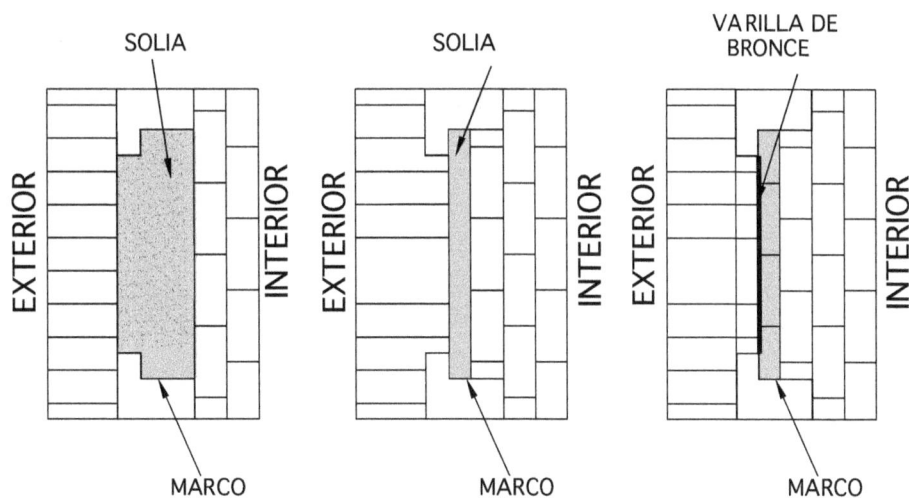

Fig. 11.19

Fig. 11.20

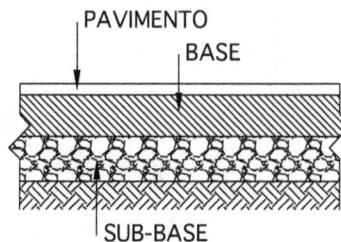

PAVIMENTO
BASE
SUB-BASE

Fig. 11.21

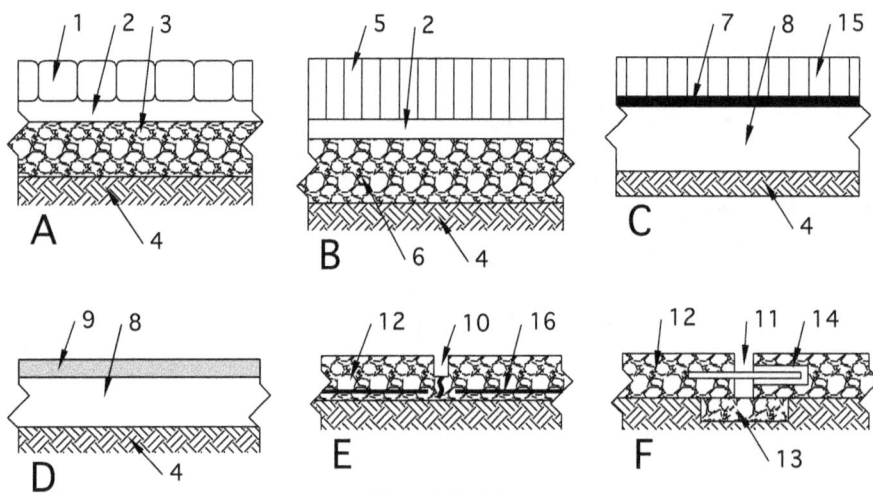

Fig. 11.22

12. ANDAMIAJES Y APUNTALAMIENTOS

12.1. GENERALIDADES

A las obras provisorias destinadas a servir de apoyo a las plataformas de trabajo se las denomina *andamios*. Cuando están destinadas a recibir una carga y transmitirla a un punto fijo –el suelo por ejemplo–, se llaman *apuntalamientos* o *apeos*.

El apuntalamiento de una excavación se suele llamar *entibación* o *acodalamiento*. Todo elemento vertical se llama *puntal*; todo elemento horizontal que reciba carga se llama *codal*, y *tornapuntas* los inclinados (eventualmente pueden denominarse *jabalcones*).

Dentro del grupo de obras provisorias destinadas a sostener, deben incluirse también los *encofrados*, vistos ya en el capítulo de hormigón armado, y las *cimbras*, usadas para formar arcos, bóvedas y cúpulas.

Por su carácter provisorio –y muchas veces para poder responder a emergencias–, estas obras deben ser de ejecución rápida, seguras y de fácil desarme. La seguridad que brindan depende esencialmente de los apoyos (cuñas), del arriostrado y de las uniones, que en su totalidad deben ser rigurosamente fijas, no desplazables.

Mientras el andamio es relativamente liviano, el apuntalamiento, por su función de soporte de cargas, puede llegar a adquirir una gran robustez e importancia.

12.2. MATERIALES

Por dos razones principales el material más usado en esta clase de estructuras es la madera: **a)** requiere costos de inversión relativamente bajos, puesto que se trata de un material relativamente abundante y barato, y **b)** tiene una gran adaptabilidad a cualquier tipo de situación, puesto que puede cortarse, acoplarse, empalmarse, ensamblarse, con una gran versatilidad.

Menos usadas, en razón de su gran costo inicial, son las piezas metálicas, generalmente tubulares, que tienen, no obstante, tres ventajas a su favor:

- Una gran resistencia mecánica, mucho mayor que la de la madera, lo que permite disminuir el volumen de ocupación total, mejorando la disponibilidad de espacio para el trabajo, el transporte y el almacenamiento.
- Una gran duración, con la consiguiente economía de gastos de mantenimiento.

- Una gran facilidad de montaje, es decir, una economía importante en jornales y tiempo.

Nota: Por su alto valor las estructuras metálicas deberán tener un servicio más bien continuo, o bien alquilarse, para que no se conviertan en un pesado capital improductivo.

De aquí que, para pequeñas obras y empresas chicas y/o medianas, se prefiera siempre la madera. De todas maneras, es el material más usual cuando se trata de dar forma o hacer plataformas de trabajo. Para obras de importancia, siempre será prudente comparar la conveniencia de ambos sistemas. En plaza son varias las empresas que explotan el alquiler de las unidades tubulares.

12.3. ANDAMIOS

Con arreglo a la DIN 4420 (cuyo conocimiento se recomienda), los andamios se clasifican de la siguiente manera: **a)** de trabajo; **b)** de protección; **c)** de soporte.

La función de los nombrados en primero y segundo términos responde, obviamente, a sus nombres, y es obligatorio que habiendo andamio de trabajo, lo haya también de protección. Por otro lado, son de soporte todos los encofrados y cimbras, como también las plataformas para estiba de materiales.

Apartándonos de la norma mencionada, podemos indicar dos tipos para los andamios de trabajo: **1)** para desarrollarlos en superficies verticales, y **2)** para montarlos en superficies horizontales. El primer tipo es necesario en la construcción de paredes, y para su revoque, pintura o limpieza; el segundo tipo para ejecutar cielorrasos, su revoque, pintura o limpieza. En ambos casos, la altura del plano de trabajo definirá la importancia del sistema. Un tablón sobre caballetes es la expresión mínima en ambas situaciones.

Hay un tercer tipo (adecuado a las superficies verticales): el andamio suspendido, útil cuando resulta imposible apoyar en el suelo por razones de impedimento físico o cuando, estando el plano de trabajo muy elevado, resulta muy costoso armar un apoyo desde abajo. Siendo la silleta o guindola también su mínima expresión, en lo que incluimos el propio sostén y el llamado *cable de la vida*.

En todos los casos, debemos tener presente los dispositivos de seguridad; no solamente la del operario sino, también, la de terceros. La vida del obrero depende del andamio, de tal manera que no es suficiente que éste sea una estructura segura en su conjunto, sino que, además, debe tener los medios que den seguridad localizada en el propio lugar de trabajo (zócalos, barandas, etc.). Pero si estos medios localizados fallasen, debe preverse una pantalla receptora (redes o atajos), fuerte y blanda, a alturas intermedias (en obras de mucha altura conviene que esas pantallas (atajos) sean varias, a distintos niveles; lógicamente, las mismas pantallas no sólo dan seguridad al obrero, sino también a los terceros ubicados en planos inferiores, porque recogerán todo material u objeto que pueda caer desde las plataformas de trabajo.

Pero, los atajos son para los materiales; deben colocarse, además, redes para los obreros.

Nota: Recomendamos, para una conceptualización general en torno al tema, el conocimiento de la norma DIN 4420, y, para el caso particular de la Argentina, la aplicación del decreto 911/96, de la Ley de Riesgos del Trabajo vigente.

12.3.1. Tipos

El pie de un andamio se entierra o se hunde en un barril de arena; cualquiera de estos métodos es superior al apoyo simple sobre tablones; se tendrá presente que el receptáculo de arena debe ser perfectamente estanco y sano, para impedir que el material se salga; su vigilancia deberá ser diaria (figura 12.1-B, no usual en nuestro medio). En aquellos lugares en los que la circulación ajena al andamio sea más intensa, éste debe ser protegido contra golpes, a través de empalizadas. Los andamios para grandes superficies se esbozan en la figura 12.2.

A veces no es posible ocupar con puntales la vereda, los patios, etc., o establecer puntos de apoyo en planta baja; otras veces los posibles apoyos resultan ser un techo de chapas del vecino; y puede ocurrir también que el trabajo por hacer se localice en pequeñas superficies muy altas y no esté justificado económicamente llevar un andamio desde el suelo. Para todos esos casos se empleará el andamio en voladizo (figura 12.3), que debe usarse con criterio restrictivo.

En reemplazo de éste suele usarse el andamio colgado, cuyos soportes principal son ménsulas metálicas (perfiles), sólidamente ancladas en el nivel de las azoteas; para la suspensión se usan cables de acero o cuerdas de cáñamo, completándose la seguridad con mechinales empotrados en la pared al nivel de cada piso. Estos andamios suspendidos deben ser también de uso excepcional. La fijación de las ménsulas voladizas portantes en los techos será hecha sobre puntos fijos estructurales, quedando rigurosamente prohibido contrapesarlos con bolsas de cemento o arena, tambores con agua, etc.

Incluido en la variedad de andamios suspendidos se encuentra el balancín, movible, cuya posición en el sentido vertical puede regularse desde la propia plataforma de trabajo, por medio de un guinche con retenes de seguridad. El balancín es útil para trabajos menores y de poco consumo de materiales, como es el caso de la pintura o limpieza de vidrios, en los que el obrero puede operar durante media jornada con lo cargue en su plataforma.

En cuanto a la silleta o guindola, que permite cargar un volumen mínimo de materiales, es útil para trabajos puntuales (reparaciones, arreglos de fisuras). Constituye la expresión mínima de un balancín.

12.4. APUNTALAMIENTOS

Son estructuras que tienen por finalidad garantizar en forma provisoria o, excepcionalmente, definitiva la estabilidad de algunos o gran parte de los elementos de la construcción. El apuntalamiento en algunos casos sustituye en forma provisoria dichos elementos estructurales hasta que adquieran resistencia (es el caso de, por ejemplo, los encofrados) o se reparen, evitando su caída o derrumbe. Por lo tanto, podemos dividir los apuntalamientos en dos grandes grupos:

1) Los necesarios durante la ejecución de determinados trabajos (encofrados).
2) Los necesarios por existir deficiencias estáticas estructurales.

Los apuntalamientos deberán ser:

• Seguros.
• De sencilla y rápida ejecución.
• Duraderos.

• Económicos (sin afectar por ello la seguridad requerida).

En resumen, el apeo será necesario para abrir vanos, cortar columnas, practicar demoliciones, ejecutar submuraciones, excavaciones, etc. Es también requerido en las emergencias de derrumbe. Y en la mayoría de los casos su uso responde a la necesidad física de sostener una obra, o una de sus partes; en otros no es más que una medida puramente preventiva, de funcionamiento tal vez aleatorio, pero del que la prudencia aconseja no prescindir.

El principio de todo sistema de soporte es: recibir la carga por medio de un gran número de piezas, para que cada una de ellas reciba un poco de la totalidad, y llevarla luego hacia el apoyo por medio de una amplia superficie (solera). El esfuerzo resultante de la modificación de una estructura o de una amenaza de derrumbe tendrá, corrientemente, una tendencia dominante o en el sentido vertical (peso propio) o en el sentido horizontal (empuje), cuyas componentes se tratará de absorber en la dirección adecuada, mediante el apeo.

Por lo demás, existen tres grandes grupos de apuntalamiento:

• Los que están destinados a transmitir una carga esencialmente vertical (son los llamados *puntales*, propiamente dicho).
• Los que van a transmitir una carga esencialmente horizontal (el típico ejemplo es, en las entibaciones, los llamados *codales*).
• Los que van a controlar las cargas que provoquen volcamiento y/o desplazamientos (son los llamados *tornapuntas o puntales inclinados*).

Tanto en una refacción como en una demolición o ante un potencial derrumbe, uno de los elementos más importantes del apeo es la seguridad contra las deformaciones de conjunto (motivadas principalmente por la presencia de vanos, o la creciente tendencia entre los elementos principales de la obra a perder la escuadra, el paralelismo o el plomo).

Como concepto general, debemos tener en cuenta que en todo proceso de calce se observan (como dijimos en 7.10) causas de deformación elástica que afectan simultáneamente al sistema de apeo, al edificio tratado y al plano de asiento que se toma como fijo. Debe haber entre ellos ciertas relaciones de compatibilidad para evitar daños; como no resulta fácil definirlas numéricamente, la seguridad aconseja que la sección resistente del apuntalamiento sea generosa (superdimensionada) y bien amplia la superficie de apoyo. Naturalmente, los puntos de apoyo disponibles son el suelo y/o las construcciones vecinas.

12.4.1. Tipos

Durante el proceso constructivo del apuntalamiento, éste debe ajustarse contra la obra y no la obra contra él. Aquélla quedará soliviantada por éste en una medida que alcanza su ideal cuando el empuje forzado del sostén sea ligeramente superior a las cargas que la obra le va entregando. La conveniencia de regular esta mutua acción ha hecho nacer los cuatro tipos de apoyos regulables de la figura 12.1. De ellos, el más primitivo y rápido (también el menos regulable) es la cuña (**A**) . El más eficaz, sin duda, es el gato hidráulico (**C**), capaz de suministrar, también, la máxima potencia. El tornillo (**D**) es el menos usado (por lo menos entre nosotros), y requiere un trabajo previo en el pie de los puntales.

Todo lo anterior está referido a los apeos de madera, ya que los metálicos presentan elementos "ad-hoc", como los platos bases, los tornillones, etc. (ver figura 12.4).

Estos apoyos ajustables no sólo están destinados a regular la presión del sostén sobre la obra, sino que una de sus aplicaciones más importantes es regular el descenso de encofrados y cimbras en aquellos casos en que se recomienda un descalce paulatino del molde, evitando así el efecto "carga instantánea", que perjudicaría al elemento sustentado.

12.5. TEXTO DE LAS FIGURAS

Fig. 12.1. *Artificios para el descendimiento y/o ajuste de apoyos.*
A: la *cuña* es el más sencillo y el más usado (se trata de dos cuñas, una fija y otra móvil); permite un ajuste relativamente paulatino (se incrementa con cada golpe de maza), pero el descenso se produce con mayor violencia. Transmite vibraciones. **B:** *caja de arena*, regulable; sobre el plato superior se apoyan las cuñas para el ajuste; el desajuste resulta muy suave, retirando los tornillos y extrayendo la arena. **C:** *gato hidráulico*; solución perfecta para regular el movimiento en ambos sentidos. Además, puede suministrar toda la potencia necesaria. **D:** *gato a tornillo*: la punta se aloja en huecos preformados en la base de los puntales. Ocupa poco espacio, pudiéndose concentrar varios de este tipo en zonas relativamente pequeñas.

Fig. 12.2. *Andamiada de madera de gran superficie para el revoque de grandes frentes y/o medianeras.*
La vista muestra los parantes cada 3 m, enterrados no menos de 50 cm, y las carreras horizontales a no más de 2,5 m la una de la otra; se observan tambioén las cruces de San Andrés para la rigidez lateral y las barandas para la seguridad de los obreros (punteadas). En el corte pueden verse los travesaños que afianzan el andamio contra la pared y sirven de apoyo a los tablones que forman el piso. Algunos travesaños van anclados como se muestra en **A**, y el resto como en **B**, en mechinales (agujeros cuadrados que se dejan en las paredes para el soporte de las cargas), a fin de evitar que el andamio pueda volcarse hacia atrás. En el trabajo de revocar frentes se recomienda una doble hilera de parantes para evitar agujerear el muro.
1. baranda; **2.** parante; **3.** zócalo de seguridad; **4.** solado de tablones; **5.** travesaño. **6.** carrera.

Fig. 12.3. *Andamios en voladizo (madera).*
Se ven tres esquemas para voladizos y el detalle de las uniones numeradas. El primero (**A**) da una mayor seguridad; el segundo (**B**) presenta mayo-

res dificultades constructivas; y el tercero (**C**) es una pantalla de seguridad.
Abajo, detalle de las uniones **2** y **3**.

Fig. 12.4. *Piezas especiales para andamiaje tubular.* El andamio tubular está formado por caños rectos. El apoyo en el suelo se hace por intermedio de un plato base fijo, o con espiga (tornillón); la unión entre tubos verticales u horizontales se ejecuta por intermedio de una doble espiga, con lo que puede lograrse cualquier longitud. Los ajustes finales se dan con la espiga expansible y el tornillo montante. En la figura se ven, además, algunas de las piezas de unión requeridas para completar la andamiada.

Fig. 12.5. *Andamio metálico fijo.* Bastidor tubular metálico. Con dos de ellos, vinculados por diagonales de perfil "L", se forman torres de gran capacidad portante, como se ve a la derecha. El apoyo sobre el piso se logra con un tornillón regulable. Existen también otros tipos con apoyos móviles.

Fig. 12.6. *Encofrado: estructura de hormigón armado.* (Al respecto véase también la obra *Cómputos y Presupuestos,* de los mismos autores)
1. tirantes (3" x 3"); **2.** solera (ídem c/ 0,6 m); **3.** entablonado (1" x 6"); **4.** cuñas de ajuste; **5** y **8.** puntal; **6.** arriostrado (Cruz de San Andrés); **7.** estacón; **9.** flechado estacón; **10.** solera (tablón 2" x 12"); **11, 12** y **13.** refuerzos costados y fondo vigas.

Fig. 12.7. *Balancín (Andamio de colgar).* Su posición en vertical se obtiene maniobrando los torniquetes desde la misma plataforma de trabajo. Se sostiene suspendido de vigas metálicas debidamente contrapesadas. La costumbre de contrapesar con bolsas de cemento y otros elementos inadecuados debe ser erradicada.

Fig. 12.8. *Apeo lineal de cargas verticales.* Descarga para elementos continuos como vigas, losas, etc. Con maderas de sección suficiente y buen arriostramiento lateral, es capaz de soportar cargas enormes. También puede ser usado como apuntalamiento preventivo antideforman-te de entrepisos. El punteado indica diagonales de arriostramiento.

Fig. 12.9. *Apuntalamiento de un muro en peligro de derrumbe.* La tendencia en estos ca-sos está formada por el desplome en el sentido vertical y la rotación hacia adelante. Si el prime-ro fuese dominante, el pie de apoyo en tierra se acerca más al muro; en el otro caso se lo aleja. El movimiento de muros frontales (de frente) supo-ne siempre una rotación, por ello la seguridad total sólo se obtiene con elementos inclinados; además, todos los vanos serán asegurados con marcos rígidos de forma, según vemos a conti-nuación otra solución posible.

Inmediatamente por debajo de cada entrepiso se ha colocado un soporte. La longitud de pandeo deberá disminuirse con travesaños longitudinales y transversales que darán, además, rigidez. La fi-gura muestra algunas soluciones para los puntos **A** y **B**. **A** muestra las dos variantes posibles.

Fig. 12.10. *Apuntalamiento de vanos.* *Arriba*, tres marcos de madera y un relleno de fábrica para vanos rectangulares. *Abajo*, tres so-luciones para arcos, uno de ellos de fábrica din-telada. El punteado es el arriostrado.

Fig. 12.11. *Acodalamiento de muros (vigas de contención).* En la demolición de edificios en-tre medianeras surge para éstas la tendencia a acercarse entre sí. La figura ilustra tres tipos de apeos, de los cuales los dos primeros son mu-tuos. El otro, en cambio, es conveniente cuando estando en peligro el muro de la izquierda, el de la derecha, sirviente, es suficientemente próxi-mo y estable como para recibir la descarga. El sentido inclinado del apeo tiene por objeto bajar el centro de empuje y disminuir el momento de flexión con respecto al pie del muro sirviente.

Fig. 12.12. *Apertura de un vano en pared existente.* El trabajo comienza con la construc-ción del dintel, de la que aquí se ven las cuatro etapas: **A)** se corta una canaleta profunda, de medio espesor; **B)** se coloca el dintel, en este ca-so de hierro (podría ser hormigón), y se lo maci-za sólidamente; **C)** una vez que el dintel anterior se ha secado, se corta la canaleta del otro lado; **D)** finalmente se coloca el dintel faltante; seco éste, se puede cortar el vano sin riesgo. De ser posible, siempre es conveniente la colocación de un perno pasante para unificar ambos perfiles.

Nota: Cada perfil deberá poder soportar por sí sólo la totalidad de la carga de la pared. Ver Cap. 2 (fig. 2.20)

12,6. FIGURAS

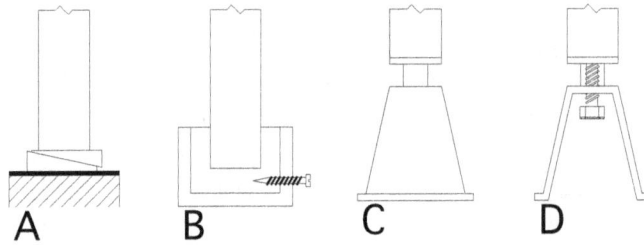

Fig. 12.1

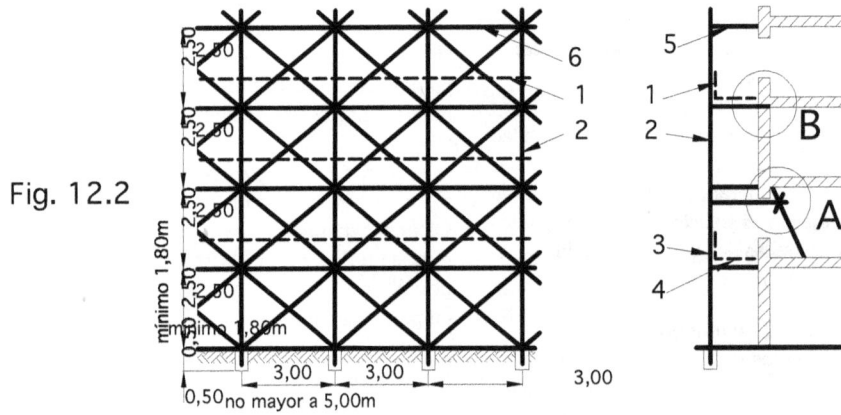

Fig. 12.2

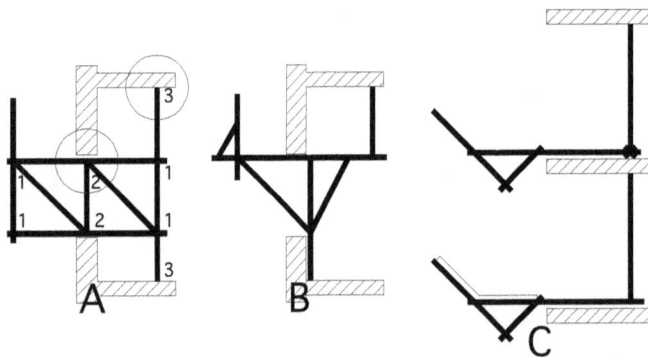

Fig. 12.3

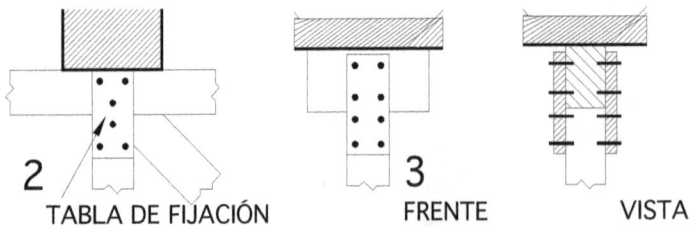

TABLA DE FIJACIÓN   FRENTE   VISTA

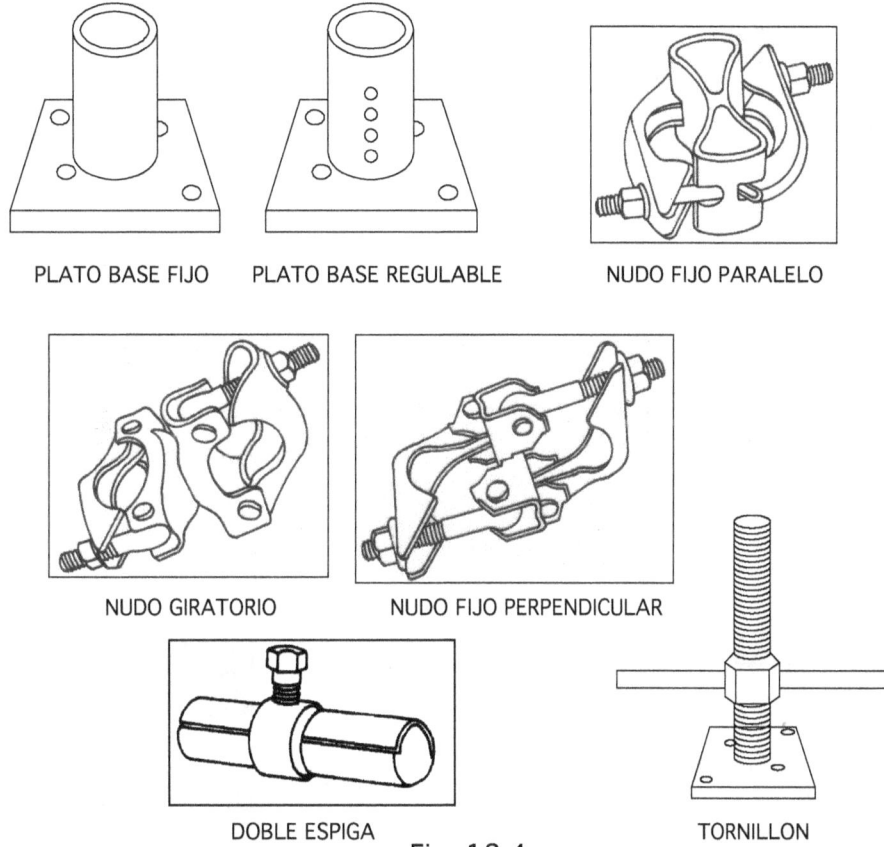

PLATO BASE FIJO   PLATO BASE REGULABLE   NUDO FIJO PARALELO

NUDO GIRATORIO   NUDO FIJO PERPENDICULAR

DOBLE ESPIGA   TORNILLON

Fig. 12.4

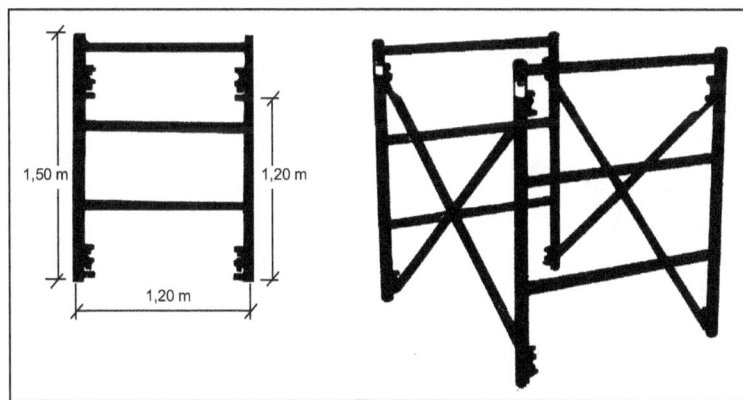

Fig. 12.5

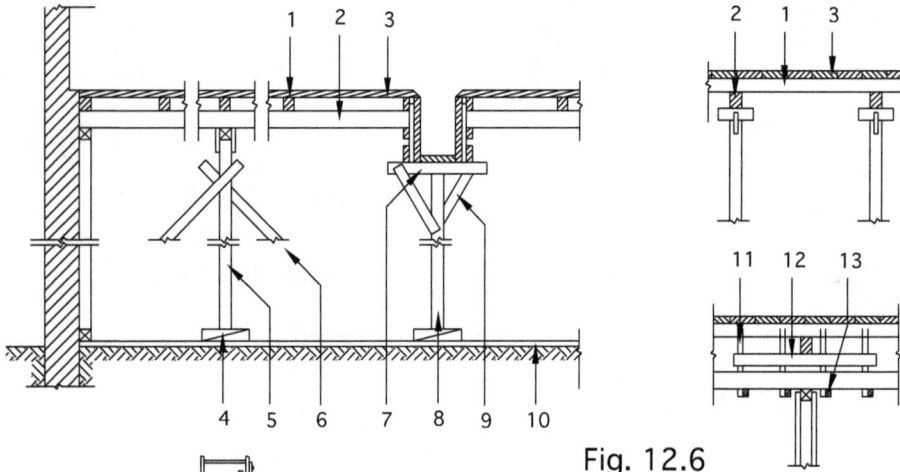

Fig. 12.6

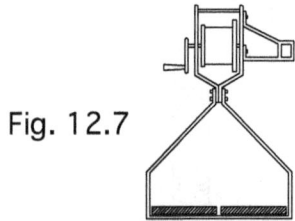

Fig. 12.7

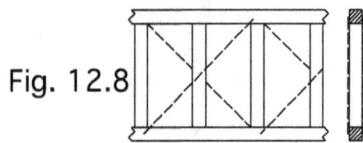

Fig. 12.8

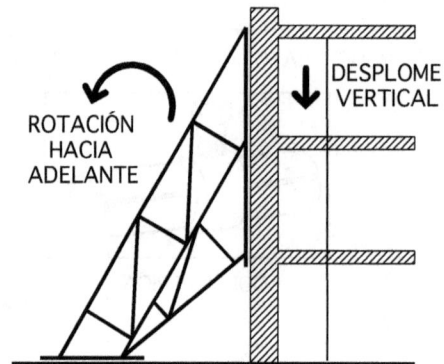

ROTACIÓN
HACIA
ADELANTE

DESPLOME
VERTICAL

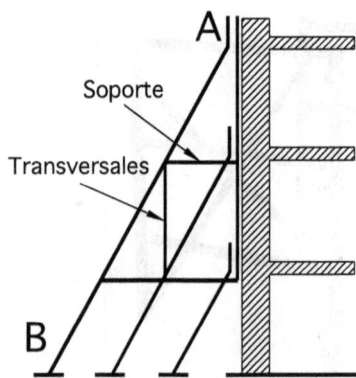

Soporte

Transversales

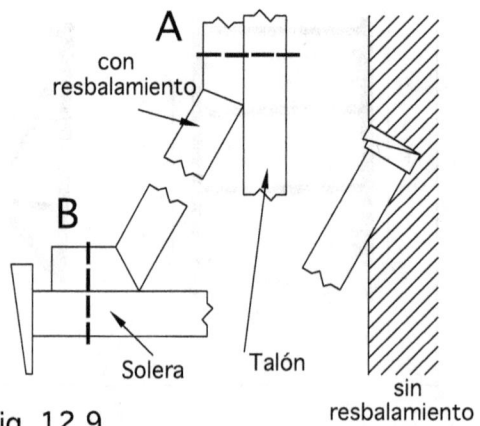

con
resbalamiento

Solera

Talón

sin
resbalamiento

Fig. 12.9

Fig. 12.10

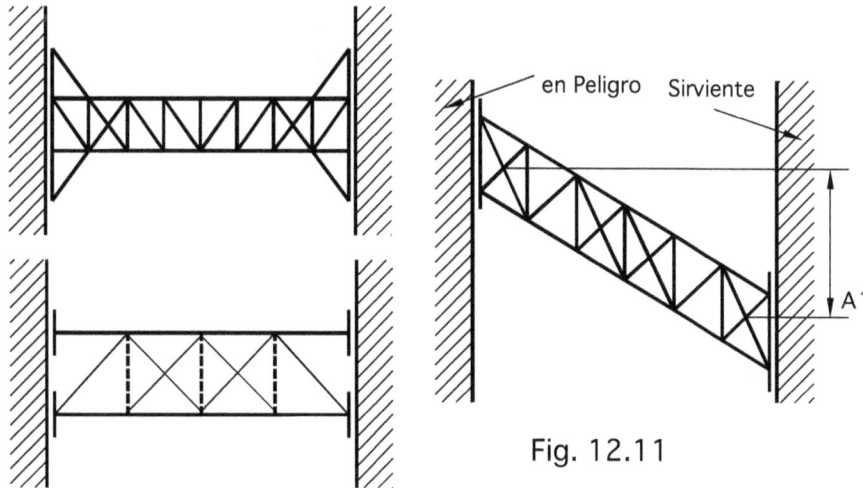

Fig. 12.11

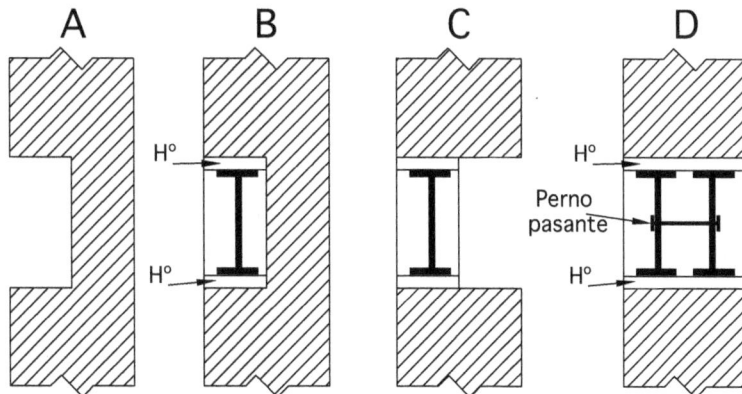

Fig. 12.12

13. CARPINTERÍA

13.1. GENERALIDADES

En la carpintería se incluyen una gran cantidad de elementos que, fabricados en taller, llegan a la obra listos para ser colocados, o al menos requiriendo muy ligeros trabajos de albañilería. Tienen diversos objetivos, entre los cuales los más importantes son suministrar ventilación e iluminación a los locales, dar privacidad y seguridad a los interiores y/o permitir el acceso a los mismos.

Su provisión y los aspectos técnicos de su fabricación quedan fuera de nuestros objetivos, por lo que nos limitaremos a dar una información muy somera sobre el particular.

Los elementos básicos que integran una carpintería son: marco, hojas y herrajes. Los sistemas llamados complementarios son los de accionamiento, seguridad y oscurecimiento. Tenemos los siguientes tipos:

- *Puertas y portones,* destinados a los vanos que facilitan el paso de personas y vehículos, respectivamente.
- *Ventanas,* con las funciones de iluminar y ventilar (generalmente, ambas a la vez).
- *Puerta-ventana*, que a la par de lo anterior, permite también el paso de las personas.
- *Celosías, persianas, postigones y cortinas de enrollar,* como complementos de puertas y ventanas, útiles para regulación del ingreso de luz.
- *Tabiques divisorios,* para reemplazo de los de albañilería, permitiendo eventualmente el paso de luces y vistas.
- *Muros-cortina (courtain walls),* cerramientos externos (frentes integrales), destinados a reemplazar los muros de fachada en todas sus funciones; un ejemplo de ello es el actual sistema denominado "piel de vidrio".
- *Rejas, barandas, escaleras.*
- *Roperos, armarios de cocina;* etc.

Los materiales en uso son: la madera, el acero, el acero inoxidable, el bronce, el aluminio, el plástico reforzado y el cristal templado. Se tienen, así, las carpinterías de madera, de acero, de aluminio, etc. Como estos materiales pueden combinarse, existen también las carpinterías mixtas.

Según sean los requerimientos de paso, luz y circulación de aire (ventilaciones), cada unidad de carpintería puede tener una parte fija y otra móvil (de apertura), al igual que una parte ciega y otra vidriada.

13.2. HERRAJES

Son los mecanismos que facilitan:

- *Movimiento.* Las partes movibles necesitan mecanismos que las vinculen a las partes fijas y al mismo tiempo permitan su movimiento, generalmente de giro alrededor de un eje o corrimientos.
- *Retención:* los medios para mantener la posición "cerrado", de un modo seguro.

El giro es el medio más usado para lograr el movimiento de las hojas. Éste puede producirse alrededor de ejes horizontales o verticales, características que determinan los distintos tipos de hojas. Hay algunas en las que el eje, en este caso horizontal, tiene la posibilidad de desplazarse paralelamente a sí mismo mientras gira, con lo que se logra la apertura llamada "a desplace", ideal como ventiluz de cocina. Hay casos en que pueden combinarse varias hojas –como ocurre con las puertas plegadizas–, de modo de clausurar grandes vanos con unidades relativamente pequeñas. También tenemos las hojas que se desplazan sobre uno de sus cantos –o sea, corredizas–, tanto sea horizontal como verticalmente (en este caso son "a guillotina"). Actualmente tenemos las de desplazamiento mixto, llamadas *oscilobatientes* (corredizas y de giro). Los diferentes tipos pueden verse en la figura 13.1.

Por su parte, las superficies de iluminación, a cargo de materiales transparentes (vidrios, policarbonatos), se mantienen aplicadas sobre la carpintería por medio de masillas, burletes o contravidrios con masilla (se prefiere que se utilicen dos de estos medios). Por lo demás, el vidrio se recorta de modo de dejar un huelgo entre cualquier punto de su contorno con la carpintería, de modo que la dilatación térmica no se vea impedida, evitándose así la rotura o astillamiento.

Hoy las carpinterías "a medida" ceden paso a las prefabricadas, por la alta calidad conseguida en estas últimas, quedando aquéllas solamente para obras atípicas o especiales.

13.3. NORMA IRAM

Por su grado de exposición a los agentes de la intemperie –sol, lluvia, viento, ambientes agresivos– y por su función de protección de las personas frente a esos agentes, y de seguridad contra terceros, la carpintería exterior debe tener suficiente estanqueidad y resistencia mecánica. La norma IRAM 11.507 ha fijado las características que sobre el particular debe exigirse a los cerramientos exteriores. Una serie de normas complementarias indican los métodos de ensayo para verificar su cumplimiento.

Esas características se refieren a los siguientes tópicos: impermeabilidad al aire, estanqueidad al agua, transmitancia térmica y sonora, resistencia al viento y tempestades, resistencia mecánica por flexión, torsión y alabeo, deformación diagonal, facilidad de manejo y seguridad contra violaciones. Para una mayor amplitud en la información remítase el lector a la norma citada.

13.4. ESPECIFICACIONES GENERALES

Puesto que trabaja con elementos fabricados en taller y que llegan a la obra totalmente elaborados, podría pensarse que la carpintería no crea problemas al constructor.

Sin embargo, no es así: en el caso más general, un cerramiento se fija a la obra a través de un intermediario, el *marco* (una estructura perimetral de madera o metal), cuya colocación es prioritaria, puesto que sirve para formar el vano o abertura. La puesta en sitio de los marcos es la condición inexcusable para la erección de la mampostería, lo que los obliga a entrar tempranamente en la obra. Asimismo, por ejemplo, el hormigón debe prepararse para recibir los anclajes de fijación de los muros de cortina. Y otro detalle: los taparrollos de las cortinas de enrollar se realizan contemporáneamente con los cielorrasos, por lo cual se necesita tener el eje previamente colocado.

13.5. CARPINTERÍA DE MADERA

La *carpintería de madera* es la de más antigua tradición. Con ella se logran trabajos de gran calidad, y para ciertas situaciones en que el buen gusto o el lujo son decisivos, posiblemente no tenga competencia. Los inconvenientes que podían presentar los elementos de madera (por ejemplo, el cambio de volumen por variación de contenido de humedad, lo que provocaría deformaciones, dificultando el movimiento de las hojas en puertas y ventanas), hoy están superados por los buenos tratamientos previos y/o pinturas especiales de aplicación específica. Situación que se extiende a los ataques de insectos xilófagos, o a la propia formación de hongos. Por lo demás, los elementos de madera requieren escuadrías superiores a las de los metálicos, llegando a reducir hasta un 20% la iluminación y ventilación con respecto a éstas.

Paralelamente al uso de la madera maciza natural, disponemos de derivados como paneles duros, maderas aglomeradas, aglomerados melamínicos, tableros de fibra de madera, etc., que son prácticamente insustituibles en la formación de paños ciegos para tabiques divisorios, puertas interiores, puertas de ropero, muebles, etc.

La *placa* (figura 13.7) para puertas y/o tabiques es uno de los mejores logros de la carpintería actual para el aprovechamiento de la madera natural.

13.6 CARPINTERÍA METÁLICA

Entre los elementos de la carpintería metálica tenemos dos grandes tipos:

Los perfiles de acero que se ven en la figura 13.2, que sirven para construir las unidades más sencillas y son de gran uso en edificios industriales, así como en viviendas económicas. Son los llamados *perfiles de herrería,* formando parte de este rubro las barandas, las escaleras marineras, las puertas-trampa, etc.

Actualmente, para disminuir el consumo de hierro que significa el uso de los llamados *perfiles de doble contacto* (figura 13.3-a), se ha hecho usual su reemplazo por formas equivalentes en chapa doblada, con las mismas medidas exteriores y forma, pero más livianas. Son usua-

les para este fin las chapas de los siguientes números y espesores: N° 14 (2,1 mm), N° 16 (1,65 mm), N° 18 (1,27 mm), N° 20 (0,9 mm), y otras más finas.

La chapa ofrece, además, la posibilidad de lograr por plegado las formas más variadas, lo que permite una gran versatilidad en la formación de secciones distintas, para cubrir todas las necesidades. Además, si los perfiles son tubulares pueden alcanzarse gran resistencia mecánica y rapidez de armado.

Nota: Debe tenerse en cuenta que con el uso de chapas relativamente delgadas se agrava el problema de la corrosión, lo que las hace extremadamente peligrosas frente a mantenimientos postergados y/o colocaciones no convenientemente cementadas.

13.7. CARPINTERÍA DE ALUMINIO

Esta carpintería se incorporó al mercado no hace muchos años, e inmediatamente tomó un lugar importante en el capítulo de los cerramientos.

La técnica de la extrusión para la fabricación de perfiles le da una libertad en la creación de secciones que le permite satisfacer prácticamente toda la gama de necesidades que resolvían el hierro y la madera.

Las propiedades más estimadas del aluminio son la liviandad (a secciones iguales pesa la tercera parte del hierro) y la resistencia a la corrosión, que prácticamente lo libera de trabajos de mantenimiento en ese aspecto. Expuesto al aire, el aluminio se cubre rápidamente de una capa de óxido que impide el progreso ulterior de la corrosión. Además, por medios artificiales se consigue aumentar el espesor de esa capa, incrementando así la protección; esa operación se llama "anodizado" y con ella la carpintería no necesita tratamiento posterior. También es posible obtener anodizado con color.

Posiblemente el principal inconveniente de este material sea su delicadeza. Por ello, para evitar los peligros de golpes y contactos (cal y cemento) que pueden dañar la carpintería de aluminio durante el transcurso de la obra, se la incorpora en época tardía. Para lo cual se forman los vanos en la albañilería con los llamados "premarcos" de chapa de acero doblada (ver detalles en *Cómputos y Presupuestos*, Op. Cit.; figuras 14.4 y 14.5).

Cabe acotar que el aluminio presenta mal comportamiento en situaciones de incendio, pues pierde su resistencia cuando la temperatura ambiente alcanza los 225°C.

13.8. CARPINTERÍAS CON OTROS MATERIALES

Como ser:

- *Acero inoxidable, cobre o bronce*. Por su alto costo, se emplean exclusivamente en grandes edificios, públicos o privados; obras monumentales, etc. Con estos materiales se elimina totalmente el problema de la corrosión, y el mantenimiento requerido mínimo o incluso nulo.

- *Carpintería de PVC y de polímeros*. En el país son ya bastante los ejemplos de uso que se podrían citar. Prácticamente no tienen limitaciones de aplicación, dada su funcionalidad, excelente apariencia, bajo costo de mantenimiento y buen coeficiente de aislamiento térmico y acústico. Para más información se sugiere consultar los catálogos de fabricantes.

- *Carpinterías de cristal templado*. Por su gran resistencia a los golpes puede ser usada en exteriores, y por la doble posibilidad que brindan, de iluminación y transparencia total, se las prefiere en los grandes ambientes y en el acceso a locales de exposición, de negocios, etc. Su costo es elevado.
(Ver figura 13.14.)

Nota: En general, estos materiales pueden utilizarse en combinación con otros, lo que da lugar a las llamadas *carpinterías mixtas*.

13.9. TEXTO DE LAS FIGURAS

Fig. 13.1. *Hojas de abrir.* Aquí se muestran sólo algunas de las muchas variedades. En todas ellas el área de iluminación depende de la superficie vidriada, que puede llegar a ser el 100% del vano (menos el espesor de jambas y travesaños); la superficie de ventilación depende, en cambio, de la apertura que se le pueda dar a la hoja.
En **A**, la hoja clásicamente llamada "de abrir", gira alrededor de un eje vertical coincidente con uno de sus lados (ventilación: 100%). **B**: doble hoja de abrir; en ventilación ofrece la misma prestación que la anterior. **C** y **D**: giran alrededor de un eje horizontal, coincidente con el dintel el primero (de proyección), y con el umbral el segundo (de banderola); la apertura está limitada por cadenillas o brazos de empuje, es decir que la ventilación que permite es limitada. **E**: hoja pivotante, gira alrededor de un eje vertical desplazado con respecto a su borde. **F**: tipo "a guillotina" de dos hojas (una baja y otra sube, simultánea o independientemente); la ventilación que brinda es del 50%, y requiere un espacio accesorio para alojar los contrapesos o resortes. **G**: hoja corrediza, se mueve lateralmente sobre su propio plano; requiere un huelgo dentro de la pared o sostenes de colgar sobre uno de sus paramentos. **H**: hoja corrediza doble; suministra el 50% de ventilación, salvo que se tengan huelgos en el muro o sostenes de colgar en el paramento. **I**: proyección de hojas múltiples (en este caso, dos) que giran como la **C**. **J**: banderola de hojas múltiples (en este caso, dos) que giran como la **D**. **K**: hoja basculante, que gira alrededor de su eje horizontal medio. **L**: basculante de hojas múltiples (en este caso, tres). **M**: "a desplace" (genera una abertura superior). **N**: oscilobatiente (cerrada, una hoja actúa como banderola).

Fig. 13.2. *Herrería.*
Arriba, los llamados perfiles de herrería: ángulo de alas iguales, ángulos de alas desiguales, "T" de alas iguales, "T" de alas desiguales. La planchuela, el redondo y el cuadrado completan la serie. Todas son secciones de caras paralelas y ángulos vivos.
A la *derecha*, el típico corte de una hoja de abrir

con su marco. La chapa que forma el paño ciego puede ser reemplazada por un vidrio. Esto es lo que conocemos como *herrería común de obra*.

Fig. 13.3. *Perfiles de chapa doblada.*
a) De **1** a **6**, perfiles que imitan la forma de los de doble contacto (ver figura 13.3-a), pero mucho más livianos. Se los fabrica de chapa N° 18, 16 ó 14 (esta última de menor uso). **b)** En **7** y **8**, dos perfiles tubulares para hojas de abrir, el segundo de doble contacto.
Abajo: corte horizontal de una ventana corrediza de dos hojas.

Fig. 13.4. *Carpintería de aluminio.* Corte horizontal correspondiente a una ventana corrediza de dos hojas, donde puede verse la variedad de perfiles con sus característicos refuerzos y aletas. La mayoría de estas secciones están patentadas.

Fig. 13.5. *Carpintería de madera.*
Detalle de dos hoja de abrir, con marco para cortina de enrollar, planta y corte.
Planta: 1. guìa cortina, **2.** cortina, **3.** enrollador, **4** y **5.** contramarco, **6.** marco, **7.** hoja.
Corte: 1. taparrollo, **2.** tapa inspección, **3.** hoja, **4.** marco, **5.** contramarco.

Fig. 13.6. *Detalle de una puerta tablero, una puerta vidriada y una puerta maciza, con tablones machimbrados.*
Fig. 13.7. *Puertas-placa.* Se ve un bastidor con travesaños, para ser cubierto en ambas caras con madera compensada; el corte de una placa maciza (**A**), con relleno de madera aglomerada, y en el centro el relleno tipo panal (nido de abeja), constituido por tablillas formando malla.
1. revestimiento de madera compensada dispuesto para ocultar el marco perimetral; **2.** marco perimetral; **3.** madera aglomerada; **4.** enchapado.

Fig. 13.8. *Marcos de chapa doblada.*
A y **B**: dos variantes para marcos de puertas de madera. Corrientemente abrazan todo el espesor del tabique, en cuyo caso debe tenerse en cuenta, al fabricarlos, si éste está revocado en ambas caras o si lleva revestimientos. **C**: aquí puede verse la gran versatilidad de la chapa plegada: jamba de marco para puerta corrediza con

cortina de enrollar y la tapa para la cinta de la misma; esta jamba tiene un desarrollo de 56 cm.

Fig. 13.9. *Marcos de madera.*

A: jamba de marco para puerta en su forma más simple. **B**: jamba de marco para ventana con mosquitero y postigón; consume 32 pies cuadrados de madera por metro lineal; su costo es superior al de una de chapa que cumpla el mismo servicio. **C**: jamba de marco del tipo llamado "a cajón" (para interiores).

Fig. 13.10. *Corte de una ventana fija de aluminio con doble vidrio hermético (DVH).* Vidrio doble con cámara de aire seco (DVH), hermética, y borde enmarcado y sellado: la mejor alternativa.

Fig. 13.11. *Muros cortina (frente integral).* Las cuatro disposiciones para los soportes del cerramiento. **A**: apoyos puntuales sobre cada losa; cada panel lleva sus propios soportes y la cortina terminada no acusa líneas preferenciales hacia el exterior (piel de vidrio). **B**: los paneles se montan sobre soportes verticales previamente afirmados a las losas; las líneas verticales representan la vista remarcable del conjunto (*mullion*). **C**: soportes horizontales afirmados a las columnas; las líneas características son las horizontales. **D**: soportes ortogonales formando malla que se acusa al exterior.

Fig. 13.12. *Detalle de un frente integral.*

Fig. 13.13. *Medios de fijación.* Vemos algunas formas de anclaje a la estructura de hormigón armado (losa), la última de las cuales permite la regulación sobre tres direcciones.

Fig. 13.14. *Carpintería de cristal templado.* Tres soluciones para el encuentro del cristal con la pared y el techo. **A**: empotramiento en canaleta hecha en la pared (es dudosa la calidad de la terminación). **B**: fijación en guía metálica. **C**: empotramiento en pared con marco metálico, mejor solución que **A**.

1. pared; **2.** sellador de la cara externa; **3.** sellador sobre el cristal templado; **4.** taco de neoprene o madera; **5.** cristal templado.

13.10. FIGURAS

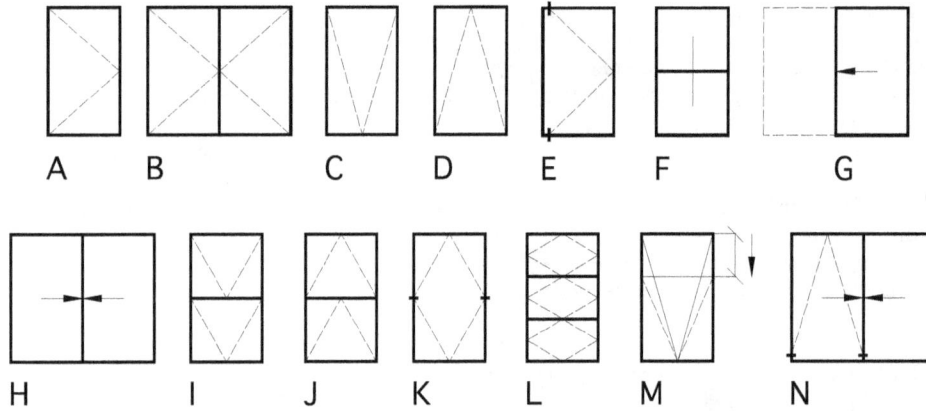

Fig. 13.1

Fig. 13.2

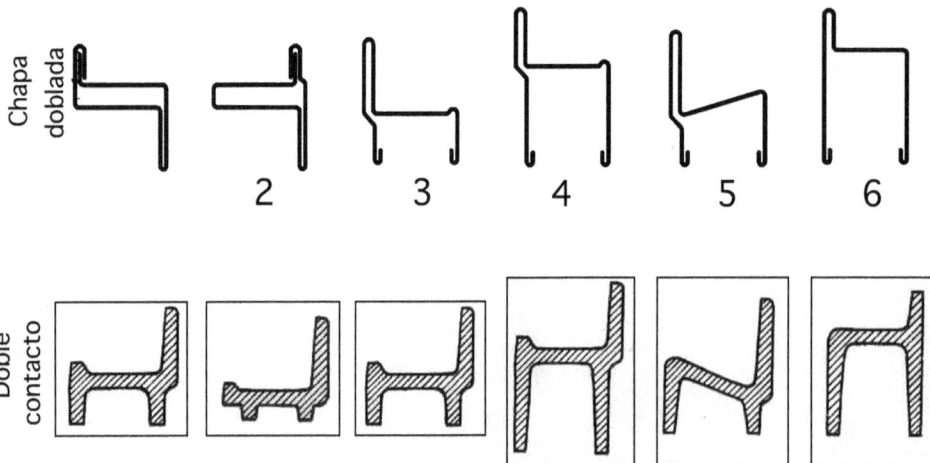

Fig. 13.3a

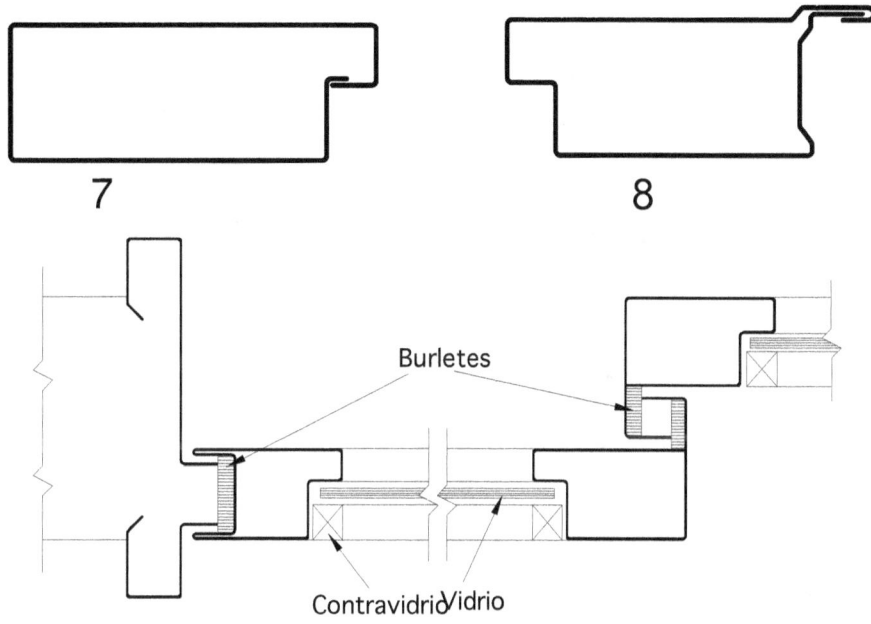

Fig. 13.3b

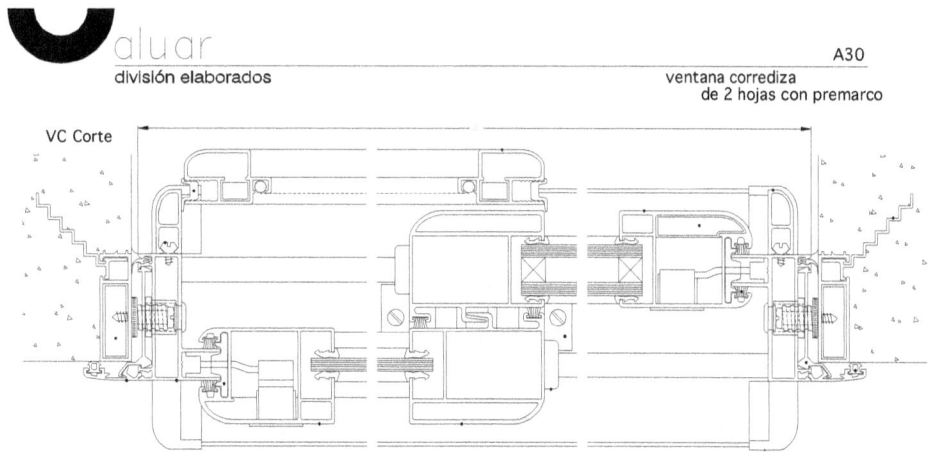

Fig. 13.4

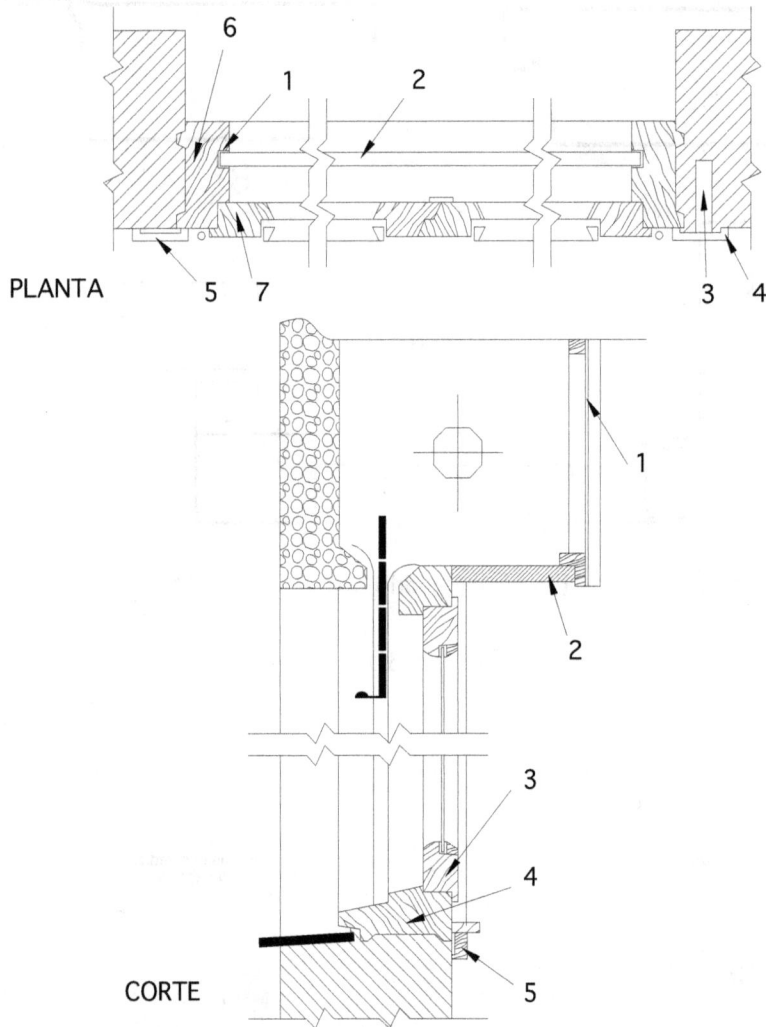

PLANTA

CORTE

Fig. 13.5

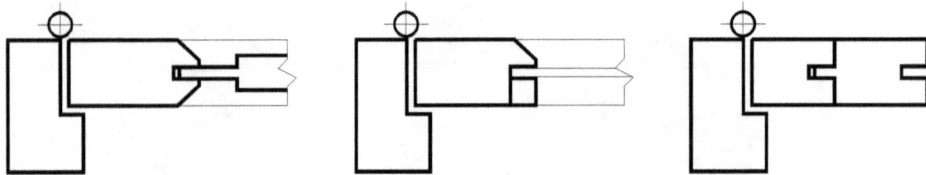

Fig. 13.6

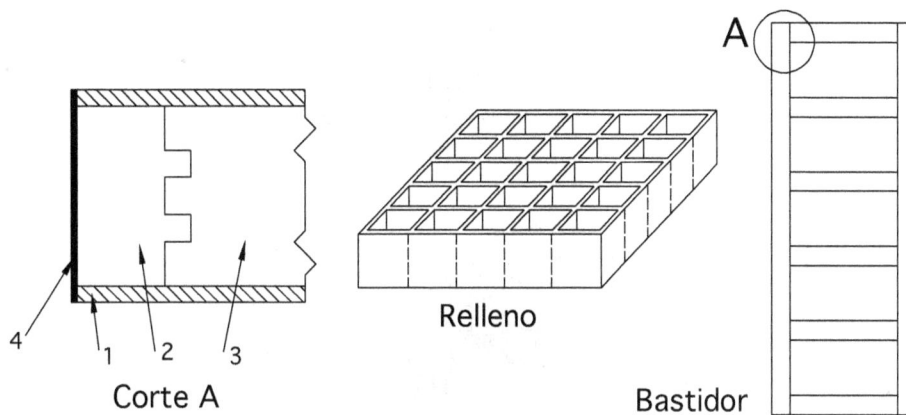

Corte A

4 1 2 3

Relleno

Bastidor

A

Fig. 13.7

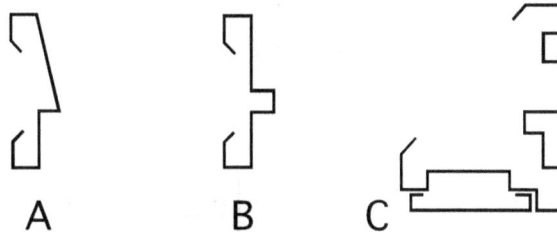

A B C

Fig. 13.8

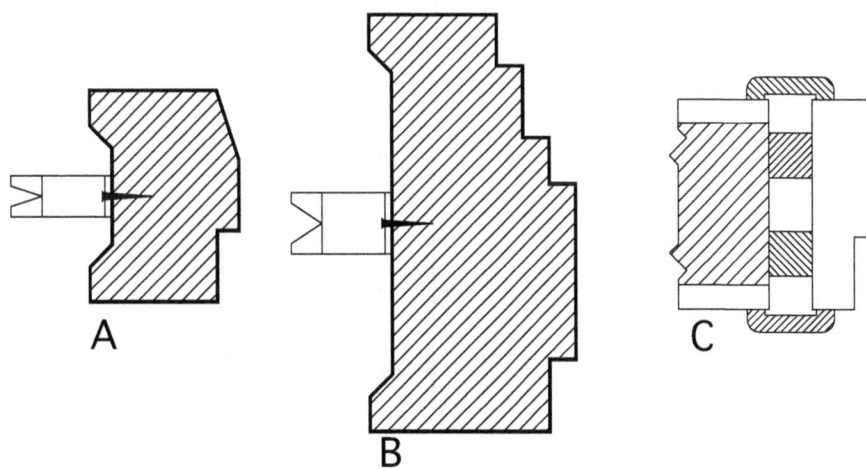

A B C

Fig. 13.9

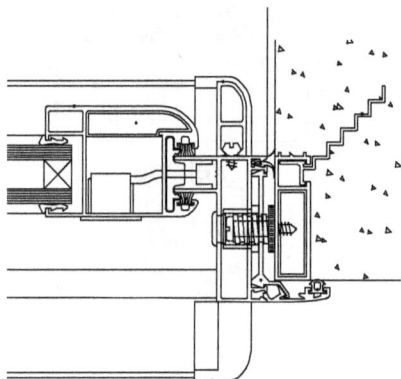

aluar
división elaborados
Detalle A30 - D.V.H. - Corte Horizontal

Fig. 13.10

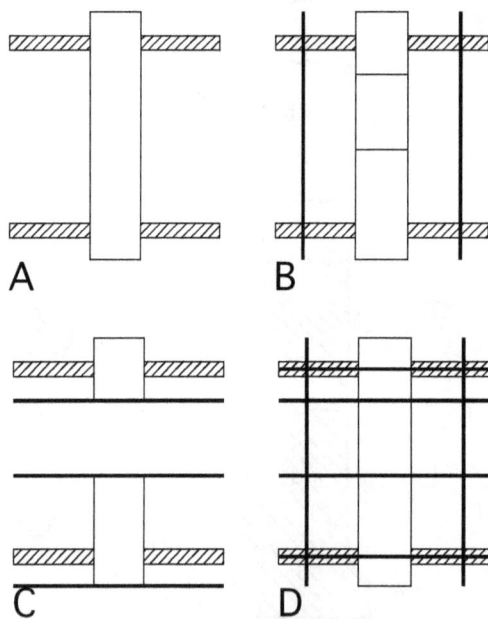

Fig. 13.11

división elaborados

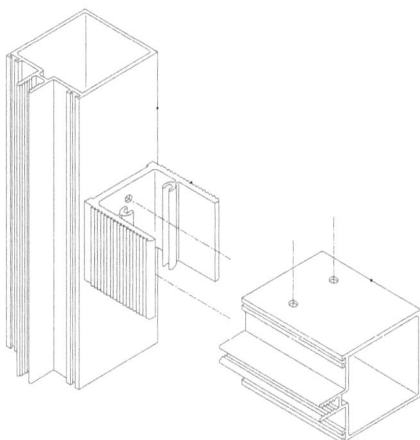

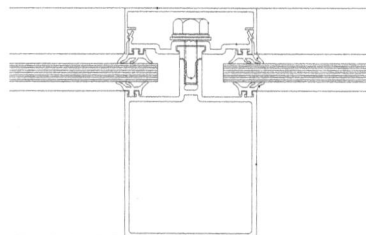

ESCUADRA DE ARMADO PERFIL 5370
(1.715 Kg/m)

Fig. 13.12

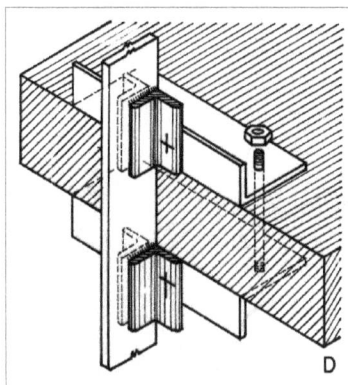

D

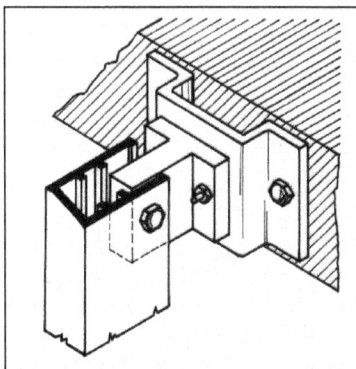

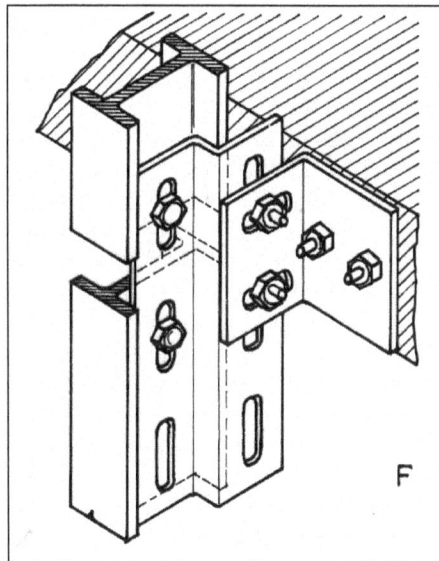

F

Fig. 13.13

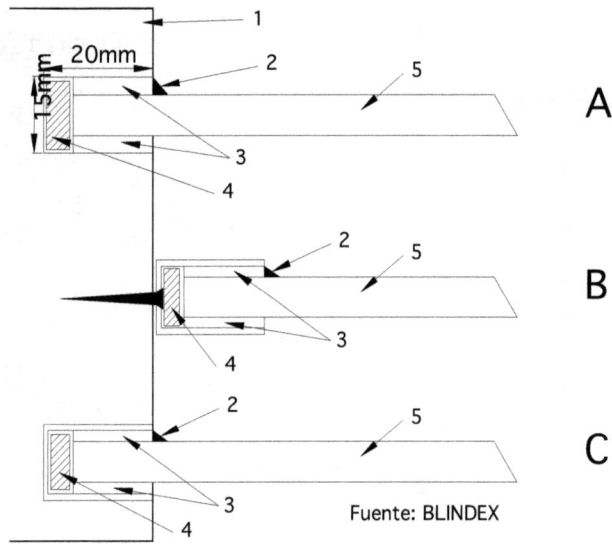

Fig. 13.14

14. COMPILADO DE TEMAS

14.1. TIERRA APISONADA Y SUELO-CEMENTO

El suelo natural con el agregado de paja o crines, humedecido y apisonado dentro de moldes, a semejanza del hormigón (sin cochura), constituye un material de construcción de antigüedad prehistórica, llamado adobe. En la China se lo usaba ya en el segundo milenio antes de Cristo; en Francia y en España se conservan en servicio casas de la Edad Media realizadas con este material, y en nuestro país, el convento San Francisco (Santa Fe) fue construido con él, en 1695. Los moldes y la técnica son los mismos que para el suelo-cemento, que veremos a continuación.

La mezcla de tierra del lugar con cemento y agua produce un material muy apreciado para la construcción de sub-bases de pavimento, superficies de rodamiento en caminos secundarios y revestimiento de canales. Se lo usa también en la construcción de viviendas unifamiliares y otros edificios similares.

Producida la mezcla, se la vierte en moldes (tanto sea tabical o con las dimensiones de un ladrillo) y se la apisona enérgicamente. El material resultante tiene resistencia mecánica y a la intemperie, e impermeabilidad suficiente como para construir con él una casa confortable, segura y duradera. El uso de tierra local y el hecho de no requerir mano de obra especializada (solamente un capataz y varios peones) da la posibilidad, de no necesitar revoque, lo que hace que el uso de este material sea más económico aun. En los muros es posible colocar cañerías antes del vaciado; por otra parte, resulta fácil recortar canaletas en los primeros días de edad de la pared.

Generalmente se trabaja con dos juegos de moldes: uno para el muro recto, otro para las esquinas. Es obvio que el encofrado del muro sirve también para tabiques. Hay que considerar que aumentar el número de moldes conlleva aumentar la cantidad de peones (figura 14.1).

No todos los suelos son aptos para su mezcla exitosa con cemento. Las recomendaciones publicadas por el Instituto del Cemento Portland Argentino dan como composición óptima de suelo la siguiente: arena, 70% a 80%; limo, 20% a 30%; arcilla, 5% a 10%. Naturalmente, un suelo puede ser mejorado con el agregado de arena.

La mezcla se realiza de la siguiente manera: el suelo reducido a polvo se mezcla en seco con el cemento, si es posible empleando una hormigonera, y luego se agrega el agua. La cantidad de ce-mento que se incorpora varía, según el tipo de suelo, entre 8% y 14% del peso total de la mezcla, aconsejándose hacer pruebas de ensayo. La cantidad de agua necesaria es la que produzca la máxima densidad del suelo una vez compactado (ensayo Proctor); su participación en el peso total de la mezcla suele estar comprendida entre un 8% y un 16%. El apisonado se realiza en capas de no más de 15 cm de material, y el retiro de moldes puede ser prácticamente inmediato.

Nota: El agregado de bitumen asfáltico a la mezcla mejora su impermeabilidad.

14.2. CONDUCTOS DE HUMO

En la construcción de conductos de humo se presenta el problema que generan la alta temperatura de los gases de combustión y la posible agresividad de las sustancias que contienen. Ambos factores obligarán, en determinados casos, a la construcción de un revestimiento protector en el lado interior de la chimenea.

En el caso de los hogares familiares a leña, ninguno de los dos problemas presenta un grado tal de intensidad que no pueda ser resuelto por el ladrillo común. Es posible, entonces, hacer el conducto al levantar la mampostería, mediante una adecuada trabazón (figura 14.2). Por razones de higiene, conviene que estas canalizaciones se vayan revocando interiormente a medida que se las levanta.

Las calderas que producen temperaturas muy elevadas y gases nocivos requieren la formación de un conducto hecho con materiales resistentes desde el punto de vista térmico y químico. En este caso, se construye un entubamiento de material refractario y se lo reviste exteriormente con otro de ladrillos comunes, con un espacio entre ambos de 4 cm.

Como la temperatura de los gases disminuye a medida que alcanzan las zonas altas de la chimenea, en la parte superior pueden usarse refractarios de menor calidad que en las zonas bajas.

En edificios comunes para viviendas y oficinas se usan segmentos prefabricados de cerámica, de 50 cm de altura, para formar el humero interior, aunque más frecuentes son los módulos como el de la figura 14.3, que, como puede verse, incluyen el revestimiento exterior.

14.3. VENTILACIONES

La ventilación tiene por objeto renovar el aire viciado de los interiores, reemplazándolo por aire fresco del exterior. Puede ser natural o forzada. Siendo esta última objeto de instalaciones especiales, ajenas a nuestro texto, nos referiremos aquí a la natural, producida por corrientes de aire o diferencias locales de temperatura.

La ventilación natural dentro del ambiente puede lograrse, y así se hace en muchos casos, con una simple rejilla que comunique con el exterior, asegurando la existencia de otra en una ubicación opuesta (ventilación cruzada). Puede ser fija o regulable. La segunda es capaz de variar su abertura desde cero hasta un máximo, en tanto que la primera es permanente, con una abertura que no puede ser variada.

Pero más eficaz es la ventilación por circulación de aire dentro de un conducto vertical, en la que éste extrae el aire interior por medio de una abertura en su parte baja, y lo expulsa hacia el exterior por una abertura en su parte alta, que posee un *sombrerete* aerodinámico que facilita la extracción del aire interior, según explicamos al final de este apartado. La circulación de aire se produce, así, de un modo espontáneo.

Estos conductos pueden ser hechos en la mampostería, como los de la figura 14.2, pero se prefiere –por razones de rapidez de ejecución y mejor funcionamiento– el uso de elementos premoldeados, como los que se ven en la figura 14.4. Un solo colector puede servir a varios pisos y hasta dos locales por piso. En la figura 14.5 se ve la disposición de los módulos para distintas situaciones.

La figura 14.6 se refiere al mismo tipo de conductos, pero para tiraje de gases de combustión de los artefactos de gas, según disposiciones de IGA - ENERGAS (sistema CO-VE).

Estos conductos de ventilación y/o extracción de gases se coronan en su remate con un sombrerete, destinado a mejorar las condiciones de tiro y evitar el ingreso de aire en sentido contrario al de la extracción (figura 14.7).

14.4. AISLACIÓN TÉRMICA

Los cambios térmicos a lo largo del día y a lo largo del año, determinan los cambios de temperatura en el interior de los edificios. Con la protección térmica se trata de mantener la temperatura dentro de condiciones razonables de confort o dentro de los límites requeridos para una función específica (por ejemplo: cámaras frigoríficas).

Un determinado nivel térmico interior puede alcanzarse por medio de técnicas adecuadas, como la calefacción y/o acondicionamiento del aire. Pero como el flujo de calor de los ambientes calientes a los más fríos es un proceso continuo, es necesario aminorarlo y compensarlo para mantener el nivel de temperatura deseado, para lo cual el tratamiento de paredes, pisos y techos con materiales que sean malos conductores del calor es indispensable.

En general, la capacidad aislante de un material depende de su densidad: cuanto más liviano sea, tanto mejor para ese propósito, siendo importante también la naturaleza de su estructura (fibrosidad, porosidad, etc.). La constante física que interesa es el *coeficiente de conductividad térmica,* cuyo valor conviene que sea el mínimo posible. La humedad afecta en alto grado a los materiales aislantes, haciéndoles perder esta cualidad (véase el punto siguiente, *barreras de vapor*), lo que es necesario tener en cuenta.

La variedad de aislantes disponibles es amplia, y va desde los granulares sueltos, para ser usados como relleno o como agregados para morteros y hormigones (vermiculita, copos de poliestireno, perlita, granulado volcánico, carbonilla, etc.), hasta los mantos flexibles y/o planchas rígidas para adherir a superficies planas (lana de vidrio, corcho, lana mineral, etc.), sin dejar de mencionar las espumas que se insuflan en espacios huecos (poliuretano).

Como se trata de materiales de muy baja resistencia a los golpes, frotamientos y otras acciones mecánicas, es preciso protegerlos. Para ello se los coloca entre dos capas de materiales rígidos, formando un "sándwich", o se forman paneles para adosar a paredes de albañilería.

Una cámara de aire que divida al panel paralelamente a su superficie, tiene un efecto de aislación adicional, siempre que no se comunique con el exterior y tenga un ancho no superior a 5 cm. Paredes con cámara de aire como la de la figura 2.14, se comportan mejor, desde el punto de vista térmico, si la cámara se rellena a su vez con un material aislante de estructura rígida.

Los puentes térmicos (de los que en la figura 14.8 se ven dos ejemplos) deben ser evitados, porque disminuyen la eficacia del conjunto y, sobre todo, producen condensaciones. Las superficies vidriadas de las ventanas constituyen los grandes puentes térmicos, de allí el uso de ventanas dobles, o de doble vidrio, o de dos vidrios formando una cámara de aire sellada (DVH) (ver figura 13.10).

Los problemas de aislamiento térmico conllevan generalmente problemas de condensación, planteándose, consiguientemente, la utilización de barreras de vapor (véase más adelante).

Las construcciones pesadas (ladrillos, hormigón) tienen una ventaja respecto de las livianas (paneles aislantes): su gran inercia térmica, propiedad que les permite conservar el calor durante mucho tiempo, evitando así el rápido enfriamiento de los locales.

El cálculo de la resistencia al paso del calor de una pared, piso o techo, es sumamente sencillo y puede verse en la Norma IRAM 11.601. En las figuras de los capítulos 9 y 11 pueden verse algunos aislamientos de techos y pisos.

14.5. BARRERAS DE VAPOR

El aire contiene de un modo natural cierta cantidad de vapor de agua. Esta cantidad no puede ser cualquiera y, para una temperatura dada, admite un máximo que no puede ser sobrepasado sin que el vapor se condense, tomando forma de líquido. En invierno, el fenómeno es visible en la cara interior de los vidrios y en la cara inferior de las chapas galvanizadas de los techos (su clásico goteo).

El contenido de humedad que fija aquel máximo se llama *de saturación,* y es uno y solamente uno para una temperatura dada. La cantidad de vapor que contenga el aire por debajo de la saturación se llama *humedad absoluta* y el cociente, expresado en porcentaje, entre la humedad absoluta y la de saturación, se llama *humedad relativa* (es el dato que dan los boletines meteorológicos). De hecho, la humedad puede llegar a la saturación de dos maneras:

- A temperatura constante, por aumento de la humedad absoluta; y
- A humedad absoluta constante, por disminución de la temperatura.

En ambos casos se producirá la condensación.

La presión que ejerce el vapor de agua se dirige siempre hacia el recinto que tiene menor contenido de humedad (con menor presión; o sea, del medio más caliente al medio más frío). Durante su recorrido, se va enfriando, y si en algún punto alcanza el grado de saturación, se condensa como agua líquida, llamándose a la temperatura en que ello ocurre, *temperatura de punto de rocío.* En una pared organizada como la de la figura 14.9-A, el plano de saturación o de condensación puede caer dentro de la masa del material aislante, en cuyo caso éste se empapa, y no sólo pierde su capacidad de aislación, sino que entra en proceso de deterioro o putrefacción, si es de origen orgánico.

Ahora bien, si ese plano estuviese situado dentro de una pared de ladrillos, y la temperatura llegase a menos de 0°C, se formaría hielo, con las conocidas degradaciones del material que ello supone, por la expansión producida en el cambio de estado (estallido o rotura del ladrillo).

Las barreras de vapor tienen el objeto de impedir el paso de vapor de agua de la zona caliente a la fría, evitándose de este modo la condensación.

Por consiguiente: "Las barreras de vapor son eficaces en la cara caliente de la pared, o del lado caliente del aislante. En este lugar, frenan el vapor de agua en el punto más adecuado e impiden que entre en capas frías". Entonces, las barreras de vapor en la cara fría de las paredes o de los aislantes no tienen sentido. Impiden la evaporación de la humedad del elemento constructivo o aislante, ya que ellas mismas están frías y facilitan la condensación del vapor de agua (Eichler).

Aunque no existen materiales que sean absolutamente estancos al vapor, hay algunos que lo son en alto grado, como las láminas metálicas (plomo, cobre, aluminio), las láminas plásticas, las pinturas de caucho clorado y hasta los mantos bituminosos; todos ellos son materiales de condiciones aptas para aplicarse con este fin. Además, se ha comprobado que las buenas barreras de vapor deben ser algo *permisivas.*

Nota: Una barrera hidrófuga no es necesariamente una barrera de vapor.

14.6. AISLACIÓN ACÚSTICA

El tema del tratamiento acústico de los edificios presenta dos aspectos diferentes. El primero, que suele llamarse *acondicionamiento acústico,* se refiere a las técnicas aplicadas en el interior de un local para garantizar la calidad de los sonidos que en él se emiten y se escuchan. Es el caso de los auditorios, cines, aulas, salas de transmisión, *etc.* Se trata de una técnica de alta especialización, y queda fuera del alcance de este comentario. El segundo, llamado *protección acústica,* es el que tiene por objeto aislar un local de los ruidos que se producen fuera de él.

Estos ruidos se transmiten de dos maneras: por el aire (ruidos aéreos) o por vibraciones, golpes y choques sobre las partes sólidas de los edificios, como ser paredes, losas de hormigón, etc. (ruidos de impacto).

El problema del aislamiento contra ruidos aéreos se comienza a resolver con el desarrollo de urbanizaciones que contemplan la cuestión (construyéndose viviendas alejadas de las carreteras, por ejemplo, o de los lugares de concentración de público, o protegidas con macizos vegetales o terraplenes, etc.), mediante una mejora en la disposición de los locales (por ejemplo, en las viviendas, separando los ambientes más ruidosos, como las salas de estar y comedores, de los dormitorios), y tomando disposiciones constructivas determinadas (como dividir los ambientes con tabiquería pesada; como se ve, al contrario de lo que requerido para el aislamiento térmico, que exige materiales livianos). Son convenientes también las cámaras de aire (paredes dobles y cielorrasos suspendidos). Pero, atención: las puertas y ventanas pueden llegar a anular la eficacia de un tabique divisorio.

En cuanto a la protección contra ruidos de impacto y vibraciones, nada mejor que amortiguarlos en el lugar donde se producen. Con ello vuelven a cobrar interés los materiales blandos y los elásticos, según las situaciones. Véase en la figura 14.10 el artificio adoptado para aminorar las vibraciones de una máquina, aislando su cimentación. En la misma figura, el anillo amortiguador (de corcho, goma o lana mineral) utilizado para evitar que las eventuales vibraciones de un caño se transmitan a la pared. Véanse también los detalles correspondientes a *pisos flotantes* (contrapisos flotantes), ya comentados (figura 11.15).

14.7. JUNTAS DE DILATACIÓN

En una construcción son varias las causas que producen o tienden a producir el desplazamiento relativo de sus partes, sean éstas localizadas en algunos de sus elementos, o en cuerpos enteros del edificio. Las causas más importantes son:

a) Los cambios de la temperatura exterior (del día a la noche, del verano al invierno), con su secuela de contracciones y dilataciones, diferentes para distintos materiales.

b) Las diferencias de temperatura entre las caras exterior e interior de un mismo elemento, con sus flexiones y torsiones adicionales.

c) La contracción de los morteros, particularmente peligrosa allí donde mampostería nueva se une con mampostería vieja.

d) Los asientos diferenciales que pueden sufrir los cimientos, motivados tanto por apoyos de distinta altura, distinto peso o distinta forma, como por fundaciones de distinto tipo en un solo edificio, o por cambios provocados por la naturaleza del terreno (presencia de arcillas expansivas), etc. Todos estos factores pueden ser el origen de tales movimientos, cuya consecuencia inmediata es la formación de grietas, que afectan la impermeabilidad, cuando no llegan a comprometer la seguridad, y en el mejor de los casos afean el edificio e inquietan al usuario.

Precisamente, con las juntas de dilatación se busca controlar la aparición de grietas, orientándolas hacia lugares previamente elegidos, donde recibirán un tratamiento especial. Una junta de dilatación es una discontinuidad dispuesta artificialmente en una construcción, para separarla en partes y permitir, de ese modo, que cada una de ellas se mueva independientemente de las otras, evitando así que el desplazamiento de una pueda producir daños en otra.

Dos son los problemas por considerar en el proyecto de una junta: su impermeabilidad y su aspecto.

Respecto de la primera cuestión, la junta no sólo debe proporcionar un cierre estanco al agua de lluvia o de limpieza, sino también al polvo y otras suciedades.

En cuanto al aspecto, la terminación exterior se hace con chapas metálicas de cualidades inalterables frente a la intemperie (hierro galvanizado, cobre, zinc, aluminio, acero pintado, etc.). El mejor resultado, por su gran resistencia a la intemperie, lo da el cobre. El interior de las juntas se rellena con materiales hidrófugos (si se quiere una protección adicional), o con materiales blandos (por ejemplo, arena seca), que permiten el libre movimiento e impiden que la junta sirva de refugio a las alimañas.

Véanse las figuras 14.11 a 14.18.

14.8. TEXTO DE LAS FIGURAS

Fig. 14.1. *Encofrado para suelo-cemento y tierra apisonada (adobe).*
Abajo: planta, se muestra el cierre frontal del encofrado para el caso en que el muro continúe longitudinalmente. Sobre el talón de cierre se ha clavado un listón trapezoidal para formar un machimbre. Si el muro no continúa, el listón se suprime. Además tenemos la vista y el corte.
A la *derecha*, molde metálico o de madera para ladrillos de adobe.

Fig. 14.2. *Conductos en la obra muraria.* En **A**, aparejo de ladrillos para lograr un conducto de aproximadamente 12 x 12 cm, con pared de media asta; sólo para pequeñas alturas (no más de tres metros). En **B**, la misma sección útil adosada a un muro de un asta puede alcanzar la misma altura que el muro. En **C**, aparejo para conducto de 25 x 25 cm en pared de un asta; puede alcanzar la altura del muro (que supere los tres metros).

Fig. 14.3. *Conducto de humo.* Conducto de humo de 40 x 40 cm (libres) con los rincones redondeados y revestimiento externo de material aislante. Cada elemento tiene 25 cm de altura. Se entrega, además, una pieza especial para ir descargando el conjunto en cada entrepiso. El esquema básico varía según las diversas marcas comerciales.

Fig. 14.4. *Piezas premoldeadas cementicias para conductos de ventilación.* Puestas unas sobre otras, estas piezas permiten formar un conducto vertical apto para la ventilación de uno o dos locales, según la cantidad de pisos (figura 14.5), o para la extracción de gases de combustión de artefactos a gas (uno o dos por planta, según se ve en la figura 14.6). Las aberturas laterales y frontales que se ven en algunos de ellos sirven para colocar rejillas de ventilación e interconectar los conductos. Para artefactos de gas, las aberturas son circulares.

Fig. 14.5. *Conductos de ventilación.* Esquema de las columnas de ventilación para uno y dos locales por piso, tal como resultan de las dis-

posiciones municipales de la Ciudad de Buenos Aires.

Fig. 14.6. *Tirajes para artefactos de gas.*
Primero y segundo detalles: un artefacto por piso. *Tercero y cuarto*: dos artefactos por piso. *Quinto*: un calefactor y un calefón por piso (no más de 213.000 cal/h).

Fig.14.7. *Sombreretes.* Dos modelos de sombrerete para remate de conductos de humo y ventilaciones. Se entiende que los espacios abiertos favorecen la circulación en sentido vertical, la que es ayudada por las mismas corrientes del aire exterior (que van generando succión).

Fig. 14.8. *Puentes térmicos.* Dos ejemplos. A la *izquierda*: el perfil metálico hueco que sirve de soporte a los paneles ofrece una resistencia al paso del calor muy pequeña en comparación con la de los paneles mismos. Es inevitable que en la cara fría del perfil se condense el vapor de agua. Huecos como éste deben ser rellenados con materiales sueltos, como vermiculita. Por ejemplo, a la *derecha*, dibujo esquemático de una losa o soporte nervado de tipo cerámico semi-prefabricado (viguetas y bloques huecos con capa de compresión), mostrando la zona de condensaciones casi seguras, en el puente térmico generado.
1. panel aislante; **2.** perfil de chapa doblada, hueco.

Fig. 14.9. *Barrera de vapor.*
A: falta la barrera de vapor, lo que posibilita la condensación dentro del material térmico, destruyéndolo. **B**: la barrera de vapor está bien ubicada y corta el paso del vapor hacia el exterior, protegiendo de ese modo el aislamiento. **C**: el aire pasa libremente a través de todas las capas de la pared y llega a condensarse en algún punto interior. Sin embargo, las canaletas de la chapa de aluminio garantizan la evaporación (siempre que el punto de rocío esté en dicha zona). Ésta es una disposición que hace innecesaria la barrera de vapor, pero no es aplicada en nuestro medio. **D**: aislamiento para cámara frigorífica; colocada en la cara caliente del aislamiento, la barrera de vapor cumple su función. **E** y **F**: cortes esquemáticos en techos; cualquiera de estas dos disposicio-

nes es correcta, sólo hay que cuidar, en el segundo caso, el aspecto del cielo raso.

1. protección térmica; **2.** muro; **3.** barrera de vapor; **4.** revoque; **5.** chapa ondulada de aluminio; **6.** tabique para protección del aislamiento; **7.** solado; **8.** losa de hormigón; **9.** protección hidráulica.

Fig. 14.10. *Dispositivos antivibratorios.*
A la *izquierda*, la máquina (**1**) está fundada sobre un macizo de hormigón (**2**), cuyas medidas resultan de un cálculo. El conjunto está flotando sobre un manto de corcho (**3**), apoyado a su vez sobre una bandeja de hormigón (**4**). Una zanja perimetral (**5**), rellenada con poliestireno expandido de alta densidad, completa el conjunto. A la *derecha*, zapata de apoyo y grapas metálicas con asiento de material blando como elemento antivibratorio de una viga de madera; lo mismo para sostener un caño (por ejemplo: por un golpe de ariete).

Nota: Actualmente el corcho se puede reemplazar por soportes antivibratorios de origen sintético.

Fig. 14.11. *Junta de dilatación en edificios de hormigón armado, con un desarrollo longitudinal superior a los 30 m.* La junta se materializa duplicando los miembros de la estructura de hormigón armado. A la *izquierda* se ve, en planta, la doble columna (en su primera y segunda hilada), y a la *derecha*, en elevación, la doble viga. Asimismo, ha sido duplicado el tabique o muro divisorio.
1. muro, duplicado; **2.** columna, duplicada; **3.** vacío de la junta, se rellena con EPS; **4.** viga; **5.** losa. **6.** viga, duplicada.

Fig. 14.12. *Junta de dilatación en la base de una columna de hormigón armado.* Columna doble que ha sido unificada en el tronco de la base. Se ha formado una grieta que prolonga la junta hacia abajo, demostrando que lo conveniente hubiera sido llevar la junta hasta la base, o sea, hacer dos bases.

Fig. 14.13. *Juntas de dilatación en techos.*
Dos variantes del mismo tipo. En ambos casos es necesario ganar altura para poder desarrollar la babeta de la cubierta. Para ello, a la *izquierda*, se han levantado dos muretes de mampostería, uno a cada lado de la junta, y a la *derecha* se han dispuesto dos vigas invertidas de hormigón armado.
1. chapa de cierre (de cobre, zinc, hierro galvanizado) capaz de permitir libres movimientos; (es lo fundamental de la impermeabilidad); **2.** grapas de fijación de la chapa anterior, del mismo material; **3.** tirante corrido de madera para nivelar y afirmar las grapas; **4.** aislamiento hidrófugo; **5.** contrapiso; **6.** murete o viga de hormigón armado; **7.** cierre adicional de chapa (eventual: si se lo pone, la parte de la junta por encima de él se rellena con espuma de poliuretano); **8.** EPS; **9.** cámara de dilatación; **10.** barrera de vapor. Cortes esquemáticos.

Fig. 14.14. *Junta de dilatación en un entrepiso con piso de mosaico y su cielorraso.*
Los bordes se protegen con ángulos metálicos, y sobre uno de ellos se fija la planchuela deslizante (**4**), que corre libremente sobre el otro. Para evitar filtraciones de agua (de lavado, por ejemplo) hacia el piso inferior, se coloca la chapa flexible (**10**) con el relleno del sellador (**6**).
1. solado (cualquiera que sea para colocar con mortero o para pegar con adhesivo sobre el cemento alisado); **2.** mortero de asiento; **3.** contrapiso; **4.** chapa deslizante; **5.** ángulo metálico; **6.** relleno con sellador elastomérico; **7.** planchuela soldada; **8.** losa de hormigón; **9.** ángulos metálicos para formar la junta del cielorraso; **10.** chapa capaz de moverse libremente; **11.** planchuela de cierre de la junta de cielorraso; fija en uno de los ángulos, se apoya libremente en el otro; **12.** espacio disponible para la dilatación; **13.** cielorraso.

Fig. 14.15. *Junta de dilatación para piso de madera y cielorraso.* Vale para piso pegado y/o clavado. Corte esquemático.
1. contrapiso; **2.** solado de madera; **3.** listón corrido de madera, uno a cada lado de la junta; **4.** tabla de cierre, fija en uno de los listones, se mueve libremente sobre el otro; **5.** relleno de sellador elastomérico; **6.** losa de hormigón armado; **7.** taco para tornillo; **8.** planchuela deslizante para el cielorraso; **9.** cierre de chapa flexible para impedir el paso de agua infiltrada; **10.** espacio disponible para la dilatación.

Fig. 14.16. *Juntas de dilatación, en paredes* (secciones esquemáticas).

A la *izquierda*, junta de chapa aplicada entre el muro y el revestimiento. En el centro, junta aplicada sobre el paramento del muro y mantenida en su lugar mediante planchuela (en interiores pueden utilizarse listones de madera). A la *derecha*, junta entre un muro viejo y otro nuevo, este último construido totalmente independiente de aquél; la junta metálica debe tener la forma que se indica en la parte superior. No sólo en este caso debe ser así: también en los dos anteriores, si se trata de lograr que la junta funcione correctamente con movimientos verticales.

1. revestimiento de mármol; **2.** chapa flexible capaz de moverse libremente; **3.** muro; **4.** planchuela de sujeción afirmada sobre tacos; **5.** taco empotrado; **6.** espacio a rellenar con sellador elastomérico.

Nota: Son todas secciones horizontales de muros que indican la junta vertical que se ha creado.

Fig. 14.17. *Junta de dilatación entre dos cuerpos de alturas distintas.* Corte esquemático.

1. babeta de chapa, libre en uno de sus bordes; **2.** carpeta niveladora; **3.** membrana asfáltica; **4.** contrapiso; **5.** revoque de concreto; **6.** EPS; **7.** sellador elastomérico; **8.** barrera de vapor; **9.** cámara de expansión.

Fig. 14.18. *Juntas elastoméricas.* Aplicada en tabiques y/o losa **3** y en **4**, se ha indicado una junta especial de PVC (bandas o cintas de policloruro de vinilo, aptas para la junta de trabajo, de dilatación, juntas irregulares o de gran movimiento, tanto abiertas como cerradas), de la que en **5** se ve otro modelo, que refuerza el sistema. En realidad, estas juntas prefabricadas son suficientes para sellar por sí solas.

Nota: Las figuras 14.12 a 14.18 corresponden al caso planteado en la figura 14.11.

14.9. FIGURAS

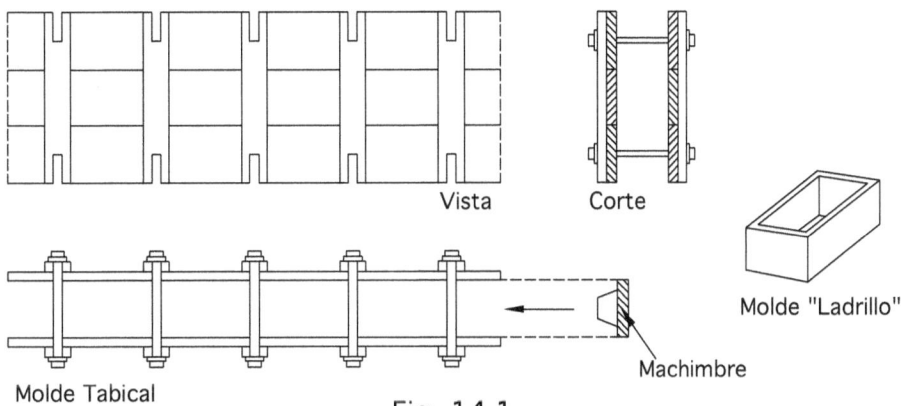

Vista   Corte

Molde "Ladrillo"

Molde Tabical   Machimbre

Fig. 14.1

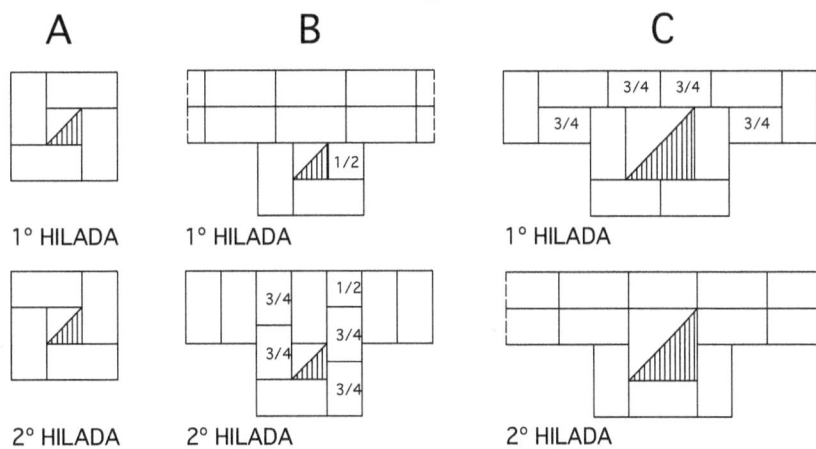

A   **B**   **C**

1° HILADA   1° HILADA   1° HILADA

2° HILADA   2° HILADA   2° HILADA

Fig. 14.2

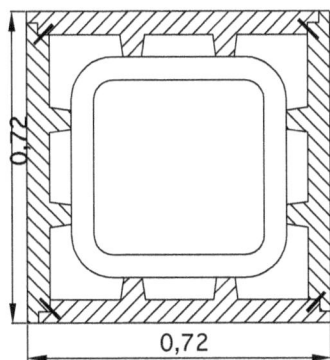

0,72

0,72

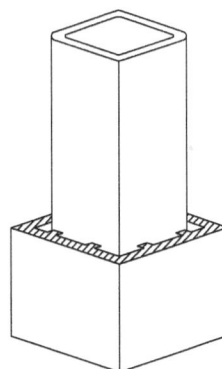

Fig. 14.3

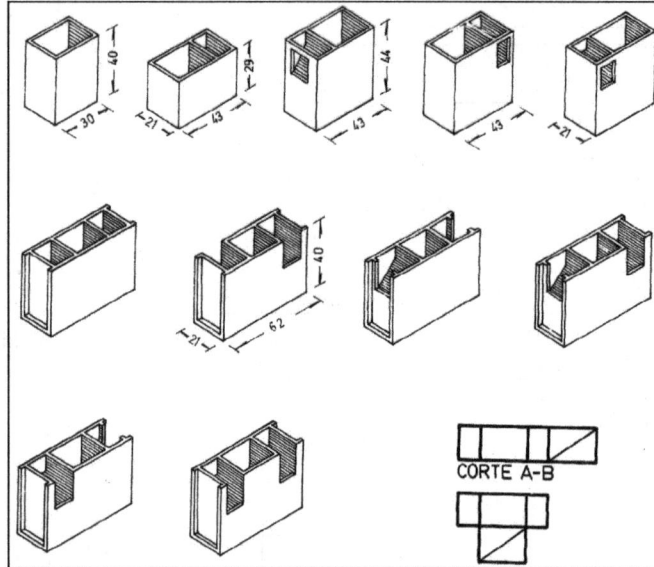

Fig. 14.4

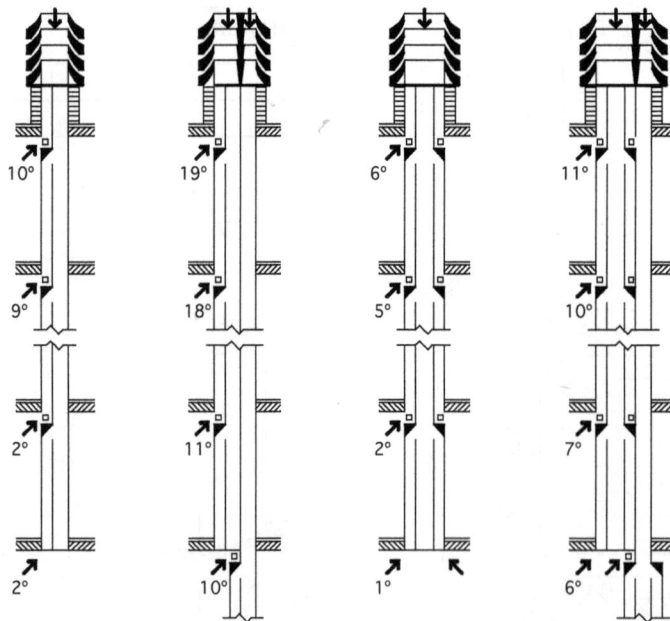

Fig. 14.5

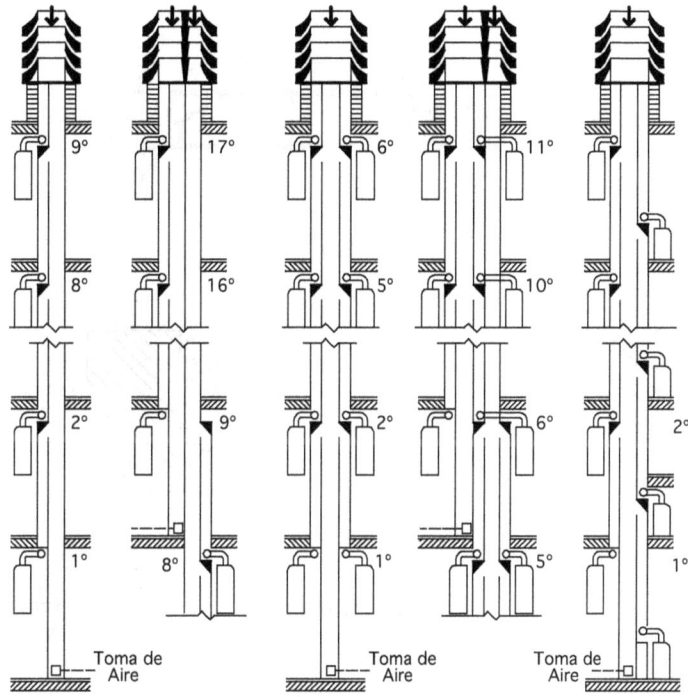

Fig. 14.6

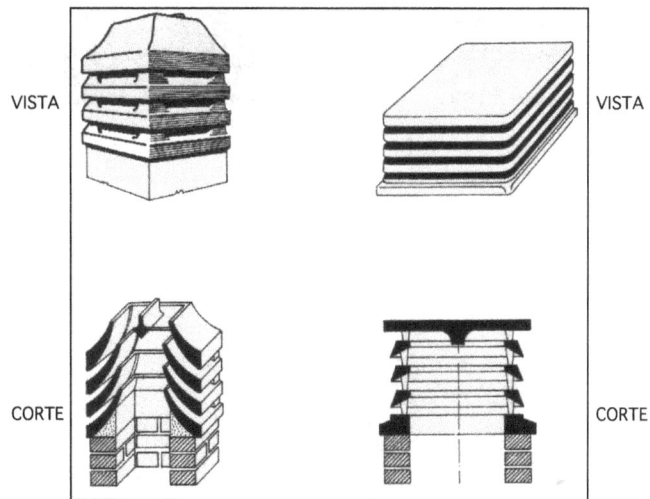

Fig. 14.7

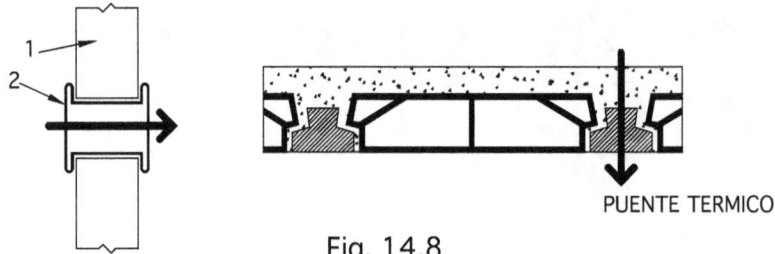

PUENTE TERMICO

Fig. 14.8

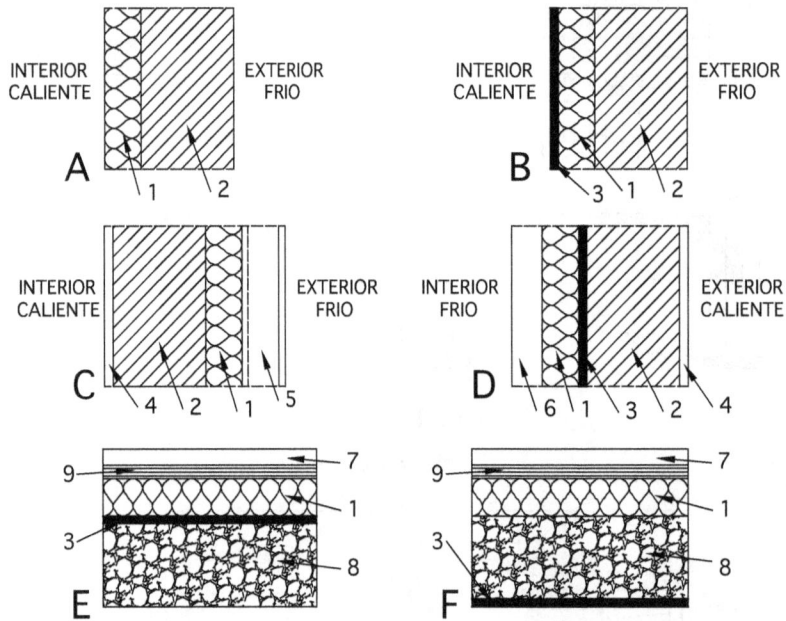

INTERIOR
CALIENTE

EXTERIOR
FRIO

A   1   2

INTERIOR
CALIENTE

EXTERIOR
FRIO

B   3 1 2

INTERIOR
CALIENTE

EXTERIOR
FRIO

C   4   2   1   5

INTERIOR
FRIO

EXTERIOR
CALIENTE

D   6 1 3 2   4

E

F

Fig. 14.9

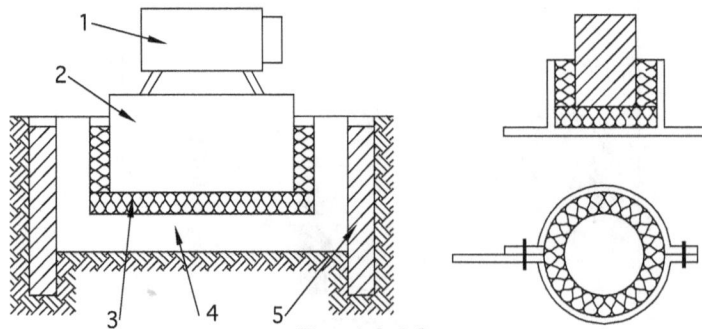

Fig. 14.10

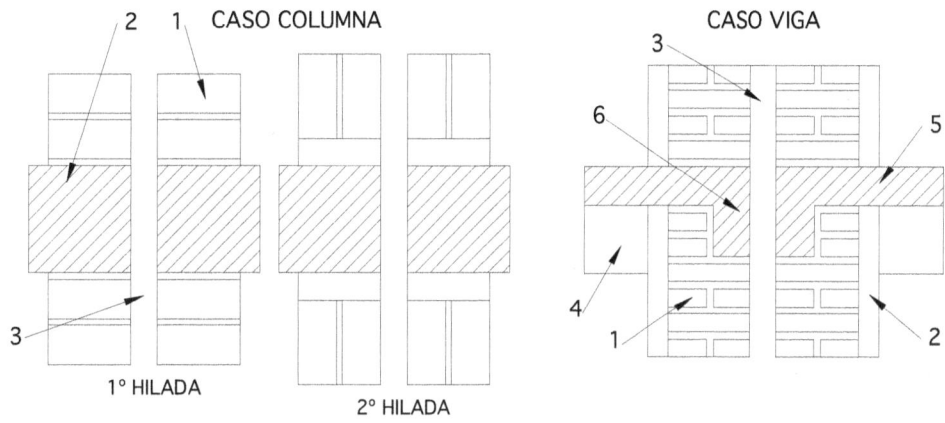

Fig. 14.11

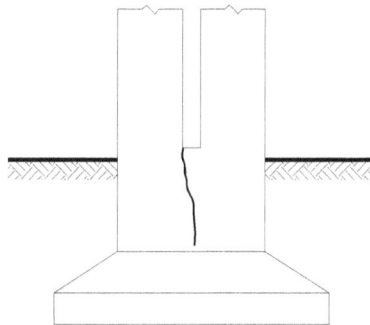

Fig. 14.12

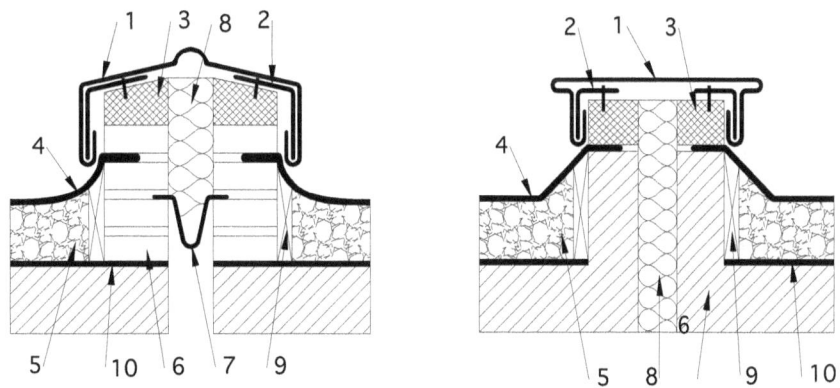

Fig. 14.13

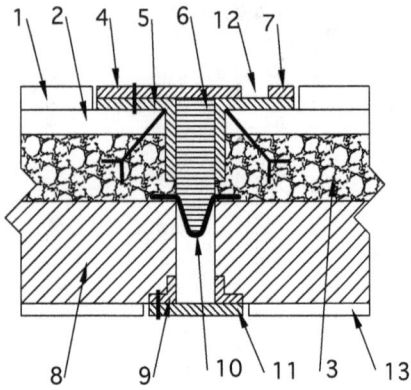

Fig. 14.14

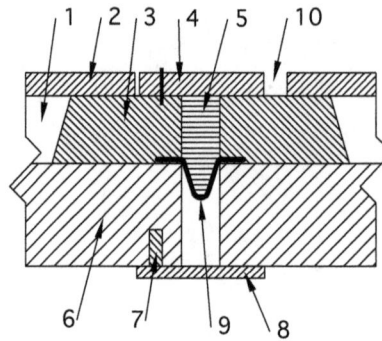

Fig. 14.15

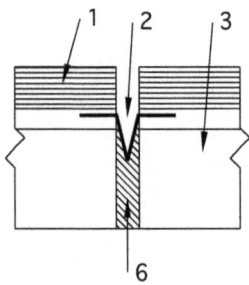 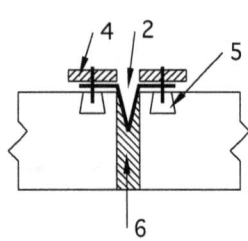 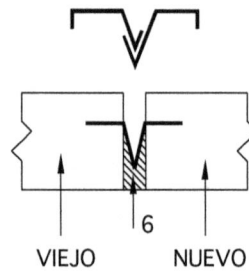

Fig. 14.16

VIEJO   NUEVO

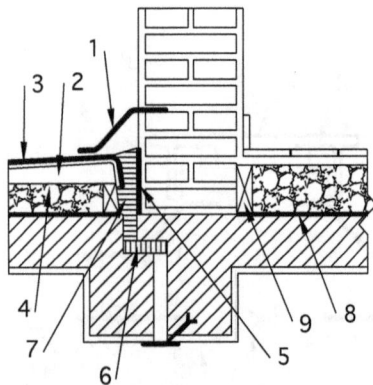

Fig. 14.17

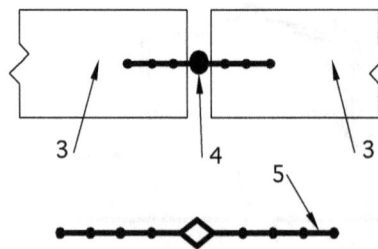

Fig. 14.18

www.ingramcontent.com/pod-product-compliance
Lightning Source LLC
Chambersburg PA
CBHW080230270326
41926CB00020B/4197